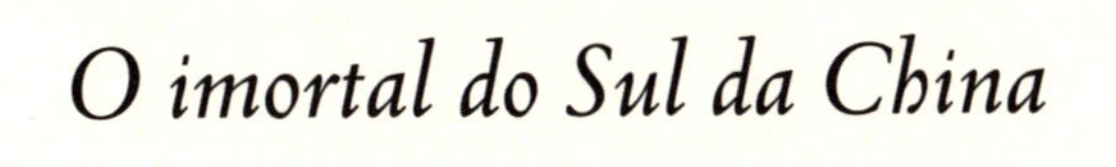

O imortal do Sul da China

ZHUANG ZHOU

O imortal do Sul da China

uma leitura cultural do Zhuangzi

Tomo I: Os textos do mestre

《南華真經（莊子）·內篇》葡語解析

Tradução, introdução e comentários

Giorgio Sinedino

(沈友友)

Título original:《南華真經（莊子）· 內篇》葡語解析

Direitos de publicação reservados à:
Fundação Editora da Unesp (FEU)
Praça da Sé, 108
01001-900 – São Paulo – SP
Tel.: (0xx11) 3242-7171
Fax: (0xx11) 3242-7172
www.editoraunesp.com.br
www.livrariaunesp.com.br
atendimento.editora@unesp.br

Dados Internacionais de Catalogação na Publicação (CIP) de acordo com ISBD
Elaborado por Odilio Hilario Moreira Junior – CRB-8/9949

Z63i

Zhou, Zhuang
O imortal do Sul da China: uma leitura cultural do *Zhuangzi* / Zhuang Zhou; traduzido por Giorgio Sinedino. – São Paulo: Editora Unesp, 2022.

Tradução de:《南華真經（莊子）· 內篇》葡語解析
Inclui bibliografia.
ISBN: 978-65-5711-110-9

1. Daoismo. 2. Filosofia. I. Sinedino, Giorgio. II. Título.

2022-495 CDD 299.513
CDU 299.514

Editora afiliada:

Nota do Instituto Confúcio na Unesp

É com grande satisfação que o Instituto Confúcio na Unesp se soma à Editora Unesp para a publicação, em língua portuguesa, desta obra-prima da literatura chinesa, *O imortal do Sul da China. Uma leitura cultural do* Zhuangzi, de Zhuang Zhou, com tradução, introdução e comentários de Giorgio Sinedino.

Trata-se da primeira tradução comentada do *Zhuangzi*, um dos principais textos do pensamento e da literatura chinesa, para uma língua ocidental, que está sendo apresentada ao público de língua portuguesa. Tal privilégio ora outorgado ao mundo lusófono só se tornou possível graças à confluência de esforços de inúmeros atores.

Em primeiro lugar, do próprio tradutor, comentarista e crítico da obra, o professor Giorgio Sinedino, seguramente o maior estudioso e intérprete do pensamento clássico chinês do mundo lusófono na atualidade, ilustre cidadão brasileiro que hoje vive na província chinesa de Macau, dedicado ao estudo dos principais textos do pensamento e da literatura clássica chinesa.

Este é seu terceiro trabalho publicado pela Editora Unesp. Como os dois anteriores – *Os Analectos*, de Confúcio, e *Dao De Jing*: *Escritura do Caminho e Escritura da Virtude com os comentários do Senhor às Margens do Rio*, de Laozi –, esta obra aproxima os leitores do pensamento dos grandes mestres chineses da Antiguidade, sem o que é impossível compreender em profundidade a China atual.

Em segundo lugar, da Editora Unesp e seu editor, professor Jézio Hernani Bonfim Gutierre, que idealizou esta coleção, o que proporcionou ao Instituto Confúcio na Unesp a oportunidade de colaborar em tão grandioso empreendimento.

Finalmente, da Fundação Chinesa de Educação Internacional (CIEF) e ao Centro para Educação e Cooperação da Língua (CLEC), instituições chinesas criadas para oferecer suporte aos Institutos Confúcio em todo o mundo, que colaboraram para a publicação e incluíram esta obra em seu "Programa de Sinologia".

O Instituto Confúcio na Unesp, criado pela Universidade Estadual Paulista (Unesp) em parceria com a Universidade de Hubei, na China, integra uma extensa rede de centenas de Institutos Confúcio presentes em mais de 140 países, que têm como objetivos a promoção do ensino da língua e a divulgação da cultura chinesa, bem o fortalecimento dos laços de cooperação acadêmica e cultural entre o Brasil e a China.

Luís Antonio Paulino
Diretor Executivo do Instituto Confúcio na Unesp
http://www.institutoconfucio.unesp.br

Ye Dan
Diretora Chinesa do Instituto Confúcio na Unesp

"Zhuang Zhou contempla a Flauta do Céu" 《莊生像》（"天籟"）

Ng Vai Meng 吳衛鳴

Nanquim e carvão sobre papel

240cm x 120cm (seção)

in memoriam Hu Xudong 胡續冬, *o Ru* (1974-2021)

海內存知己，天涯若比鄰

Entre os mares, corações irmãos/ No limiar dos Céus, almas germanas.

Agradecimentos

Gostaria de estender meus agradecimentos a todas as pessoas que realizaram contributo, direto ou indireto, a esta obra. Antes de mais nada, à minha esposa, pelos já não poucos, mas nunca suficientes anos de amorosa devoção mútua, "do velame vasto, o firme leme", presente nos bastidores de todo ato nosso. Destaco os mestres e praticantes e aficionados daoistas com quem dialoguei e convivi nesta última década e meia, especialmente os meus mestres, que permanecem anônimos, como de seu desejo. Também lembro dos professores e colegas com quem li, discuti e disputei o *Zhuangzi*, no âmbito mais limitado da academia. Reconheço, como sempre, a importância dos bons amigos e parceiros fiéis da Editora Unesp e do Instituto Confúcio-Unesp, prof. Jézio Gutierre e prof. Luis Antônio Paulino, pela paciência larga e pronto suporte com que me apoiaram nos longos e atribulados anos de preparação deste terceiro trabalho.

Institucionalmente, agradeço à Fundação Chinesa de Educação Internacional (CIEF) e ao Centro para Educação e Cooperação da Língua (CLEC), por haverem inscrito esta obra no seu "Programa de Sinologia" (漢學計劃, CCSP). Destaco a feliz cooperação com a Rádio China internacional (中國國際廣播電台), nomeadamente por realizarmos o projeto Ideias Chinesas (中國思想薈萃), com transmissões regulares em português sobre autores e obras do pensamento e literatura chineses. Registro a parceria frutífera com a Rede de Investigação em Tradução (譯研網), filiada à Universidade de Línguas e Cultura de Beijing (北京語言文化大學, BLCU), no campo da tradução de filosofia/religião chinesas. Saliento a muito profícua colaboração com a *Revista de Cultura*, publicação do Instituto Cultural do Governo da Raem e da Universidade de Macau, que tem servido de plataforma para o meu projeto Dimensões do Cânone, um esforço de mapear e traduzir textos clássicos sobre teoria literária/poética, caligrafia/pintura e música da China antiga, que já rendeu duas dúzias de artigos e ensaios. Por último, mas não menos importante, estimo o contributo do Centro de Ensino e Treinamento Bilíngue Português-Chinês (中葡雙語教學暨培訓中心) da Universidade de Macau, por toda a generosidade e encorajamento nos últimos anos e o da Escola Superior de Línguas e Tradução (語言及翻譯高等學校) da Universidade Politécnica de Macau, que serviu de laboratório para muitas ideias aplicadas, na prática, nesta obra.

Em nível pessoal, há um grande número de amigos, professores e alunos a quem devo agradecer, dentre os quais singularizo apenas aqueles mais proximamente relacionados a este trabalho (em ordem alfabética): Han Lili, Lei Heong Iok, Laura Li Mei, Sofia Salgado, Sónia Ao Sio Heng, Isabel Shi Xiaomiao, Ung Vai Meng, Yao Jingming, Zhang Fenglei. Para todos, citados por nome ou não, a minha mais sincera gratidão.

Para HNSA,

Namque ego (crede mihi) si te quoque pontus haberet,
*te sequerer, coniunx, et me quoque pontus haberet.**

(Ovídio, *Metamorfoses*, Lv.I, 361-2)

---

* "Acredita em mim: e se também as águas te tiverem agora, /Agora também, minha amada, seguir-te-ei e me terão as águas."

Sumário

Capítulo II: Saber

(齊物論, *Qiwulun*)

Capítulo V: Beleza

(德充符, *Dechongfu*)

Capítulo VI: Morte

(大宗師, *Dazongshi*)

Capítulo VII: Dao

(應帝王, *Yingdiwang*)

Esboço introdutório: Por dentro de uma obra-prima da literatura chinesa

Giorgio Sinedino

Esta é a primeira tradução comentada do *Zhuangzi* (莊子, pronuncia-se "djuã tsu") para uma língua ocidental, que apresentamos ao estimado público de língua portuguesa sob o título de *O imortal do Sul da China: uma leitura cultural do Zhuangzi*.

A obra em causa, um dos principais textos do pensamento e da literatura chineses, não só continua a intrigar e inspirar leitores sinófonos em nossos tempos, mas também é uma das principais "pontes" para que leitores de outros idiomas, pessoas de diferentes culturas, possam se aproximar do que nos foi legado pela China Antiga, obtendo um primeiro vislumbre do que há de melhor e de mais permanente nela. *Zhuangzi* não apenas surpreende pelo seu senso de humor e finíssima ironia; pelo menos no contexto chinês, oferece-nos dos mais interessantes questionamentos sobre o *significado da liberdade*, a *busca de felicidade* e o *anseio por realização* de todo ser humano.

Na leitura que anima a tradução e os comentários desta obra, assumo que há um percurso intelectual coerente nos sete capítulos dos "Textos do mestre", primeiro tomo de *O imortal do Sul da China*.

O praticante daoista está imbuído do anseio por liberdade existencial (Cap.I), que deve ser informado pela busca de uma sabedoria que transcende as limitações dos sentidos (Cap.II), motivando o esforço para a manutenção da saúde (Cap.III), a qual permite acumular força para persistir no Caminho (Cap.IV), multiplicada pelo reconhecimento da beleza absoluta

(Cap.V). Esse processo de preparação existencial e espiritual culmina no encontro final com uma força invencível: a morte (Cap.VI). O capítulo final virá como uma mensagem de conforto, uma vez o praticante tenha conseguido atravessar o teste de fogo, *a vitória sobre o medo de não mais existir*.

Tendo em mente que muitos leitores potenciais deste livro talvez não estejam familiarizados com o pano de fundo histórico e literário de que o *Zhuangzi* provém, vale a pena condensar alguns conhecimentos *fatuais* neste "Esboço introdutório", a título de auxiliar aqueles mais interessados em compreender o contexto cultural geral da obra.

Sobre os mestres e escolas da Antiguidade chinesa

A denominação *Zhuangzi* (*mestre Zhuang*) não é um título, tal como entendemos esse termo hoje em dia; simplesmente descreve que os textos foram elaborados pelo mestre Zhuang e os seus seguidores. Essa era uma situação comum na literatura chinesa antiga, especialmente no que se refere às obras classificadas como "Literatura dos mestres" (諸子百家, *Zhuzi Baijia*).

Um dos motivos para tanto era o de que o processo de compilação da obra se estendia no tempo, passando por muitas mãos. O *Zhuangzi*, por exemplo, na edição-padrão que chegou aos nossos dias, possui 33 capítulos organizados em três divisões. A primeira, o material incluído neste livro, conta sete capítulos, tendo sido composta pelos textos atribuídos/escritos por Zhuang Zhou, o mestre Zhuang. A segunda, com mais quinze, é atribuída ao grupo de seguidores/discípulos de Zhuang. A terceira, com os onze finais, é atribuída aos elementos da tradição desses textos, pessoas não necessariamente relacionadas ao mestre Zhuangzi e sua escola, mas que participaram em algum momento da compilação.

Dissemos que Zhuang Zhou foi um "mestre" e que formou uma "escola". Na peculiar realidade da China Antiga, isso significa que Zhuang notabilizou-se por seus conhecimentos da *Tradição Literária* e que foi capaz de lhe agregar novos desenvolvimentos. A "escola" da China arcaica não necessariamente é uma instituição formal, voltada para o ensino e/ou investigação, mas um círculo de pessoas que se agrega em torno do mestre, convivendo com ele. Entre ambos há distinções de precedência, inspiradas na hierarquia familiar, donde o termo chinês "家" (*jia*), que traduzimos por "escola", também quer dizer "clã", "família", "casa". Por conseguinte, o mestre tinha a autoridade de patriarca, enquanto os discípulos distinguiam-se por sua antiguidade, pelo prestígio, e pela preferência que gozavam do mestre. O "ensino" não era de maneira alguma formal, mas uma circunstância da convivência, realizado mediante discussões, passatempos conjuntos e outras formas de interação.

A cultura antiga chinesa é organizada em torno de um conjunto de textos, que chamamos de *Tradição Literária* (文, *Wen*). Na China Antiga, o termo "Literatura" (文學, *Wenxue*) tinha um sentido quantitativa e qualitativamente diferente do que entendemos por "literatura" hoje em dia, isto é, pouco mais do que obras de ficção. Resguardadas as diferenças de fundo, há uma certa analogia entre *Wenxue* e a Filologia das *artes liberales* da Antiguidade ocidental (vide obra de Marciano Capella): ambas estão voltadas para a formação intelectual, moral e espiritual do indivíduo. *Wenxue* inclui um conjunto e disciplinas e categorias bibliológicas, que foram formatadas poucos séculos depois da morte de Zhuangzi. Em primeiro lugar vinha a fonte da tradição chinesa: o sistema de *Clássicos Ortodoxos* (經, *jing*), textos sagrados sobre regimes e instituições representativos da Alta Antiguidade (o período lendário, pré-histórico e proto-histórico da China). Em segundo lugar vinha a "Literatura dos mestres" (子, *zi*), em que *Zhuangzi* se situava, o que incluía um novo grupo de textos das escolas surgidas a partir de três grandes patriarcas: mestre Lao (Laozi), mestre Kong (Confúcio) e mestre Mo (Mozi). Ulteriormente, surgiriam as *Crônicas Históricas* (史, *shi*) e as *Antologias Poéticas* (集, *ji*), respectivamente recolhendo textos sobre as histórias dinásticas e o conjunto da produção poética de grandes personalidades. O mestre Zhuang certamente estava familiarizado com os *Clássicos Ortodoxos* e com obras de alguns mestres.

As escolas surgiram devido a um contexto histórico particular. Na China antiga, a história social e política dá uma guinada a partir do século VIII a.C. Por um lado, a velha ordem da alta aristocracia começa a tremer com a chegada de novos atores. A "China" então chamava-se "Zhou" (周),

uma ordem política fundada ao longo do século XII a.C., controlada pelo clã Zhou e seus aliados políticos. Zhou organizava-se como um tipo de "federação militar", sacramentada por um sistema de instituições chamadas de Ritos. Cada "feudo" ou "país" possuía um elevado nível de autonomia, precisando, contudo, pagar tributo e oferecer auxílio militar a Zhou em caso de necessidade. Pelo século VIII a.C., contudo, um grande fracasso militar mostrou que Zhou estava vulnerável não só à pressão de feudos tradicionais mais poderosos, como também à ascendência de novas "tribos" que haviam se associado à ordem de Zhou. No que se refere ao contexto doméstico, estava a ocorrer uma mutação demográfica e social que começara a alijar as altas aristocracias do controle militar de seus domínios. Uma nova classe dominante havia se erguido da pequena nobreza dos Dafu e estava a tomar o poder fora do "Sistema dos Ritos".

Não é de se estranhar que tais profundas transformações se refletiam também no pensamento e literatura, produzindo as três grandes tradições originais do Período dos Mestres:

(1) A mais famosa das escolas é a confuciana (儒家, Rujia), que desde o início se estabeleceu como a autora da interpretação majoritária dos *Clássicos Ortodoxos*. Mais do que uma simples *tendência intelectual*, Kong Qiu (孔丘, 551-479 a.C.), mestre Kong – o nosso "Confúcio" – deu início a um *movimento social* de imensa importância para a história da China, multiplicado pelos seus seguidores, que não só se dedicavam à transmissão de conhecimentos e textos, mas também atuavam como burocratas ou ofereciam serviços de "assessoria" sobre certos regimes sociais básicos, relacionados a cerimônias de sacrifícios religiosos, casamentos e enterros etc. O confucionismo era um movimento da baixa nobreza conhecida como Dafu e tinha uma atitude social conservadora, de resguardo das hierarquias tradicionais.

(2) A segunda grande escola, o moísmo (墨家, Mojia), foi criada por Mo Di (墨翟, 470-391 a.C.), o mestre Mo, cuja influência pessoal na Antiguidade chinesa ficava atrás apenas de Confúcio. Curiosamente, essa doutrina começou como uma dissidência confuciana.

Embora reconhecesse o mesmo conjunto de questões e adotasse o mesmo vocabulário "filosófico", a escola moísta assumia várias posições opostas ao confucionismo, algumas delas marcadamente mais religiosas (ênfase no mundo espiritual) e representava setores não nobres da sociedade, em especial "guildas" de artesãos – formando protoassociações militarizadas com vigorosa influência política em seu tempo.

(3) A terceira escola, a que Zhuang Zhou se filia, é mais difícil de definir: o daoismo (道家, Daojia). Diferentemente das duas doutrinas anteriores, por um lado, não se conhece(m) a(s) linha(s) de transmissão do patriarca; por outro, reconhecem-se pelo menos duas abordagens opostas sob o nome de "daoismo". Além do mais, embora logo se reconhecesse Laozi como o patriarca e sua única obra – apenas 81 poemas divididos em duas seções – como a fonte prístina das ideias daoistas, muito pouco se sabe sobre a história de ambos e não há qualquer prova substancial sobre a autenticidade dos dois além de tradições orais. Diz-se que Laozi estava em sua velhice quando Confúcio veio visitá-lo "como um discípulo visita um mestre"; sua obra foi legada a um pequeno burocrata da fronteira, antes de Laozi "deixar a China em direção ao oeste".

De qualquer maneira, há uma notável dualidade entre *homem* e obra. Por um lado, a postura existencial, mais "oculta", de Laozi é representativa da atitude daoista em relação à vida e à sociedade como um todo. Ao mesmo tempo, a *obra* está repleta de conselhos práticos sobre o modo de governar um país, promover crescimento econômico, vencer guerras, derrotar adversários, controlar o povo – descrevendo as linhas gerais da *plataforma política e econômica* daoista.

Além de Laozi, os primeiros mestres daoistas referendados pelos fatos eram poucas gerações mais velhos do que Zhuang Zhou. Eles estavam a serviço, ou em busca de posição, nas cortes dos países que então disputavam a primazia na "China". Os mais famosos participavam de uma instituição muito peculiar, a *Academia de Jixia* (稷下學宮, Jixia Xuegong). Essa "Academia" havia sido criada pelos duques do país de Qi – uma das maiores potências da época – para abrigar os mestres de diferentes "escolas". Parece ter sido um grande pavilhão situado fora dos muros da capital de Qi, Linzi (臨淄, atual cidade de Zibo, província de Shandong). A "Academia" tinha por objetivo não só ganhar prestígio pessoal para os duques, mostrando aos outros países que Qi era capaz de acumular "todo o conhecimento da China", mas também oferecer "consultoria" à burocracia e exército locais, analisando a situação e sugerindo políticas e medidas a serem tomadas.

Esses mestres daoistas estavam em competição com os de outras "escolas". Vale a pena destacarmos dois. Primeiro, Meng Ke (孟軻, 372-289 a.C.), mestre Meng – o nosso Mêncio –, que mais de um milênio depois viria a se singularizar como a segunda figura de proa do confucionismo antigo. Mêncio defendia um ideal moralizado de governo monárquico, preocupando-se mais com a preservação e implementação de regimes/instituições legitimados pelas tradições dos *Clássicos Ortodoxos* do que em oferecer respostas inovadoras aos problemas da época. Segundo, Zou Yan (鄒衍, 305-240 a.C.), a figura mais influente de um clã que teve um papel formador na história intelectual chinesa, chamado posteriormente de patriarca da Escola do Yin e Yang (陰陽家, Yin-yang jia). Embora servisse como adivinho, uma função de elevado estatuto nas diferentes antiguidades, Zou Yan parece também ter sido um pensador de consequência. A doutrina do Yin-Yang é um sistema explicativo e preditivo dos fenômenos que ocorrem no microcosmo (seja no corpo, seja na mente/espírito) e no macrocosmo (seja a sociedade, seja a natureza). Embora, diferentemente de Mêncio, a obra dos Zou não haja chegado a nós, os princípios do Yin-Yang ultimamente se fizeram presentes em *todas* as escolas – confucionismo inclusive.

Em vários sentidos, os daoistas de Jixia eram *antitradicionalistas*. Pelo que se sabe do pensamento deles – nenhuma de suas obras chegou a nós –, aplicavam princípios gerais do daoismo a questões políticas, administrativas e militares. Uma das características mais marcantes é o amoralismo (*Realpolitik*) no que se refere a questões de política externa e a defesa de um monarca forte, que consolide seu poder através de ferramentas *não sacramentadas* pela Alta Antiguidade. Contudo, esses meios amorais, internos e externos, tendiam a um fim altruísta, a restauração da paz no reino e a prosperidade do povo através de um mínimo de intervenção. O monarca não era um dinasta qualquer, mas o protótipo do sábio daoista, acima dos próprios desejos e necessidades. Essa faceta do daoismo tornar-se-ia conhecida, mais adiante, como *daoismo Huang-Lao* ("Huang" indica o Imperador Amarelo e Lao, o próprio Laozi) e teria muito em comum com outra escola, a do Legalismo (法家, Fajia), cujo imenso contributo foi o de elaborar instituições – *agrárias, tributárias, administrativas, militares* – que permitiriam a fundação do *império chinês* a partir de 221 a.C.

Laozi foi e continua a ser honrado como patriarca do daoismo por representar suas duas facetas: voltada para dentro (mente/espírito) e voltada para fora (sociedade/política). Por um lado, os pensadores de Jixia enfatizam o lado mais pragmático. Zhuang Zhou, entretanto, tinha uma orientação completamente diferente daqueles que estavam a serviço das cortes. De uma forma igualmente *antitradicionalista*, ele defendia que os princípios daoistas seriam mais bem aplicados à vida individual, não ao governo da sociedade. Ou seja, Zhuangzi representava uma *outra linha* do daoismo, não majoritária em sua época.

O mestre Zhuang: literato, eremita, imortal

Para entendermos a significância intelectual e literária de Zhuangzi, é preciso destacarmos o que ele tem de mais *original*: a defesa da tese de que o homem deve se voltar para o seu íntimo, aprendendo a explorar o que podemos chamar de *liberdade existencial* e a buscar o sentido mais pleno de sua felicidade.

No pensamento chinês, podemos dizer que há duas atitudes básicas no que se refere à realização humana: o "engajamento no mundo" e a "saída do mundo".

O "*engajamento*" (入世, *rushi*) prescreve que somente em sociedade, por meio da participação da vida político-burocrática, é possível ao homem realizar todo o seu potencial – aqui entendido com uma conotação mais "moral". Esta *sempre* foi a posição majoritária no pensamento chinês, desde as suas tradições mais priscas. Os modelares chineses eram os grandes heróis civilizadores, que estavam recolhidos num panteão de oito: os Três Augustos e Cinco Imperadores (Três Huang e Cinco Di, 三皇五帝). O traço comum destes foi o de realizar contributos elementares para a criação das instituições, valores e tradições chinesas, o que somente era possível, compreensivelmente, por meio do exercício do poder. Todas as escolas os reconheciam como inspiração e autoridades, de alguma forma.

A "saída do mundo" (出示, *chushi*) originalmente era um corolário prático do "engajamento". Entendia que o homem deveria se recusar a participar da política não porque ela era má em si, mas porque a situação contemporânea era desfavorável. "Antigamente, os governantes eram bons e justos; hoje, porém, os valores se deterioraram e as pessoas são cobiçosas": essa é a atitude prevalecente nos pródromos da "saída do mundo". Como, de fato, não havia outro caminho para se afirmar na China antiga além da vida burocrática, esses homens faziam uma escolha radical, de se tornarem "eremitas" – os "cavalheiros ocultos" (隱士). É possível encontrar vários modelares dessa atitude até mesmo no confucionismo, o que mostra que a posição era conciliável com o "engajamento".

Porém, segundo o folclore chinês, também havia outras pessoas que, desejosas de "apagar as suas pegadas e relegar seus feitos ao esquecimento", viviam nos ermos – especialmente florestas e montanhas. Elas empenhavam-se em buscar um conhecimento secreto e absoluto da Natureza/universo – em chinês a "Grande Espontaneidade" (大自然, *Daziran*). Esses indivíduos anônimos recolheram uma imensa quantidade de conhecimentos empíricos sobre, por um lado, medicina e cuidados de saúde, herbologia, dietética, ginástica e, por outro, mediunidade, transe, mântica, mágica. Desinteressadas das coisas do mundo, essas pessoas organizavam-se em pequenas comunidades, transmitindo entre si os conhecimentos de suas técnicas secretas. Esse grupo de praticantes das "técnicas de longevidade" (養生術, *Yangshengshu*) pode ser apelidado de "imortais" (仙人, *Xianren*).

Zhuangzi é o primeiro grande pensador chinês e seu livro é a primeira obra-prima da literatura chinesa *a conciliar o "eremitismo" ao Caminho dos "imortais"*, lançando um poderoso desafio contra o "engajamento". Aprendamos um pouco mais sobre o nosso autor.

Sabe-se muito pouco da vida do mestre Zhuang, cujo nome completo era Zhuang Zhou (莊周, 369?-286? a.C.) – pronuncia-se "djuã djou". A sua primeira biografia, elaborada pelo primeiro cronista da história chinesa,

Sima Qian (司馬遷, 145-86 a.C.), é muito curta e não traz muitas informações além do que está recolhido no *Zhuangzi*. O autor nasceu na localidade de Meng (蒙), pertencente ao feudo de Song (宋) – localizado na moderna cidade de Heze (菏澤), extremo sudoeste da província de Shandong. Estamos certos de que era um membro da baixa nobreza dos Dafu, a classe mais dinâmica da cultura chinesa clássica, bastando dizer que a quase totalidade dos "mestres" eram dela oriundos. Isso significa que Zhuang teve acesso a uma boa educação ortodoxa e que gozava de uma certa estabilidade econômica. Na obra de seus discípulos há vários relatos de sua "pobreza", mas esse era um *tópos* comum dos autores que não estavam a serviço de uma corte – lembrando as meias lamentações de um Horácio nos píncaros da literatura augustina. Eles não eram abastados como os que tinham elevado estatuto, mas não estavam sequer perto da luta pela subsistência.

De toda forma, na literatura clássica chinesa, o mestre Zhuang é a *única* figura maior que se recusa *como princípio* a assumir um cargo burocrático. Na China antiga, isso acontecia mediante convite de uma potestade. Segundo a tradição local, não sei até que ponto idealizada, os poderosos estavam constantemente em busca de homens de talento para integrar as suas equipes governativas. Há histórias famosas de que esses supremos enviavam presentes para homens com reputação de competência, convidavam-nos para audiências, até iam pessoalmente convidá-los. No caso de Zhuang Zhou, diz-se que o rei Wei do país de Chu (楚威王) – uma grande potência setentrional, considerada "semibárbara" – enviara núncios para o chamarem a serviço. Conta-se que o daoista se riu deles, recusando um tanto rudemente a proposta. Isso criou um precedente histórico para as outras grandes figuras do daoismo fazerem o mesmo. O que importa mais é que Zhuang Zhou *de fato* desejava permanecer fora do "jogo", vivendo tal como pregara até morrer – e sem qualquer mostra de arrependimento. Tamanha segurança sobre as próprias escolhas é muito preciosa.

Uma pergunta difícil de responder é qual o tipo de "escola" que Zhuangzi criou. Tanto no caso de Confúcio, como no de Mozi, as escolas serviam como associações para defesa de interesses mútuos. Os daoistas de Jixia tinham discípulos, que certamente indicavam para cargos, seja nas cortes, seja nas localidades. Isso não parece ter sido possível, contudo, com relação a Zhuangzi. Diferentemente de Mêncio, não encontramos os nomes dos seguidores de Zhuang Zhou na obra *Zhuangzi*. Em sua obra há uma série de personagens, identificadas por alcunhas, que talvez possam se referir a pessoas reais. Dessas, chama a atenção uma linha de transmissão do Dao (gerações de mestres e discípulos), contemporânea e posterior a Confúcio, que talvez possa ter chegado a incluir o próprio Zhuang. Porém, não há referência a outras personalidades sejam contemporâneas ou posteriores a ele.

A única exceção a essa regra é uma das personagens centrais da obra, o conterrâneo e melhor amigo do autor: Hui Shi (惠施, 380?-305? a.C.), o mestre Hui. Fora uma pessoa muito influente, podendo ter servido de patrono à escola de Zhuang. Contudo, no *Zhuangzi*, o mestre Hui não é citado como um poderoso ministro do país de Wei, o que também era, mas como um intelectual interessado em questões abstrusas para os olhos e ouvidos chineses, que em certos momentos lembram os paradoxos e problemas da lógica pré-aristotélica. Na história do pensamento chinês, pessoas como Hui e outros vêm agrupados na Escola dos Nomes (名家, Mingjia) ou, sinonimamente, como Debatedores (辯士, Bianshi). É relevante sabermos que toda a prática intelectual desses indivíduos era voltada para *manipular o discurso*, facilitando a vitória em debates e em negociações diplomáticas – tinham uma finalidade eminentemente prática. Zhuang Zhou, contudo, satirizava essa arte retórica, da mesma maneira que ironizava a vida política.

Nada obstante a sua aversão à burocracia e política, o autor do *Zhuangzi* tinha um profundo conhecimento de suas realidades. Ambas disciplinam e modelam o homem, transformando-o num "funcionário", aquele que serve para um propósito, que tanto o distingue, como o torna substituível. Ademais, a rotina hierárquica desnaturava qualquer instinto de igualdade e altruísmo que talvez um dia pudesse ter existido no homem: toda relação passa a ser construída sobre deveres e/ou interesses. Existencialmente, *as emoções são reprimidas; a criatividade, desencorajada; a espontaneidade, aniquilada*. A rejeição dessa existência é tão violenta que Zhuang Zhou mergulha com todas as suas forças numa outra realidade – distinta e incompatível a quase tudo o que vinha sendo produzido na literatura chinesa.

Zhuang Zhou claramente viveu como um "eremita", mas não alguém que se isolava permanentemente nos ermos. Suas obras tanto revelam conhecimento do dia a dia daqueles que buscam a "imortalidade", uma vida tosca e cheia de privações, como do convívio elegante de pessoas letradas. Há muita sofisticação livresca em seus escritos e seu ocasional maneirismo literário comprova um tipo de domínio da arte de escrever que ele várias vezes sugere não desejar possuir – como um são Jerônimo. Se tivéssemos que imaginar um ambiente usual para Zhuang e sua escola, diríamos que não seria tão diferente que o mantido por um Confúcio: uma quinta sóbria, com um salão espaçoso, tendo um largo quintal, possivelmente com acesso a um bosque e, quem sabe, a algum tipo de lagoa ou mesmo um rio. Esse é o ambiente suscitado por muitas anedotas, invariavelmente propiciando momentos de descontração e debates sobre assuntos eruditos.

A grande questão, a que não conseguimos responder com certeza, é a do sentido em que Zhuangzi era um "imortal". Reiteramos que há dois níveis para esse termo:

(1) Em primeiro lugar, o dos praticantes de "técnicas de longevidade", aqueles que esperavam, através de conhecimentos mais ou menos secretos, estender a sua vida "até os anos dadivados pelo Céu". No pensamento chinês, cada ser humano vinha ao mundo por obra da união de Yin e Yang, entendidos aqui como aspectos do "Qi" (氣), a "Energia Vital". Dependendo tipo e pureza do "Qi", as pessoas tinham um "prazo de validade", podendo viver todo o período ou apenas parte dele, seja por mau uso do corpo ou por alguma fatalidade. De qualquer maneira, os chineses definiam a existência humana como se desenrolando sob uma decisão divina, o "mandato do Céu" (天命, *Tianming*). As "técnicas de longevidade" envolviam uma série de práticas, que existem até os nossos dias, a maior parte das quais não nos causa estranheza: dietética, exercício, repouso regular.

(2) Porém, havia também um conjunto de práticas místicas e mesmo mágicas, que se pretendiam mais eficazes: as "técnicas de imortalidade". Isso nos traz ao segundo nível do termo "imortal", o dos que pretendiam ir além do "prazo de validade". Alguns desses métodos envolviam rejuvenescimento, mas a maioria deles possibilitava apenas uma "parada do tempo", mantendo a aparência do praticante

tal como a tinha no momento em que "se realizou". Esses seres constituíam uma diferente forma de vida, sendo capazes de existir no mundo e de se ocultar dele – até mesmo ascender a um plano diferente de existência.

No tempo de Zhuangzi, o folclore dos imortais existia, mas não havia se desenvolvido a ponto de criar um "credo religioso", isto é, algo que suscitasse devoção institucionalizada. Precisaríamos aguardar cerca de dois séculos após a sua morte para encontrarmos algo como as *Séries biográficas sobre os imortais* (列仙傳), atribuída a um famoso intelectual-burocrata, Liu Xiang (劉向, 77-6 a.C.) – que se preocupa mais com os "milagres" daqueles que nunca morrem. Por tal motivo, a quase totalidade das anedotas recolhidas na obra de Zhuangzi diz respeito a comunidades de pessoas que estavam a buscar a imortalidade, sem quaisquer pistas de que não se tratassem de homens para todos os efeitos normais. Com uma única e crucial exceção.

Independentemente do que o texto nos diz sobre o estágio atingido por Zhuangzi, a sua posteridade imediata e a tradição dos primeiros séculos após sua "morte" (se pudermos usar esse termo...) não o representa divinizado como imortal. Esse é o testemunho de duas das mais importantes coletâneas antigas sobre o tema, a de Liu Xiang e a de Ge Hong (葛洪, 283-343), as *Biografias dos imortais* (神仙傳). Contudo, em certa altura, Zhuang Zhou não só viria a ser tratado como um "imortal", mas o *Zhuangzi* seria consagrado como a segunda mais importante *Escritura daoista*, sob o imperador Xuan da dinastia Tang (唐玄宗, 685-762, no trono 756-762), ao lado do *Laozi* e do *Liezi*. Esses três textos receberam títulos especiais. O *Laozi* reconheceu-se como a *Escritura autêntica do imortal do Dao e sua Virtude* (道德真經); *Liezi*, *Escritura autêntica do imortal da brandura vazia* (沖虛真經). O presente livro foi chamado de *Escritura autêntica do imortal do Sul da China* (南華真經), donde o título que adotamos nesta tradução.

O imortal do Sul da China

Na China antiga, as mais importantes obras do pensamento e da literatura suscitavam a composição de glosas e comentários que, com o tempo, se tornavam partes integrantes ("canônicas") do texto original. Uma das razões para tanto é a de que esses textos eram muito herméticos, tornando--se praticamente incompreensíveis com o passar do tempo.

Em outras palavras, o processo de compilação de uma obra clássica na China antiga não terminava com a transmissão do texto principal, mas também envolvia a produção e crítica dos comentários ancilares. No caso de *O imortal do Sul da China*, há dois reconhecidos como canônicos: o elaborado por Guo Xiang no século III-IV e o de Cheng Xuangying no oitavo. Mais do que uma mera questão bibliológica, entender o processo de construção dessas leituras, especialmente das condições históricas e sociais que os ensejaram ensina bastante a respeito da história póstuma ("Recepção") do *Zhuangzi*.

Os primeiros quinhentos anos do *Zhuangzi* foram de relativa obscuridade. Lembramos que *O imortal do Sul da China* é constituído por três divisões (tomos). Tradicionalmente, o primeiro tomo é considerado uma coletânea de obras autoradas por Zhuang Zhou; o segundo, escritos coligidos pelos discípulos e seguidores dele; o último, textos da tradição posterior. Embora *O imortal do Sul da China* tenha continuado a circular ininterruptamente, é possível afirmar com segurança que não suscitou grande interesse da intelectualidade no processo que levou à formação do império chinês (em 221 a.C.) nem durante os quatrocentos anos da dinastia Han (202 a.C.-220 d.C.).

Chegando ao século III de nossa era, a situação política, econômica e social havia se transformado radicalmente, fazendo que *O imortal do Sul da China* passasse a oferecer respostas para as grandes questões que inquietavam a elite. Ao longo de mais ou menos quatro séculos e meio, a "China" havia permanecido um império unificado, sob a grande dinastia Han, com um breve interstício de guerra civil entre 9-23 d.C.). Nesse período, pela primeira vez na história, a corte imperial havia conseguido exercer controle *direto* sobre os governos locais, administrando *burocraticamente* toda a população do país. Porém, Han terminou caindo sob duas forças: internamente, a competição das oligarquias locais e, externamente, os interesses de povos nômades. "Tudo sob o Céu" (a "China") então entrava num longo "Período de Fragmentação", que se estenderia até o final do século VI.

Para a intelectualidade chinesa, a nova situação do século III era a de que "o mundo havia sido tornado de cabeça para baixo". A administração burocrática imperial havia assumido os *Clássicos Ortodoxos* e o confucionismo como expressão de verdades absolutas... e porta de acesso a empregos na sua burocracia. Com o colapso dos mais importantes patronos do confucionismo imperial, os *Clássicos* perdiam sua razão de ser. Primeiro como ferramenta de dominação, pois as oligarquias que então disputavam o poder não mais podiam reconhecer o legado institucional de Han, *pelo menos até que tivessem sucesso em obter o controle sobre a máquina administrativa.* Segundo, os *Clássicos* deixaram de ter importância como ideologia, já que, dito cruamente, ninguém mais poderia esperar conseguir um bom emprego simplesmente ao memorizar esses textos e dominar seus comentários.

Somando-se a desordem política à falta de rumos pessoais, as novas elites culturais, organizadas em pequenos grupos de oligarquias regionais, interessaram-se por um conjunto de três textos que prometiam algo mais do que conforto material e um lugar no mundo: verdades eternas sobre o macrocosmo e o microcosmo. Junto com *Clássico das Mutações* e o *Dao De Jing*, estava *O imortal do Sul da China*. Essas três obras, cada qual à sua maneira, ensinam *como se adaptar a uma realidade de imprevisíveis transformações radicais, encontrando consolo e segurança em meio a dificuldades.*

É nesse contexto que *O imortal do Sul da China* se tornou um texto central para um dos mais influentes movimentos intelectuais da China Antiga: o Estudo do Mistério (玄學, Xuanxue). Os intelectuais dessa época (sécs. III e IV) em geral recusavam o estilo de vida "confuciano", da disciplina do ambiente burocrático com suas hierarquias rígidas, imitando o tipo de convívio descrito no *Zhuangzi*. Somaram-lhe novas práticas culturais, como os diálogos elegantes conhecidos como "Conversações Puras" (清談, Qingtan), música, caligrafia, pintura, revolucionaram estilos poéticos e entregaram-se a hábitos menos salutares, como abuso de álcool e mesmo consumo de drogas (o "pó frio", 寒食散, Hanshisan).

Falamos em mais detalhe desse movimento porque foi dele que herdamos o texto transmitido do *Imortal*. Os 33 capítulos, tais como os temos hoje, foram editados por Guo Xiang (郭象, 252-312), um representante do Estudo do Mistério, que também nos legou o mais completo trabalho de comentário da presente obra – extenso e detalhado no tomo primeiro, cada vez menos com relação ao resto. Além dele, conhecem-se fragmentos e excertos de um número expressivo de outros intelectuais-burocratas do mesmo período que se dedicaram à leitura e interpretação de *O imortal do Sul da China*.

Entretanto, precisamos assinalar que Guo Xiang era uma pessoa muito diferente de como imaginamos Zhuang Zhou. Guo era um pensador eclético, que essencialmente tentava reconciliar o confucionismo (na interpretação de sua época) às ideias de Zhuangzi. Ao mesmo tempo, combatia interpretações mais radicais – e mais próximas à literalidade de *Zhuangzi* – de outras cepas do Estudo do Mistério. Justamente por isso, ele se recusa a tratar a obra como uma tentativa séria de lidar com problemas comuns a cada indivíduo. Para ele, *O imortal do Sul da China* era um delicioso exercício literário e intelectual, desmerecendo sua sabedoria prática como "devaneios irracionais" de uma pessoa que não aceitava a realidade tal qual era – as hierarquias sociais e o poder político como único palco da existência humana.

O imortal do Sul da China ainda adota um segundo comentário como autoridade. Mais quatro séculos se passaram até quando apareceu um famoso monge da escola do Tesouro Luminoso (靈寶, Lingbao) da dinastia Tang (618-907), chamado Cheng Xuanying (成玄英, ativo no século VIII). Cheng também possuía perfil de intelectual e de político, tendo se agregado a uma seita importante – conhecida como do Duplo Mistério (重玄, Chongxuan) – sob um mestre influente na corte. Além de escrever um comentário famoso para o *Dao De Jing*, ele também compôs uma glosa para o texto de Guo Xiang, que completa o conteúdo do texto "oficial" de *O imortal do Sul da China*.

Essa etapa da compilação é importantíssima, porque, embora o texto de Cheng fosse, abertamente, apenas um "comentário do comentário", ele efetivamente alterara o espírito da leitura canônica de Guo Xiang, *recuperando os temas espirituais e religiosos da obra*. Diferentemente de Guo, a longa glosa de Cheng Xuanying reconhece Zhuangzi como um imortal, enfatiza o papel da meditação e das práticas de imortalidade.

Um problema inevitável, contudo, é o de que, na dinastia Tang, o budismo já havia se desenvolvido e amadurecido como *o principal pilar da vida intelectual chinesa* – com todas as perplexidades de se transplantar o saber de "DNA hindu" para uma cultura tão diferente. Uma especial dificuldade é a de que, na época de Zhuangzi, inexistiam concepções que então pareciam óbvias para Cheng, por exemplo a *transmigração das almas* e a própria *vida monástica*.

Apesar de que a "genealogia" de nosso livro se conclua, basicamente, com Cheng Xuanying, *O imortal do Sul da China* continuou a acumular leitores de diferentes estatutos sociais e a suscitar cada vez mais comentários de diferentes matizes, revelando não só um interesse cada vez mais detido nessa obra, mas também o fato de que a sua significância havia se universalizado no contexto chinês.

Uma interessante inovação, já no final da história imperial da China, foi a *leitura filológico-crítica* dos intelectuais de um outro importante movimento, o da escola da Investigação Comprobatória (em chinês, Escola Kaozheng, 考證學派). Deixando o pano de fundo desse movimento para uma oportunidade mais adequada, seus autores estavam interessados em recuperar os "textos autênticos" e a "leitura original" das obras tais como existentes na dinastia Han e antes. Com esse fim, desenvolveram novos métodos de leitura e de revisão textual. Enquanto Guo Xiang e Cheng Xuanying realizaram, em nossos termos, um *commentaire de texte*, com explicações opinativas, os eruditos Kaozheng tinham uma abordagem mais parecida com a "crítica textual" dos classicistas ocidentais, dando um especial relevo à comparação de manuscritos/edições e a à análise etimológica e estilística.

Apesar de que tenhamos consultado alguns desses autores nos estudos preparatórios para nossa tradução e comentário, nossa impressão é que, em diversas situações, por estarem mais preocupados com questões de detalhe, esses eruditos ou adequavam o texto a uma leitura preconcebida, ou simplesmente criavam problemas onde não pareciam existir. Isso introduz uma última questão, a de como percebemos as características literárias de *O imortal do Sul da China*.

Uma obra-prima da literatura chinesa

O imortal do Sul da China é uma obra-prima, sobretudo, pela profundidade e originalidade de sua mensagem, mas também por suas características formais. Deixando questões de conteúdo para o texto principal e respectivos comentários, tratamos aqui de algumas questões literárias em sentido estrito.

Antes de mais nada, temos que reconhecer que é um texto de literatura antiga chinesa, portanto elaborado sob princípios, regras e gostos em certa medida inconciliáveis com os que aplicamos às nossas obras. Portanto, antes de destacarmos as suas qualidades, é justo reconhecermos alguns desafios para o trabalho de tradução e posterior gozo do texto traduzido, na confiança de que não apenas são inócuos ao valor da obra em si, como também justificam as minhas escolhas, seja no que se refere à edição, à interpretação e à explicação do texto.

Para o leitor de *O imortal do Sul da China* em Wenyan (文言), o idioma literário da China Antiga, a primeira impressão é a de que ele é uma massa heteróclita de textos de ocasião: ensaios, anedotas, fábulas, provérbios e poemas. Como explicamos, esses textos foram editados e compilados em diversos momentos, por pessoas de diversos interesses e gostos, possivelmente com diferentes motivações. Em cada etapa desse processo (transmissão), o texto era (re)copiado à mão em rolos (esteiras) feitas com tabuinhas estreitas de bambu, amarradas umas às outras com cordão ou, alternativamente, para quem tinha mais dinheiro, copiados em longas toalhas de seda. Em ambos os casos, não havia pontuação, nem divisão em parágrafos. A única evidência visual de separação entre as seções de texto, quando havia, era a de quando havia o que os chineses consideravam "obras diferentes" no mesmo rolo/toalha.

Também é imperativo assinalar que as características do texto de *Zhuangzi* complicam ainda mais esses problemas comuns da transmissão. Primeiramente, Zhuang Zhou utiliza uma linguagem hermética, repleta de caracteres estranhos e de metáforas recônditas, com um senso de humor e ironia praticamente inexistente *em todo o resto da literatura arcaica*. Segundo, várias passagens dissertativas não têm uma estrutura clara, podendo ser lidas isoladamente ou de forma sobreposta a outras. Terceiro, tal como outras obras do período em causa, não há um "critério editorial" a organizar a obra, o que faz que a sequência das passagens pareça arbitrária ou, no pior das situações, aleatória. Quarto, o texto com que trabalhamos hoje em dia (*textus receptus*) é basicamente o definido por Guo Xiang no final do século III, início do IV, o que significa que não podemos julgar qual o nível de intervenção "editorial--autoral" desse pensador: isso não pode ser negligenciado, uma vez Guo tivesse convicções muito diferentes de Zhuang. Quinto, tudo indica que foi Guo que organizou e deu título a cada um dos capítulos, gerando problemas potenciais de atribuição de autoria às próprias passagens.

Nada obstante essas dificuldades hercúleas, as qualidades do texto prevalecem:

As questões de transmissão foram razoavelmente resolvidas pela dedicação e trabalho duro de incontáveis eruditos e especialistas ao longo de mais de dois milênios, inicialmente na China, Japão e Coreia, mas hoje também em países que não têm ideogramas chineses como base de sua escrita. A intervenção editorial de Guo Xiang pode ser minorada, justamente pelo fato de que ele pensa diferentemente de Zhuangzi, permitindo-nos distinguir entre os dois, até certo ponto. Como sabemos bastante a respeito do daoismo primitivo, também é possível relacionarmos a linguagem do autor a certas práticas e crenças, reforçando a significância espiritual dos ensinamentos. Embora não tenhamos muitas alternativas com relação à atribuição de autoria, é também verdade que a organização das passagens por Guo Xiang não altera o seu sentido, pelo fato de as passagens serem independentes umas das outras. Ou seja, nenhuma das dificuldades é séria o bastante para desmerecer a obra em seus fundamentos. Pelo contrário, estamos convencidos de que *potencializam o valor de O imortal do Sul da China*.

É igualmente útil destacarmos concisamente as *virtudes estilístico-literárias* de Zhuang Zhou:

(1) *Personalidade*. Com as reservas apontadas sob o tópico da autoria, esta obra transmite, com raro poder, o magnetismo de uma personalidade – reconhecida universalmente na China imperial como de Zhuang Zhou. Não é proveitoso desvincular os textos da "personalidade" de seu autor, nem de seu projeto intelectual – a mensagem que deseja transmitir ao leitor. Justamente, é essa personalidade que dá consistência e unidade à obra.

(2) *Técnica*. Em toda a obra, mesmo nas seções classificadas como "ensaios", Zhuang Zhou se expressa através de enigmas e parábolas, de modo que *devemos presumir que ele sempre diz mais do que fala*. Como um bom literato, ele não vai direto ao ponto se pode tomar um trajeto

mais interessante, fazendo que *o processo tenha tanto sentido como o seu desfecho.*

(3) *Gênero.* Esta obra não apenas é um *pot-pourri* dos gêneros literários existentes na Antiguidade chinesa, mas também inova no campo do que hoje chamamos de "micronarrativas" e cria, efetivamente, o gênero da "fábula alegórica". Sobre o primeiro ponto, não havia narrativas de longa extensão na China antiga comparáveis ao gênero dos diálogos platônicos, aos protorromances helenistas e sátiras em prosa/menipeanas da Antiguidade ocidental. Com relação à fábula alegórica, de fato, não há nada parecido na "Literatura dos mestres", especialmente por essas composições deixarem a impressão de que são invenções do autor. Ademais, dado o sentido profundo das mesmas, não parece que são meros aportes do folclore popular.

(4) *Literariedade.* Zhuang Zhou inovou, ainda, ao *ficcionalizar* abertamente seus textos, trazendo uma nova visão à literatura antiga chinesa, que precisa ser devidamente entendida. Na medida em que podemos distinguir poesia de prosa na Antiguidade chinesa, a prosa era normalmente utilizada para exposições sérias sobre assuntos fatuais, sob a presunção de que se tratava de registros verídicos, pelo menos que o autor pretendia que fossem tais. Isso vale tanto para os *Clássicos Ortodoxos*, como para a "Literatura dos mestres", em que as anedotas eram vistas como "registros do que realmente aconteceu". Zhuang Zhou, porém, manipula essas expectativas, inventando anedotas improváveis e, não raro, evidentemente absurdas. Irreverentemente, retrata Confúcio e o próprio Laozi, mesmo os "Reis Sábios", de maneira a explorar a sua própria doutrina. É sintomático que não poucos dos leitores originais tivessem *acreditado* naqueles textos, tratando-os como *evidências históricas.*

(5) *Tonalidade.* Como referimos, na literatura chinesa, Zhuang Zhou é talvez o primeiro a demonstrar um forte senso de humor e ironia, pondo as estruturas argumentativas do chinês arcaico sob extrema pressão. Claro que há riso em vinhetas dos *Analectos* e há mordacidade nos diálogos de *Mêncio*. É inegável que textos posteriores ao *Imortal*, tais como outra obra-prima chinesa, os *Registros do cronista*

(史記, *Shiji*), notabilizem-se por representar toda a palheta das emoções humanas, assumindo diferentes tons ao desenvolverem temas variados. Contudo, *Zhuangzi* emprega esses tons não somente para dar mais colorido e sabor às suas concepções e receitas de vida, mas também para apagar as linhas da inteligibilidade, intencionalmente. Em passagens cruciais da obra, o (bom) leitor fica com a impressão de que não pode se permitir que Zhuangzi o "leve pelo nariz" e essa é uma atitude correta.

(6) *Estrutura*. Apesar de que os textos pareçam ser independentes uns dos outros, relacionando-se somente por se referirem mais ou menos a um conjunto de temas, ideias ou concepções que ecoam ao longo da obra, há, claramente, um princípio estrutural em ação. Numa primeira análise, há a tendência de se classificar num mesmo capítulo os textos com enredos, efeitos literários e conclusões semelhantes. Isso é parte da verdade. Leituras mais detidas revelam que há um certo "efeito cumulativo", de modo que essas histórias, tendo um mesmo tema, também introduzem variações e novas intuições, contribuindo para que se identifique um tipo de "argumento" geral – nunca consolidado. A tradição crítica chinesa falha nesse ponto, porque em momento algum se orienta para a compreensão da obra "como um todo". Os leitores originais não só preferem enfocar passagens específicas (especialmente as que podem ser citadas como provérbios), como também dedicam seus melhores esforços à resolução de questões pontuais de interpretação.

Antes de concluirmos este *Esboço*, é indispensável rabiscar umas poucas palavras sobre as minhas intervenções sobre o texto e edição originais.

Considerando todas as qualidades e virtudes do texto na língua de partida, com o objetivo de fazer com que *O imortal do Sul da China* se torne prontamente inteligível para os leitores lusófonos, abri mão da técnica literalista que empreguei nos *Analectos* e *Escritura do Dao e sua Virtude (Dao De Jing)*. Desta vez, experimento uma técnica de tradução *literária*, agregando elementos dos comentários ao texto principal e desenvolvendo o próprio texto original segundo as regras da escrita literária (clássica) ocidental, produzindo em português os efeitos que acredito existirem na língua chinesa, segundo a experiência muito própria de leitura na respectiva época daquela cultura.

Além disso, não só atribuí novos títulos aos capítulos e às passagens, mas também elaborei "apresentações" para cada capítulo e "comentários" após cada passagem. As "apresentações" destacam "o que está em jogo", as questões que servem de pano de fundo para os ensinamentos de Zhuangzi. Os comentários que se seguem às passagens são composições minhas, obviamente informados pelos comentários chineses antigos, pela não desprezível literatura de apoio que acumulei e por minha convivência e experiências pessoais com o daoismo e daoistas.

Antes de passarmos ao texto principal, expresso meu desejo de que esta obra seja bem recebida por todos os estimados leitores e que seus ensinamentos, salutares e positivos, não só possam ser difundidos em nossa língua, mas que também contribuam de alguma forma para a busca existencial e espiritual de cada um.

Capítulo I
LIBERDADE

逍遙遊第一

Apresentação: duas atitudes sobre a liberdade

O primeiro capítulo de Zhuangzi goza de um estatuto único na cultura chinesa clássica, tendo deixado uma profunda marca não só no pensamento, mas também nas principais artes da China – p.ex. literatura, caligrafia, pintura e música. Para além dos méritos criativos dos textos, que inovam a literatura daquele país numa série de respeitos, este capítulo é notável por dar voz eloquente a um sentimento reprimido na classe dos intelectuais-burocratas a que Zhuangzi pertencia: o anseio por *algo maior do que o sucesso mundano* e a busca de *algo mais duradouro do que a existência humana*. Essa voz ecoa até os nossos dias e consegue sobrepujar barreiras culturais, donde o título que escolhemos para este capítulo: "Liberdade".

Reconhecidas as profundas diferenças civilizacionais entre Ocidente e China, vale a pena tentar discriminar a conotação de "liberdade" nos dois contextos:

No caso da tradição ocidental, "liberdade" (tanto *ἐλευθερία*, como *libertas*) era, originalmente, uma noção jurídica e política de caráter *restritivo*. "Livre" qualificava o membro oficial da coletividade, titular pleno de direitos, em distinção ao escravo ou estrangeiro. Nada obstante, é verdade que a dimensão *positiva* do termo "liberdade" se reforçou com o tempo. Por exemplo, através das Guerras Médicas e Púnicas, germinou um conteúdo ideológico próximo da "unidade" e "autodeterminação" nacionais. Com a teologia paulina, propõe-se um novo sentido de liberdade de consciência, além das amarras da Lei e da Tradição. No plano da educação, a cultura clássica ocidental assenta-se sobre as *artes liberales*, isto é, aquelas disciplinas que todo homem "livre" deveria conhecer como condição de seu estatuto social. Nas "cidades-livres" da Idade Média, começou a existir uma fecundação mútua entre a liberdade política e a econômica. Esses elementos, jurídicos, políticos, culturais, econômicos nunca deixaram de se fazer sentir ao longo dos últimos milênios, de modo que a história ocidental pode ser resumida como sístoles e diástoles da "liberdade".

No caso da tradição chinesa, não encontramos muitos pontos de contato com a ocidental, de maneira que não é razoável transferir expectativas sobre o termo "liberdade" para a interpretação de Zhuangzi. Isso não impede, todavia, que se tracem analogias em termos de *atitude existencial e espiritual* com relação a esse termo. Dessa forma, os leitores chineses reconhecem que este primeiro capítulo de Zhuangzi exprime um anseio por 自由 (*ziyou*), palavra que, em português, é justamente traduzida como "liberdade". Esses dois ideogramas caracterizam o poder do indivíduo de decidir os próprios rumos por si só.

Em toda a história da China pré-contemporânea, porém, havia um rígido sistema social que distinguia formalmente os membros da burocracia das pessoas em geral, fundado sobre uma hierarquia familiar que persistia desde a pré-história. Além disso, a ética chinesa é construída exclusivamente sobre a base de *deveres recíprocos*, tanto que inexiste a palavra "direito" ou "garantia" na língua antiga, nem existe um conceito análogo nos seus diplomas jurídicos. Dado esse contexto social restritivo, Zhuangzi explora um espaço em que a pessoa é capaz "de encontrar a si própria" (自得, *zide*, um cognato de 自由), "de se sentir à vontade consigo própria" (自在, *zizai*, um outro cognato) – dando as costas ao estilo de vida e objetivos legítimos para a coletividade.

Existencialmente, essa é uma situação de "liberdade", com todas as particularidades que assinalamos. Porém, ao gerar conflitos com a ética e os costumes públicos, há uma constante necessidade *de conciliar e mesmo de conceder mutuamente* – dialética que tampouco está ausente na experiência ocidental, vejam-se os exemplos do romantismo e da contracultura. Porém, na China, os poderes instituídos e os valores coletivos são inexpugnáveis, o que faz que daoistas como Zhuangzi notabilizem-se por persistir e não abrir mão de seus ideais, fazendo que a busca de "liberdade" eventualmente culmine com o isolamento e até a ameaça de morte social: eis o ponto de partida para o *eremitismo* e *busca da imortalidade*, dois temas sempre presentes, nas linhas ou entrelinhas, das narrativas que se seguem.

Por último, é importante lembrar que, em chinês, o título deste capítulo é 逍遙遊 (*xiaoyao you*), descrevendo uma viagem (遊, *you*) que é realizada "negligentemente" (逍遙, *xiaoyao*), isto é, sem plano, sem pressa, sem medo. Essa é uma *metáfora* significativa para "liberdade" ideal do daoista. "Viagem" (遊, *you*) tem um sentido *iniciático*, em dois planos, concreto e abstrato. Por um lado, concretamente, serve de tema para muitas histórias aqui recolhidas. No daoismo, estamos sempre a caminho, o que envolve a fuga da sociedade, a busca de um mestre, peregrinações aos ermos, ascensão ao plano dos imortais etc. Ao mesmo tempo, a "viagem" também é *abstrata*, um percurso emocional, intelectual, espiritual do praticante em direção ao dao. Já o termo "*Xiaoyao*" (逍遙) se aplicava de forma pejorativa, na tradição confuciana, à pessoa desleixada, o que fazia prova de sua falta de caráter e respeitabilidade. Ironicamente, o daoismo reinterpreta essa palavra, como um desafio à conformidade passiva, realçando o espaço de *autodeterminação subjetiva*, a *busca de plenitude*, distante dos olhos de outrem.

1.
O peixe e o pássaro: uma fábula

北冥有魚，其名為鯤。鯤之大，不知其幾千里也。化而為鳥，其名為鵬。

Como primeiro de meus escritos, gostaria de contar uma história que ouvi de meu mestre e que ele ouviu do seu e assim por diante, até a origem do nosso dao. É uma história sobre tempos que se perderam no tempo, que diz assim: "nas profundas, negras águas dos oceanos onde termina o mundo ao norte, há um peixe. Seu nome é alevim. Esse alevim é grande, mas tão grande, que quantas mil léguas tem, eu nem mesmo sei. Só sei que, um dia, asas cresceram-lhe, virou um pássaro. Como pássaro, atende pelo nome de fênix.

鵬之背，不知其幾千里也；怒而飛，其翼若垂天之雲。是鳥也，海運則將徙於南冥。南冥者，天池也。

O dorso da fênix é grande, mas tão grande, que quantas mil léguas tem, mal sei. Quando um furor, enchendo o seu peito, agita e rufla suas asas, essa ave lança-se, inteira, no vazio, seu corpo a pairar no ar – como cúmulos a pender, imponentes, no páramo. Depois que a grande maré se revolve, e com seu vigor aviva os ventos de monção, o pássaro migra para os pélagos do sul, lá onde também termina tudo. As águas são límpidas ali; e abissais. Piscina celestial". Eis a história que ouvi de meu mestre e que ele ouviu do seu e assim por diante, até a origem de nosso dao.

齊諧者，志怪者也。諧之言曰：「鵬之徙於南冥也，水擊三千里，摶扶搖而上者九萬里，去以六月息者也。」

Todavia, em meus estudos, aprendi mais sobre essa história. Conheci a Qixie – "Aquele que de tudo ri", em nossa língua –, que relata coisas das mais extraordinárias. Uma de suas anedotas (pergunto-me se será galhofa?), expõe melhor o voo da fênix: "ao migrar para os oceanos ao sul, a fênix golpeia a flor da água, avantajando vagas de três mil léguas. E é assim que, estapeando e estapeando o mar, agarra o rabo de um remoinho e arriba-se, noventa mil léguas em direção aos Céus. O pássaro põe-se a caminho no sexto mês, quando o respiro dos mares e dos Céus são sentidos pelo homem como um vendaval bravo".

野馬也，塵埃也，生物之以息相吹也。

Céus e mares inspiram; expiram mares e Céus. Eis donde a vida de cada ser que há. Para a fênix, no entanto, o sopro divino não é mais do que um manto de vento e de pó a levantar os elementos, corcéis selvagens a galopear pelo cosmo. Eis o que diz "Aquele que de tudo ri" sobre o voo da fênix.

天之蒼蒼，其正色邪？其遠而無所至極邪？其視下也，亦若是則已矣。

A meditar sobre essa história, por vez surpreendo-me em transe profundo. O anil, oh, esse anil da abóbada que nos cobre... será essa a sua verdadeira cor, a do Céu? Além, muito além do que avistam os nossos olhos, será que ainda continua a mergulhar no infinito, sem jamais encontrar o seu fundo? Se, ao contrário, fosse a fênix, do alto de seu voo mítico, a nos observar por um instante, o que veria? Talvez visse o mesmo vazio? Sim, talvez.

且夫水之積也不厚，則其負大舟也無力。覆杯水於坳堂之上，則芥為之舟；置杯焉則膠，水淺而舟大也。

E por que voa um voo desse vulto, pergunto-me? Se um córrego corre fino, raso o seu leito, faltam-lhe forças para carregar uma barca, por mais modesta que seja, sobre suas costas. Em contraste, basta-lhe um copo d'água, ao buraco aqui diante de mim, no assoalho de meu salão, para que uma lâmina de grama me sirva de bote. E nada mais do que um bote para as formiguinhas, os menores dos seres. Mas, ao tentar nele zarpar, minha tacinha de aguardente, como se bojuda nave fosse, vai a pique logo ali onde a pusera. Também pudera, o lago é raso e a nave, grande.

風之積也不厚，則其負大翼也無力。故九萬里，則風斯在下矣，而後乃今培風；背負青天而莫之夭閼者，而後乃今將圖南。

Logo, se o vento voa fino sob as asas da fênix, faltam-lhe forças para suportar as pesadas asas do pássaro. Ao chegar às noventa mil léguas, contudo, o vento, robusto e seguro de si, leva a ave nos ombros. A seguir, a fênix empurra a quem ora a carregara; com seu manto de penas contra o profundo anil do Céu, não há nada que a possa impedir agora; agora, sim, pode manobrar para o sul.

蜩與鷽鳩笑之曰：「我決起而飛，槍榆枋而止，時則不至而控於地而已矣，奚以之九萬里而南為？」

Acorre-me: será que a fênix representa tudo o que há no universo? Ela é infinitamente grande; mas e o infinitamente pequeno? Para respondê-lo, tentei escrever uma fábula. Leio-a para ti: "Rindo-se da fênix, a cigarra e a rolinha chilreiam chistosamente: 'um pulinho, dois bateres de asas e já revoamos; se cansamos, há um poleiro em cada olmo ou sapão'. Se nem isso puder esperar, o solo nunca nos deixa de ser um pouso seguro". Para que se alçar a noventa mil léguas? Que proveito há em migrar para o sul?

適莽蒼者，三飡而反，腹猶果然；適百里者，宿舂糧；適千里者，三月聚糧。

Assim também com o viajor. Quem se feria pelas campinas viridentes nas cercanias de sua vila, só três rações frias, e basta para que vá e volte de barriga cheia. Numa caminhada de cem léguas, é preciso ter os grãos moídos na véspera da partida. Aqueles que se lançam num périplo de mil léguas, ah, esses têm que se prover de víveres para três meses.

之二蟲，又何知！小知不及大知，小年不及大年。

Mas que sabem aqueles dois bichinhos? Saberes pequenos são menores do que a grande sabedoria. Quem pouco viveu está longe do que é longevo.

奚以知其然也？朝菌不知晦朔，蟪蛄不知春秋，此小年也。楚之南有冥靈者，以五百歲為春，五百歲為秋；上古有大椿者，以八千歲為春，八千歲為秋。此大年也。而彭祖乃今以久特聞，眾人匹之，不亦悲乎！

E como é que sei que essa é a pura verdade? O fungo, cuja vida pende do orvalho, nunca verá a lua tingida de rubro pelo arrebol. Tampouco a cigarra, cujo canto nasce e morre no verão, ziziará, ou no outono, ou na primavera. Esses são os que vivem pouco. Ao sul das terras de Chu, há uma árvore, conhecida como o Espírito das Sombras. Cada primavera sua conta quinhentos anos e, por outros quinhentos, se arrasta seu outono. Na mais remota antiguidade, ailantos gigantes floresciam a cada oito mil anos, precisando de outros oito milênios para que caíssem suas folhas. Esses são os que perduram. Enquanto isso, o ancião Peng, devido à sua breve longevidade breve, tem sua fama festejada futilmente pelos nossos. E multidões emulam-no; que lamentável é!

湯之問棘也是已。

Para terminar, voltemos ao início. Falemos, uma última vez, do voo da fênix. Dentre os papéis que recolhi em minha vivência do dao, há um registro das questões que Tang, o nobre rei de nossos tempos primevos, dirigira a Ji, o burocrata que escondia seu cultivo das técnicas dos iniciados. Essas questões meditavam sobre as mesmas aporias que estou a discutir:

窮髮之北，有冥海者，天池也。有魚焉，其廣數千里，未有知其脩者，其名為鯤。有鳥焉，其名為鵬，背若泰山，翼若垂天之雲，摶扶搖羊角而上者九萬里，絕雲氣，負青天，然後圖南，且適南冥也。

"Nos descampados ao norte, há mares de águas escuras, as piscinas celestiais. Nelas nada um peixe, tão largo que conta milhares e milhares de léguas. Contudo, ninguém é capaz de dizer quão comprido. Seu nome é alevim. Há ainda um pássaro lá; chama-se fênix. Seu dorso é imenso, à maneira da montanha Tai; suas asas, como nuvens a cingirem o Céu. Abre-as, dobra-as, vibra-as. Sopra um rodomoinho de chifres de carneiro. Piruetando, sobe noventa mil léguas. Perfura os cúmulos, cruza os cirros, deita-se, por fim, de costas para o dossel azul. Depois, fixa seu curso para o sul, sempre sul, até as suas águas cerúleas". Eis o que Ji, o fiel burocrata, respondeu a Tang, o nobre rei, sobre o voo da fênix. Admiro-me que esclarece o que é grande e longevo.

斥鴳笑之曰：『彼且奚適也？我騰躍而上，不過數仞而下，翱翔蓬蒿之間，此亦飛之至也。而彼且溪適也？』

Até consigo imaginar uma outra fábula, descrevendo o que um passarinho teria a dizer àquele passarão: "A codorniz ri-se e mofa-se da fênix: 'E para onde é que vai? Um saltinho já me basta para voar; nem preciso de uns poucos cúbitos para que me pouse. Adejando pelos crisântemos daqui e dali, isso é que é voar! E aquela fênix lá, para onde é que vai?'".

此小大之辯也。
Assim discriminamos o grande do pequeno.

Comentário: "Liberdade é aceitar a si próprio"

Enquanto primeira passagem da obra, *a "Fábula do peixe e do pássaro" delineia um programa*, não só para o resto do capítulo, mas também para toda a obra. Com efeito, é uma das passagens mais famosas e mais importantes em todo o pensamento e literatura chineses, estando imortalizada nas artes plásticas e música. Portanto, é natural que, em dois milênios, tenha inspirado uma abundância de comentários, exposições e criações originais. Dentro dos limites de extensão adequados a esta parte do texto, vamos tentar alinhavar, sucintamente, os principais elementos para interpretação do discurso relaxado, quase frouxo, de Zhuangzi sobre o mito da fênix.

Em linhas gerais, a passagem utiliza uma série de iterações da fábula da fênix para *contrastar conceitos de "grandeza" e "pequenez"*. A fênix representa um *tema cosmológico*, enquanto as personagens pequenas tentam exprimir um *problema existencial*.

O voo da fênix pode ser interpretado como *uma complexa narrativa cosmológica, dotada de sentido iniciático para o daoismo*. Visto que na China antiga se acreditava num elo entre o macrocosmo (Natureza para nós, ou, em chinês, "Grande Espontaneidade" 大自然) e o microcosmo (corpo humano), a alegoria dessa ave mítica funciona em dois planos. No que se refere ao primeiro, o seu sentido mais elementar é o da *formação da "Grande Espontanteidade" segundo o fluxo de Energia Vital* (氣, *Qi*). "Energia Vital" (*Qi*) é um tipo de substância sutil responsável pela produção do mundo e de todas as coisas que nele existem. Os chineses antigos acreditavam que, na origem dos tempos, havia apenas um aglomerado de "Energia Vital original" (元炁, *yuanqi*), que se separou em duas forças, chamadas de Yin 陰 (princípio feminino) e Yang 陽 (princípio masculino). Nesse contexto, *a metamorfose do peixe em ave representa a passagem da energia pura Yin* – simbolizada na fábula pela posição norte, pelo elemento água, pelo animal peixe – *para a energia pura Yang* – representada pela posição sul, pelo elemento fogo (atente-se para que a ave voa próxima ao sol), pelo animal fênix. Os chineses antigos denominam esse momento primordial de *"Antes do Céu"* (先天, Xiantian), ou seja, anterior à formação da "Grande Espontaneidade". A alegoria da fênix também pode ser elaborada para explicar o momento "Após do Céu" (後天, Houtian), em que surge a noção de tempo. Concretamente, a narrativa expõe a relação entre Yin-Yang e a sucessão das estações do ano, mas, para aprofundarmos essa descrição, seria necessário expor mais longamente os rudimentos de numerologia chinesa e dos diagramas do *Clássico das mutações* (o *Yijing*, 易經), o que extrapolaria os limites deste comentário.

Além de falar sobre o macrocosmo, o mito da fênix também possui um *sentido fisiológico*, pois a "Energia Vital" (*Qi*) flui no corpo de uma maneira análoga à da "Grande Espontaneidade". O voo da fênix descreve *o tipo de transformação que o praticante daoista deve sofrer*, para que "renasça" como um imortal. A teoria é simples: em estado puro, Yin e Yang concebem coisas imperecíveis; se mesclados, coisas efêmeras. Os imortais possuem Yin e Yang em estado puro; os homens comuns, mesclados. O daoista advoga que, ao reverter (反 fan ou 還 huan) o processo de mistura das energias Yin e Yang que o fez nascer com seu corpo humano, substituindo-as por energias puras, ele conseguiria *transmutar-se em um ser incorruptível*, como o Céu e a Terra. A essa metamorfose, os daoistas chamam de 羽化登仙 (*yuhua dengxian*): "como uma borboleta, deixar a crisálida... e ascender ao reino dos imortais".

A partir do sentido iniciático, percebe-se que a fênix representa um *modelo de perfeição humana*. Como a história deixa claro, a fênix existe num plano separado dos outros seres. Descrita sempre na terceira pessoa, a ave entrega-se à sua jornada solitária, sem dar pistas de qualquer emoção ou necessidade humana, indicando que *o homem ideal não se excrucia com a desatenção*, porque não deseja ser atentado; *tampouco sofre com a incompreensão*, porque não deseja ser compreendido. Logo, o daoista permanece comprometido unicamente com o seu Caminho. Coerentemente, as *Três Doutrinas* (三教, Sanjiao), correntes em que se organizou o pensamento chinês desde pelo menos a dinastia Tang

(618-907), pretendem que a fênix seja um modelo de perfeição pautado pelos seus respectivos ensinamentos. (1) Os confucianos entendem que a fênix é o homem sábio 聖人 (*shengren*), cujo referencial é Confúcio, que guia as pessoas pelo seu exemplo de erudição e devotamento à ordem da sociedade. (2) Os budistas identificam a ave com o perfeito altruísmo das bodisatvas 菩薩 (*pusa*), que abrem mão de se sublimar no nirvana para continuar a servir (e sofrer) junto aos homens. (3) Os daoistas, por fim, entendem que essa alegoria indica os imortais 神仙 (*shenxian*), plácidos e distantes do mundo, que não padecem de fome, frio, nem sofrem com doenças e velhice. Cada um à sua maneira, e conforme seus próprios textos sagrados, entende que a alegoria se aplica ao grande homem *que prevalece não apenas sobre si, mas também sobre o que há de imperfeito no mundo*.

Nada obstante, além da fênix, não pode escapar à nossa atenção *um conjunto de personagens "pequenas"*, cujo papel não é menos importante na história. A atitude de Zhuangzi com relação às mesmas não é totalmente clara, havendo duas possibilidades. Por um lado, é inegável que os seres grandes e longevos estão expostos a verdades maiores e mais absolutas. Pela sua própria natureza, essas verdades não são compreensíveis, nem utilizáveis pelos outros seres. Dessa forma, *quem admite a prioridade do sentido iniciático, do grande homem, tende a considerar as personagens pequenas como reflexo da mediocridade humana, dos invejosos que tentam encobrir o fato de que há pessoas maiores e melhores do que si próprios*. Porém, por outro lado, há uma outra atitude, que tenta conciliar as diferenças entre a grande fênix e os bichinhos pequenos, reconhecendo-lhes um espaço e uma esfera de ação próprios, onde são capazes de desfrutar, cada um, o "conforto de suas existências". De fato, conforme a narrativa, grande e pequeno, cada qual vive em seu plano, inexistindo qualquer conflito de interesses. Neste plano, *cada existência é única e plena, de modo que não faz sentido algum tentar compará-las*. A fala das personagens pequenas não é sinal de inveja, mas um recurso literário positivo para afirmar a sua felicidade com o que são: grandes ou pequenos, todos os seres possuem o seu próprio espaço no mundo. Dessa forma, *a felicidade de cada um só depende de reconhecer, e assumir, os limites da própria existência* – isso serve como definição de liberdade.

2.

Da perfeição humana

故夫知效一官，行比一鄉，德合一君，而徵一國者，其自視也，亦若此矣。

Depois de muito refletir sobre a "Fábula do peixe e do pássaro", cheguei à seguinte conclusão. Há homens sabidos, que com cujos conhecimentos exercem seu cargo. Há homens exemplares, que com cuja conduta congregam os de sua vila. Há homens virtuosos, que com cuja excelência se entendem com seus soberanos. Há homens poderosos, que com cuja influência inspiram concórdia no país inteiro. Todos esses, contudo, percebem-se na mesma posição que os pássaros da fábula sobre o alevim e a fênix.

而宋榮子猶然笑之。且舉世而譽之而不加勸，舉世而非之而不加沮，定乎內、外之分，辯乎榮、辱之竟，斯已矣。彼其於世，未數數然也。

Os grandes homens do mundo criam problemas para si e guerras para os outros, no afã de se verem e se fazerem importantes. O mestre Song Rong, contente da vida, ri-se desses homens – preferindo a paz e harmonia de todos, mesmo que isso o relegue ao anonimato. Consequentemente, se todo o mundo o louva, não se lhe atiça o brio; se todo mundo o critica, não se desespera, nem se desalenta. Ele demarca com clareza a fronteira entre o seu íntimo e o mundo de fora; distingue as situações de que se haurem honras e de que se sofrem humilhações. E isso é tudo o que lhe importa. Pois, face a face com o mundo, nunca sofre das aflições que fervilham no ânimo dos homens, que se lançam em aventuras vãs, em busca de uma realização que nunca se completa.

雖然，猶有未樹也。夫列子御風而行，泠然善也。旬有五日而後反。彼於致福者，未數數然也。此雖免乎行，猶有所待者也。

Nem Song Rong, contudo, consegue se afirmar diante de cada fraqueza humana, pois está preso às suas circunstâncias. E que dizer do mestre Lie, que, com sua gélida candura, parte do mundo a cavalgar sua nuvem pelos prados celestes, e, uma quinzena depois, volver-se e voltar? Como Song Rong, tampouco tortura a ele o tormento que torce a todos, que numa procissão inane propiciam espíritos, buscam benesses, postulam prosperidade – dentro do mundo e para o mundo. O mestre Lie superou Song no sentido de que pode, a qualquer momento, deixar para trás as pessoas e os países que lhe pesarem sobre o ânimo. Isso é bem verdade. Porém, mesmo que não dependa das pernas para perambular pelo universo, sem sua nuvem, o mestre Lie não vai a lugar algum – ele ainda depende de algo para conquistar a sua liberdade.

若夫乘天地之正而御六氣之辯，以遊無窮者，彼且惡乎待哉！

Sendo assim eu vos pergunto; se puder um homem empunhar a justa medida do ciclo que se desenrola entre o Céu e a Terra para, à maneira de um cavaleiro a cavalgar, dominar as *Seis Transformações da Energia Vital*, sim, se um homem conseguir dessa forma passear pelo infinito, de que dependerá ele?

故曰："至人無己，神人無功，聖人無名"。

Que se revele esta verdade: "*O homem sábio não tem fama. O homem supremo não tem ego. O homem divino não tem mérito*".

Comentário: "Liberdade é deixar o mundo para trás"

Depois de a "Fábula do peixe e do pássaro" haver lançado o tema da grandeza e pequenez, esse texto contrapõe *dois tipos de realização humana*. De um lado estão aquelas pessoas consideradas grandes segundo as convenções sociais confucianas; de outro, vem o panteão daoista, de homens que romperam as amarras das expectativas e exigências dos outros, descobrindo um novo sentido para a perfeição humana.

Segundo a concepção usual da sociedade em que viveu Zhuangzi, *as pessoas encarregadas do governo da sociedade eram "grandes" por definição, supostamente por terem maior virtude e capacidade.* Elas estavam separadas das pessoas comuns pelos privilégios de um código de cerimonial chamado de "Regime dos Ritos e Música" (禮樂制度, Liyue Zhidu), o qual também as sujeitava, em compensação, a uma estrita hierarquia dentro da própria classe. Dessa forma, a passagem começa com uma sequência de cláusulas paralelas (*tetra-colon crescens*) perfilando quatro burocratas com responsabilidades cada vez mais amplas, cada um representando um tipo de qualidade, cada vez mais importante. Não é difícil entrever aqui, a hierarquia confuciana dos *"homens de valor"*, *"homens nobres"* e *"homens sábios"*.

Em vez de referendar o senso comum, Zhuangzi duvida que as pessoas mais poderosas (ou ricas, ou famosas) tenham alcançado a verdadeira "liberdade". Elas seguiram o caminho usual, no caso, de se envolver na vida político-burocrática, buscando assim atribuir um sentido à própria existência. Como esclarecemos na introdução a este livro, em chinês, tal posição filosófica chama-se de *"engajamento no mundo"* (入世, Rushi). Contudo, Zhuangzi argumenta, sutilmente, que tais pessoas estão sempre a buscar cargos mais elevados, portanto sempre insatisfeitas com a sua posição e com as suas possibilidades, de modo que *tanto as expectativas sociais como os privilégios e obrigações terminam por delimitar o espaço de realização existencial e espiritual de quem fez essa escolha.*

Em contraposição, Zhuangzi propõe a escala de valores daoistas, citando Song Rong (宋榮子) e Lie Yukou (列御寇, o mestre Lie), personagens do folclore daoista, como referência. Sobre o primeiro, não se sabe exatamente quem foi, especulando-se que possa ser o mesmo que outras personagens citadas esparsamente em obras como *Mêncio*, *Xunzi* e um capítulo histórico--crítico do Tomo III de *Zhuangzi*. O que importa é que todas essas personagens *se empenhavam em pacificar conflitos entre as cortes* no período dos Reinos Combatentes (475 a.C.-221 a.C.). Essa postura pouco usual, característica do moísmo, ia de encontro às ambições dos candidatos a posições de poder, nomeadamente as de se valer desses conflitos para buscar influência nas cortes. O mestre Lie é um elemento maior do folclore daoista e importante personagem nesta obra, sendo reconhecido como um imortal. A obra epônima *Liezi*, compilada (ou forjada) na dinastia Jin (266-420), é atribuída a ele, tendo sido consagrada como uma das três escrituras fundamentais do daoismo na dinastia Tang.

Voltando ao texto, Zhuangzi defende que a realização humana exige o abandono dos objetivos seculares, não porque eles sejam maus em si, mas porque eles *fazem que se passe a depender dos caprichos da opinião pública e, ultimamente, das marés da vida*. Em chinês, essa posição filosófica é chamada de *"saída do mundo"* (出世, *Chushi*). Para explicar como isso é factível, o autor cita Song Rong, que simboliza um tipo de fortaleza emocional, *cuja autoconfiança e autorespeito lhe servem para resistir às incertezas e inseguranças do dia a dia*. De qualquer maneira, Song é incapaz de reverter a predominância do coletivo sobre o individual.

Para tentar resolver esse problema, emerge o tema do imortal, que sempre está no pano de fundo desta obra. Um "imortal" (神仙, *shenxian*) é aquele que, através das técnicas secretas do dao, rompe os limites físicos da existência humana, especialmente no que se refere à longevidade e certos poderes sobrenaturais, como o dom de prever o futuro e a invisibilidade. De forma menos impressionante, "imortal" é um termo honorífico dado aos "mestres do dao", especialistas em meditação, dietética, técnicas divinatórias etc., em suma, todo o conjunto de conhecimentos e práticas do chamado daoismo religioso.

Há duas formas de entender o que significa o voo sobre a nuvem – dependendo do que quer dizer *Seis Transformações da Energia Vital (Qi)*, no texto. Uma delas é o poder sobrenatural de vencer a gravidade, apelidado no daoismo de 輕舉 (*qingju*), e a outra é um estado meditativo de transe, deixando o corpo para trás e unindo-se às transformações do Yin-Yang. Indiferentemente de qual a melhor leitura, Zhuangzi parece estar inclinado a admitir a possibilidade desses poderes sobrenaturais, recomendando o cultivo de técnicas secretas com o objetivo final de vencer todas as limitações humanas, sobretudo as necessidades básicas de alimento/água e o ciclo vital de envelhecimento e morte.

Seja o mestre Song, seja o mestre Lie, ambos representam novos passos, novas etapas na busca da liberdade existencial proposta por Zhuangzi. Como dito, são exemplos de uma nova hierarquia de perfeição humana, que o autor coteja com a visão confuciana das quatro personagens anônimas no início do texto. Todavia, no caso do daoismo, não é uma simples hierarquia fechada, no sentido de que uma virtude (ou um cargo político) são mais elevados do que outra(o). Uma palavra-chave no texto chinês é "*depender de algo externo a si*" 待 (*dai*), utilizada para criticar a dependência do mestre Lie de sua nuvem. Zhuangzi defende que *a realização final do ser humano é a de* "ir além do mundo", *rompendo todos os ligames de dependência – materiais, emocionais, espirituais – com tudo o que está fora de si*. Esse é um dos principais temas desta obra, que será desenvolvido exaustivamente, tanto no plano intelectual, como no prático.

3.
O eremita e o imperador: um diálogo

堯讓天下於許由曰：「日月出矣而爝火不息，其於光也，不亦難乎！時雨降矣而猶浸灌，其於澤也，不亦勞乎！夫子立而天下治，而我猶尸之，吾自視缺然，請致天下。」

Embora fosse conhecedor das técnicas secretas, imbuído de um inigualável Senso de Dever, Yao abandonara o dao para se tornar governante das gentes de Tudo sob o Céu. Benevolente, havia pastoreado seu povo por décadas, sem nunca fraquejar diante das tentações do poder. Sentindo-se velho, considerava agora abdicar o trono em favor de Xu You, o eremita: imensurável era a sua Virtude; ele nunca se distanciava do Caminho. Contudo, Xu You vivia pelas montanhas. Tinha uma profunda aversão a tudo o que pudesse pesar sobre o seu corpo, pesar sobre a sua mente, pesar sobre o seu espírito. Que fazer? Assim foi que, um dia, Yao tomou coragem de ir à sua presença, anunciar-lhe a boa nova. A potestade chegou, seguida de seu séquito, ao arremedo de cabana rude em que o imortal se expunha às intempéries. Yao declarou solenemente: "Saúdo-vos, eremita! Única é a vossa Virtude em Tudo sob o Céu. Lua e Sol iluminam o mundo, mas acendemos candeeiros – que vã fonte de luz! A estação chuvosa sacia a sede dos campos, mas teimamos em irrigá-los – que ressaca tem a terra! Vós, vós sois Sol e Lua; vós sois a estação chuvosa. Basta que subais ao trono, Tudo sob o Céu ocupará naturalmente o seu devido lugar. Do contrário, continuarei eu, neste cargo, à parecença do médium das cerimônias de sacrifício aos ancestrais. Ele pouco mais é do que uma fachada para o espírito que, através dele, urde sua mágica. Ao reconhecer as minhas insuficiências, rogo que me permitais transmitir Tudo sob o Céu às vossas mãos”.

許由曰:「子治天下, 天下既已治也。而我猶代子, 吾將為名乎? 名者, 實之賓也。吾將為賓乎? 鷦鷯巢於深林, 不過一枝; 偃鼠飲河, 不過滿腹。歸休乎君, 予無所用天下為! 庖人雖不治庖, 尸祝不越樽俎而代之矣。」

Sem nenhuma concessão à cerimônia que exigia tão inesperada ocasião, uma silhueta delgada, muito longa, respondeu, saindo preguiçosamente da sombra de uma árvore: “Rei. Estás a governar Tudo sob o Céu e Tudo sob o Céu já está bem governado”. Era Xu You. Com uma voz quase ríspida, continuou: “Se, mesmo assim, aceitar substituir-te e entrar no teu salão e me sentar no teu trono, não o será meramente para dar substância a um título, que não é mais do que renome, que não passa de um simples nome?! Nomes nada mais são do que acessórios da realidade que pretendem representar. Será que, por um simples título, devo aviltar minha existência? Será que devo perseguir um renome, um acessório da realidade, dando as costas para o principal, a liberdade de ser o que eu sou?”. Uma atmosfera pesada cerrou-se sobre o séquito de Yao. Apontando sucessivamente para lugares em volta de si, o esquálido homem do Dao ponderou: “Quando a carriça faz seu ninho na mais profunda das florestas, não precisa mais do que um galho; mesmo que se lhe dê um rio para beber, o arvicolino não vai além do que cabe em sua barriguinha”. Magnânimo, o rei não se sentia vilipendiado, era como se soubesse por antecipação o que ocorreria naquele dia. E o imortal não deixou dúvidas, despedindo-se de forma pouco lisonjeira: “Leva contigo tua coroa! De nada me serve Tudo sob o Céu! Tu te descreves como médium. Errado. Tu és o sacerdote que preside sobre os sacrifícios. Eu, não mais sou do que o cozinheiro. O sacerdote é nobre, é grande; o cozinheiro é humilde, é pequeno. Entretanto, mesmo que o cozinheiro deixe a sua cozinha, o sacerdote não será capaz de substituí-lo. Tu sabes que nada podes, além de tuas jarras de aguardente e de tuas vasilhas de carne. Volta para elas!”.

Comentário: "Liberdade é reinar sobre si mesmo"

Utilizando a técnica do diálogo literário, Zhuangzi discute simultaneamente dois problemas de grande importância para o pensamento chinês: *qual o estilo de governo ideal* e *qual a atitude a ser tomada pelo sábio na política*. O argumento é desenvolvido mediante o contraste entre o rei Tang Yao (唐堯) e o imortal Xu You (許由). Para compreender melhor como se dá esse contraste, é importante aprender um pouco sobre essas duas personagens.

Yao é uma figura lendária, festejada como um dos oito mais importantes governantes da China pré-histórica – Os Três Augustos e Cinco Imperadores (三皇五帝Sanhuang Wudi), em que Yao vem listado como um dos últimos elementos do grupo de cinco, portanto de história relativamente mais recente. Embora tenham vivido em diferentes pontos de uma história milenar, esse grupo de governantes tem por traço comum o fato de terem sido chefes tribais que, unificando clãs de cultura similar, se impuseram sobre outros grupos confinantes de hábitos e tradições diferentes. Além disso, depois de terem estabilizado militarmente seus domínios, todos implementaram regras de convívio e regimes de governo que serviram de fundamento à ideologia clássica do Caminho do Rei (王道, Wangdao). Yao é lembrado no confucionismo, especialmente em Mêncio, como um dos reis antigos de mais alta moralidade, por ter cedido o trono a um homem do povo, Shun (舜), que era celebrado por sua competência e piedade filial. Yao também é o primeiro dos reis lendários a serem lembrados como "Dominadores das Águas" (治水, Zhishui), ou seja, por terem construído grandes obras hidráulicas, cuja administração burocrática caracterizaria o sistema político chinês ao longo de toda a sua história pré-RPC.

Para além do confucionismo, outras correntes do pensamento chinês antigo também buscaram apropriar-se do legado de Yao. O daoismo, através de Zhuangzi, promoveu a tese de que Yao era um praticante das técnicas secretas do dao. Não só isso, ele teria tido Xu You como o seu mestre e, em diversas ocasiões, teria tentado abdicar do trono em seu favor. Sobre Xu You, o material escrito mais antigo é o que encontramos neste livro, muito embora houvesse também tradições orais divulgadas popularmente. Também é possível que tenha sido uma figura histórica, já que o autor da primeira grande compilação histórica da China, os *Registros do cronista* (史記, *Shiji*), afirme ter visitado a tumba de Xu You. De qualquer maneira, uma das linhas de transmissão do dao destacadas em Zhuangzi é a dele: começa em tempos imemoriais, incluindo 被衣 (Piyi, o Farrapo); 王倪 (Wangni, o Garoto), 齧缺 (Nieque, o Banguela), até chegar a Xu You e Yao. Todos esses imortais são personagens mais ou menos frequentes nesta obra.

As visões confuciana e daoista de Yao são inconciliáveis, havendo um contraste e mesmo uma tensão entre os diferentes papéis de Yao. Também em sua época, Yao era objeto de veneração e culto religioso. Zhuangzi, porém, tem uma postura irônica e mesmo irreverente: o rei era a figura de maior projeção em toda a China, existindo uma distância intransponível entre ele e as pessoas comuns. Nesta anedota, Zhuangzi faz que o rei literalmente desça de seu trono e ofereça Tudo sob o Céu (o governo do "mundo") a uma pessoa de aspecto quase repugnante, que vive fora da sociedade. *Esse tipo de comportamento era impensável na China antiga* – fora das convenções do mundo literário, naturalmente. O mais surpreendente, contudo, é a reação do eremita, que recusa a maior das fortunas imaginável.

Jogo literário à parte, Zhuangzi desenvolve um tema muito caro para o daoismo. A ideia de que a melhor forma de governo é o que se chama de "Governo pela Inação" (無為而治, Wuwei Erzhi). Segundo ele, *há uma ordem natural (a Espontaneidade,* 自然, *ziran), que se sobrepõe a todo desígnio humano* – a sucessão das quatro estações, que regula o trabalho e a vida humana. Ao governante, cabia meditar sobre essa ordem, *evitando tomar medidas que interferissem no andar normal das coisas*. Como bom daoista, Yao reconhece que não foi capaz de praticar a inação e que todo o sucesso que encontrou foi devido à existência de alguém como Xu em seus domínios. Esse é o motivo para que, mesmo sabendo que seria possivelmente recusado, no final tentasse entregar a coroa ao seu mestre.

A reação de Xu You é exasperada e incomumente rude – para não dizer passível de pena de morte. Esse exagero serve para acentuar a renitência do daoista em abrir mão de sua vida sossegada. Para ele, os títulos, as regalias, a glória de ser maior do que os outros termina se tornando um fardo. Um dos debates mais duradouros entre daoistas e confucianos, quinhentos anos depois de Zhuangzi (pano de fundo para o Estudo do Mistério 玄學,

Xuanxue, mencionado na introdução) era sobre a prioridade entre a chamada *Doutrina dos Nomes* (名教, *mingjiao*) e a *Espontaneidade* (自然, *ziran*). Nos termos da primeira, a vida social deveria ser regrada, distinguindo-se quem era nobre de quem era baixo, quem era bom de quem era mau, isto é, organizando a sociedade em escalões, baseados num misto de categorias sociais e morais. Sob o prisma da Espontaneidade, em comparação, a posição social de uma pessoa, o seu patrimônio, a sua fama, entre outras distinções, não eram capazes de definir o que ela era realmente. Portanto, Nome termina sendo filosoficamente oposto a Realidade (實, *shi*).

Xu You tem plena consciência de que, *ao assumir uma posição importante na sociedade, não há espaço para a descoberta e o desenvolvimento do eu*. O eremitismo de Xu é uma solução radical, que aponta para que o indivíduo que se socializa está condicionado a papéis preestabelecidos. Embora esses cargos e papéis sejam ocupados provisoriamente – dada a mortalidade inelutável do homem –, muitos desajuizados terminam acreditando que eles não só lhes pertencem, mas também os definem.

O daoista, contudo, só quer a liberdade de reinar sobre si próprio.

4.
Sobre os imortais

肩吾問於連叔曰：「吾聞言於接輿，大而無當，往而不反。吾驚怖其言，猶河漢而無極也；大有逕庭，不近人情焉。」連叔曰：「其言謂何哉？」

Era um começo de outono quente e úmido numa daquelas colinas que serviam de abrigo aos que haviam deixado o mundo. Pelo final de uma tarde qualquer, estavam dois praticantes do dao a buscar a brisa, encostados nos ramos de um fícus que se esparramavam pelo ar. Um deles tinha a alcunha de Ombrudo, característica realçada por suas pernas curtas e tortas. Cansado de não dizer nada, olhou para o Tiozinho, que aparentava menos anos do que tinha, a despeito daquela testa muito alta, e dos olhos profundos. Ele parecia alheio a todo aquele mormaço. De repente, puxou conversa: "eu ouvi um daqueles causos do Rabeira, uma história exagerada e sem fundamento, ela continuava e continuava, sem nunca chegar a lugar algum. Despertaram espanto e pavor em mim, aquelas palavras, pois tinham a imensidão sem fim do rio de estrelas que corre pelo firmamento acima. Dizia-me coisas tão separadas da realidade quanto a rua lá fora está longe do pátio aqui dentro – distantes da compreensão humana". Curioso, Tiozinho aproximou-se, limpando as mãos sujas de casca de árvore: "E o que diziam elas?", perguntou.

「曰：『藐姑射之山，有神人居焉。肌膚若冰雪，淖約若處子。不食五穀，吸風飲露。乘雲氣，御飛龍，而遊乎四海之外。其神凝，使物不疵癘而年穀熟。』吾以是狂而不信也。」

Animado com a resposta de seu irmão de Caminho, Ombrudo respirou fundo, fitando através dele. Era como se visualizasse o seu próprio conto. "Bem", iniciou, "era algo mais ou menos assim: 'havia uma raça de divindades, homens espirituais, a morar na longínqua montanha Gu'ye. Sua pele era como o gelo e a neve; tinham o aspecto e as maneiras das moças virgens. Não se alimentavam dos cinco tipos de grãos; simplesmente ingeriam vento e sorviam orvalho. Eles montavam sobre as nuvens, cavalgavam dragões voadores e assim passeavam para além dos quatro mares. Ao concentrar seus espíritos, impediam que pragas se abatessem sobre o mundo, presenteando abundantes colheitas aos homens'. Tal narrativa pareceu-me um desvario, de modo que não lhe confiei minha credulidade." Seus olhos enchiam-se de lágrimas, temeroso de acreditar em vão.

連叔曰：「然。瞽者無以與乎文章之觀，聾者無以與乎鐘鼓之聲。豈唯形骸有聾盲哉？夫知亦有之。是其言也，猶時女也。」

Também anelando àquela perfeição, Tiozinho reagiu, tentando convencer o amigo da existência efetiva dos imortais: "Não confiaste nele e com razão. O cego não tem como apreciar as belezas de nossos tesouros literários, nem muito menos o surdo a música solene de sinos e tambores. Será que cegueira e surdez somente se manifestam no corpo dos homens? Na verdade, o entendimento humano também pode ser acometido por tais males... Estás errado. Essas palavras do Rabeira... parecem fazer jus aos imortais".

「之人也，之德也，將旁礴萬物以為一，世蘄乎亂，孰弊弊焉以天下為事！之人也，物莫之傷，大浸稽天而不溺，大旱金石流土山焦而不熱。」

Ele entrava num estado de exaltação facunda: "Ah, aqueles seres! Ah, a sua virtude! Eles são capazes de acumular todas as Dez Mil Coisas numa só, em si mesmos. Mesmo se o mundo, envolto numa era de caos, suplicasse deles a fundação de uma nova ordem, qual se disporia a suportar os labores e preocupações necessários, para conquistar o poder em Tudo sob o Céu, meramente para tanto?!? Ah, aqueles seres, nada no mundo é capaz de feri-los; quando uma enchente faz as águas alagarem os Céus, nem sequer se molham; quando uma estiagem coze o mundo, derretendo metal e pedras, lambendo o chão e as montanhas com suas labaredas, nem sequer sentem calor".

「是其塵垢粃糠，將猶陶鑄堯舜者也，孰肯以物為事！」

Já não mais conversando com Ombrudo, Tiozinho havia encontrado um novo problema para perseguir com sua mente: "A partir de resíduos deixados para trás por esses homens, como poeira de seus pés ou cascas do arroz que consumiram, poder-se-ia modelar um Yao ou um Shun. Os governantes do mundo são imitações sem vida dos imortais que passeiam pelo universo. Onde já se viu que tais entidades levem assuntos mundanos a sério?".

「宋人資章甫而適諸越，越人斷髮文身，無所用之。堯治天下之民，平海內之政，往見四子藐姑射之山，汾水之陽，窅然喪其天下焉。」

Ombrudo ainda não entendia: por que havia tantas e tantas histórias, referendadas pelos anciãos mundo afora, a respeito dos reis sábios? Diferentemente, por que ninguém havia visto um imortal? Tiozinho interveio: "Permite-me utilizar uma alegoria. Um homem de Song, que vendia chapéus à moda de Shang, decidiu ir às terras de Yue vender seus produtos. Contudo, a empreitada terminou em grande fracasso, pois a gente de Yue não podia usar chapéus. Eles não só traziam tatuagens sobre o corpo – aqueles bárbaros! –, mas até rapavam o cabelo – que ofensa contra seus pais e mães! –, não podendo enrolá-lo num coque, tal como nós, e, com isso, equilibrar o chapéu sobre a cabeça. No mesmo dilema encontram-se aqueles que se julgam capazes de governar o mundo em relação às pessoas que encontraram o dao. Yao era soberano sobre o povo de Tudo sob o Céu, tendo pacificado tudo que há dentro dos mares. Numa ocasião, deslocou-se às margens setentrionais do rio Fen, para visitar os quatro mestres da longínqua montanha Gu'ye. Tão grande fora seu desencanto com as coisas do mundo, que deixou Tudo sob o Céu, sua pertença, para trás".

Comentário: "Liberdade é sonhar com um mundo ideal"

Mesmo na Antiguidade Clássica chinesa, as lendas sobre os imortais geravam uma medida de ceticismo. O próprio Confúcio deu o mote que seria repetido pelo resto da história imperial, sublinhando que *ouvira falar de muitas histórias sobre os supostos imortais, mas nunca se encontrara com um deles*. Ainda assim, um poderoso e imaginativo folclore desenvolveu-se em torno desses seres fantásticos, o qual, no mínimo, era uma reação escapista às dificuldades e inseguranças da vida em sociedade.

Sobre esse pano de fundo, Zhuangzi trata de ambos os ângulos, às vezes utilizando os imortais como um simples recurso literário, às vezes alimentando o seu culto com uma perceptível convicção. Esse suspense é mantido ao longo de toda a obra, através de uma técnica que podemos chamar de *"distanciamento"* em relação ao leitor – os "imortais" são vislumbrados como algo a se perder no horizonte, cobertos por uma bruma, que amplifica a sua aura. Literariamente, há três pontos a serem destacados: um, *o autor aborda o tema dos imortais "em segunda mão"*, muitas vezes colocando-os num tempo e num espaço fora do alcance dos olhos e mentes. Dois, Zhuangzi *coloca os "eremitas do dao" em primeiro plano,* juntos do leitor. Três, os "eremitas" permanecem relacionados ao folclore dos imortais, mas *não se revela se possuem os mesmos poderes e faculdades dos imortais*. O *"distanciamento"* somente será resolvido, de forma não totalmente conclusiva, uma única vez – no final da obra. Até então, os "eremitas" revelam-se pessoas comuns em todos os sentidos e com todas as limitações, restando aos imortais meros boatos que encorajam a prática do dao.

Por conseguinte, esta presente passagem é muito significativa. Enquanto Ombrudo (肩吾, Jianwu) e Tiozinho (連叔, Lianshu) não são citados em textos contemporâneos ou anteriores ao *Zhuangzi*, Rabeira (接輿, Jieyu) é o Louco de Chu, figura verídica, ou pelo menos baseado numa. Nos *Analectos*, há a passagem célebre em que Rabeira passa pela carruagem de Confúcio alertando-o de que a Virtude abandonara o mundo e não havia outra opção senão a de se retirar dele. Embora o Velho Mestre muito deseje dialogar com essa figura misteriosa, saindo ao seu encalço, Rabeira desaparece. A única referência geográfica da passagem, a montanha Gu'ye, também não deve ser uma criação pessoal de Zhuangzi, pois vem descrita numa outra obra importante para o daoismo, a *Escritura dos mares e montanhas* (山海經, *Shanhaijing*). Contudo, mais uma vez demonstrando a sua capacidade de misturar fato e ficção, Zhuangzi afirma, no final, que Yao foi à montanha Gu'ye praticar o dao sob um mestre eremita que, como já vimos, era Xu

You. Logo, fica sugerido o nexo entre a *cadeia de transmissão* do dao discutida anteriormente e a *mitologia dos imortais* como seres meta-humanos.

Os imortais descritos na passagem tanto devem ser entendidos como *figuras folclóricas* como *idealizações das práticas daoistas e seus resultados*. Na passagem, a aparência "alva e jovem" tem tanto a ver com sua longevidade como com sua pureza e inocência. A comparação com moças virgens sugere que, sendo homens (Yang), *conseguiram incorporar o princípio feminino (Yin)* – o que se manifesta na personalidade, no comportamento e nos valores, especialmente sua inclinação à vida eremítica. Os *topoi* de que os imortais alimentam-se de ar, não sofrendo com frio e calor, também se justificam pelas práticas usuais de *meditação*, da *abstinência de grãos* (辟穀, *bigu*) e da *circulação de "Energia Vital (Qi)"* pelo corpo.

Sem chegarem a realmente produzir esses "superpoderes", há virtuosos do daoismo que conseguem permanecer sem se alimentar por períodos extraordinariamente longos, ter uma grande tolerância a condições climáticas extremas e mesmo chegar a idades comparativamente mais avançadas. As faculdades de inverter a gravidade, de prever o futuro, de visitar outras dimensões são justificadas, em uma medida menor, pelo sucesso em práticas meditativas e certos estados mais profundos de transe.

Deixando de lado as questões religiosas e folclóricas sugeridas pela passagem, é importante dar a devida ênfase ao ideal de vida que o daoismo apregoa. Toda utopia serve para legitimar certas questões que, à primeira vista, subvertem o senso comum, de modo que *o folclore dos imortais é uma espécie de justificativa para as opções extremas dos seus praticantes*. Até os nossos dias, há virtuosos do dao que se submetem a regimes extremos de alimentação, privação de descanso, consumo de elixires sabidamente venenosos, práticas meditativas abstrusas, sempre em busca de um tipo de iluminação que lhes faz perfeito sentido. Num âmbito mais restrito e mais facilmente aceito pelos não iniciados, as deidades daoistas representam um ideal de suprema autonomia. Esse ideal é animado pelo anseio por um mundo ideal, em que a existência individual e as relações humanas são purgadas de suas dúvidas e inconsistências. Portanto, *a utopia dos imortais, narrada por Zhuangzi, também é um tipo de liberdade*.

5.
A utilidade do inútil

惠子謂莊子曰：「魏王貽我大瓠之種，我樹之成而實五石，以盛水漿，其堅不能自舉也。剖之以為瓢，則瓠落無所容。非不呺然大也，吾為其無用而掊之。」

Tendo vindo da cidade ver o amigo Zhuang Zhou em seu retiro, Hui Shi encontrou-o absorto num de seus passatempos mais comuns. Deitado sobre a relva, cercado de rolos de bambu, tinha toalhas de seda, pincéis e tinta no aguardo de mais um lance de inspiração. Não precisando de convite, Hui veio-lhe, sonsamente, a arquitetar como tirá-lo do sério. Com um ar de contentamento, tão logo se sentou, apresentou uma história de escárnio mal escondido: "o rei de Wei presenteou-me umas sementes de cabaceira. Plantei-as, cresceu uma planta bonita e a planta deu frutos, imensos, cada um deles pesando algo como cinco pedras, cada, o peso um porco!". O mestre Zhuang agora observava-o com um ar de credulidade, no fundo de seu fingimento. Hui continuou: "Com aquelas cabaças ali à mão, sem utilidade evidente, tentei fazer cuias, daquelas de encher com água ou outra bebida – por que não as vender no mercado? Porém, de fracas, partiram-se com o peso, tão logo as enchia com o que quer que fosse. Sem fraquejar com esse fracasso, cortei as outras no meio: queria usá-las como caços. Seus miolos, embora ocos, eram rasos demais; quase neles nada cabia. Que grandeza, essa: grande por fora e pequena por dentro! Improperei-lhe um 'que coisas inúteis!', e pá! Com um golpe, ficaram em migalhas". Hui fitava-o, resistindo ao riso que lhe brotava da barriga e se continha no peito.

莊子曰：「夫子固拙於用大矣。宋人有善為不龜手之藥者，世世以洴澼絖為事。

Bom entendedor que era, o mestre Zhuang sabia que Hui não estava a contar histórias, mas *a usar de uma alegoria para fazer pouco de si*. Era um ataque velado, que tentava desmerecê-lo por haver se retirado da vida política. Com o mesmo humor de seu amigo, rebateu-lhe com simulada seriedade: "idiotice a tua, de te confinares à opinião de que *coisas grandes têm que ter grandes utilidades*", e devolveu-lhe outra anedota falsa: "relembra o causo daquele clã, do nosso feudo de Song. Manufaturava, como segredo de família, um preparado conhecido como 'desengelha-a-mão'. De geração em geração, passavam os dias à beira do rio, esfregando e lavando, batendo e enxaguando roupas para se sustentar". Hui protestou não se lembrar desse causo.

客聞之，請買其方百金。聚族而謀曰：『我世世為洴澼絖，不過數金；今一朝而鬻技百金，請與之。』

"Tu te lembras, sim!", continuando: "Certo dia, um forasteiro, tendo ouvido rumores da poção, aproximou-se do chefe do clã, propondo-lhe que a vendesse para si, aquela receita, por cem peças de bronze. Nisso, tendo convocado os numerosos integrantes de seu clã de todas as vilas da redondeza, estando todos reunidos ao ar livre, o cabeça concertou: 'de geração em geração, passamos os dias à beira do rio: esfregamos e batemos, enxaguamos e lavamos roupa para nos sustentar. Com isso, nem um punhado de peças amealhamos. Hoje pela manhã, cedo, cedinho, achegou-me um estranho de palma estendida: cem peças por essa nossa poção. Espero que concordem comigo agora: vamos fechar o negócio'. Todos os presentes gritaram de assentimento, excitados com sua prosperidade iminente". Hui interrompeu, alegando que ainda não se lembrava dessa anedota.

客得之，以說吳王。越有難，吳王使之將，冬與越人水戰，大敗越人，裂地而封之。

"Cala-te e ouve o meu causo como ouvi o teu", parando por um instante: "Onde estava?...". Retomou: "Afinal de contas, o forasteiro auferiu o que desejava e partiu de imediato para as terras de Wu. Lograda uma audiência com o rei, lograda também ficou sua confiança. Algum tempo correra antes que Wu entrasse em guerra com o feudo vizinho de Yue. Nesse momento, o rei de Wu decidiu pôr à prova o forasteiro, comissionando-o com o difícil generalato. O conflito arrastou-se até o inverno e o inverno trouxe o frio para as batalhas, travadas sobre as águas, naquela região de muitos rios. Engenhoso, o forasteiro valeu-se do mau tempo, conseguindo infligir uma derrota acachapante às tropas do inimigo; fora tão acachapante, com efeito, que o rei de Wu não hesitou em lhe cortar um pedaço de Yue, incumbindo--o dessas terras ele, que ora passava a servir a Wu, como nobre". Com os braços cruzados, Hui mantinha-se em protesto, calado.

能不龜手，一也；或以封，或不免於洴澼絖，則所用之異也。今子有五石之瓠，何不慮以為大樽而浮乎江湖，而憂其瓠落無所容？則夫子猶有蓬之心也夫！」

"Olha só", arrematava o mestre Zhuang, "a poção dessa história tem um e apenas um efeito – desengelhar as mãos. Porém, num caso faz que o forasteiro conquiste o estatuto de nobre; noutro, poupa o clã da dura sina de lavar roupa às margens do rio. Com isso se vê que *diferentes empregos podem ser dados à mesma coisa*. Tu tens cabaças de cinco pedras, enormes; por que não pensas numa forma de usá-las como boias, atando-as a uma jangada para cruzar lagos e rios? Por que perderes tempo chorando o fato de teres um trambolho em mãos que não é oco o bastante? Não é porque os pensamentos saem tortos de tua mente torta, como os ramos de um arbusto de espanta--pulgas?!?" E gargalhou longamente, dando tapas nas coxas, de satisfação.

惠子謂莊子曰：『吾有大樹，人謂之樗。其大本擁腫而不中繩墨，其小枝卷曲而不中規矩。立之塗，匠者不顧。今子之言，大而無用，眾所同去也。』

Hui perdera a disputa. Algo exasperado, tentou recompor-se. Forjou mais uma mentira verossímil: "tenho uma árvore-do-céu lá em minha vila, alta como ela só. Os passantes puseram-lhe o apelido de 'pau podre'. Seu caule, grosso e bojudo, frustra o carretel dos carpinteiros; sua galha, teimosamente adunca, contraria o esquadro dos construtores. Fica lá parada, no meio do caminho. Os artesãos vêm e vão, nem sequer se voltam para olhá--la. Esse causo que me contas, essas ideias que me trazes, falam de coisas grandiosas – grandiosas e inúteis! Tal como o 'pau podre', todos lhes dão as costas". Os músculos da face tremiam-lhe um tanto.

莊子曰：『子獨不見狸狌乎？卑身而伏，以候敖者；東西跳梁，不避高下；中於機辟，死於罔罟。

Impassível, o mestre Zhuang, cruzava as pernas e apoiava-se sobre os joelhos. Mirando o amical adversário nos olhos com um olhar sombrio, atacou uma última vez: "Tu nunca deves ter observado um lince, não? Acocorado, ele se esgueira, à espreita da presa desabusada. E ei-la a vir, tolamente saltitante: se o certo refúgio está no ramo alto de uma árvore, ou num túnel sob o chão, pouco lhe importa. Por fim, sucumbe sob o bote do bicho...". Hui empalideceu. Zhuang concluiu: "Mas nem o lince se safa da rede que lhe joga o caçador. Cedo ou tarde, ambos morrem". E gargalhou, projetando a cabeça para trás.

今夫斄牛，其大若垂天之雲，此能為大矣，而不能執鼠。今子有大樹，患其無用，何不樹之於無何有之鄉，廣莫之野，彷徨乎無為其側，逍遙乎寢臥其下？不夭斤斧，物無害者。無所可用，安所困苦哉！』

E decidiu dar mais um nó na cabeça do seu importante amigo: "Mas diversa é a sorte dos iaques hirsutos, que placidamente pastam os platôs, à maneira das nuvens a vagarem pelo céu. Esses animais enormes têm uma força descomunal. Porém, tamanho poder não lhes permite capturar uma presa tão pequena como um rato: tamanha é sua inutilidade, diria o lince! Logo, se a inutilidade do 'pau podre' causa desgosto a ti, por que não o plantares numa vila desolada? Que tal fazê-lo num descampado solitário? E então, tu poderás escorar-te, folgado, sobre seu caule, para ver os raros andarilhos a fazer seu caminho; sob sua sombra, poderás estirar-te na relva, aconchegado, enquanto os viajores vagam livres ao léu... A árvore? Nunca cairá sob os golpes do machado. O que quer que lhe aconteça, dano não será. Dize-me, agora, *por que te angustiares de sua inutilidade?*".

Comentário: "Liberdade é estar seguro das próprias escolhas"

A última passagem deste capítulo, "autobiográfica", traz Zhuang Zhou envolvido numa cômica troca de farpas com o seu amigo Hui Shi (também conhecido como mestre Hui). É uma das amizades mais famosas da cultura chinesa. Não só pela originalidade dos discursos e situações narrados ao longo dos três volumes do *Zhuangzi*, mas também pela improbabilidade de que pessoas com opções de vida tão diferentes pudessem gozar da presença um do outro. Essas diferentes opções são o tema desta importante passagem, veiculadas por meio de uma série de alegorias que contrastam grande e pequeno, útil e inútil.

Antes de explorar as nuanças culturais do estilo e dos conceitos da passagem, vale a pena falarmos um pouco mais de Hui Shi – o que responde, indiretamente, a uma série de questões sobre o próprio Zhuang Zhou.

O mestre Hui, Hui Shi (惠施, 390-317 a.C.), é lembrado como expoente da chamada Escola dos Nomes (名家, Mingjia) ou um dos Debatedores (辯士, Bianshi). No contexto dos Reinos Combatentes (475-221 a.C.), os membros dessa escola aperfeiçoaram uma série de recursos retóricos, dirigidos a vender suas ideias às potestades que serviam, vencendo discussões, muitas vezes de forma especiosa, contra os seus adversários políticos. Como motes, os ideólogos dessa "escola" – na verdade, uma tendência de pensamento – defendiam "*o emprego de argumentos ambíguos para confundir os adversários*" e "*a conciliação das diferenças e semelhanças entre as coisas*", do que se percebe seu interesse em definir a realidade dos fatos por meio da manipulação do discurso. Porém, não é possível separar os interesses intelectuais de Hui Shi da sua carreira. Ao contrário de Zhuang Zhou, Hui serviu como alto funcionário de Liang (também conhecida como Wei), uma das grandes potências da época por muitos anos, tendo participado da tomada de decisões nas diversas áreas de governo – militar, econômica, administrativa.

Curiosamente, a crítica chinesa passa ao largo da instigante questão de como um político profissional a serviço numa grande potência teria tido interesse (e tempo) para manter amizade com um "eremita" supostamente desinteressado do que se passava na sociedade e na política. É "fato" que permaneceram amigos até o falecimento de Hui Shi, evento retratado numa passagem célebre da escola do mestre Zhuangzi. Também se percebe, nas passagens deste livro, que ambos debatiam ideias caras à Escola dos Nomes, embora Zhuang Zhou assuma uma postura radical, de negar o sentido daquelas bizantinices, "usando o feitiço contra o feiticeiro". Teria Zhuangzi criado um círculo intelectual eclético, prefigurando o tipo de convivência mantido pelos diferentes grupos dos Sete Sábios do Bosque de Bambu (竹林七賢, Zhulin Qixian) – núcleo duro da Escola do Mistério – muitos séculos depois? Não é improvável.

De qualquer maneira, nesta discussão, Hui Shi está a alfinetar Zhuang Zhou pelo fato de este (e suas ideias) ter uma grandeza postiça. Com a alegoria das cabaças gigantes e da árvore imensa, Hui indica que, por mais impressionantes que sejam, as concepções apregoadas pelo mestre Zhuang não conduzem a um estilo de vida "responsável", do ponto de vista do senso comum.

Para situarmos o contra-argumento e vitória final de Zhuangzi, temos que perceber como manipula, matreiramente, os valores chineses. Num eixo, temos que "grande" é admirável, "pequeno" é desprezível. Noutro, "útil" é desejável, "inútil" é vergonhoso. Num primeiro passo, Zhuangzi utiliza a anedota do remédio contra enregelamento, mostrando que é possível falarmos de "grandes (in)utilidades" e "pequenas (in)utilidades". Este é um típico argumento da Escola dos Nomes. Num segundo passo, agora com um posicionamento claramente daoista, Zhuangzi utiliza a alegoria do lince para pôr em dúvida o valor atribuído à "grande utilidade". Sua conclusão é a de que "grandes inutilidades" também podem ser "úteis", na medida em que a sabedoria humana tem limites, se estorvada pelos interesses e valores mundanos.

Na verdade, os dois interlocutores estão a discutir a opção de vida de Zhuangzi. Hui critica-o por não utilizar os seus talentos para galgar uma posição respeitada por todos. Zhuang exibe sabedoria e autoconfiança ao propor que diferentes estilos de vida têm valor em si. Mesmo aquelas pessoas que brilham, recebendo a atenção de todos, estão sujeitas a riscos que diminuem o sentido prático de seu sucesso. *O homem que se esconde do mundo, plenamente consciente do preço a pagar, é livre, pois é capaz de observar as mudanças de Tudo sob o Céu, resguardando a placidez de seu coração.*

Capítulo II
SABER

齊物論第二

Apresentação: sobre intuição e não saber

O segundo capítulo de *Zhuangzi* é considerado o cerne da "teoria do conhecimento" do mestre Zhuang, sendo o mais referido nos estudos especializados em filosofia chinesa. Seu título original é 齊物論 (*qiwulun*), significando, literalmente, algo como "discurso(s) sobre como *igualar* os seres", isto é, eliminar as diferenças (subjetivas) entre eles. É justamente isso que Zhuangzi pretende realizar com o "saber" que propõe. Pelo fato de o "conhecimento" não ser aquele buscado para fora, mas para dentro, o autor deseja *eliminar as distinções (subjetivas)* entre os seres e coisas, especialmente aqueles que interferem na busca da paz interior e realização espiritual: certo e errado, morte e vida, honra e desonra, bom e mau, vantagem e dano etc. Obviamente, não é um saber que se busca nem pela experiência, nem pelo raciocínio – mas pela *intuição* obtida através de práticas meditativas.

Por esse motivo, é arriscado tentar compartimentalizar o pensamento de Zhuangzi (ou qualquer outro erudito antigo chinês) segundo os ramos do conhecimento ocidental. Nenhum pensador chinês antigo está conscientemente tentando teorizar sobre política, ou escrever literatura, ou discorrer sobre religião. Sob essa advertência, as passagens reunidas no presente capítulo de fato estão mais voltadas para a busca de *um tipo* de saber, diferente qualitativamente do que a cultura ocidental denomina "conhecimento". É um saber que, mesmo geral, está vocacionado para usos concretos, especialmente para *orientar a existência humana* em direção a (uma visão do) bem.

Para contextualizarmos as passagens, compreendendo o que Zhuangzi está a fazer, é útil tentarmos distinguir o pensamento chinês da visão ocidental de "conhecimento".

Na tradição ocidental, o "conhecimento" é produzido pelo *confronto entre sujeito e objeto*, polaridades que representam duas "realidades": subjetiva (enfatizada pelo idealismo) e objetiva (enfatizada pelo materialismo). O sujeito (ativo) apreende em certa medida o objeto (passivo), não diretamente, mas *através dos sentidos*, integrados por uma função misteriosa, a *mente*. Esse conhecimento tem que ser traduzido em palavras e transmitido verbalmente a terceiros pelo *discurso*. O Ocidente exige *lógica* do discurso, o que quer dizer respeitar pelo menos três princípios (*identidade, não contradição, terceiro excluído*). O discurso então é desenvolvido num *argumento*, cuja forma mais elementar é o silogismo. Mais adiante, surge o problema da classificação do pensamento (*taxonomia*) que está intimamente relacionado à natureza e características do idioma em que é construída. Toda essa infraestrutura abstrata projeta-se sobre o mundo real, impondo questões mais práticas, e não menos prementes, tais como *método*, *verificação* etc. Visto como um todo, esse tipo de construto intelectual é ocidental, culturalmente determinado.

Muito pouco, quase nada disso vale para o caso chinês. Mas não só, todos os termos destacados com itálico no parágrafo anterior, ou não têm contrapartida, ou são ignorados, ou são criticados pelo pensamento chinês.

Somente com a entrada do budismo na China é que encontramos um *vocabulário* "epistemológico" formalmente similar ao ocidental. O Abidarma, a terceira divisão do cânone budista (além dos sutras e vinaias), recolhe listas de termos tratando, com muita profundidade, problemas que incluem a epistemologia. Entretanto, os ensinamentos sobre a natureza final da realidade (o "saber") não estavam contidos nele, mas nos sutras, escrituras "*religiosas*" em nossa visão de mundo. Nesses textos, o que descobrimos é que o mundo é uma realidade contingente ao intelecto, provisoriamente, ou algo totalmente falso e vazio, em última análise. Portanto, as lições do Abidarma servem apenas para expor a *futilidade do conhecimento* e, em última instância, a sua total falsidade.

Zhuang Zhou viveu vários séculos antes da entrada do budismo na China, mas chegou a uma conclusão idêntica sobre a *futilidade do conhecimento* e uma atitude similar com relação à realidade. Por este e outros motivos, *O imortal do Sul da China* serviu de meio para a penetração do budismo nos círculos da elite intelectual chinesa. Até o final do período imperial, o *Zhuangzi* continuou a ser estudado pelos mais geniais monges budistas, relacionando-o, inevitavelmente, à epistemologia budista – para a qual os chineses contribuíram pouco.

Logo, feita a ressalva de que a China não possui uma epistemologia organizada, é possível dizer que, na grande maioria das "escolas" pré--unificação imperial e no pensamento formatado ulteriormente, há uma visão comum do "saber". Para os pensadores chineses, "saber" quer dizer *apreensão de verdades profundas, predeterminadas* (o dao), o que ocorre através da *intuição espontânea* – não do contraste empírico/intelectual entre sujeito e objeto. Além disso, desde os seus primórdios, o pensamento chinês também duvida da possibilidade de se transmitir essas intuições por meio do discurso. Na China, a arte da argumentação sempre foi algo suspeito, por estar negativamente ligada a mestres que utilizavam a sua oratória para fins que subvertiam a moralidade e a tradição. Assim, evidencia-se um outro traço do "conhecimento" chinês: a importância da autoridade intelectual dos mestres e o zelo mais extremo no que tange à preservação literal de seus ensinamentos.

O "método" que Zhuangzi utiliza, se é que se pode utilizar o termo, lembra a tradição mística ocidental (Pseudo-Dionísio, o Areopagita; Pais do Deserto; mestre Eckhart; Inácio de Loyola etc.): a *contemplação* (*meditação*) segundo a chamada *via negativa*. Ao explorar a zona grísea que separa o ser do parecer, busca-se uma realidade última que, compreensivelmente, não pode estar no mundo. No entanto, enquanto os místicos ocidentais estão ancorados na existência *objetiva, histórica* do Redentor, o daoismo abraça a *cosmogonia do Yin-Yang*, uma realidade além do tempo, além do espaço, além da palavra.

1.
As Três Flautas

南郭子綦隱几而坐，仰天而噓，荅焉似喪其耦。

A noite se aproximava. Sentado no chão, como sói entre nós, o "Marquês do Sul", Guo Ziqi estava escorado à mesa de seu requintado salão, os móveis dispostos ordenadamente. Respirando o ar morno e úmido, vigiava as maravilhas da *Suprema Sutileza*, perscrutando os mistérios das transformações da *Grande Espontaneidade*. Em dado momento, ergueu a cabeça para os céus, expeliu o ar de seus pulmões e lhe sumiu a expressão da face: era a mente que abandonava o seu par, deixando o corpo para trás. Permanecera longamente nesse estado.

顏成子游立侍乎前，曰：「何居乎？形固可使如槁木，而心固可使如死灰乎？今之隱几者，非昔之隱几者也？」

Entrementes, Yancheng Ziyou, o discípulo que fazia companhia ao mestre, levantou-se e parou diante do velho. Guo abriu lentamente os seus olhos. Tendo testemunhado o que se passou, sem conter o espanto e a curiosidade, o jovem inquiriu: "Como é possível restardes absolutamente imóvel? Mestre, como podeis fazer que vosso corpo fique à semelhança do tronco seco de uma árvore morta? De que maneira pode o vosso coração, num instante, esboroar-se em cinzas sem vida? Desta feita, apercebo-me de que não vos escorais à mesa como fazíeis outrora".

子綦曰：「偃，不亦善乎，而問之也！今者吾喪我，汝知之乎？汝聞人籟而未聞地籟，汝聞地籟而未聞天籟夫！」

Ao que respondeu Guo, num estado de profundo relaxamento: "Yan, e não é uma bela pergunta, esta a que me colocas?! É que hoje *celebro o meu velório*... Mas não saberias do que se trata? Não... pois apenas ouvistes o som que sai da *Flauta do Homem*. Nunca ouvistes a melodia que a *Flauta da Terra* faz. E mesmo que a tenhas ouvido, nunca terás ouvido a música que verte da *Flauta do Céu*!".

子游曰：「敢問其方。」

Admirado com tão estranho discurso, Ziyou confessou: "Mestre, ouso pedir a vós que me ensineis tal técnica".

子綦曰：「夫大塊噫氣，其名為風。是唯無作，作則萬竅怒呺。而獨不聞之翏翏乎？山林之畏佳，大木百圍之竅穴，似鼻，似口，似耳，似枅，似圈，似臼，似洼者，似污者，激者、謞者、叱者、吸者、叫者、譹者、宎者、咬者。」

Anuindo, bonachão, discursou o mestre: "O vento, uma manifestação da *Energia* Vital, é o nome dado ao soluço da imensidão em que vivemos, a energia vital da terra. Muitas vezes, está presente, mas não se faz sentir. Quando se ergue, é com violência que faz soar os infinitos orifícios da *Flauta da Terra*. Só tu não ouviste tamanho rugir!! A Flauta está por toda a parte, pelas montanhas e pelos montes, nas alturas e nas profundezas... por exemplo, observa as árvores que encimam tua jornada pela floresta; seus caules nodosos de cem braças estão pontilhados de reentrâncias e cavidades. E, dessa forma, por toda a parte. São como narizes, são como bocas, são como ouvidos. Lembram jarra de água, taça de vinho, pilão de arroz. Devido a eles é que há poça e poço. Mas, quando a ventania vem, levanta a voz da enxurrada que arrasta, da flecha que zune, do ódio que ferve, da morte que expira, da garganta que grita, da dor que chora, da loucura que ri. E, por fim, vem o soluço do lamento". Yancheng rejubilava-se com a beleza daquelas palavras.

「前者唱于而隨者唱喁。泠風則小和，飄風則大和，厲風濟則眾竅為虛。而獨不見之調調之刁刁乎？」

O velho interrompeu-se, abrandou-se: "Não penses que é só tristeza e abandono. Horas há em que uma melodia vibra e outra lhe faz o acompanhamento. A brisa que cicia de lá, outra que a retribui de cá; uma lufa que afaga com força, outra que devolve, com violência, tenra. Dois arranjos, duas harmonias; uma pequena, outra grande. Então vem o dragão do vento, o rei do vento, de repentina e sublime passagem. Tudo num instante se cala e sibila em uníssono. Será que fostes o único a nunca ter visto a cena, o bailado da Natureza, quando todo o mundo para e dança?".

子游曰：「地籟則眾竅是已，人籟則比竹是已。敢問天籟。」
Exultante, Ziyou mal se contém: "Mestre, compreendo. A multidão de orifícios do mundo, essa é a Flauta da Terra... A *Flauta dos Homens*, presumo que seja nada muito diferente deste meu instrumento de bambu", disse, apontando com a mão direita o instrumento que surgia da manga esquerda. "Ouso, uma última vez, rogar instrução sobre a *Flauta do Céu*".

子綦曰：「夫吹萬不同，而使其自己也，咸其自取，怒者其誰邪！」
O mestre sorriu, reticentemente: "O *sopro* toca muitas cavidades, fazendo que cada uma soe o seu som. De fato, todas elas obtêm o que faz que sejam o que são. Mas *de onde* virá o seu vigor?"

Comentário: "A Sabedoria deve unir o Céu e a Terra"

Enquanto primeira passagem do segundo capítulo, a famosa anedota das Três Flautas descreve o tipo de caminho que conduz ao "conhecimento" absoluto. *Não se trata de uma busca para fora, orientada pelos sentidos, racionalmente perscrutada*. Pelo contrário, a personagem semi-histórica Guo Ziqi, um membro menor do clã real do país de Chu, ensina ao seu discípulo sobre o tipo de intuição que deve buscar em sua prática meditativa.

Como deixa claro o texto, a meditação é realizada por meio de *técnicas respiratórias*. Desde os primórdios da civilização chinesa clássica, há registro de exercícios respiratórios, acompanhados ou não de ginástica, ancestrais do Taijiquan e Qigong modernos. Há referências, diretas ou indiretas, a essas práticas em textos de diferentes escolas, portanto, não é um fenômeno daoista em si. É importante assinalar que os exercícios respiratórios podem ter dois objetivos, o primeiro dos quais é promover a *saúde* do corpo e, o segundo, produzir um estado mental de *concentração*. É provável que Guo estivesse buscando a ambos. A passagem relata que ele expelia o ar de seus pulmões com som "*xu*" (噓). Isso tanto pode ser uma simples onomatopeia para a expiração do ar, como também faz lembrar uma técnica básica de Qigong, ainda hoje comumente praticada, a que se denomina de Método Secreto dos Seis Caracteres (六字訣, Liuzijue). Segundo a crença chinesa, cada um desses caracteres, dentre os quais está "*xu*" (噓), supõe-se regular o fluxo de Energia Vital (*Qi*) pelo corpo, ativando uma rede de meridianos (canais em que flui a "Energia Vital (*Qi*)") e revigorando os órgãos, aparelhos e sistemas.

Uma outra finalidade, esta claramente explorada pela anedota, é a de produzir um estado de concentração. Esse estado é comumente descrito por um observador como o de cessação das faculdades intelectivas do corpo. Tal como Yancheng nota, o seu mestre assumiu o aspecto de uma "árvore morta" e de "cinzas apagadas". Do ponto de vista de Guo Ziqi, porém, ele afirma ter conseguido separar a mente (espírito) do corpo. Não se trata de um simples relaxamento profundo, mas de um transe que dá ao daoista um poder de *insight* sobrenatural, aqui representado pelas "Três Flautas".

"As Três Flautas" respondem ao um pedido do aluno, são uma *técnica de visualização*, que serve para desconectar o corpo de seus sentidos, estimulando a entrada no transe. O número três é muito importante para o pensamento do Yin-Yang. Num plano geral, a tríade *Céu-Terra-Homem* coloca o ser humano como intermediário entre as duas polaridades fundamentais. Ele é capaz de unir em si essas duas forças elementais, separadas no processo cosmogônico. Tal união só é possível porque há uma única substância, a Energia Vital (*Qi*, expressão "material" do dao), a preencher o universo. Também no pensamento chinês, o ar é uma manifestação da Energia Vital (*Qi*) (vide o *Ātman* hindu, o *Ruach* hebraico, o éter greco-romano etc.). Logo, o praticante daoista consegue manipular a Energia Vital (*Qi*) através de sua respiração, do ar que entra em seu corpo.

O texto define, sucintamente, a Flauta do Homem, explora em detalhes a Flauta da Terra e deixa em aberto o que é a Flauta do Céu. "Flauta" é uma metáfora. Enquanto instrumento musical, não é ela que produz o som, mas o ar (Energia Vital (*Qi*)). Portanto indica que cada ser e cada objeto sofre influência do ar, que ultimamente responde pela existência de diferentes sons. A Flauta do Homem não é exatamente o instrumento flauta, mas cada pessoa, cada corpo humano. A Flauta da Terra, como explica o protagonista, é o conjunto de coisas e seres que povoam o mundo. Isso não impede que, dentro dessa pluralidade, haja uma única realidade última. A Flauta do Céu não vem definida porque não é mais do que o dao indizível. Para intuirmos o que ela é, é necessário reconhecer que o conhecimento que cada coisa possui da realidade é parcial. Assim, de modo a poder intuir o "dao", segundo Zhuangzi, é preciso fazer cessar a inteligência, permitindo que a "Energia Vital (*Qi*) conduza a mente/espírito a conhecer o mundo "como ele é": a Unidade fundamental de todas as coisas no dao.

2.
O peso das emoções

大知閑閑，小知閒閒。大言炎炎，小言詹詹。其寐也魂交，其覺也形開。與接為搆，日以心鬭。縵者、窖者、密者。

O homem que busca conhecer *o todo* alarga seu intelecto; quem investiga *os detalhes* afina os sentidos. O homem que anela a grande Palavra queima com o fogo da convicção; quem disputa minúcias sabe guiar os outros por labirintos de aporias. Ao dormirem, contudo, suas mentes não repousam. Despertos, fadigam seus corpos. Afiguram-se inúteis, tais buscas, e as emoções que suscitam.

小恐惴惴，大恐縵縵。其發若機栝，其司是非之謂也；其留如詛盟，其守勝之謂也；其殺若秋冬，以言其日消也；其溺之所為之，不可使復之也；其厭也如緘，以言其老洫也。

Emoções. Medos menores palpitam no peito arfante; pavores maiores despojam o senso de sua sede. Por vezes na ofensiva, prontas para se lançarem sobre os méritos de outrem, disparam como a seta da balestra à vista de sua vítima. Por vezes na defensiva, encasteladas numa posição de força, restam contidas, à maneira do leal aliado que empenhara a sua palavra. Letíferas, são como os ares do outono e do inverno, a rapinar, diuturnamente, o fogo dos olhos. Uma vez penhoradas aos propósitos íntimos de alguém, perdem-se de vez, nunca podendo ser recuperadas. E, com efeito, mirram e morrem, guardadas no peito, mesmo se estivessem em caixa de ouro, ornadas com fitas de seda.

近死之心，莫使復陽也。喜怒哀樂，慮嘆變慹，(始)[姚]佚啟態；樂出虛，蒸成菌。日夜相代乎前，而莫知其所萌。已乎，已乎！旦暮得此，其所由以生乎！

Quando o coração pressente a chegada de sua hora, nada lhe pode restaurar os anos. Alegria e cólera, tristeza e satisfação; inquietudes, arrependimentos, vacilações, teimosias; o delírio no belo, o abandono no prazer, o júbilo no efêmero, o enlevo no que deixou de ser: tudo isso lembra a música, que nasce do nada, ou o musgo, que surge da calma úmida. Lembra-te que sóis vêm e luas vão à tua frente, sem que ninguém saiba ao certo de onde partiram. E que não desejes saber de mais nada, além de que manhã e tarde precisam desse Algo para virem a ser!

Comentário: "O conhecimento não é um fim em si"

Nesta passagem, Zhuangzi argumenta que o conhecimento humano não é mau por definição, mas determinadas emoções, suscitadas pela busca do saber, podem tornar impossível que se alcance uma sabedoria definitiva. Ou seja, este texto analisa, de forma muito original, a *psicologia* de quem se dedica à busca do saber.

Em chinês, o primeiro parágrafo confronta dois tipos de sabedoria, "teórica" e "discursiva", divididas em "grande" e "pequena", ao todo, quatro elementos. Por um lado, há o "grande saber" (大知, *dazhi*; conhecimento do geral, voltado para as grandes realidades) e o "pequeno saber" (小知, *xiaozhi*; conhecimento do particular, voltado para as coisas concretas). Por outro, há os "grandes argumentos" (大言, *dayan*; conclusões sobre grandes problemas da existência humana) e os "pequenos argumentos" (小言, *xiaoyan*; explorações de problemas práticos importantes para a vida cotidiana). Como já ficou claro no primeiro capítulo desta obra, o mestre Zhuang reconhece a devida importância do "grande" e do "pequeno". Adicionalmente, ele não desmerece, neste texto, nem a capacidade do homem de conhecer, nem o poder de expressão humana.

Feitas essas ressalvas, Zhuangzi entende que o homem, por mais conhecimentos que tenha, ainda é um homem. Em outras palavras, quem se esforça para realizar a Sabedoria está sujeito a todas as vivências e vicissitudes das pessoas "comuns". Por último, a mortalidade põe em xeque todos os planos de quem investiu a sua existência no acúmulo de experiências e saberes. Isso ameaça a própria noção de sabedoria. Com essas ideias, Zhuangzi estava a combater a visão ortodoxa (confuciana) de que conhecimentos são um caminho para realização da vida humana e social.

Vale a pena contrastarmos a visão confuciana de sabedoria (mais próxima do senso comum) e a visão daoista. Os confucianos são mais positivos no que se refere ao potencial humano de realizar a Sabedoria. Para eles, a Sabedoria era, basicamente, o conhecimento e a prática da moralidade, recusando que fosse um conceito "convencional", isto é, decidido pelos hábitos e costumes de uma sociedade em particular. Ao contrário, eles defendiam a existência de uma moralidade natural, decorrente da natureza humana "pura", obviamente tomando por padrão a perspectiva cultural "chinesa". A natureza humana "pura" produzia emoções "corretas" (正, *Zheng*), que eram consideradas a regra e remetiam a um bem fundamental e transcendente.

Diferentemente do pensamento confuciano, porém, o daoismo não discrimina entre emoções "certas" e "indesejadas", nem impõe um padrão de moralidade como decorrência natural das coisas. Ao mesmo tempo, Zhuangzi não acredita que as emoções, enquanto expressão autêntica da natureza humana, sejam capazes de conduzir ao dao. Moralidade e emoções são contingências do homem, cuja precariedade cria obstáculos para que consiga dominar as suas próprias emoções e mesmo impor coerência à sua moralidade. Consequentemente, é necessário buscar se irmanar à Grande Espontaneidade (Natureza ou dao).

A chave para a passagem aparece nas últimas linhas. O daoista deve entender que vida e morte somente fazem sentido para o homem, enquanto para o dao são palavras vazias de significado, diluindo-se no suceder de dias e noites, e das estações do ano. Enquanto o homem sofre em busca de um sentido para sua existência, *a Grande Espontaneidade é meramente o passar do tempo, o processo de acontecer sem uma causa "racional".*

3.
O eu e o mundo

非彼無我，非我無所取。是亦近矣，而不知其所為使。若有真宰，而特不得其眹？可行己信，而不見其形，有情而無形。

Um dia destes, acordei para a seguinte coisa: se não houvesse a *Grande Espontaneidade*, não haveria um "eu". Sem o "eu", não seria possível colher da *Grande Espontaneidade* a vida, tomando-lhe uma porção de suas energias vitais. Embora a experiência de tal fato evidentemente não seja distante de cada um de nós, não há quem saiba o que o fez assim. Quiçá estivéssemos sob as ordens de um *Verdadeiro Governante*, e apenas não pudéssemos encontrar seus vestígios na realidade? Vendo que as coisas são como são, entendemos que aconteceram simplesmente porque poderiam ter se passado tal como ocorreram – apenas não nos foi possível discriminá-las antes que se concretizassem aos nossos olhos. Certamente já existia Algo ínsito a elas, antes mesmo que tomassem forma.

百骸，九竅，六藏，賅而存焉，吾誰與為親？汝皆悅之乎？其有私焉？如是皆有為臣妾乎？其臣妾不足以相治乎？其遞相為君臣乎？其有真君存焉？如求得其情與不得，無益損乎其真。

O que somos nós, digo, enquanto seres humanos? Cem articulações, nove orifícios, seis órgãos, e um esqueleto para segurar tudo junto. Porém, este "eu" que vos fala, este "eu" é mais familiar a qual daquelas partes que lhe "pertencem"? Tu te ris de mim. Vês graça no que vos falo? Espera um pouco mais. Será que cada uma dessas partes do corpo tem um "eu" que lhes seja próprio? Sendo esse o caso, será que fazem das outras partes os seus subordinados, ou suas concubinas, para que lhes sirvam? Nesta louca fantasia que te proponho, será que em teu corpo há partes em número bastante para que te sirvam bem, deixando cada detalhe em seu devido lugar – uma autêntica burocracia imperial a funcionar no teu e em cada corpo que vemos? E, imagino, haveria ainda alguma alternância de papéis entre elas, fazendo que o servo, que outrora o foi, agora assuma as vezes de soberano, e assim por diante? Ou haverá um *Verdadeiro Governante* dentre todos esses "eus"? Eis mais uma questão vã. Mas não desistas de pensar sobre ela. Se pararmos para tentar compreender o que é ínsito ao *Verdadeiro Governante*, quer atinjamos o nosso intento, quer não, nada se reverterá em contributo ou em prejuízo ao que o distingue como *Verdadeiro*. Assim, dou-me por satisfeito.

一受其成形，不亡以待盡。與物相刃相靡，其行盡如馳而莫之能止，不亦悲乎！終身役役而不見其成功，苶然疲役而不知其所歸，可不哀邪！人謂之不死，奚益！其形化，其心與之然，可不謂大哀乎？人之生也，固若是芒乎？其我獨芒，而人亦有不芒者乎？

Os homens, por outro lado, tão logo obtêm seus corpos da Grande Espontaneidade, nunca conseguem esquecer a si próprios e simplesmente não querem nada menos do que existir até o fim de suas existências. Estou certo, não? Pelo contrário. Em muito de suas vivenças, entrebatem-se com coisas largadas a esmo pelo mundo e, nessa relação, é como se vivessem a se digladiar com elas, de espadas ou porretes à mão. Em cada ação que desempenham, manifestam uma tal afobação que ninguém é capaz de fazê-los cessar, nem por um instante sequer. Isso não é desolador? Quem consegue viver verdadeiramente em paz? Vivem vidas convolutas, atabalhoados, de bulício a bulício, sem nunca alcançarem um bom porto, quanto mais realizações. De expressão combalida, lasso, exausto, o homem; quebrantado, não tem sítio a que possa chamar de lar. Isso não é de esmorecer? Se decretassem que todo homem é imortal, em que isso aproveitaria ao seu lote neste mundo? Vendo que seu corpo se transforma, passo a passo com a sucessão dos anos, apercebem-se que em pouco difere a sina de seu coração... não pensas que esse é o maior dos desalentos? Ah, a existência humana não será ela lôbrega, tal como a vejo, destarte? Ou seria apenas eu o pessimista, coberto por minhas sombras, enquanto o ser humano traz luz em si, também?

Comentário: "A Sabedoria imita a Grande Espontaneidade"

Neste ensaio, Zhuangzi tenta explicar o paradoxo de quem tenta tratar do fenômeno humano em separado da ordem natural (Grande Espontaneidade). Por um lado, em geral, o homem é um produto da Natureza, restando parte sua, de modo que a racionalidade e a intencionalidade humanas não podem se tornar numa exceção a essa ordem. Por outro, na prática, percebe-se que a racionalidade e a intencionalidade frequentemente contrariam a harmonia que se verifica na Grande Espontaneidade. Isso cria a impressão de que o homem é algo separado dela, de maneira que os problemas humanos exigem uma abordagem própria, uma sabedoria própria. Para Zhuangzi, essa atitude é contraproducente. Quem se coloca fora da Grande Espontaneidade não se realiza, não consegue ser feliz.

Assim como em outras altas civilizações da Antiguidade, o pensamento antigo chinês também é holístico. A vida dos indivíduos não é separável da vida humana como um todo. Da mesma forma, a vida humana não pode ser dissociada de uma ordem natural maior que, na tradição chinesa, é expressa pelo conceito de Grande Espontaneidade (大自然, *daziran*). Apesar de que haja muitas diferenças em termos de detalhes, podemos estabelecer uma analogia da Grande Espontaneidade com os conceitos clássicos de Natureza (φύσις e *natura*). Mesmo que o homem se distinga pelo seu intelecto e capacidade de transformar o seu meio, não deixa de estar circunscrito à grande ordem que o produziu. Assim como tudo o que existe, chamado em chinês de Dez Mil Coisas (萬物, *wanwu*), o homem também é produto da Grande Espontaneidade. Lembramos que, para os chineses, a "Energia Vital (*Qi*)" (analisada como duas forças, Yin-Yang) é a matéria-prima do universo. Logo, os homens são feitos da mesma matéria-prima que todo o resto. Para usar uma metáfora biológica, essa ordem é "*autopoiética*" e "*homeostática*".

O homem ainda está submetido à Grande Espontaneidade num outro sentido. O daoismo reforça a relação entre macrocosmo e microcosmo. Já que a Grande Espontaneidade é constituída das Dez Mil Coisas, o corpo também reflete a mesma situação: o corpo é definido como listas numéricas, simbolizando a completude e magnitude do universo. Na visão chinesa antiga, o corpo possui 300 e muitos ossos, simbolizando os dias do ano; 100 articulações e 9 orifícios para expressar totalidades perfeitas – respectivamente 10 × 10 e o maior dos números "Yang" (isto é, ímpares: 1, 3, 5, 7, 9), sem esquecer do sistema de contagem dos quatro fluidos e dos (quatro, cinco ou seis) órgãos humanos, classificação manipulada para refletir a quantidade de estações do ano (mutações do Yin-Yang).

Dessa forma, Zhuangzi se pergunta se há uma ordem natural no universo e se há uma ordem análoga no corpo humano, *se há alguém ou algo no controle*. Embora essa questão venha a ser explorada no Capítulo Sexto, claro que a resposta é o dao, no caso da Grande Espontaneidade; mas o mesmo serve para o corpo humano? No pensamento chinês, outros pensadores defendiam que a existência de um rei e sua burocracia era uma decorrência da ordem natural. Portanto, fazia sentido a hipótese de que no corpo humano também vigia o mesmo arranjo. A medicina tradicional chinesa utiliza o esquema "imperador", "ministro", "general" etc. para descrever a divisão de tarefas entre os órgãos do corpo (p.ex. no respectivo tratado do *Cânone medicinal do Imperador Amarelo*, 黃帝內經·素問). Contudo, a ordem social é realmente reflexo da Grande Espontaneidade? Eis a razão para que Zhuangzi, provavelmente com intento irônico, admita a comparação entre o corpo humano e o sistema político, para logo abandoná-la. De qualquer maneira, esse problema não lhe interessa.

O problema fundamental aparece no fim: o homem em sociedade. Como sói, o mestre Zhuang explora-o de forma superficial e o leitor fica sem uma conclusão. De fato, os homens são um produto da ordem natural e, fisicamente, aproximam-se dela. Todavia, *não conseguem viver conforme o dao*. São inseguros, ansiosos e insatisfeitos. Fica claro que *é a convivência com outros indivíduos que revela os fracassos do ser humano, mas a responsabilidade nunca é transferida para a sociedade*. É importante assinalar que Zhuangzi, como qualquer pensador chinês, jamais culpa o coletivo. A solução, implícita, está em praticar o dao, de maneira a fazer que a individualidade reflita a harmonia maior que existe no mundo como um todo.

4.
Do preconceito – ou sobre quem parte hoje e chegou ontem

夫隨其成心而師之，誰獨且無師乎？奚必知代而心自取者有之？愚者與有焉！

Continuemos de onde paramos. Na medida em que as pessoas geralmente agem pressupondo seus preconceitos, como se bastassem estes para professorá-las na vida, quem será aquele que restará órfão de mestre? E de que vale ter luzes e poder escolher dentre os motivos para nossos julgamentos e ações quando é o *coração* que decide? É uma mera troca, de preconceito a preconceito, situação não muito diferente da de qualquer tolo!

未成乎心而有是非，是今日適越而昔至也。是以無有為有。

Ora, propor que temos critérios de bom e de mau, de certo e de errado, sem que antes já tenhamos tudo preconcebido em nossos corações, faz-me lembrar da anedota do homem que *parte hoje a pé* para Yue e *chegou ontem*... Por tal motivo, teimam em dizer que aquilo que não existe, existe.

無有為有。雖有神禹，且不能知，吾獨且柰何哉！

Eu digo que não existem bom e mau, nem certo e errado, pois se baseiam em prejulgamentos. Pessoas assim, mesmo tendo um grande homem – como o divino Yu – com quem possam aprender, nunca serão capazes de compreender tal fato. Que desgosto e impotência sinto...

Comentário: "O saber supera as distinções humanas"

Neste breve texto, um *post-scriptum* do ensaio anterior, Zhuangzi concentra-se num tema favorito do daoismo, a necessidade de um buscar um conhecimento *integral*, que conduz ao dao, diferente qualitativamente do conhecimento *parcial*, de que dependemos para viver socialmente. Este último tem a sua razão de ser, mas mantém o homem preso à sua visão limitada, de escolhas angustiadas entre bom e ruim, útil e inútil, proveitoso e danoso. O conhecimento do dao, por outro lado, conduz à satisfação e à felicidade, por fazer que cada um transcenda a sua própria condição, que passa a ser vista como falsa.

Zhuangzi não nega os opostos, apenas assume uma atitude peculiar comparada ao pensamento ocidental. Seja na tradição platônico-aristotélica, seja na visão chinesa, todo o conhecimento em última instância provém de distinções. A forma mais simples de perceber a realidade é a de configurá-la segundo opostos. Porém, as duas distinguem-se por suas motivações e aplicações. *A filosofia ocidental, clássica, medieval e moderna (mas não pós-moderna) nunca abandona o projeto de explicar racionalmente a realidade*: de tentar dizer o que ela é ou deve ser. Mesmo nas abordagens que privilegiavam a ética prática, como o estoicismo e epicurismo, isso continua a ser verdade. No caso chinês, contudo, *as distinções são tomadas como realidades, dispensando maiores análises*. Esses pensadores instrumentalizam opostos (pares de conceitos), passando diretamente às aplicações, tirando conclusões no campo de seu interesse, seja a ética (explorando a questão do bem), a política (a questão da ordem), a diplomacia (a busca de poder), a guerra (a busca da vitória).

O daoismo, de uma forma geral, vai além dos opostos, tratando o dao como a união harmônica das polaridades. A mais básica dessas é *existência* (有, *you*) e *inexistência* (無, *wu*). Cosmologicamente, isso é relativamente fácil de conceber. Porém, Zhuangzi utiliza um ângulo humano, destacando que a vida em sociedade não pode abrir mão dessas distinções.

No segundo parágrafo, o autor vai além da epistemologia, para destacar as opções de vida, resumidas como "certo" (是, *shi*) e "errado" (非, *fei*). Isso acontece porque a busca de conhecimento nunca é desinteressada, altruísta, por assim dizer. Muitas vezes, *o conhecimento é um puro preconceito (preconcepção)*, *condicionado ao orgulho de estar certo e às vantagens trazidas pela reputação de sapiência.* Afinal de contas, surge uma situação paradoxal, em que cada qual se prende à sua forma de ver as coisas, afirmando-a como "verdade", donde a interessante metáfora de alguém que, *tendo apenas começado a sua busca pelo conhecimento, afirma, para si e para os outros, que já chegou lá.*

Politicamente, a visão de Zhuangzi não se distancia do consenso intelectual chinês, para o qual *deve haver um comando centralizado da sociedade.* Isso é esclarecido pela menção ao Grande Yu, lendário fundador da primeira dinastia pré-imperial da China, os Xia (夏). No último parágrafo, percebemos que o mestre Zhuang está a imaginar uma situação em que a sociedade perde a sua coesão se for concedido a cada um o poder de decidir, conforme suas convicções, o que é bom ou mau, certo ou errado. Quando cada qual se aferra às suas concepções, que nem os maiores líderes são capazes de restabelecer a ordem.

5.
Da palavra

夫言非吹也，言者有言。其所言者，特未定也。果有言邪？其未嘗有言邪？其以為異於鷇音，亦有辯乎，其無辯乎？

A palavra humana é mais do que fôlego e som. Dizemos "palavra" porque com ela se fala algo de *significativo*. Temos que reconhecer, contudo, que a palavra é perigosamente contingente: uma vez quer dizer uma coisa, outra vez quer dizer outra. Poderíamos então afirmar, seguramente, que a palavra fala, de fato? Ou será que, para início de conversa, nunca houve algo como a palavra, somente fôlego e som? Parceiros de palra meus dizem que a fala difere dos pipilos dos pintos, que há nela um tipo de argumento. Mas será que há, realmente?

道惡乎隱而有真偽？言惡乎隱而有是非？道惡乎往而不存？言惡乎存而不可？道隱於小成，言隱於榮華。

Quando é que o Dao se oculta, fazendo que as distinções entre verdadeiro e falso entrem em cena? Quando é que a Grande Palavra se oculta, dando sinal para que subam ao palco os juízos de certo ou errado? Para onde é que o Dao se vai, se foi e se fica, longe e de costas para nós, aqui? E como é possível que a palavra esteja sempre conosco, sempre na ponta de nossas línguas, mas não possa resolver nossas dúvidas? Acredito que o Dao se oculte quando o utilizamos para conquistarmos o "sucesso", o que a meus olhos é um feitio desprezível e tacanho. Acredito que a Grande

Palavra se oculte, quando a utilizamos para dar ao nosso discurso e beleza e artifício, os quais, como as flores, não são permanentes, mas palidejam, fenecem, falecem.

故有儒墨之是非，以是其所非而非其所是；欲是其所非而非其所是，則莫若以明。

Donde as disputas dos partidários de Confúcio e de Mo, perdidos no que é certo para um e errado para o outro. Pior, atascam-se em seus preconceitos e atacam-se uns aos outros, brandindo tal e qual as mesmas armas. Negam uns o que os outros afirmam e, sem medir esforços para justificarem aquilo que seus adversários reprovam e desmerecerem aquilo que seus opositores defendem, terminam por se excluir, mutuamente, os meios de chegar à luz.

Comentário: "O saber transcende a linguagem"

Zhuangzi expõe a tese, cada vez mais em voga, de que *a linguagem é incapaz de representar e transmitir a realidade das coisas,* até o ponto em que se perde qualquer confiança na possibilidade de se dialogar de forma significativa. Claro que, para Zhuangzi, há o objetivo de se realçar a verdade do Dao, inalcançável para o intelecto humano. É importante, porém, ler este ensaio de maneira integrada, de maneira a que se identifique a sua intenção e que se o coloque no devido contexto. Quando se chega ao último parágrafo, percebe-se que Zhuangzi tinha em mente um pano histórico e cultural muito específico. Portanto, antes de nos precipitarmos em identificar afinidades entre o primeiro parágrafo e as ideias de um pensador da semiótica ou pós-modernismo, é preciso identificarmos *quais os destinatários* escolhidos pelo autor.

Zhuangzi menciona os confucianos e moístas, que no período anterior à unificação imperial de 221 a.C. eram singularizados como as Escolas em Evidência (顯學, Xianxue). Esse é um detalhe muito interessante, porque destoa da história intelectual ulterior. A partir da dinastia Han, vê-se o período da segunda metade da longa dinastia Zhou (1046-256 a.C.) não como um período de duas tradições, mas como a Era dos Mestres e das

Cem Escolas (諸子百家, Zhuzi Baijia). Ainda que o confucionismo e o moísmo se destacassem como duas das mais importantes (o moísmo entraria em decadência e se extinguiria antes de 221 a.C.), havia um número substancialmente grande não só de tendências e de variantes dessas duas, mas também um grupo de outros ensinamentos originais.

Portanto, "confucianos e moístas" é uma forma geral e imprecisa de se referir às várias tendências intelectuais que já haviam se multiplicado na altura em que viveu Zhuangzi, um período conhecido como dos Reinos Combatentes (475-221 a.C.). O motivo para tal fenômeno foi o de que esse era um momento de colapso das instituições políticas e sociais, em que cada um dos feudos anteriormente vassalados à corte de Zhou estava envolvido numa guerra de todos contra todos. Diferentemente dos confucianos e moístas mais antigos, do período da Primavera e do Outono (771-476 a.C.), a necessidade então era de "especialistas" em problemas de governo, particularmente sobre políticas setoriais (terra, tributos, administração), diplomacia, estratégia e reforma militar, entre outros.

Sob tais pressupostos, diferentes pensadores competiam pela posição de conselheiros e funcionários das grandes cortes. Na prática, *havia mais pensadores do que ideias*, o que tornava premente a necessidade de ser um bom "vendedor", até mais do que um bom pensador. Com esse propósito, havia surgido a chamada Escola dos Nomes com Deng Xi (鄧析, 545-501 a.C.), de cuja tradição Hui Shi, o grande amigo de Zhuangzi, era um herdeiro. Os "debatedores" (辯士, *bianshi*), como eram conhecidos esses indivíduos, tinham por principal finalidade vencer os argumentos com "técnicas" fixas, sem conexão com a substância das discussões. Curiosamente, de alguns princípios gerais e exercícios que sobreviveram ao tempo, percebe-se interessantes similaridades com a lógica ocidental clássica. Porém, essas semelhanças nunca chegam a se confirmar numa verdadeira visão comum.

Neste texto, Zhuangzi critica os "debatedores", reafirmando a visão padrão do Dao, de que é um princípio absoluto, além dos opostos e, consequentemente, além dos "conceitos linguísticos" que os expressam. Logo, não é possível encontrar qualquer verdade definitiva quando se toma partido de posições opostas, usando para tanto um meio tão precário como a linguagem humana. Os "debatedores" pioram a situação por agirem com dolo e acrescerem mais uma camada de falsidade à língua. Numa sociedade em que muitos não se preocupam com a verdade de suas propostas, apenas com o seu sucesso, a linguagem, e o próprio debate, certamente caem em descrédito.

Feitas todas essas ressalvas, Zhuangzi tem o mérito especial de ir além dos limites de sua época e contexto cultural, colocando em primeira mão questões de significância universal: até que ponto a nossa capacidade de expressão e a do nosso próprio idioma estão à altura dos grandes temas? Será a linguagem capaz de chegar à verdade? É pena que o estilo de exposição do autor seja, no mais das vezes, em *via negativa*, ou seja, explore as coisas pelo que elas *não* são. Ele conduz suas reflexões com questões, muitas das quais não são retóricas – donde somente captarmos a amplitude dos problemas. Ficamos sem respostas no mais das vezes e essa é uma razão para que Zhuangzi continue a instigar novas reflexões, até depois de diversas leituras.

6.
A intersubjetividade e o mundo real

物無非彼，物無非是。自彼則不見，自知則知之。故曰：彼出於是，是亦因彼。

Os seres concebem sua existência colocando-se no mundo, confrontando-se com as coisas. Dessa forma, para os seres, não é possível negar a existência do outro que está longe, nem lhes é possível negar a existência do eu que está perto. Se nos identificamos com os outros, não nos é possível vermos a nós mesmos, pelo que se faz necessário *primeiro conhecermos a nós mesmos*, para que possamos compreender o mundo. Por tal razão há o paradoxo segundo o qual "o outro nasce de nós e nós sucedemos aos outros".

彼是方生之說也。雖然，方生方死，方死方生；方可方不可，方不可方可；因是因非，因非因是。

Esta é a doutrina da origem comum do que está aqui perto de nós, como se ao alcance da mão, e do que é remoto, que só nos é acessível com um apontar de dedo. Por conseguinte, podemos puxar um cordão de corolários: no ciclo da Natureza, "o que nasce, morre", "o que se acaba, volta a ser"; na moralidade humana, "o que é certo transforma-se em erro", "o que não se admite torna-se permitido". E então ocorre que o moral sucede-se ao imoral, o imoral ao moral.

是以聖人不由，而照之於天，亦因是也。是亦彼也，彼亦是也。彼亦一是非，此亦一是非。

Como, então, deve portar-se o sábio? Ele evita a senda do certo e do errado, tal como propalados pelos homens, e se espelha no Céu, na Natureza, na Grande Espontaneidade. Dessa maneira, celestemente, naturalmente, espontaneamente realiza em si a moralidade. Para o sábio, o que está à mão é o distante, o outro e si, ambos são um e o mesmo. Nesse caso, o outro terá as mesmas noções de bom e mau que eu, e, reciprocamente, a moralidade será una.

果且有彼是乎哉？果且無彼是乎哉？彼是莫得其偶，謂之道樞。樞始得其環中，以應無窮。是亦一無窮，非亦一無窮也。

Para o sábio, será que há separação entre si próprio e os outros? Ou será que inexistem tais distinções? Creio que tal questão está bem definida. Quando o praticante do Dao impede que o eu e o outro se confrontem, ele encontrou o mistério chamado de "*eixo do Dao*", pois parou de pé no ponto em torno do qual roda a Natureza. Sim, sempre houve um eixo no meio da roda da Natureza, para que possa corresponder ao Infinito que a concebeu. Moral ou imoral, ambos correspondem ao mesmo Infinito.

故曰：莫若以明。

Com razão digo que, os que se digladiam, excluem-se, mutuamente, os meios de chegar à luz.

Comentário: "O diálogo não conduz ao saber"

Este breve ensaio expõe o que se chama de "dialética" (辯證法, *Bianzhengfa*) no pensamento chinês. É preciso tomarmos muito cuidado com a aproximação de um conceito tão poderosamente referido à tradição ocidental de pensamento.

Resumindo de forma bastante esquemática o que isso quer dizer na China antiga, Zhuangzi diz que, para o homem, o *conhecimento* surge quando ele se dá conta da *existência do outro*. Embora certo, esse conhecimento é limitado, pois está *fragmentado em opostos*. Quando (o daoista) os integra, vai além da parcialidade natural de nossa condição, *dando um salto qualitativo do conhecimento à Sabedoria*.

Chama a atenção que *a "dialética" chinesa não envolve uma "arte do diálogo"*, como na versão autêntica do termo, socrático-platônica. Nos debates conduzidos por Sócrates, partia-se de um conhecimento provisório dado, normalmente por um interlocutor que se afirmava autoridade no assunto. Esse conhecedor era submetido a um exaustivo questionamento, ao longo do qual Sócrates exigia explicações cada vez mais detalhadas. Não raro, o interlocutor desistia da tese inicial, não sem ter aprendido sobre as dificuldades de sua posição primeira. Essa era a maiêutica socrática de, mostrando o quanto não se sabia sob um determinado assunto, também mapear a capacidade argumentativa do ser humano, avançando em direção ao conhecimento positivo.

Na tradição chinesa, contudo, a "dialética" é, fundamentalmente, uma *dinâmica natural de conceitos*: 物極必反 (*wuji bifan*), isto é, "quando as coisas/seres atingem o seu limite, tornam-se o próprio oposto". Essa "dialética" resume-se ao processo em que os opostos surgem, entram em relação, unificam-se mais uma vez, criando novas "contradições" que levam a uma nova procissão de opostos. Isso se depreende dos aforismas de "bipartição das unidades" (一分為二), "unificação das dualidades" (二合為一) e "união dos opostos" (對立統一). Embora a linguagem inspire-se em Hegel (via marxismo chinês), *a substância da "dialética" chinesa percebe-se desde Laozi*, o fundador da escola daoista.

O leitor atento identificou uma outra peculiaridade do pensamento chinês, *a de vincular o problema do conhecimento e da moralidade humana*. Em geral, os pensadores chineses antigos concordam que a ética não é apenas inerente à natureza humana, mas à própria ordem do universo. Dessa forma, coerentemente, o par 是非 (*shifei*) não distingue, por definição, entre "ser" e "não ser" epistemológico do "ser certo" e "ser errado" moral. Isso significa que ambos os sentidos estão presentes no par, apesar de haver diferentes ênfases, segundo o contexto.

Por fim, é preciso dar o devido realce à metáfora do "*eixo*" *do Dao*. Isso tem profundas consequências, não só para que se entenda que a Sabedoria é algo concreto para Zhuangzi e outros daoistas, mas também que se perceba que o conhecimento não é socialmente construído, mas algo dado, positivo, sempre presente: o Dao. Quem alcança o Dao possui autoridade. Essa autoridade começa como sabedoria, mas se traduz, muito fluidamente, em autoridade moral e política. Ainda que não seja essa a ênfase de Zhuangzi – dada as escolhas peculiares que fez para sua própria vida – vê-se que, politicamente, suas ideias não podem ir muito longe do consenso.

7.
Um cavalo é um cavalo. Ou não?

以指喻指之非指，不若以非指喻指之非指也。

Se, ao indicares algo mediante um termo particular, pretendes expressar o conjunto de características que não pertencem ao termo que empregaras, mais te vale utilizar a negação desse termo para expressares as características que não pertencem ao termo que pretendias utilizar primeiramente.

以馬喻馬之非馬，不若以非馬喻馬之非馬也。

Por exemplo, se com a palavra "cavalo" pretendes sugerir todos aqueles atributos que não são característicos de um cavalo – e dessa maneira te aproximares ao que é peculiar a esse animal, creio que seria melhor indicares diretamente por "não cavalo" aquilo que não o distingue.

天地一指也，萬物一馬也。

Com essa atitude intelectual, haverá *uma* designação para tudo no Céu e na Terra, apenas *um* "cavalo" dentre as Dez Mil coisas.

Comentário: "Só a negação produz o saber absoluto"

Este breve ensaio, umas poucas frases em chinês arcaico, é útil no plano da história das ideias, a despeito de não ter grande apelo literário. Ele esclarece a atitude de Zhuangzi em relação à Escola dos Nomes e, particularmente, abre uma janela para imaginarmos as conversas eruditas que deve ter tido com o seu amigo Hui Shi.

Como já explicado, a Escola dos Nomes buscava manipular a linguagem para obter vitórias em debates decisivos numa carreira político-burocrática. Para esse fim, seus integrantes exercitavam-se com paradoxos que não deixavam de ter consequências intrigantes do ponto de vista do que chamamos de "lógica", incluindo a relação entre substância e acidente, categorias de pensamento, dedução/indução (rudimentos) etc.

O tema da passagem é um paradoxo imortalizado por outro luminar da Escola dos Nomes, o mestre Gongsun Long (公孫龍, 325-250 a.C.). Gongsun partia do enunciado "Um cavalo branco não é um cavalo" para afirmar a necessidade de se distinguir "branco" de "cavalo"; no jargão da lógica, de *separar os "acidentes" (i.e. qualidades não essenciais) das "substâncias" (i.e. seres, coisas) a que eram "predicados" (i.e. atribuídos)*.

Esse debate é importante porque, *em chinês, cada ideograma tende a representar um conceito*. Por exemplo, o ideograma de branco não só representa o "acidente" branco, mas a substância "brancura"; "cavalo" tanto representa o "particular" (coisa concreta), "um/este/aquele cavalo", como o "universal" (tipo ou gênero), "cavalo(s)" em geral.

Apesar de escrever de forma meio séria, meio jocosa, Zhuangzi chega a uma conclusão indicativa de sua forma de ver o mundo. Em chinês, o problema é mais fácil de ser visualizado: 白馬非馬 (*baima feima*) é uma frase que claramente deveria ser lida como *oração verbal de três termos*: "cavalo branco" 白馬 "não é" 非 "cavalo" 馬, Zhuangzi sabe disso. Contudo, modificando a análise da frase para uma oração nominal com dois pares de caracteres, o autor entende que, "um cavalo branco" (白馬) é "um não cavalo" (非馬). Dessa forma, "não ser" é interpretado como atributo, em nada diferente de "branco".

Mesmo que não passe de uma "piada" semiesquecida no resto deste livro, *Zhuangzi transforma aqui a inexistência num predicado*, o que destoa da tradição intelectual majoritária no Ocidente. "Ser" não é, nem pode ser um predicado. O "não ser" na lógica ocidental comunica a carência de um atributo (não ter a cor branca) ou, no máximo, a exclusão do objeto de análise de um grupo de coisas (não pertencer ao gênero dos cavalos). Mas, para o autor, *a negativa representa um tipo de "existência"*. Isso não é absurdo, do ponto de vista do daoismo: o "Dao" é majoritariamente entendido como o "Não Ser" que dá origem ao "Ser". Essa passagem nos dá um exemplo de como isso é aplicado ao mundo real.

Surpreendentemente, Zhuangzi chega a uma conclusão similar ao ponto de vista confuciano. Essa escola também reprovava os artifícios retóricos, buscando conhecer as coisas em sua mais pura autenticidade. O confucionismo adotava o mote de *"Retificar os Nomes"* (正名, *Zhengming*), o que significava tentar fazer que as palavras correspondessem à realidade a que se dirigiam em primeiro lugar. Por trás dessa iniciativa aparentemente ingênua havia algo maior. *Numa situação em que a ordem e os valores estavam em crise, era necessário agir para criar consensos e restaurar instituições.* "Uma designação para cada coisa no Céu e na Terra" presumia que todos concordassem sobre o que é o bem e que todos reconhecessem o(s) mesmo(s) governante(s).

8.
A vida precede os nomes

可乎可，不可乎不可。道行之而成，物謂之而然。

É óbvio que algo *pode* ser quando, efetivamente, pode *ser*. Também está claro que algo *não* pode ser quando não *pode* ser. Logo, da mesma maneira que nos é permitido falar de um Caminho depois de que ele tenha sido palmilhado, o termo Dao se consuma quando cria a realidade – ou quando o praticante o realiza em si. Nesse sentido, as coisas se efetivam ao serem designadas como *sendo* tais.

惡乎然？然於然。惡乎不然？不然於不然。物固有所然，物固有所可。無物不然，無物不可。故為是舉莛與楹，厲與西施。

Por que são *assim*? São assim porque *são* assim. E por que não o *são*? Porque *não* o são. Cada coisa é da *maneira* como se tenha manifestado; mais, elas são da maneira como *poderiam* ter sido. Nenhuma delas escapa a essa regra, nem há nada nelas que seja impossível ser. É por tal motivo que uma peça de madeira é chamada de coluna, que sustenta uma construção, ou de martelo, que golpeia um sino, conforme seja curta ou longa, grossa ou fina. Da mesma forma, uma pessoa é chamada de lazarenta, por ser feia, ou ser comparada a Xi Shi, por ser bela.

恢恑憰怪，道通為一。

Confrontado com o que fazem os debatedores de hoje em dia, exagerando, cavilando, ludibriando, mistificando, só posso dizer que o Dao perpassa todos os seus artifícios com Uma *única* verdade.

Comentário: "O saber abrange tudo o que é relativo"

Este é mais um ensaio estritamente filosófico, voltado para a crítica dos "debatedores", que, com seus artifícios, distorcem a relação entre linguagem e realidade.

Precisamos lembrar que Zhuangzi defende a existência de uma *realidade absoluta*, o Dao, que está além da linguagem. Ao mesmo tempo, há um mundo humano, de *verdades limitadas*, que dependem da linguagem para poderem ser expressas. O autor não nega a existência desse mundo, nem questiona a utilidade das palavras. Podemos comprovar esse entendimento pelo contraste entre o Caminho/Dao e os seres/coisas, no final do primeiro parágrafo.

Sob esse pressuposto, Zhuangzi parece reconhecer que as coisas existem em si e que as palavras não devem ser manipuladas arbitrariamente. Os Nomes idealmente são inseparáveis das coisas e têm mesmo uma certa função constitutiva: dizer o nome de algo leva ao reconhecimento de que uma coisa é o que é. É uma forma simples de pensar que leva a certezas úteis, não só viabilizando o diálogo no dia a dia, mas também permitindo discussões mais substantivas.

Novamente nos surpreendemos com as semelhanças entre o que diz Zhuangzi e o que diz o confucionismo. No entanto, isso não deve ser levado às últimas consequências. O pensamento confuciano, contemporâneo e anterior a Zhuangzi, raramente vai além da sabedoria prática. No máximo, explora os fundamentos "transcendentes" da moralidade.

Nesta passagem, contudo, sugere-se que *há uma realidade maior*, que produz o mundo contingente dos Nomes e das Dez Mil Coisas. O Dao é inefável, ele apenas pode ser praticado, enquanto as coisas tornam-se o que são ao ganharem um nome. É esse Dao que faz as coisas serem o que são, da maneira que são: no original chinês, o termo 然 (*ran*) aparece repetidas vezes, indicando *o "ser espontâneo" das coisas*. Isso quer dizer que elas são filhas do Dao, "aquilo que faz as coisas serem o que são", segundo os padrões da espontaneidade.

Isso nos ajuda a compreender que, no daoismo, a verdade absoluta do Dao não contradiz a existência das Dez Mil Coisas, mas a abrange, tornando-a possível.

9.
A Verdade dispensa debates

其分也，成也；其成也，毀也。凡物無成與毀，復通為一。唯達者知通為一，為是不用而寓諸庸。

Costuma-se dizer que as energias vitais estando divididas, conjugam-se. Há quem proponha que, conjugadas, persistem até a sua destruição. E depois, o Nada. De certo, nada no mundo se conjuga meramente para rumar à sua destruição. Tudo se reverte a *uma única verdade*, que perpassa o universo. Só o homem perspicaz sabe como *perpassar a tudo com o Dao*. Com essa sabedoria, não intenta lograr vantagens mundanas para si, pelo que termina por obter méritos permanentes.

庸也者，用也；用也者，通也；通也者，得也，適得而幾矣。因是已。已而不知其然，謂之道。

Visto de tal forma, os méritos revelam-se como a vantagem que ele busca; essa vantagem limita-se a conseguir perpassar as infinitas diferenças que há na realidade. Perpassando-as, obtém o fio que amarra o universo. Com ele em suas mãos, estará cada vez mais próximo de sua meta... seguindo-o até o seu extremo, sem parar, chegará ali. Nesse momento, não saberá como chegou, nem sequer saberá se chegou ou não; eis o que chamo de estar a Caminho, ou seguir o Dao.

勞神明為一而不知其同也，謂之朝三。何謂朝三？狙公賦芧，曰：「朝三而暮四，」眾狙皆怒。曰：「然則朝四而暮三，」眾狙皆悅。

Há pessoas que tribulam o seu espírito e exaurem sua mente, crendo assim serem capazes de compreender a Unidade do Dao. Ignoram, todavia, que ela implica estar em identidade com o universo. Esses que se perdem em jogos de palavras são os que apelidei de "três-pela-manhã". Sabes por quê? Inventei uma fábula para explicá-lo: Estava um dia o criador com os seus macacos, para quem agitava uma castanha presa entre dois dedos. Pruria capciosamente os bichos, dizendo-lhes "de manhã venho dar-lhes três destas para cada um e quatro, pela tarde...". A macacada enlouqueceu, furiosa como nem te digo. Gritos e braçadas, um escândalo que quase não morreu. O criador, ardiloso como só ele, esperou que a tempestade amainasse. Chegada a calmaria, fingiu resignação: "última proposta, dou-lhes quatro pela manhã e, pela tarde, três". Tamanha foi a alegria daqueles animais, que nem sei como te contar.

名實未虧而喜怒為用，亦因是也。是以聖人和之以是非而休乎天鈞，是之謂兩行。

Bem, cada qual com suas razões... Voltando ao que importa; é óbvio que não há diferença alguma, nem nos *termos* empregados pelo criador ao tratar com seus animais, nem na *quantidade* de castanhas com que pretendia regalá-los. Contudo, notamos a grande diferença na reação dos bichos – enlevo e cólera. Esta é a situação dos que polemizam o Dao. Ao manter-se atento, o sábio deve apaziguar as quizílias sobre o que é certo ou errado, bom ou mau – e folgar-se na *Imparcialidade do Céu*. O que é ela? É o que chamo de *Seguir as Duas Vias*.

Comentário: "Quem retorna ao Dao obtém o saber absoluto"

Zhuangzi aqui distingue claramente dois tipos de conhecimento. O conhecimento *absoluto*, que é o conhecimento do Dao, e o conhecimento *provisório*, relativo, do senso comum.

Como já sabemos, o Dao é a Verdade profunda, o segredo da vida, que emerge de dentro para fora. O Dao combina o cosmológico ao existencial.

Ao passar do Nada para a existência, o Dao cria o universo. Esse Nada não é um "vácuo", tal como entendemos na física ocidental, mas a fonte interminável da Energia Vital (*Qi*). Compacta, até o ponto em que não "existe" enquanto "coisa". *Ao mesmo tempo que o Dao está empenhado numa obra de contínua produção de vida, os seres e coisas correspondem-lhe com um movimento de fora para dentro, de* Retorno *ao Dao* (反者道之動, *fanzhe daozhidong*).

Há dois tipos de movimento de *Retorno*. Por um lado, quando os seres morrem, quando as coisas deixam de existir, tudo retorna espontaneamente a esse Nada. Não há destruição, meramente *desfazimento do ser*, da particularidade que antes existia precariamente e que se junta à universalidade plena. Não há nada que escape ao retorno ao fluxo de Energia Vital (*Qi*). Por outro lado, é possível retornar ao Dao por meio do cultivo das técnicas, tornando-se um praticante daoista. Isso se desdobra num conhecimento contemplativo que serve de via para iluminação. Sua ênfase, sua direção final é a transcendência, a compreensão dos mistérios, o irmanamento ao Dao. O estado final, como sugere o autor, *é de indiferenciação entre si e a plenitude do universo*. O praticante apaga a sua própria consciência e cede a sua intencionalidade ao poder irresistível do Dao. Pelo tom da passagem, Zhuangzi parece referir-se novamente a um estado meditativo. Embora não haja pistas, para além da concentração (transe), deve haver alguma forma de harmonização da Energia Vital (*Qi*) do corpo à Energia Vital (*Qi*) do Dao.

É sempre importante acentuar que a sabedoria do Dao não envolve um saber do que as coisas são. Coerentemente, Zhuangzi reconhece que essa é uma *sabedoria "inútil"*, no sentido de que não é possível, com ela, buscar vantagens seculares. A intuição pessoal do Dao é incomunicável e não se presta sequer ao ensino comum. Desde as suas origens, o daoismo é transmitido pessoalmente de mestre a discípulo, havendo o folclore de que cabia ao mestre procurar alguém com os dotes necessários. Os ensinamentos eram protegidos por um voto de segredo e as escrituras, os textos que ensinavam as técnicas, eram entregues passo a passo com o progresso do aluno, nunca antes do tempo. Somente muito mais tarde, quando o daoismo começou a imitar o budismo, é que apareceram os textos abertos à comunidade, de caráter largamente devocional.

Voltando à passagem, observamos que Zhuangzi contrapõe a prática do Dao aos debates que caracterizavam a vida intelectual de sua época. Não só os "debatedores", mas, fundamentalmente, todas as doutrinas estavam em constante rivalidade, seja umas contra as outras, seja internamente, pois diferentes mestres disputavam autoridade sobre legiões de seguidores. Zhuangzi afirma que *a sabedoria do Dao é una e não pode ser alcançada pela discussão*. Para reforçar o seu ponto de vista, conta uma fábula que depois se tornaria um famoso ditado chinês. Os macacos são aqueles que passam os seus dias a debater o Dao, enquanto o criador, aquele que os logra com as castanhas, é o Dao. *Quem não o pratica somente pode julgá-lo conforme as aparências*. Porém, apesar de ser infinitamente mutável, é possível conhecê-lo através das técnicas.

O Dao não pode ser conhecido por meio de especulação intelectual porque, como já foi dito, o conhecimento humano é relativo, sendo construído com base em distinções. Essas distinções terminam gerando preferências e o apego às preferências impede que se compreenda o valor do que é diferente. Portanto, o daoista deve imitar o Céu. Na passagem, o "Céu" (Dao) é descrito como "imparcial". *O fato de existirem opostos mostra que o Dao os referenda, emprestando-lhes o que necessitam para virem a ser.* Não é possível conhecer o Dao por meio do que é relativo, pois se trata de uma parte do todo. O Dao exige que se "ande em duas vias", simultaneamente, integrando as polaridades.

10.
A luz fosca

古之人，其知有所至矣。恶乎至？有以為未始有物者，至矣，盡矣，不可以加矣！其次以為有物矣，而未始有封也。其次以為有封焉，而未始有是非也。是非之彰也，道之所以虧也。道之所以虧，愛之所以成。

Tenho grande admiração pelos antigos, cuja sabedoria, defendo, alcançou o limite. De que limite, falo? Acreditavam eles que nunca tivesse existido algo como as coisas que povoam o mundo. Portanto, vejo neles o limite da inteligência humana, o esgotamento de todas as suas possibilidades. Simplesmente não lhes é possível agregar mais nada. A seguir vieram, homens menores, os que afirmam a existência das coisas, embora negassem a existência de barreiras entre elas – o que não é tão grave, se pensarmos por um momento. Depois desses, seguiram-se outros, ainda menos ilustrados, os quais defendiam a individualidade dos seres, a despeito de que, ao distingui-los uns dos outros, disso não se desdobravam quaisquer juízos morais – o que ainda é remediável. Não tenho dúvidas de que, quanto mais nítidas as balizas entre certo e errado, entre bom e mau, mais míngua o Dao aos olhos de todos. Pois o Dao míngua com o subir da maré das paixões humanas.

果且有成與虧乎哉？果且無成與虧乎哉？有成與虧，故昭氏之鼓琴也；無成與虧，故昭氏之不鼓琴也。

Mas será que, pergunto-me, existe, de fato, uma relação entre o minguar do Dao e o encher das paixões? Ou será que não? Quando há relação, lembra-me o exímio mestre Zhao a arpejar a sua cítara Qin. Quanto mais sofisticada é a melodia, quanto mais notas faz ressoar pelo vazio, tantas mais são as que restam silentes, pois mais augusta é a *música do vazio*. Quando não há relação, o mestre Zhao também me vem à mente. Desta vez, contudo, não há música a ressoar. Ele para com seus divinos dedos sobre o instrumento, seu cenho franzido, as mangas das vestes recolhidas, os músculos tesos, prestes a galoparem sobre as cordas. Na eternidade desses instantes, não há notas a voarem da madeira; a música, contudo, se consuma...

昭文之鼓琴也，師曠之枝策也，惠子之據梧也，三子之知幾乎，皆其盛者也，故載之末年。唯其好之也，以異於彼，其好之也，欲以明之。彼非所明而明之，故以堅白之昧終。

Imaginemos uma cena em que Zhao tange seu instrumento, Shi Kuang marca o ritmo e o mestre Hui, conhecedor da arte e notável crítico, apoia--se em sua mesinha, sentado ao chão, os olhos fixos no texto, a julgar as qualidades da apresentação: não é de suspirar, um saber tão pleno da arte? A opulência do talento deles é algo cuja memória merece ser legada até os confins da história! Especulemos um pouco mais; e se o gosto que demonstram pelos seus papéis levou-os a querer se diferenciar, ficando acima uns dos outros? E se tal paixão tiver despertado o desejo de *ofuscar a outrem, com seu brilho*? Coloquemo-nos na situação de alguém que, incapaz de compreender a arte, é forçado a se curvar perante a mestria deles, a aceitar a *luz* deles – por pura ignorância própria! Essa situação não estaria muito longe do que vemos nas disputas frívolas dos intelectuais de hoje em dia, ateimando sobre o que é branco aqui, embirrando a respeito do que é duro acolá. Esses debates não levam a luzes nenhumas, mas apenas a *trevas*.

而其子又以文之綸終，終身無成。若是而可謂成乎？雖我亦成也；若是而不可謂成乎？物與我無成也。是故滑疑之耀，聖人之所圖也。為是不用而寓諸庸，此之謂以明。

Curioso é que o filho de Zhao, também de nome Wen, também de ofício músico, seguiu com tanta seriedade os passos do pai que morreu igual a ele. Outra vida inteira para uma arte que morreu incompleta. Uma existência de tal modo, surge-me a questão, pode ser descrita como realizada? Se for, nós também poderíamos nos descrever da mesma forma. Ou será que a existência de Zhao, filho, mereceria ser descrita como incompleta? Nesse caso, não apenas eu, mas também os outros seres, poderíamos nos considerar incompletos. A consequência de todos esses meus pensamentos incoerentes é que o sábio deve sempre estar a conspirar em favor da desordem. Diferentemente dos homens presumidos, o sábio *usa o seu brilho para confundir, não para convencer*, já que não intenta lograr vantagens mundanas para si, e é justamente por isso, e apenas isso, que termina por obter méritos permanentes. A isso chamo de "*da confusão nasce a luz*".

Comentário: "O saber completa-se no silêncio"

A anedota tem por tema o suceder das eras e a decadência do ser humano, o que, segundo a visão comum dos daoistas, deve-se a que as pessoas afastaram-se paulatinamente do Dao. Zhuangzi, porém, inova ao utilizar um ângulo diferente, enfocando as implicações da passagem de eras para o praticante.

Em todo o pensamento antigo chinês, perpetua-se a convicção de que *a Antiguidade possuía a chave para todos os mistérios*. Essa Antiguidade não era uma realidade claramente demarcada no tempo, mas uma lembrança quase perdida de um mundo melhor, servindo de remédio para as imperfeições da realidade contemporânea. Com o passar do tempo, as pessoas apequenaram-se, embruteceram-se e corromperam a sociedade como um todo.

No primeiro parágrafo, Zhuangzi lista três eras expressamente e deixa uma implícita. Na primeira, todos eram seguidores do Dao, confessando o "Nada" como origem das coisas e reconhecendo-se como partes interdependentes de um Todo. Na segunda etapa, os homens esqueceram-se de sua origem comum, passando a afirmar a existência de tudo o que veem, preservando porém a vaga consciência de sua irmandade com os outros seres. Em seguida, vieram aqueles que assumiam um tipo de "individualismo", postulando que as coisas tinham uma existência própria e independente. Em todas essas três etapas, a comunidade ainda mantinha a sua harmonia, com cada pessoa assumindo a sua cota de responsabilidade. Por último vem a pior das épocas, na qual surge a necessidade de julgamentos morais. Isso não significa que antes não havia moralidade, mas que a consciência moral surge nesse quarto momento, justamente por causa das primeiras violações aos preceitos éticos. Esse pensamento ecoa um ensinamento análogo de Laozi no *Dao De Jing* (cap.18).

No resto da anedota, Zhuangzi escolhe três personagens, cada um de uma época diferente, claramente com o intuito de *simbolizar as três etapas* que acabou de mencionar. O primeiro é Zhao Wen (昭文), que representa o período mais antigo, embora sua verdadeira identidade histórica não seja muito clara. Ele recebe o papel de especialista na prática da cítara chinesa (*Qin*). O segundo é Shi Kuang (師曠), uma ou duas gerações mais velho do que Confúcio. Ele também era um grande conhecedor do instrumento, ocupando o cargo de mestre de música na corte de Jin. Por último, vem Hui Shi, cerca de dois séculos mais recente do que Shi Kuang. É o político e "debatedor", grande amigo de Zhuangzi, que parece também ter sido músico amador. Apesar de não haver um representante para a quarta etapa, esse provavelmente seria um confuciano do molde de Mêncio.

É provável que as três personagens também possuam uma *significância social*, representando, pela ordem, um simples artesão, um pequeno burocrata e um importante político. Enquanto "virtuoso" do *Qin*, Zhao Wen era um "artesão". Zhuangzi costuma utilizar personagens desse tipo como metáfora para os "homens do Dao" em seus textos. Os melhores artesãos conseguiam ir além da perfeição técnica de suas obras, conhecendo o Dao em primeira mão. Contudo, embora conseguissem conquistar grande renome, os artesãos pertenciam a uma classe inferior, subalternos aos Dafu, que recebiam instrução literária e podiam buscar posições de governo. Enquanto Zhao Wen vivia para praticar o seu instrumento, Shi Kuang já se havia integrado a uma corporação burocrática. Hui Shi havia dado um passo adiante, não só por haver abandonado o instrumento, mas tinha mergulhado na vida política: sua formação e vida profissional tinham por premissa a desunião e conflito entre os diversos feudos em que se dividia a China.

A perfeição técnica do mestre Zhao serve de alegoria para o praticante do Dao. Por não traçar distinções entre si e o mundo, entre certo e errado, entre nobre e parvo, Zhao é capaz de tanger a *música do Dao*. Essa música é bela não pelo seu poder de afetar as emoções, mas pelo fato de ela ser *plena, igualando-se à harmonia do universo.* A música evolui de uma bela melodia, integrando notas que permanecem "não tocadas", assimilando pausas, até a total cessação do que se compreende como melodia: um longo silêncio. Tudo indica que há aí mais pistas para a prática meditativa, sugerindo uma progressiva concentração que faz cessar o que se chama de "pensamentos sobejos" (雜念, *zanian*) até que a mente se encaminha a um único ponto, sem tempo, nem espaço – o transe do Dao.

A seguir, Zhuangzi coloca as três personagens numa mesma cena, com um objetivo terapêutico, o de fazer que o praticante do Dao não se sinta superior àquelas outras pessoas que fizeram diferentes escolhas de vida. Zhao pratica a música *para si próprio* (praticante do Dao); Shi é aquele que pratica a música *para fora*, como uma convenção social; Hui é o "crítico", aquele que *mais entende da teoria do que da prática*. Zhuangzi imagina uma bela situação, em que cada um é capaz de exercer o seu papel sem prejudicar a harmonia do todo. Na verdade, apesar de que, do ponto de vista pessoal, seja mais desejável tornar-se um praticante do Dao e viver para si mesmo, a pluralidade de caminhos disponíveis no mundo é legítima, na medida em que são aspectos parciais do Dao.

O último parágrafo é quase um *post-scriptum*. Após ter apresentado Zhao Wen como um modelo a ser imitado, um praticante do Dao que se realizou através de suas técnicas, Zhuangzi aparenta contradizer tudo o que dissera. Zhao não apenas foi incapaz de levar a sua arte à perfeição, mas também transmitiu a receita do fracasso ao seu filho, que teve de dedicar a sua vida inteira em vão ao mesmo processo de aprendizado e aperfeiçoamento. Na verdade, Zhuangzi está a argumentar uma importante verdade: *a realização pessoal que alguém porventura conquista no mundo é única e irrepetível. O homem do Dao não se gaba de seu sucesso, porque entende que, mesmo ao alcançar o Dao, isso não faz dele alguém especial num mundo tão grande.* Com razão, o daoismo ensina que se deve "esconder o próprio brilho, apagando os rastros que deixou para trás" (韜光滅跡, *taoguang mieji*).

11.
Ladainha sobre o Nada

今且有言於此，不知其與是類乎？其與是不類乎？類與不類，相與為類，則與彼無以異矣。雖然，請嘗言之：有始也者，有未始有始也者，有未始有夫未始有始也者。

Todo certame em torno de algo que pode ser resolvido com um "certo" ou um "errado", um "sim" ou um "não", parece-me inútil. Lamento confessá-lo. Quando alguém se abeira, e dele ouço "algo é assim", imagino se não será mais um exemplo do tipo de discurso surrado, a defender que "destarte é certo; dessarte, errado" – ou será que estarei eu errado??? Não importa. Se me disseres que é algo do tipo, ou se me negares que não é algo do tipo, no final voltaremos ao velho debate entre o que "é" e o que "não é" – e rebrota aquela diatribe, que gostaríamos de ter evitado desde o começo. Por isso, mesmo que discordes de mim, o fato de negares algo não tem como ser diferente de uma terceira pessoa haver afirmado o contrário. E assim infinitamente.

有有也者，有無也者，有未始有無也者，有未始有夫未始有無也者。

Mesmo reconhecendo os estreitos limites da argumentação humana, peço-te um pouco de paciência, para que possa tentar me explicar. Quando os eruditos se disputam, sempre aparece um a afirmar que houve um início para o Dao; e então aparece outro, a dizer que não, o Dao nunca começou a ser, sempre foi; e então aparece outro, a concluir que não, nunca houve esse momento em que o Dao nunca começou a ser. O debate muda de direção, e um principia propondo que sim, as coisas existem no mundo. E vem outro para alegar que não, as coisas não existem no mundo. E mais um, convencido de que nunca houve um momento em que as coisas não tenham existido. Um último, finório entre finórios, ensina, com toda a solenidade, que jamais houve um instante em que nunca tenha havido um momento em que as coisas não tivessem existido. Precioso. Percebes o que tenciono demonstrar?

俄而有無矣，而未知有無之果孰有孰無也。今我則已有謂矣，而未知吾所謂之其果有謂乎？其果無謂乎？

Num *relance*, o praticante daoista intui a existência da não existência, do Nada. Porém, não é capaz de saber ao certo, naquela confusão entre existência e inexistência, o que pertence ao *Ser*, o que pertence ao *Nada*. Dando-me conta de que acabei de colocar em palavras uma experiência tão verdadeira, ironicamente, não me sinto capaz de afiançá-las. Será que minha posição é um fato? Será que não é um fato? Num ataque de cólera, quebro o meu pincel, parto a minha tábua de tinta, rasgo as minhas vestes... mas guardo este texto.

Comentário: "Os filósofos não sabem que nada sabem"

Zhuangzi utiliza recursos cômicos para criticar os debates eruditos de sua época, ao sugerir que tendem a se apegar excessivamente a minúcias e, pior, recorrerem a argumentos capciosos. Neste ensaio, o autor enfoca três temas: *a origem do universo*, *a natureza do Ser* e o *problema do conhecimento*. No pensamento ocidental, essas questões eram compartimentalizadas, respectivamente, nas disciplinas da cosmologia, ontologia e epistemologia. No caso do vocabulário filosófico chinês, todavia, os três problemas são conjugados no debate sobre um único par de conceitos: as polaridades 有 e 無 (*you*, *wu*).

Para ridicularizar esses debates, Zhuangzi escreve um texto extremamente confuso que, no original chinês, parece um monótono trava-línguas. Adaptei-o para as convenções literárias da língua portuguesa.

O principal motivo é filosófico. Pela razão mencionada anteriormente, ele repete exaustivamente os caracteres 有 e 無, imitando as diferentes posições assumidas pelos intelectuais. Por exemplo, havia os partidários do 有, isto é, da eterna presença do mundo, da existência positiva do ser ou da possibilidade de se verbalizar o conhecimento sobre algo. Havia os partidários do 無, a posição oposta, implicando o surgimento do mundo *ex nihilo*, a prioridade do Nada sobre a existência ou a impossibilidade de se utilizar a linguagem para representar o conhecimento. Além desses, havia os ecléticos, que defendiam ambas as possibilidades ("e, e") os que negavam a ambas ("nem, nem") e um conjunto maior de combinações. Vale mencionar que Zhuangzi não está a ficcionalizar, nem exagerar a realidade: o debate sobre 有無 começou no início da história imperial chinesa e persistiu até o seu final – sob diferentes roupagens e contextos cada vez mais complicados.

Uma segunda razão para a ininteligibilidade do texto é puramente literária. As frases na língua arcaica suprimem os sujeitos e predicados com grande frequência. Zhuangzi também muda de contexto súbita e insuspeitadamente. Além disso, com seu fino senso de humor, o autor mostra uma profunda ironia, *pondo em questão os seus próprios argumentos* como não passíveis de comprovação.

A estrutura do texto é muito coerente. Um primeiro parágrafo questiona, com humor, a possibilidade de se chegar ao conhecimento através da discussão ("dialética"). Em segundo lugar, Zhuangzi faz pouco daqueles que tomam partido diante das polaridades, como se fosse possível explorá-las apenas com palavras. O ensinamento autêntico vem no terceiro parágrafo. É óbvio que qualquer um é capaz de provar "existência" como algo distinto do "Nada". Basta-lhe um instante. Essa distinção é realizada pelo contraste que existe entre esses conceitos. Porém, a dificuldade surge no momento em que se tenta desemaranhá-los.

Neste texto (e muitas outras vezes, ao longo da obra), Zhuangzi fala enquanto "filósofo". Nessa condição, em vez de oferecer soluções para os grandes problemas, ele está mais interessado em destacar as aporias de quem se dispõe a *dizer* algo *racionalmente* significativo sobre eles. Se admitirmos o registrado em outras passagens, já sabemos que Zhuangzi defendia que o paradoxo criado pelos opostos poderia ser ultrapassado através da meditação e de outras práticas. Enquanto "místico", ele tenta expressar suas intuições, alertando para uma possibilidade de *vivenciar espiritualmente* as soluções em causa. O próximo ensaio é um dos melhores exemplos dessa atitude.

12.
O infinito através de paradoxos

天下莫大於秋豪之末，而太山為小；莫壽於殤子，而彭祖為夭。天地與我並生，而萬物與我為一。

Nada em Tudo sob o Céu é maior do que o que há de menor no mundo. Como costumamos dizer, nada é maior do que a ponta de um fio da penugem que cresce nos bichos durante o outono, em resposta aos dias frígidos que virão. Nada em Tudo sob o Céu é menor do que o que há de maior no mundo: nosso ancestral, a Montanha Tai; pico do leste, altar sagrado, parada dos imortais – um dos cinco sustentáculos do Céu, píncaro do mundo. Nada em Tudo sob o Céu é mais longevo do que a criança natimorta, nem de vida mais curta do que o imorredouro Peng Zu. Tudo o que nasce entre o Céu e a Terra nasceu comigo. As Dez Mil Coisas e eu somos a *Unidade*.

既已為一矣，且得有言乎？既已謂之一矣，且得無言乎？一與言為二，二與一為三；自此以往，巧曆不能得，而況其凡乎！故自無適有，以至於三，而況自有適有乎？無適焉，因是已！

Já que existimos como *Unidade*, que necessidade resta para palavras? Já que definimos essa *União mística* como *Unidade*, será possível dispensar as palavras? Ao confrontarmos "*Unidade*" e "palavras", temos aí dois termos, donde a noção de dualidade entre coisas e palavras... Mas "um" e "dois", juntos, não são "três"??? Peço-te que não rias de meu argumento, especioso – ainda. Quero dizer que, se dermos asas a essa sofisticaria, o mais perfeito calculador perder-se-á a dedilhar seu ábaco – pior ainda em nosso caso, reles homens comuns! Por isso proponho o seguinte: desde que do *Nada* surgiu a Existência, e daí a *Tríade* entre Céu, Terra e Homem, quanto mais complexo ficou quando os seres passaram a gerar-se, de vida a vida, de Existência a Existência? Sugiro aos meus colegas que não se percam em seu afã de investigar detalhes, sigam este meu princípio, que lhes será suficiente!

Comentário: "O saber deve se voltar para a Origem"

Neste breve texto, Zhuangzi ensina um princípio basilar para que compreendamos a chamada dialética chinesa: todos os seres/coisas existem ciclicamente, de modo que, após haverem atravessado o seu processo de desenvolvimento, eles tendem a se transformar no oposto. Em chinês, isso é expresso sucintamente com o aforismo 物極必反 (*wuji bifan*). Para deixar claro qual o raciocínio que o fundamenta, (1) *a maior das coisas extrapola comparações, de maneira que qualquer avanço que se possa imaginar faz dela algo menor do que é*. E vice-versa. Um corolário útil para a busca do Dao é o de que (2) *quem medita sobre o infinito chega à conclusão de que não pode estar tão longe de um instante*. Ao esvaziar a mente, permitindo que o espírito flua livre pelo tempo e espaço, percebe-se que (3) *um homem, com todas as suas limitações, é capaz de se integrar à totalidade absoluta do universo*. Eis o que defende Zhuangzi enquanto "místico".

O autor reencarna o "filósofo" na segunda metade do ensaio. A Unidade com o universo é uma experiência subjetiva, não um fenômeno material comprovável pelo cientista. Aqueles que interpretam Unidade como um conceito analisável estão no caminho errado, pois tentam degradar uma realidade mental numa mera "palavra". *O saber pretendido pelos daoistas é substancialmente diferente do conhecimento*. Independentemente de qual seja a cultura, o conhecimento teórico ou prático consiste, essencialmente, em dois movimentos. Por um lado, "analisar", isto é, "dividir" as coisas em partes conhecíveis. Por outro, posteriormente, "sintetizar", isto é, "juntar" tais partes de volta na "coisa". O problema é que, como Zhuangzi tenta alertar, *não há uma relação de equivalência entre partes e todo*. Há sempre algo que permanece fora do alcance da mente e da linguagem – todo esforço no sentido contrário será em vão. Claro que isso é diametralmente oposto a toda a história intelectual do Ocidente anterior à pós-modernidade...

Uma última observação. Zhuangzi admite dogmaticamente a cosmogonia daoista, como ficará mais do que evidente no "Hino ao Dao" (Cap. VI.3). Através de diversos meios, tais como revelação religiosa, tradições folclóricas, práticas místicas etc., o daoismo chegou à conclusão de que o mundo veio do Nada. Esse Nada repartiu-se, não se sabe quando, nem exatamente como, no par hierogâmico Céu e Terra. E daí vieram as Dez Mil Coisas, resultado da combinação do poder criativo infinito daqueles dois. Às vezes, essa tríade é simplificada para Céu, Terra e Homem, conhecidos como as Três Potências 三才 (*Sancai*), em reconhecimento ao estatuto único do homem no mundo, como o mais "intelectual/espiritual" dos seres. Independentemente de admitirmos o homem ou as Dez Mil Coisas como elemento final da Tríade, a verdade é que, *quanto mais particular o ser, mais limitada a sua existência*. Portanto, não são os melhores caminhos de retorno ao Dao.

13.
O silêncio do sábio

夫道未始有封，言未始有常，為是而有畛也。

Nunca consegui encontrar os confins do Dao. Tampouco fui capaz de atribuir permanência ao sentido das palavras que utilizo para falar Dele. Talvez seja porque as coisas, tais como as vejo, são *prisioneiras de seus limites*.

請言其畛：有左有右，有倫有義，有分有辯，有競有爭，此之謂八德。

Se me rogares para que disserte sobre os limites que separam as coisas, responderei, singelamente: elas estão dispostas no espaço, pelo que podemos discriminar que estão à esquerda ou à direita; possuem significância, ou intelectual, ou moral; são passíveis de comparação, podendo ser consideradas seja isoladamente, seja relativamente; e têm uma difícil relação umas com as outras, disputando-se ou contestando-se mutuamente. Por conseguinte, "esquerda" ou "direita"; "significância intelectual" ou "moral"; "características comuns" ou "particulares"; "gera polêmica" ou "conflito": estas são as chamadas "*Oito Características*".

六合之外，聖人存而不論；六合之內，聖人論而不議。春秋經世，先王之志，聖人議而不辯。

Céu, Terra, leste, sul, oeste, norte – o sábio deve trazer em seu coração tudo o que está *além* destas Seis Direções, as fronteiras do mundo em que vivemos, embora defenda que mantenham o silêncio sobre tais coisas. O que está *aquém* das Seis Direções, em contrapartida, penso que pode o sábio examiná-las, enquanto não lhe recomendo tecer juízos de valor... No caso da vida política, ou seja, daquilo descrito nos livros da primavera e outono – os anais das casas nobres, e, especialmente, nos registros históricos sobre os grandes reis do passado, pode o sábio comentar sobre o que estima certo ou errado... é prudente, todavia, não entrar em detalhes sobre os fatos em si.

Comentário: "O conhecimento pode comprometer; a Sabedoria, nunca"

Este é um importante texto "metodológico", em que Zhuangzi cuidadosamente distingue dois tipos essenciais de saber. O primeiro, que claramente é o que lhe interessa, são as *questões últimas,* incondicionadas, sobre a vida humana e sua relação com o universo. O segundo, de que ele parece querer se desvencilhar, é o "*mero conhecimento*", condicionado às realidades políticas e históricas. No que se refere a esse último, ratifica-se a impressão de que Zhuangzi, em assuntos políticos e sociais, é mais conservador e tradicional do que levam a crer algumas de suas histórias.

"*As coisas são prisioneiras de seus limites*" é um mote significativo. As Oito Características não têm por finalidade refletir sobre a existência de categorias últimas a que estão sujeitos os seres, mas uma tentativa de distinguir aqueles assuntos que são obra das circunstâncias e que, portanto, são objeto de disputas e de interesses. Por tal razão, não há surpresa que o autor recomende atribuir-lhes uma menor ordem de importância.

Já havíamos explicado de que maneira o daoismo em geral, e Zhuangzi em particular, advogam pela saída do mundo (出世, *chushi*), o que se distingue do "engajamento no Mundo" (入世, *rushi*) por evitar a participação na vida política. Isso não implica, porém, que Zhuangzi *rejeite* ativamente o mundo. O monasticismo daoista tem o mesmo *pragmatismo* típico da sabedoria chinesa em geral.

Nesse sentido, o autor não proíbe que se tenha interesse pelo que está "dentro das Seis Direções", ou seja, a situação geral da China e as questões políticas, em particular. Nem proíbe ele que se estude a experiência prática da arte de governo, eis o que a referência aos livros da "primavera e outono", querem dizer. Esses livros eram crônicas das casas nobres, de cunho analítico (registro de eventos ano a ano, donde o termo "primavera e outono"). O estudo da história e política na China Antiga era feito por meio dos comentários a esses livros, destacando os erros e acertos dos governantes, além da submissão dos mesmos a críticas moralistas e moralizantes.

Retornando ao assunto principal, Zhuangzi não se opõe ao interesse e mesmo estudo desses conhecimentos menores. Entretanto, assinala que o daoista, como qualquer outro intelectual, deve ter grande cautela diante das repercussões de seu interesse. Do contexto, resta claro que a imparcialidade não é uma pura questão de saída do mundo, mas sim resultado dos riscos que se corre, a partir do momento em que se assume uma postura, em que se declara uma posição. Isso vale não apenas para a realidade presente em que se vive, mas mesmo a situações passadas, já que a história da China antiga era sabidamente cíclica e que qualquer ato falho podia se tornar comprometedor.

14.
Busca a Virtude em teu íntimo

故分也者，有不分也；辯也者，有不辯也。

Por isso, digo que quando as pessoas se lançam sobre o mundo, criando distinções a torto e a direito, sempre há coisas que restam intocadas pelo seu escrutínio. Vejo homens a porfiarem a fio sobre tudo e coisa nenhuma, em cada salão, em cada escola, pelas cortes, e ainda sobram assuntos a contender.

曰：何也?

"E por que pensas assim?", alguém me pergunta.

聖人懷之，眾人辯之，以相示也。故曰：辯也者有不見也。

É porque o sábio traz tudo, prenhe, em seu peito, ao passo que as pessoas passam seu tempo a pelear, como se, codilhando, conseguissem conduzir a multidão à luz. Por isso, digo, ainda, que quem disputa é *cego* para a luz. Se me perguntares em que consiste tal sabedoria, responder-te-ei prontamente com cinco aforismos:

夫大道不稱，大辯不言，大仁不仁，大廉不嗛，大勇不忮。道昭而不道，言辯而不及，仁常而不成，廉清而不信，勇忮而不成，五者园而幾向方矣。

"O Supremo Dao não é digno de elogio"; "o melhor debatedor não usa palavras"; "a maior humanidade não é nobre"; "a total honestidade não é plena"; "a coragem indômita não é brava". *Dao, eloquência, humanidade, hones-*

tidade, coragem. Estas são as cinco grandes virtudes a sustentarem a sabedoria a que me refiro. Mas não as busques como algo que existe fora de ti: o Dao é o Caminho a fulgurar em todas as coisas, mas não se deve discorrer sobre ele. As palavras servem para discriminar as coisas, mas não a si próprias. A Humanidade perde a sua perfeição, no ponto em que se pereniza. A honestidade deixa de ser confiável, quando é demasiada. Fracassa o guerreiro que luta com sanha beluína. *Dao, eloquência, humanidade, honestidade, coragem*: estes cinco são partes de um mesmo todo harmônico, não havendo nada que destoe entre eles, como se um círculo fossem. O praticante que faz atuar a sua vontade, *buscando essas qualidades fora de si*, desliga-as de sua harmonia prístina, deformando aquela imagem de perfeição.

故知止其所不知，至矣！孰知不言之辯，不道之道？若有能知，此之謂天府。注焉而不滿，酌焉而不竭，而不知其所由來，此之謂葆光。

Por tal motivo, saber quando parar diante do que não pode ser entendido é uma suprema qualidade. Quem, dentre nós, será capaz de apreender a eloquência que prescinde da palavra, o Dao que dispensa o discurso? Se por acaso conhecerdes um, aclamemo-lo, para que aceda ao *Gabinete do Céu*! Esse homem é como o oceano; despejam-se-lhe os rios, mas nunca se inunda – bebe deles, sem nunca se fartar. Ignorando de onde vem o Dao, chamemo-lhe de "*aquele que protege o seu brilho*".

Comentário: "O sábio é virtuoso, sem o saber"

Zhuangzi inventa um catálogo próprio de virtudes, aventurando-se pelo campo minado da ética antiga chinesa. Esse era um terreno muito bem palmilhado e instrumentalizado pelos adversários do daoismo, os confucianos. No período entre Confúcio e Mêncio, já haviam surgido alguns agrupamentos de virtudes, que se reputavam as mais elevadas expressões da moralidade humana. As qualidades mais importantes incluíam a humanidade (仁, *Ren*), a Sabedoria (智, *Zhi*) e a coragem (勇, *Yong*). Também eram frequentemente mencionados o senso de dever (義, *Yi*), a confiabilidade (信, *Xin*) e a piedade filial (孝, *Xiao*). Independentemente de qual fosse o conteúdo final do catálogo, *as qualidades confucianas fundamentavam uma visão pan-eticista do mundo* – a moralidade decorre da natureza humana. De acordo com a leitura confuciana, a ordem familiar estava unida à ordem política. Consequentemente, no caso do confucionismo, existe o dever de participar da vida político-burocrática como uma decorrência lógica.

Não por acaso, a humanidade reconhecidamente é a mais importante e de âmbito mais amplo. Por isso, é a mais difícil de definir. Humanidade é, essencialmente, uma virtude relacional, prática e ativa: *ninguém pode ser humano vivendo sozinho no mundo*. Além disso, a humanidade possui pelo menos duas dimensões: uma dimensão mais limitada, privada, do dia a dia, que garante a *harmonia* interpessoal; e uma dimensão ampla, pública, privativa daquele grande homem (大人, *Daren*) que, tendo o poder político nas mãos, pode altruisticamente promover a *paz social*. A virtude do senso de dever também era instrumentalizada, não raramente exemplificada pela obrigação ética devida pelo ministro ao governante, ou seja, obrigando os governados para com os seus governantes. Idealmente, isso não implica servidão, pois a humanidade em geral era casada ao senso de dever: 仁義 (*Renyi*), donde os superiores sociais também estarem pessoalmente obrigados, via humanidade, para com os seus subordinados.

A ética daoista surge como um desafio para a visão do senso comum (confuciana). Desde Laozi, o patriarca do daoismo, propõe-se uma dimensão naturalista para a ética, ou seja, a moralidade transcende e abrange a sociedade, como parte da Natureza. Uma diferença importante relativa ao confucionismo é a de que, para os daoistas, a Grande Espontaneidade (大自然, *daziran* – termo chinês para Natureza) é boa por natureza, de maneira que não lhe é preciso uma escolha moral, como o homem. A "moralidade" confuciana, dessa forma, é criticada como uma corrupção de algo mais simples e melhor. Mais simples, porque dispensa "professores de virtude"; melhor, porque está presente em cada um desde o seu nascimento, mesmo quando o homem teima em contrariá-la por hábitos e formas de pensar adquiridos em seu crescimento.

Por conseguinte, o catálogo de Zhuangzi começa com o Dao, que não é uma virtude em si, mas a fonte de toda a virtude. Para entendermos como o Dao pode ser incluído na lista, basta lembrarmos que ele é algo praticável. A "eloquência" vem em segundo lugar, e daí a humanidade, a honestidade e a coragem. Há dois pontos dignos de nota. Primeiro vem o destaque dado à *capacidade de discussão e argumentação* – uma virtude acessória, não encontrada em outras listas, talvez como reconhecimento irônico da ubiquidade dessa prática social. O segundo é a referência à *honestidade*, que, no pensamento chinês, é um atributo geral da conduta humana, cujo âmbito de aplicação é mais amplo do que a palavra na língua portuguesa. Como não poderia deixar de ser, o sistema antigo de recomendação para o serviço público destacava pessoas que, em suas comunidades, revelavam-se "*honestas e direitas*" (廉正, *Lianzheng*) – uma ideologia que se perenizou, mesmo após a paulatina substituição do sistema de recomendação pelo de exames públicos.

Porém, o catálogo ético de Zhuangzi é fortemente qualificado pela visão daoista de Virtude. Todas as virtudes já estão presentes no íntimo do sábio, prontas para atuarem. O maior obstáculo para tanto não é a situação social, mas todo o conjunto de concepções que herdamos em nosso convívio, especialmente o de termos de exibir a nossa bondade, de mostrarmos aos outros que somos morais, pelo que mais importam as aparências do que a realidade íntima. O próprio confucionismo não resolveu bem esse problema, pois, em seu pragmatismo, dá grande relevo a que se conquiste uma reputação no mundo. Nesse particular, Zhuangzi utiliza paradoxos para sublinhar que, por um lado, *quando as virtudes são para fora, elas deixam de ter validade*; por outro, *as virtudes não devem ser perseguidas como fins em si, como algo acumulável*, ao preço de corrompê-las em objetos para exibição pública, como posses ou realizações.

No último parágrafo, Zhuangzi exibe outra vez o seu poder de brincar com ambiguidades. "*Gabinete do Céu*" e "*proteger em si o brilho*" podem estar relacionados à busca de uma posição de poder. Embora os comentários antigos a esta passagem não afirmem o que Gabinete do Céu pode querer dizer, literalmente, tanto é uma referência provável às mais altas instâncias do poder político, como é possível que indique a Corte Celestial. No folclore daoista, a vida do além-túmulo é, em todos os respeitos, um reflexo desta vida – havendo também instituições políticas. Portanto, esse sábio poderia estar credenciado a, tornando-se um imortal, aceder à administração do mundo espiritual. O segundo termo confirma que Zhuangzi tinha em mente um contexto político para a sua visão das virtudes. A imagem do grande homem como alguém que se esvazia de todo arbítrio para acolher Tudo sob o Céu, refletindo-o como um espelho, é análoga a uma outra metáfora famosa, a de foz de todos os rios, simbolizando o imperador daoista.

15.
O sol da Virtude

故昔者堯問於舜曰：「我欲伐宗、膾、胥敖，南面而不釋然。其故何也？」

Isso traz à minha mente um episódio da vida do Grande Shun, homem simples que se tornou rei, famoso por sua piedade filial e carinho pelo povo. Nos tempos idos, o rei Yao certa vez questionara a Shun, que lhe servia então como ministro: "Muito me apetece lançar uma expedição para reduzir Zong, Kuai, Xu'ao, aquelas três províncias rebeldes. Agora, sentado em meu trono, voltado para o sul, desejo ter os três prostrados perante a minha augusta presença. Nada obstante, sinto o meu coração tomado de amargura Por que será? Dize-me!". Os sulcos da face do rei, prova de suas décadas de serviço público, adquiriram um tom mais profundo – tensa era a atmosfera de sua corte naquele dia.

舜曰：「夫三子者，猶存乎蓬艾之間。若不釋然，何哉？昔者十日並出，萬物皆照，而況德之進乎日者乎！」

Sem mover seu semblante, Shun respondeu-lhe, reverencialmente: "Os senhores daquelas três terras ainda pastoreiam seus povos por entre arbustos de espinheiros. Que sina miserável! Vossa Majestade, todavia, declara-se angustiada. E para quê? Lembro-lhe da lenda que reza que, em priscas eras, havia dez sóis a brilhar no céu. Ao nascerem juntos, punham as Dez Mil Coisas em chamas. Tanto maior, e infinitamente mais benfazejo, o poder de apenas um sol, se for a sua Virtude a avigorá-lo, grande rei! Para que ir às armas?".

Comentário: "O sábio esconde o seu poder"

Após haver discursado sobre a moralidade daoista e terminado com uma menção discreta ao soberano do Dao na passagem anterior, nesta breve anedota falsamente histórica, Zhuangzi dramatiza a situação política de seu tempo, sugerindo como pacificar as relações entre os diversos feudos.

Yao e Shun são dois dos mais célebres governantes da China pré-histórica, servindo de paradigma do rei e ministro ideais para o confucionismo clássico. Logo, Zhuangzi está a *aliciar símbolos de uma doutrina adversária, cujas ideias pretende manipular*. Matreiramente, o autor não diz nada de demeritório, nem sobre Yao, nem sobre Shun. É verdade que Yao deseja lançar uma "expedição punitiva" para submeter as três tribos em causa – um argumento-padrão para o expansionismo chinês na Antiguidade. Porém, ao decidir cometer esse ato de agressão, o rei sente um tipo de angústia, de remorso, o que termina por isentá-lo do mau ato que estava para cometer.

Shun reage como o típico fiel ministro, dando bons conselhos ao seu superior. Porém, *a argumentação é inteiramente daoista*. No caso do confucionismo, reduzir tribos bárbaras era uma necessidade e exigência da Propriedade Ritual (禮, *Li*). Somente através do estabelecimento de uma ordem unificada, o domínio universal, é que seu rei ou imperador demonstrava que Tudo sob o Céu estava bem governado. Dessa forma, todas as forças políticas estavam disciplinadas por um regime universal de etiqueta, eliminando, teoricamente, as fontes de conflito potencial. Após serem subjugadas, cabia a essas tribos pagar tributo regular à corte, o que era retribuído simbolicamente com títulos de nobreza e insígnias de poder legítimo para os seus respectivos governantes, o que funcionava como uma espécie de *ritual civilizador*. O daoismo se opunha a essa visão, como revelam as palavras de Shun (i.e., porta-voz das ideias de Zhuangzi). Ele preferia manter a estabilidade geral do país através da *Inação* (無為, *Wuwei*) – cf. comentário a I.3. Neste contexto, *Inação* significa a manutenção das prerrogativas políticas sob um aspecto de não interferência. Segundo as palavras de Shun, Yao já era, por definição, o governante legítimo de Tudo sob o Céu, sendo desnecessário lançar um ataque às tribos, que nem se constituíam em ameaça, nem possuíam nada que despertasse o interesse do governo de Yao.

A última metáfora é significativa. Os *dez sóis* representam diferentes líderes político-militares a disputarem espaço. A *terra* significa o povo e sua fonte de sustento, queimada como resultado das guerras entre as potestades. O *único sol*, aqui indicando Yao, é a situação ideal, em que um governante tem seu domínio consolidado e inconteste. Claramente, Zhuangzi criticava a sociedade de seu tempo, em que havia vários feudos a disputarem a precedência numa guerra incessante de todos contra todos.

Na verdade, em largas porções da história da China antiga, vigorava um regime de independência de fato dos poderes locais, que manifestavam subordinação ritual às instâncias centrais como contrapartida para que pudessem continuar a gerir os seus assuntos da forma que melhor entendessem. Nesse contexto, da mesma forma que vários reis empenhados em apertar os laços de domínio central, o impulso de Yao era contraproducente, pois podia gerar inquietação dos poderes locais, desencadeando, no longo prazo, tensões que terminariam esfacelando a ordem que desejara consolidar.

16.
E por que haveria de saber?

齧缺問乎王倪曰：「子知物之所同是乎？」曰：「吾惡乎知之！」

O Banguela julgava-se melhor de que seu mestre. Certa vez, voltava do poço carregando um balde cheio de água, ordem de seu mestre, cheia a cabeça de artimanhas. Vendo a oportunidade, aproximou-se de quem lhe mandara, o Garoto, que se banhava de brisa: "Mestre, sabeis como fazer com que todos os seres *sempre* tenham razão, independentemente de contexto?". Sentado em sua esteira, apalpando a sua barriga flácida, o imortal respondeu, curtamente: "E como haveria de saber?".

「子知子之所不知邪？」曰：「吾惡乎知之！」

Com os olhos baixos, não sem malícia, seu discípulo insistiu: "E o mestre saberia então quais são todas essas coisas que ignora?". Percebendo a armadilha que lhe fora colocada, sem alterar sua expressão, o Garoto deitou-se de costas para o Banguela, revelando a fresta de suas nádegas. Continuou a soar evasivo: "E como haveria de saber?".

「然則物無知邪？」曰：「吾惡乎知之！」

Julgando-se triunfante, o Banguela disparou uma ofensa muito mal velada: "Será, portanto, que os seres são desprovidos de inteligência?". Tendo sido excitado à desforra, o mestre sentou-se, pachorrentamente. Espreguiçou-se com um largo bocejo e alisou a cabeça em busca de cabelos: "E como haveria de saber?".

雖然，嘗試言之：「庸詎知吾所謂知之非不知邪？庸詎知吾所謂不知之非知邪？」

Pararam a palraria. Passados alguns instantes de contemplação mútua, Garoto finalmente quebrou o silêncio: "Embora tudo seja, de fato, tal como disseste, talvez valha a pena responder as suas questões... com outras questões". Fez uma pausa, os longos fios da barba rala à mão, os olhos semicerrados, grave: "E como saberás tu, ó Banguela, que ao dizer eu que sabia, não era isso um não saber?". Mais dois longos respiros: "E como saberás, ainda, que ao dizer eu que não sabia, não era isso um saber?".

且吾嘗試問乎女：「民溼寢則腰疾偏死，鰌然乎哉？木處則惴慄恂懼，猨猴然乎哉？三者孰知正處？」

O mestre relaxou-se mais uma vez sobre sua esteira, estirando as pernas. Agora eram os finos braços a escorarem o tronco. "Deixa-me fazer as perguntas, esta vez. Se um desses camponeses aqui vai dormir com o corpo molhado, no dia seguinte dói-lhe a cintura, pode mesmo perder os movimentos de uma banda do corpo! Mas será que o mesmo acontece com o peixe-cobra?". Riu-se. "Vai passear ali naquele matagal. Imagino tuas pernas tremendo, com medo de aparecer um bicho bravo; com pavor de surdir uma alma perdida, ficas tão aflito que perdes o fôlego. E a macacada que mora lá, também se sente assim? Dize-me: Qual sabe qual o lugar certo para se morar? É o homem, é o peixe, é o macaco?"

民食芻豢，麋鹿食薦，蝍蛆甘帶，鴟鴉耆鼠，四者孰知正味？猨猵狚以為雌，麋與鹿交，鰌與魚游。毛嬙、麗姬，人之所美也，魚見之深入，鳥見之高飛，麋鹿見之決驟，四者孰知天下之正色哉？

E continuou. "O homem come carne; de vaca, de porco, de cão. Os veados pastam ervas. Olhos de minhoca são acepipes para as lacraias, e corujas deleitam-se com ratos. Que sabedor, dentre os quatro, abona a culinária certa?". Acrescentou uma última questão: "Os símios buscam fêmeas de sua espécie. Corças com cervos casalam-se. Também os peixes, reproduzem-se com quem lhes é igual. A aia Mao ou a bela Ji são um encanto para os homens. Contudo, ao vê-las, os peixes retornam às profundezas, as aves, às alturas, os veados, às distâncias. Repito o mesmo problema: a beleza feminina correta, o que a autoriza é o homem, é o peixe, é o macaco, é o veado?".

自我觀之，仁義之端，是非之塗，樊然殽亂，吾惡能知其辯！」

"A meu ver, a mesma situação ocorre no plano da moralidade. Qual a medida correta da humanidade? Como se afere com justeza o senso de dever? Onde se dobra o caminho que leva ao certo ou ao errado? Que aporia ingrata! Vaga! Confusa!! Inextricável!!! Por isso tudo respondo a ti: e como haveria de saber?!".

齧缺曰：「子不知利害，則至人固不知利害乎？」

Admirado com a sabedoria de seu mestre, o Banguela recolheu-se: "Mas se nem o Mestre não sois capaz de diferenciar entre o que causa dano e o que produz lucro, será que nunca foi do homem supremo o mister de discriminá-lo?".

王倪曰：「至人神矣！大澤焚而不能熱，河漢沍而不能寒，疾雷破山〔飄〕風振海而不能驚。若然者，乘雲氣，騎日月，而遊乎四海之外，死生無變於己，而況利害之端乎！」

O Garoto assumiu uma postura hierática e ministrou, fervorosamente: "O homem supremo é *divino*!!! Cruza um lago de chamas e não se queima. Vê o rio Amarelo gelar os Países do Meio e não sente frio. Raios cortam o ar, reduzem as montanhas a escombros, enquanto ventanias agitam os mares sobre a terra, impetuosas – mas nunca treme o seu coração. Alguém assim monta as nuvens e campeia pelo céu ladeado e pelo sol e pela lua, acedendo por fim ao que está fora do alcance dos Quatro Oceanos, o cinturão da terra. Livre da triste sina dos homens, desconhece e morte e vida – pergunto-te: que aproveita a ti distinguir entre vantagem e desvantagem?".

Comentário: "O saber é uma experiência incondicionada"

Nesta anedota, Zhuangzi retorna ao folclore dos imortais para sugerir que o daoismo providencia um Caminho para o verdadeiro saber. Projetando-se além das limitações humanas, o daoismo permite ao praticante vivenciar uma realidade não condicionada por opostos tais como fome e saciedade, frio e calor, vida e morte etc.

As personagens da passagem fazem parte de *uma das mais importantes linhas de transmissão do Dao* referidas nesta obra. Xu You, mencionado em "O eremita e o imperador" (cf. Cap.I.4) é discípulo de Banguela (齧缺, Nieque). Garoto, mestre de Banguela, recebeu o Dao do imortal Farrapo (蒲衣子, *Pu Yizi*). Os comentários sugerem que os três (Farrapo, Garoto, Banguela) vivem como eremitas na mesma montanha Gu'Ye, referida em "Sobre os imortais" (cf. Cap.I.5). É preciso notar, entretanto, que Zhuangzi mantém o suspense sobre uma questão decisiva: *esses personagens possuem ou não as faculdades sobre-humanas dos imortais?* De qualquer maneira, todos os quatro (inclusive Xu You) viveram nos tempos imemoriais do rei lendário Yao. O próprio Yao, segundo o relato de Zhuangzi, haveria "deixado o mundo" temporariamente para praticar o Dao com eles. Reis, imperadores e altos funcionários deixando o mundo para estudar o Dao é um *tópos* das lendas daoistas sobre os imortais!

Ainda sobre o contexto, as anedotas referidas às mesmas personagens não são apresentadas em ordem cronológica. Por exemplo, a presente narrativa pode ser considerada como um momento anterior à primeira anedota do Capítulo VII desta obra. Em ambas, e não são as únicas, Banguela é retratado como o aluno mais jovem que, presunçosamente, se julga mais sábio de que seu mestre. Sua imaturidade é comprovada pela quase obsessão de desafiar Garoto, tentando encontrar limites para o seu conhecimento. Como é de se esperar, o "conhecimento" vulgar é contingente, limitado, dividido. Ao mesmo tempo que nega esse tipo de saber, o daoismo promove uma sabedoria absoluta, que se pauta por uma visão qualitativamente da realidade. Em concreto, este capítulo já vem desenvolvendo diferentes aspectos dessa tese a partir de variados pontos de vista.

A anedota divide-se claramente em duas partes. O objetivo da primeira é dramatizar *a impossibilidade de diálogo construtivo entre quem "disputa" (debate) a verdade*. Percebe-se que Banguela tenta repetidamente provocar Garoto para que se engaje em discussões sobre paradoxos típicos dos "debatedores" da Escola dos Nomes, ao que o mestre permanece impassível. Por fim, para mostrar que era capaz de vencer o inimigo com as suas próprias armas, Garoto mostra seu domínio dos sofismas dos "debatedores". *"E como tu sabes que eu não sei"* é um mote daoista famoso, que destaca a subjetividade última da Sabedoria – pelo menos do ponto de vista de alguém que não se irmanou ao Dao. Já que Banguela é um discípulo do Dao, ele é humilde o bastante para admitir a sua ignorância; esta é a deixa para a segunda parte do texto.

Nela, surge, sub-repticiamente, o tema de *como distinguir as vantagens (lucro) das desvantagens (dano)*, o que soa familiar também na filosofia ocidental. Independentemente do contexto cultural, os mercadores de ideias, pessoas que usam da "filosofia" para ganhar a vida, são uma presença constante no mundo do pensamento. Essa era uma atitude mais ou menos generalizada na história das ideias da China, o que se percebe em muitas das obras que foram transmitidas aos nossos dias. De qualquer maneira, a segunda parte do texto tenta quebrar com esse padrão, demonstrando que a diferença entre vantagem e desvantagem é relativa. Diferentes formas de vida têm uma apreciação diferente da realidade. Os valores humanos – prazer, estética, bem – são contingentes às limitações físicas e psíquicas de cada um.

Nada obstante, como já deve ter restado claro, o ceticismo ou relativismo de Zhuangzi é puramente circunscrito ao que pode fazer o homem se abandonado aos seus próprios meios, não devendo ser levado às últimas consequências. Não é preciso comprovar que a crença nos imortais equivalha a um tipo de deísmo para compreender que *o autor acredita numa realidade última, feliz, incondicionada e, mais importante, que está ao alcance de pelo menos um grupo de seres humanos comuns*. Na anedota, a última questão é retórica. Para que fazer distinções quando a imortalidade está à vista?

17.
O homem que chegou às Orlas do Céu

瞿鵲子問乎長梧子曰：「吾聞諸夫子：聖人不從事於務，不就利，不違害，不喜求，不緣道，無謂有謂，有謂無謂，而遊乎塵垢之外。夫子以為孟浪之言，而我以為妙道之行也。吾子以為奚若？」

Aproveitando-se de um momento de ócio, Agácia rogou um ensinamento a Para-Sol: "Um dia, aprendi de Confúcio, o Grande Mestre, que o sábio não se dedica a ofício algum. Despreza lucrar sobre os outros e, ainda que diante de dano certo, nunca se intimida. O sábio não vê alegria em buscar para si um lugar no mundo, nunca segue o caminho comum dos homens de sucesso. Ele jamais doutrina o que pode ser lecionado com palavras; prefere exprimir o Dao, implicitamente, em suas ações. Dessa forma, *sua vida é uma longa travessia, fora deste mundo churdo de pó*. Terminada a lição, entretanto, Confúcio parou por um instante, como se despertando da inspiração. E se riu, depreciando sua própria lição como palavras insignificantes, sopro e som, grandiloquência altissonante. Eu, de minha parte, pensei ter encontrado a senda secreta que leva ao Dao dos mistérios. O que pensais?".

長梧子曰：「是皇帝之所聽熒也，而丘也何足以知之！且汝亦大早計，見卵而求時夜，見彈而求鴞炙。」

Visivelmente amedrontado, Para-sol tergiversou: "Falas-me de algo que causara perplexidade até mesmo aos Três Augustos e os Cinco Imperadores, reis dentre os reis da Antiguidade! Por todas as vivências e realizações daqueles grandes homens, o que poderia dizer sobre isso? Tu, Agácia, levantas uma questão precoce ao teu treinamento, é demasiado cedo para tanto! Vês o ovo e cobiças a ave que dá as horas; de flechas à mão, imaginas-te pronto para comer o assado". Pigarreou e escarrou sobre a relva.

「予嘗為汝妄言之，汝以妄聽之。奚旁日月，挾宇宙？為其脗合，置其滑涽，以隸相尊。眾人役役，聖人愚芚，參萬歲而一成純。萬物盡然，而以是相蘊。」

"Nada obstante", prosseguiu o mestre, "se me repagares, Agácia, o desmazelo de minhas palavras com o desmazelo de tua atenção, desperdiçarei mais tempo a tentar tratar do assunto." Meditativo, exordiou: "Como seguir sol e lua pelo céu? Como trazer ao peito todo o universo, espaço e tempo?". Com o olhar disperso, enrugou a testa: "Para sermos capazes de eliminar as distinções de coisa a coisa, ajuntando-as num só conjunto, é preciso percebermos a confusão subjacente ao mundo, embaciando a ordem entre os seres, por exemplo, compreendendo a condição do servo como não diferente da do nobre que o domina. *Enquanto os homens vivem de labuta a labuta, prisioneiros de suas circunstâncias, o sábio, esse, deve sagrar-se inepto, simples, puro.* É com tal pureza que participa da Suprema Obra, em dez mil anos torna-se Um com a Natureza – com cada uma das Dez Mil Coisas, sim. Essa participação é plena, é completa, é perfeita – *Inerência Absoluta*".

「予惡乎知說生之非惑邪！予惡乎知惡死之非弱喪而不知歸者邪！麗之姬，艾封人之子也。晉國之始得之也，涕泣沾襟，及其至於王所，與王同筐牀，食芻豢，而後悔其泣也。予惡乎知夫死者不悔其始之蘄生乎！」

Permaneceram ensimesmados, até que o mestre Para-Sol tornou a quebrar o silêncio: "E como haverei de saber *se a alegria que dedicamos à vida não é prova de uma certa perturbação do espírito*? Ou se a repugnância geral à morte nos coloca na situação da criancinha perdida em lugar ignoto, esquecida do caminho que a leva de volta para casa? Lembro-me da célebre história da Bela Li, que nascera filha do chefe da guarnição de Ai, na fronteira com o país de Jin. Logo após ter sido raptada por soldados daquele feudo, Li chorava e chorava, encharcando as mangas de seu manto de seda. Mas fora raptada com um objetivo, o de se juntar ao harém do rei de Jin. E, com o tempo, a Bela partilhou da cama do soberano, comendo dos seus manjares, e o luxo e o prazer, novos em sua vida, fizeram que se arrependesse das lágrimas, que tolamente vertera. Lembro a história como metáfora para as minhas dúvidas, *pois como haveria eu de saber se os mortos não se arrependem, à maneira da Bela, de todas as súplicas com que se agarraram à vida?*".

「夢飲酒者，旦而哭泣；夢哭泣者，旦而田獵。方其夢也，不知其夢也。夢之中又占其夢焉，覺而後知其夢也。且有大覺而後知此其大夢也，而愚者自以為覺，竊竊然知之。『君乎！牧乎！』固哉！丘也與汝皆夢也，予謂女夢亦夢也。是其言也，其名為弔詭。」

Sob o ensejo de mais uma súbita inspiração, o mestre Para-Sol continuou: "O homem que, ao sonhar, vê-se num festim entre outros convivas, a beber do vinho, sofre com o raiar do dia, quando acolhe com suas lágrimas as tristezas que voltam. Outro, ao dormir encontra seus maiores desgostos, daqueles que choro algum consegue levar embora. De madrugada, porém, acorda com o vozerio dos amigos à porta, com seus corcéis e cães ansiosos pela caça. Um e outro, enquanto sonham, não sabem que dormem. Por isso, vivem em sono a vida da vigília, interpretando do sonho o sonho, nele buscando presságio para um futuro que não virá. Ao despertarem, por fim, apercebem-se de que era mais uma fantasia, estavam a dormir, pois. Digo-te, Agácia: *após o Grande Despertar, estaremos certos de que esta nossa vida não passa de um Grande Sonho*. Os tolos creem-se despertos; se abrissem seus olhos, veriam, claramente, que não é o caso. Entretanto, olham para si e dizem 'sou um soberano, tenho poder! Sou um pobre pastor, ai de mim!', que teimosia lamentável. Qiu, o Confúcio que tanto honras, e tu também, Agácia, e eu também, Agácia, estamos *todos* a dormir, esta *vida* não passa de um *sonho*. E advirto-te que os teus *sonhos* também *sonhos* são. Tudo é sonho! Se quiseres considerar estas minhas palavras, chama-as de *Sumo Paradoxo*".

「萬世之後而一遇大聖，知其解者，是旦暮遇之也」。

E disse: "Se passadas dez mil gerações encontrar um venerável sábio, alguém que me possa resolver esse enigma, será como se tivesse esperado não mais do que um curto dia". Da garganta seca a voz rouca gotejava, traindo sôfrega agitação.

「既使我與若辯矣，若勝我，我不若勝，若果是也？我果非也邪？我勝若，若不吾勝？我果是也？而果非也邪？其或是也？其或非也邪？其俱是也？其俱非也邪？我與若不能相知也。則人固受其黮闇，吾誰使正之？使同乎若者正之，既與若同矣，惡能正之？使同乎我者正之，既同乎我矣，惡能正之！使異乎我與若者正之，既異乎我與若矣，惡能正之？使同乎我與若者正之，既同乎我與若矣，惡能正之？然則我與若與人俱不能相知也，而待彼也邪？」

O mestre parecia em transe, seu olhar ausentara-se. "Agácia, se começarmos a debater agora, caso me venças, será que foi porque tinhas razão? Será que foi porque eu estivera errado desde o início, por assim dizer? Ou, se o triunfo meu for, sem que por um momento tenhas conseguido tomá-lo de minhas mãos, isso faz de mim quem está certo, e de ti a posição incorreta? Temos aqui duas opiniões sobre um determinado assunto. Qual delas talvez esteja correta? Qual delas talvez não? Será que ambas são válidas? Ou nenhuma? *Em qualquer discussão, o elemento humano conspira; nem eu sei do que está em teu íntimo, nem consegues tu ver o meu coração.* Todos os homens carregamos nossas trevas, nossa ignorância. A quem poderei pedir que nos arbitre a verdade? Vê bem, se disserem que estás certo, tanto é porque concordaram com teu raciocínio. Como será possível revelar-lhes a verdade? Invertida a situação, caso o árbitro referende a mim, é porque admitiu os meus argumentos. Quem poderá mostrar-lhe a verdade? Se nosso juiz discordar e de ti e de mim, Agácia, sabemos que a verdade que ele nos trará será diferente das que defendemos. Mas quem lhe revelará a verdade? O mesmo aconteceria se todos nos mantivéssemos unânimes. E a verdade, se fosse diferente, como acederíamos a ela? Afinal, sejas tu, seja eu, sejam nossos árbitros, por carecermos dos meios para intuir o íntimo uns dos outros, bastaria buscarmos mais um árbitro, pergunto?". Calou-se.

「『何謂和之以天倪？』」

Agácia aparentava ter compreendido; alguma coisa, pelo menos. Ponderou longamente, ao cabo do que voltou ao tema: "Mestre, o que queríeis dizer outrora com utilizar as *Orlas do Céu*, ou seja, as distinções naturais entre as coisas, para harmonizá-las'?".

「曰：『是不是，然不然。是若果是也，則是之異乎不是也亦無辯；然若果然也，則然之異乎不然也亦無辯。化聲之相待，若其不相待，和之以天倪，因之以曼衍，所以窮年也。忘年忘義，振於無竟，故寓諸無竟。』

Misterioso, o velho obsequiou-lhe: "Quando julgamos algo certo, ou bom, não o é. Quando afirmamos que algo nos parece ser de tal forma, não o é. Mesmo que algo seja certo, ou bom, como o julgáramos, não nos é possível distingui-lo do que se chama de errado, ou mau. Não só os valores, o mesmo ocorre em relação ao que discernimos na realidade. Declaramos que algo é de tal forma, mas não é possível discriminá-lo do que não é. Portanto, ao nos darmos conta de que os homens se defrontam com suas vozes e que seus pensamentos, tais como suas vozes, transformam-se no tempo, devemos agir como se não houvesse confronto algum – que se calem as vozes! Logo, as Orlas do Céu servem para harmonizar esse apego de cada um a si próprio. Intuindo-as, vemos que *o mundo é uma miscelânea de eventos estirados no tempo.* Com isso eliminamos nossas angústias – que vêm de fora – e vivemos cada um os anos que nos prescreveu o Céu, sem tirar, nem pôr. Talvez isso não baste. Esquece-te da longevidade, esquece-te dos ensinamentos! Mergulha teu eu nos *Domínios do Vazio*!! Sim, confio meus ensinamentos aos *Domínios do Vazio*".

Comentário: "Saber é desapegar-se do que se conhece"

Através de mais um diálogo fictício entre eremitas, Zhuangzi aborda realistamente as complexidades de alguém que decide viver em busca do Dao. Mesmo que se admita a existência dos imortais, não é certo que um dia seja possível atingir esse estágio. Nesse caso, a transmissão do Dao não se torna uma mera formalidade, vazia de sentido? Confrontados com esse risco, de que maneira continuar a aceitar uma rígida disciplina que exige a quebra dos vínculos com família e sociedade? Assim, como manter a confiança no mestre (e nas próprias receitas do Dao que transmite), uma vez a linguagem não seja, reconhecidamente, um meio fiável? Com a chegada da velhice, de que maneira enfrentar a morte sem a certeza de que se vá, "como a borboleta, deixar a crisálida para ascender ao reino dos imortais"?

Tendo essa situação real em mente, a discussão entre mestre e discípulo apelidados respectivamente de Para-Sol (長梧子, Chang Wuzi, inspirado numa espécie de árvore) e Agácia (瞿鵲子, Nie Quezi, referido a um tipo de ave) tem um tom de angústia, com as frequentes referências às incertezas que permeiam a vida humana. Em certo ponto, com o repentino surgir do tema da morte, a discussão é conduzida ao seu clímax, assumindo uma atmosfera de desespero, rara na literatura chinesa. Em meio à complexidade de todas as emoções suscitadas, Zhuangzi compõe um de seus mais profundos textos.

Agácia inicia a discussão com algo que ouvira de um terceiro mestre, um discurso pomposo de que o daoista deve viver além da "imundície poeirenta" (塵垢, *chen'gou*), a sociedade. A expressão de Zhuangzi assemelha-se a um outro termo, "(mundo de) pó vermelho" (紅塵, *Hongchen*), que permanece no uso corrente da língua chinesa moderna. "Mundo de pó vermelho" é utilizado para simbolizar o ambiente hedonista das cidades: a metáfora é a do barro levantado pelos cavalos e carruagens dos bem-nascidos, indo e vindo para perseguir as suas finalidades pessoais, sem que se distinga qualquer sentido maior para a existência humana como um todo. Tanto o daoismo como o budismo utilizam esse termo pejorativamente, para enfatizar que *as pessoas comuns desperdiçam as suas vidas atrás de uma realização ou sucesso que em última instância não existe como algo definitivo.* Motivados por uma finalidade precária, fracassam em dar um sentido permanente às suas existências: tornam-se tão fátuos como nuvens de pó.

Nesse contexto, a crítica relatada por Agácia é poderosa, assemelhando-se à dirigida pelas religiões de diversas culturas à secularidade. Esse tipo de crítica converte muitos, não sem boas razões. Porém, Para-Sol sabiamente previne o seu jovem discípulo: Como negar o valor daqueles grandes homens que realizaram grandes feitos, beneficiando a coletividade? Os Três Augustos e Cinco Imperadores são o panteão dos maiores reis da Suprema Antiguidade chinesa, assunto de lendas, que tiveram um importantíssimo papel civilizador para criação das instituições e tradições sob que Zhuangzi vivia. Ademais, mesmo que seja possível encontrar imperfeições nos grandes líderes da história, *que segurança pode ter alguém cujo único mérito é ter deixado o mundo para trás, não tendo ainda encontrado a paz e felicidade que o motivara a quebrar os laços com o mundo*?

Coerentemente, o debate é assim desviado para o âmbito existencial. Sem buscar os defeitos dos outros ou submeter a sociedade a uma crítica, o objetivo do daoista é perceber como é possível ao Dao admitir que coexistam pobre e rico, saúde e doença – algo que, em nossa percepção individual, serve de prova para que há algo de imperfeito no mundo. Isso não é válido para o daoista: *a existência de injustiça no mundo não deve comovê-lo, da mesma forma que a prevalência da justiça não deve encorajá-lo*. A saída do mundo exige que o praticante do Dao se abstenha completamente, não interferindo na ordem subjacente ao cosmos, particularmente com base em suas convicções pessoais. Na perspectiva da eternidade, a ordem cósmica do Dao é absolutamente indiferente ao caso particular, pelo que o estado de iluminação não é um estado de sumo enlevo do indivíduo, nem de sua plenitude enquanto parte distinta do todo, mas uma aniquilação do que era e subsequente preenchimento pelo dao, que sempre foi, é e será.

Em última instância, para o daoismo (e, séculos depois, também para o budismo), a "alegria de viver", contrapartida dos "maus momentos", é um *sintoma da ignorância humana*. Não porque a alegria em si esteja errada, mas porque é uma alegria transitória e traiçoeira. *Essa "alegria" transforma-se em* apego *ao que conhecemos e em medo do que desconhecemos*. A morte, obviamente, é o teste último de se somos, ou não, capazes de deixar para trás toda a bagagem (material, intelectual, emocional) que acumulamos em nossa jornada. A verdade é que, como assinala Para-Sol com seus exemplos, *não somos capazes de julgar o que é a verdadeira felicidade, nem sequer para nós mesmos*. Ainda mais grave, somos incapazes de julgar o que é a própria realidade em que vivemos. Dessa forma, um sonho agradável é tão falso como uma vida sofrida, pois o sofrimento ou a alegria são contingentes à realidade em que se desenrolam.

Por trás desses "argumentos", Zhuangzi convida o leitor para que relativize radicalmente as suas expectativas, seja em relação a si próprio, seja em relação aos outros, seja em relação à própria vida, seja em relação à existência humana. Esse não é um processo fácil, uma simples "conversão mental", como querem muitos intérpretes modernos. *A eterna luta em que Zhuangzi se vê envolvido com a linguagem não é um problema metalinguístico ou um fetiche hermenêutico*. A dificuldade é a de que a linguagem é capaz de transmitir a Sabedoria, sem, no entanto, poder transferir as experiências que a instrumentalizam. O sábio daoista fala de algo real para si, mas que se transforma num adereço retórico para o homem menor. Isso adultera a sabedoria, pois qualquer um é capaz de repetir belas palavras.

Portanto, não há ceticismo ou niilismo em Zhuangzi: a metade "filosófica" e a metade "mística" de seu pensamento não são facilmente extricáveis. *O daoismo promete e exige uma comprovação efetiva, física, emocional e espiritual dos seus ensinamentos, que, paradoxalmente, não se verifica na maior parte dos casos.* Dessa forma, Para-Sol só consegue chegar ao "Sumo Paradoxo" (弔詭, *diaogui*) de que vida é sonho e sonho é vida – nada é "real" da maneira que esperamos. Ele é comoventemente sincero ao admitir que mesmo essa profunda intuição não é algo consolidado em seu íntimo. O debate encerra-se de uma forma quase melancólica, com o mestre Para-Sol recomendando uma disciplina rígida de contemplação da realidade, chamada de "*Orlas do Céu*" (天倪, *Tianni*). Note-se que ela não leva à comunhão total com o Céu, mas *apenas às suas imediações*. Essa técnica tem o objetivo de fazer cessar todas as paixões, isto é, toda sorte de infiltração do eu sobre a percepção do mundo tal como ele é. O Domínio do Vazio (無竟, *Wujing*) não é a realidade última buscada pelo imortal, nem nega a eficácia do Caminho transmitido de mestre a discípulo, mas serve de medida profilática para *conter o orgulho e a presunção* inevitáveis de quem começou a vivenciar a sabedoria do Dao.

18.

O Qi *e o homem – um apólogo*

罔兩問景曰：「曩子行，今子止；曩子坐，今子起。何其無特操與？」

O mestre Zhuang não vivia sozinho. Sempre lhe fazia fiel companhia sua Sombra. Sua Sombra também não vivia sozinha. Sempre lhe fazia fiel companhia a sua Penumbra. Depois de décadas mudas, Sombra e Penumbra sentiram a necessidade, urgente, de falar sobre algo. Penumbra encetou a conversa, com censuras: "Há pouco estavas a caminhar, de repente paraste. Antes, estavas sentado, então te levantaste. Lamentável, tua servidão a esse saco de carne, Sombra. Cismo por que não te opões a isso; por que não declaras tua independência, por que não existes por e para ti própria?".

景曰：「吾有待而然者邪？吾所待又有待而然者邪？吾待蛇蚹蜩翼邪？惡識所以然？惡識所以不然？」

A Sombra respondeu-lhe, com um misto de resignação e escárnio: "Não será porque dependo do Corpo, esse 'saco de carne' de que falas, para ser o que sou, ó Penumbra? Mais, aquilo de que dependo também depende de Outro para existir, não concordas? Ou crês que me posso tornar como a serpente, que se despe do velho eu, ou fazer as vezes da cigarra, cuja ninfa abandona a pupa? Pensando bem, não há como estar certo de que a realidade seja como a entendo – ou de que não o seja". Intimidado pela agudeza do gume da Sombra, Penumbra emudeceu-se.

Comentário: "O saber gera a si próprio"

Ao se dar conta da relação entre seu Corpo e a Sombra que lança, Zhuangzi cria este imaginativo apólogo. Dado que o Corpo nunca fala, a Penumbra tem o papel dramático de problematizar a relação entre ele e a Sombra. Instintivamente, o leitor ocidental veria nesse apólogo uma metáfora para a relação entre corpo e mente (ou alma) – dessa forma pertencendo ou à "psicologia" ou à "epistemologia". Porém, no pensamento chinês, esse texto fala de algo mais difuso: *nenhum ser ou coisa é capaz de gerar a si próprio, somente o Dao tem esse poder,* que em chinês é descrito como 獨化 (*Duhua*).

Na filosofia chinesa, a vida não é "criada", de modo que inexiste uma distinção substancial entre criador (Deus, pleno Ser) e criatura ("ser" contingente). Antes, *o Ser está presente, de forma limitada, no ser.* Tudo provém de um processo permanente de Transformação dos Seres (物化, *Wuhua*). Esse nome é dado a procissão da Energia Vital (氣化, *Qihua*), que, sem nunca cessar, assume todos os tipos de formas, dando-lhes vida.

Cada ser existe por um "prazo de validade", determinado pelo tipo de Energia Vital (*Qi*) que há em si – pura ou impura; muita ou pouca; harmoniosa ou conflitiva. Logo, toda "vida" está contida na verdadeira "Vida", que é o Dao. Essa relação manifesta-se numa dependência (有待, *Youdai*) que pode ser analisada em diversos níveis. A Sombra é um reflexo da intencionalidade e agência do Corpo, de modo que o Corpo é descrito como o "anfitrião" (主, *Zhu*) e a Sombra, o "hóspede" (客, *Ke*).

A Penumbra, um pouco petulantemente, incita a Sombra a quebrar esse nexo. Porém, a Sombra é sábia, alertando para que, da mesma forma que ela depende do Corpo para existir, há um terceiro, anônimo, que serve de "anfitrião" para o Corpo. Que terceiro é esse? Simplificando uma longa cadeia, o terceiro ultimamente é o próprio Dao, mediante combinações e recombinações da Energia Vital (*Qi*) que existe dispersa no mundo.

Entretanto, Zhuangzi como de praxe qualifica o que é regra e o que é exceção. A regra é o caminho seguido pela imensa maioria dos seres e coisas, que não estão irmanados ao Dao. Eles seguem o ciclo de "nascimento--envelhecimento-doença-morte" (生老病死, *shenglao bingsi*), com posterior dispersão e retorno à Energia Vital (*Qi*) original. Dito isso, também há uma exceção: os praticantes do Dao que conseguem igualar-se à Espontaneidade (自然, *Ziran*). No texto, a questão retórica da Sombra deixa nas entrelinhas que há um outro Caminho, associado à serpente ou à cigarra, que são capazes de deixar o seu velho eu para trás.

Essas metáforas estão integradas ao contexto maior do ensinamento secreto dos daoistas. De fato, o folclore dos imortais afirma que eles *passam por uma transformação física, assumindo um corpo incorruptível*, deixando para trás objetos simbólicos (um cajado, um manto, uma cabaça etc.). Porém, Zhuangzi, como de hábito, apenas sugere, não desce aos detalhes, já que se trata de uma gnose transmitida oralmente de mestre a aluno.

19.
Metamorfose

昔者莊周夢為胡蝶，栩栩然胡蝶也，自喻適志與！不知周也。俄然覺，則蘧蘧然周也。不知周之夢為胡蝶與？胡蝶之夢為周與？

Tive um sonho de que nunca me esqueci. Há muito tempo, sonhei que era uma borboleta. Lépida, frufrulhava as abas de meu manto de seda. Vivia satisfeito com a minha fortuna, encontrara-me. Tudo o que tinha me bastava, livre das preocupações que pesam sobre os ombros dos homens. Não me ocorria que, em outro plano, poderia ser alguém chamado Zhou. Pousado numa flor, acalentado pelo sol, embalado pelo vento, caí docemente nos braços do sono. Quão tremendo foi o meu terror, no exato instante em que, sobressaltado, pus as mãos sobre o rosto: era Zhou!

周與胡蝶，則必有分矣。此之謂物化。

Esse foi o sonho. Depois dele, apenas uma perplexidade permanente. Depois dele, não tinha mesmo mais certeza: tinha sido Zhou a sonhar que virei borboleta? Ou sou o inseto que, dormindo, tivera a fantasia de que era homem? Não pode ser. Entre a realidade desses dois, tem que haver barreiras claramente delineadas, de que se incumbe a *Transformação dos Seres*.

Comentário: "Vida é sonho que se sabe sonho"

O segundo capítulo desta obra é finalizado com uma das anedotas mais célebres de Zhuangzi. Ela fala do sonho em que o autor se transformou numa bela borboleta que, espantosamente, sonhou que se transformara no próprio Zhuangzi. O sonho conduz a um profundo questionamento da natureza do eu e, ultimamente, da natureza da própria realidade.

Como muitos textos desta obra, antes de adotar uma interpretação, é recomendável refinar um contexto. A "Metamorfose" parece partir de um tema mencionado *en passant* em "O homem que chegou às Orlas do Céu" e serve de continuação natural ao "Apólogo da Sombra e da Penumbra". Lembramos que esse texto insinua que o homem é produto da Energia Vital (*Qi*) e que sua existência/identidade está lastreada ao seu corpo. Com a morte, o corpo desfaz-se na mesma Energia Vital (*Qi*) que lhe deu vida quando de sua gestação. Esse *Qi* então volta a se misturar à Energia Vital Original (元炁, *Yuanqi*), dando margem para que se torne matéria-prima de um novo ser/coisa. A esse processo se chama de Transformação da Energia Vital (*Qi*) (氣化, *Qihua*).

É interessante notar que, apesar de esse pensamento apontar claramente para a ideia de reencarnação, não era essa a crença-padrão na China, certamente antes da disseminação do budismo. A religião chinesa "primitiva" tinha como principal conteúdo o *culto aos antepassados, aos heróis civilizadores e aos espíritos da natureza*, celebrado por meio de *cerimônias sacrificais*. Havia a noção de que o espírito humano deixava o corpo e permanecia no mundo por algum tempo – mas essa não era uma situação normal, nem desejável. Existia uma crença no xamanismo e no poder dos espíritos de curarem (e causarem) doenças. Finalmente, os espíritos também tinham um "ciclo vital", pelo que podiam vir a se dispersar completamente, se privados do "alimento" que lhes chegava através dos sacrifícios.

Voltando à anedota, Zhuangzi *conclui com a refutação de seu próprio sonho*, dizendo que não é possível a transmutação do homem em borboleta, da mesma forma que a borboleta não pode se tornar um homem. Os dois são produtos da Energia Vital (*Qi*) e, portanto, estão presos aos seus corpos até a morte. Pelo menos é isso o que parece dizer, ressalvando que cabe à Transformação dos Seres mediar entre ambas as formas de vida.

Nada obstante, duas coisas restam bem escondidas nas entrelinhas.

Primeiro, *o contraste entre a felicidade plena da borboleta e a fadiga existencial de Zhuangzi*. Sutilmente, o texto sugere que ele bem gostaria de ser a borboleta. Enquanto literato, o daoista (e o budista) tem por hábito explorar o desejo de uma vida melhor, diferente daquela cujas possibilidades estão abertas aos homens de ação. Nesse caso, a religião casa-se muito bem com a arte, já que *o ideal místico transmite ao texto a força de seu anseio pela verdade, verdade que está muito acima do simples artifício estético-mimético do escritor profissional.* Uma das forças da obra de Zhuangzi é a de que podemos colocar em dúvida a veracidade das histórias que conta, mas de maneira alguma devemos negar o impulso fundamental para que ele escreva literatura. Como maior prova, temos a extrema originalidade de suas reflexões e o pensamento que com elas delineou.

Segundo, Zhuangzi assume como pano de fundo o tema da morte, que será tratado em profundidade no sexto capítulo. *É possível uma outra leitura, invertida, da Transformação dos Seres*. Podemos manipular o texto para entendermos que a metamorfose realmente ocorreu; a borboleta era, de fato, o "corpo" e Zhuang Zhou era, de fato, a "sombra". Nesse caso, *a reflexão do sonho é como a memória do homem que não mais existia, já havia morrido.* Para alguém que aspirava retornar à Grande Espontaneidade e assumir a liberdade fácil das personagens pequenas da "Fábula do peixe e do pássaro" (cf. Cap.I), dar-se conta da própria morte e retorno ao mundo como uma borboleta não poderia ser um pesadelo. Segundo essa interpretação, a "Metamorfose" tem um final feliz.

Capítulo III
VIDA

養生主第三

Apresentação: microcosmo e macrocosmo

Este capítulo fala da "vida" como o bem mais precioso que qualquer ser humano pode ter. Não estamos a falar da vida em abstrato, mas do bem--estar e da boa vida *individual* em sua concretude. Como as passagens a seguir ilustrarão, disso se segue que o praticante daoista precisa se empenhar na busca e manutenção de saúde *física, intelectual, emocional, espiritual.*

"Vida" não é um conceito culturalmente controverso para as altas civilizações arcaicas, pelo menos num nível mais geral. Seja o *Ruach* hebraico, a *Vyana* do zoroastrianismo, o *Ātman* hindu, até o *Thymós* dos heróis homéricos (aperfeiçoado na *Psyché* do período clássico e cristão), as altas civilizações da Antiguidade concebiam a vida humana de uma forma análoga: é um Espírito (sopro) divino, oriundo da divindade, que se limita e particulariza no tempo e no espaço, "animando" corpos materiais. Os corpos são perecíveis, enquanto os Espíritos são mais puros. Embora haja interpretações, nas diferentes culturas, a advogarem que o espírito precisa do corpo para sobreviver – mais ou menos o ponto de partida para toda visão materialista do mundo, é necessário reconhecer que *todas as altas civilizações sobreviveram devido à crença na prevalência do Espírito em relação à matéria.*

No caso chinês, a lógica é a mesma: o *Qi* (炁, 氣 ou 气) é a manifestação essencial do Dao, cujo aspecto básico é o que chamamos de "ar" ou "vento". Embora o "ar" nos pareça ser inerte, ele corresponde às forças Yin e Yang em estado bruto. No interior do corpo, ele produz a vida através de um metabolismo especial, que o daoismo chama de Transformação do *Qi* (氣化) – tendo vários pontos em comum com o Prāna do hinduísmo. Por tal motivo, traduzimos *Qi* não como sopro vital, mas como Energia Vital – pois o "sopro" transforma-se continuamente, produzindo não só os corpo humano, com seus órgãos e sistemas, mas também os outros seres e coisas que integram a realidade.

Para explicarmos o que há de peculiar na visão chinesa da "vida", podemos nos valer do título chinês deste capítulo. Em chinês, este capítulo chama-se養生主 (*Yangshengzhu*), literalmente, "os fundamentos (da prática conhecida como) *Cultivo da Vida*" – ou Técnicas de Longevidade. Trata-se de um conceito digno de atenção, pois remete a um *valor cultural*, a uma *visão específica do corpo humano* e a um *tipo de prática social* característicos da China:

Valor cultural: À primeira vista, parece razoável generalizar que *qualquer* cultura valoriza a longevidade, de modo que a atitude chinesa em relação à vida é prontamente compreensível. Uma vida longa é condição para a felicidade humana, segundo Sólon, um dos sete sábios lendários da Grécia antiga. Os cristãos, judeus e muçulmanos celebram a longevidade como um sinal de favor e reconhecimento divino. No hinduísmo e nas doutrinas indianas heterodoxas, como o budismo, a longevidade, e mesmo imortalidade, são prêmios para o homem que acumula bom carma.

Nesse contexto, há uma clara diferença de *grau* do valor atribuído à longevidade. Das altas-civilizações mundiais, foram os chineses que desenvolveram a busca de uma vida longa num complexo sistema de práticas dietéticas, meditativas, ginásticas, sacrificais, além de toda a justificação moral e religiosa para o prolongamento ou encurtamento da existência.

É possível encontrar semelhanças e analogias com outras culturas a esse respeito, especialmente os hindus. Porém, quando falam das finalidades últimas da existência humana, os hindus não contemplam uma vida longa, elegendo *dharma* (correção ética), *artha* (prosperidade material), *kama* (prazer em suas diversas formas) e, idealmente, o maior de todos, *moksha* (libertação do ciclo de nascimento e morte). No caso chinês, há três finalidades: 福 (*fu*), prosperidade (a "boa sorte" que traz riqueza a alguém); 祿 (*lu*), poder político (através de um cargo na burocracia imperial); e, potencializando as duas primeiras, 壽 (shou), longevidade em sentido estrito. Não deixamos de notar as inclinações relativamente materialistas e utilitárias do pensamento chinês.

Visão do corpo humano: Há alguns pontos em comum importantes entre o pensamento antigo chinês e a visão ocidental pré-moderna, especialmente nos esquemas teóricos que utilizavam para descrever o funcionamento do corpo. Tanto na China (via medicina tradicional chinesa, MTC), como no Ocidente pré-moderno, o corpo humano podia ser esquematizado como um microcosmo; em ambos os casos, "saúde" correspondia ao equilíbrio orgânico, descrito por meio de uma série de fluidos, substâncias e/ou emanações:

Na Antiguidade ocidental, temos a medicina antiga de Hipócrates e Galeno com sua teoria humoral, em que o esquema de quatro elementos (fogo, terra, água, ar) relacionados aos quatro pontos cardeais, planetas etc. fazia corresponder quatro substâncias/fluidos (sangue, bile, fleuma e bile negra), chamados de "humores". Como corolário da doutrina de correspondência entre macrocosmo e microcosmo, a proporção de "humores" variava de indivíduo a indivíduo, refletindo a influência dos astros e das estações do ano: isso determinava a personalidade e estados de espírito do homem. A peculiaridade ocidental é a de que a medicina avançou experimentalmente via anatomia, cirurgia e bioquímica. (Enquanto isso, na China, a anatomia não se desenvolveu por causa do tabu sobre mutilação de corpos; a cirurgia foi substituída por formas menos "invasivas" – como acupuntura e moxibustão – e a bioquímica foi "freada" pela perenização da doutrina dos Cinco Elementos, sob a qual se desenvolveu a herbologia chinesa.)

No caso da China, há o esquema de Cinco Elementos (五行, *Wuxing*), metal, água, madeira, fogo, terra, que era combinado a Cinco Pontos Cardeais – o centro era considerado nessa classificação. Conectando o macrocosmo ao microcosmo, aqueles dois grupos de cinco tanto estão relacionados a corpos astrais, como estão presentes no corpo através do sistema de "cinco órgãos" (五藏, *wuzang*): pulmões, rins, fígado, baço, estômago.

A MTC também adota um esquema de quatro fluidos básicos para o corpo humano: energia vital, escrita com minúscula, (氣, *Qi*), por exemplo, identificável como ar; Essência (精, *jing*), por exemplo, identificável como sêmen e sua "contrapartida" no corpo feminino; Sangue (血, *xue*) e Fluido (津, *jin*), por exemplo, identificável com a saliva – extremamente importante no processo de alquimia interior. Porém, a peculiaridade chinesa é a de que todos os quatro fluidos têm a Energia Vital Original (元炁, *yuanqi*) como elemento primitivo, origem comum de tudo o que existe.

Apesar de que haja um certo entendimento do papel dos órgãos, a fisiologia humana é explicada na China antiga como um processo contínuo de transformação mútua da Energia Vital que precede e abrange a todo o resto.

Práticas sociais: Não há exagero em se dizer que a MTC é "daoista". Muitos dos *insights* sobre o corpo humano foram obtidos através da busca de imortalidade, de que as Técnicas de Longevidade (i.e., o *Cultivo da Vida*) são parte integrante. Além disso, ginástica, herbologia, meditação etc. são, essencialmente, fruto das tradições daoistas que estão no pano de fundo deste livro.

Enfatizamos que, como base de toda essa disciplina, permanece viva a doutrina da Energia Vital (*Qi*) (potencializada pelo esquema dos Cinco Elementos). Porém, hoje em dia, as Técnicas de Longevidade perderam muito do seu caráter "religioso", parcialmente sob influência do materialismo filosófico vigente como doutrina de Estado na República Popular da China e, parcialmente, por terem sido reexplicadas à luz da medicina ocidental, sob um interessante artifício, chamado de Medicina Integrada Sino-Ocidental (中西醫結合, *Zhongxiyi Jiehe*).

1.
O segredo

吾生也有涯，而知也無涯。以有涯隨無涯，殆已；已而為知者，殆而已矣。為善無近名，為惡無近刑。

Esta minha vida aqui tem *limites*; o conhecimento, só *horizontes*. Que dizer do homem que, finito, deixa seu conforto para aventurar saberes sem fim? Está perdido. Mesmo o erudito, tolerante ante seus próprios limites, rigoroso ante os dos outros, também está perdido. O pouco saber que consegue catar em seus anos, isso é tudo o que deixará para trás. *Como se viveu, isso também não parece importar*. Praticar o bem não é mero anseio de fama; praticar o mal é mais do que arriscar punição.

緣督以為經，可以保身，可以全生，可以養親，可以盡年。

Vós, que sois bons entendedores, ouvi minhas meias palavras: não há bem, não há mal; não há saber, não há dessaber; não há vida, não há morte. *Andai pelo caminho do meio,* "o que observa imparcialmente os lados" *é onde deveis* fluir. Assim sereis capazes de preservar a vossa saúde, de suplementar a vossa existência e mesmo de prover o que tendes de mais próximo e caro. Vós que sois bons entendedores, ouvi minhas meias palavras. Assim conseguis viver todos os anos dadivados pelo Céu.

Comentário: "A imortalidade está dentro de ti"

Esta passagem, destacada como a primeira neste capítulo, faz uma clara transição entre "conhecimento/saber", tema do capítulo anterior, e a busca de longevidade, que caracteriza este breve capítulo, sublinhando duas coisas:

Primeiro, há uma leitura voltada para as pessoas interessadas em *sabedoria*. *É preciso utilizar o tempo limitado de que se dispõe para buscar o conhecimento correto, que conduz à apreciação justa da realidade*. É possível distinguir duas leituras principais desse enunciado, "sapiencial" e "mística":

(1) "Sapiencial": Pode-se, por um lado, fazer uma leitura mais conservadora, entendendo o Caminho do Meio como a Medida Dourada, de não pecar por falta, nem por excesso, lendo a consequência dessa conduta como "assim sereis capazes de te preservar de perigos, de viver todos os teus anos, cuidando de teus pais" (i.e., o dever fundamental na ética familiar chinesa). Por outro lado, podemos calibrar a leitura para que reflita mais a face "filosófica" do daoismo. Nesse caso, em vez de se referir à Medida Dourada, o trecho permanece no terreno bem palmilhado do segundo capítulo (Conhecimento). Zhuangzi apregoa a *integração dos opostos*, recusando as distinções traçadas pelos confucianos (e outras doutrinas). Como vimos, ele entende que os opostos se transformam em barreiras que limitam o espaço para vivências, reduzindo as possibilidades de que se busque algo mais do que oferecem os caminhos abertos pela sociedade. Seja na leitura conservadora, seja na leitura mais "daoista", o fator decisivo é uma leitura *conotativa* do ideograma 督 (*du*), para expressar "o (homem) que está no meio", aquele "que observa imparcialmente os lados".

(2) "Mística": Embora a leitura sapiencial seja a mais frequentemente referida, tudo indica que não é a preferida por Zhuangzi. Logo, em segundo lugar, este texto dirige-se aos praticantes daoistas que, utilizando Técnicas de Longevidade, pretendem enveredar pelo Caminho da imortalidade. Há uma mensagem "secreta" dependendo, mais uma vez, da leitura do ideograma 督 (*du*). Se lido *denotativamente*, 督 não é "aquele que observa imparcialmente os lados",

> mas sim "督脈" (*Dumai*), conhecido em português como *Meridiano Governador*, um dos principais canais em que a Energia Vital (*Qi*) flui pelo corpo humano. Para compreendermos bem o que Zhuangzi ensina, temos que fazer um breve excurso sobre os "meridianos" na medicina tradicional chinesa.

Na medicina sínica, mais importante do que os sistemas vascular, neural e linfático destacados pelas ciências da saúde ocidentais, há um sistema invisível de meridianos (經絡) que se estendem por todo o corpo, nos quais flui a Energia Vital (*Qi*). Esses meridianos não só ligam os órgãos do corpo, mas também conectam os "pontos de acupuntura" (穴位, *Xuewei*), criando uma complexa estrutura em rede.

Há dois sistemas de meridianos, nomeadamente, o dos *Doze Meridianos* (十二經絡, *shier jingluo*) principais, e o dos *Oito Meridianos Colaterais* (奇經八脈, *qijing bamai*) – a que pertence o *Meridiano Governador*. (1) Os Doze Meridianos são compostos por dois grupos de seis, divididos em Yin e Yang. Yin e Yang aqui se referem não só ao tipo de Energia Vital (*Qi*) que neles flui, mas também ao fato de correrem mais na "superfície" ou no "fundo" do corpo. Fisiologicamente, cada um deles está relacionado a um elemento do grupo de órgãos conhecido como *Cinco Órgãos e Seis Vísceras* (五臟六腑, *Wuzang Liufu*). (2) Para além deles, há os Oito Colaterais, que não estão relacionados diretamente aos órgãos, mas conectam os Doze Meridianos uns aos outros. Como analogia, poderíamos dizer que os colaterais são uma malha de vias secundárias a conectarem as rodovias dos doze meridianos.

Dito isso, os Oito Meridianos Colaterais têm um papel insubstituível, especialmente o par *Meridiano Governador*, uma linha que corre principalmente no dorso, estendendo-se do lábio superior ao ânus, e o *Meridiano da Concepção* (任脈, *Renmai*), outra linha que corre na frente do corpo, do lábio inferior aos genitais. Para usar de uma outra analogia, enquanto *os Doze Meridianos são rios caudalosos* de Energia Vital (*Qi*), *os meridianos Governador e o da Concepção são como reservatórios*, respectivamente, das energias Yang e Yin.

Sob esses pressupostos fatuais, podemos esclarecer a mensagem "secreta" da passagem. Zhuangzi está a se referir à *meditação*, mais especificamente à capacidade do praticante daoista de conduzir a Energia Vital (*Qi*) pelo seu corpo, uma técnica chamada de *Xinqi* (行氣), "fazer fluir o *Qi*". Nesse contexto, "fazer fluir o *Qi* no Meridiano Governador" tem um sentido preciso. Conforme a teoria, o objetivo da meditação daoista "comum" é o de *regularizar o fluxo de Energia Vital (Qi)* pelo corpo, quebrando eventuais congestionamentos nos meridianos, que provocam dor, doença ou o próprio envelhecimento do corpo. Para além dessa meditação, há as técnicas chamadas de "alquimia interior" (內丹, *Neidan*), que pretendem transformar o praticante num imortal.

Essas técnicas propõem que *é possível fazer misturar as energias Yin e Yang, purificando-as num novo tipo de emanação, chamado de 和氣 (Heqi), a Energia Harmônica*. Textos daoistas gostam da imagem de que "é preciso voltar a ser um feto" para que se torne um imortal. Justamente, o feto é o estágio da vida humana em que a Energia Vital pura circula pelo corpo, criando a vida. A razão para tanto é a de que, *antes do nascimento, os meridianos Governador e o da Geração estão unidos – efetivamente harmonizando Yang e Yin*. Após o nascimento, contudo, eles são separados, pois o indivíduo começa a respirar e excretar, fazendo que essas energias fiquem separadas, como descrito anteriormente. Por meio de práticas secretas, é possível ao praticante conectar esses dois meridianos, criando um corpo incorruptível. Naturalmente, para saber como, é preciso integrar-se a uma linha de transmissão, obtendo conhecimentos de um mestre disposto a compartilhá-los.

2.

A faca que nunca perde o fio

庖丁為文惠君解牛，手之所觸，肩之所倚，足之所履，膝之所踦，砉然嚮然，奏刀騞然，莫不中音。合於桑林之舞，乃中經首之會。

Pao Ding, cozinheiro real, estava a quartejar um boi para o seu amo, o senhor Wenhui, do país de Wei. Quem o observava em ação espantava-se com seus movimentos peremptórios, vendo-o agarrar com o punho seguro, escorar com o ombro sólido, fincar-se com o pé firme, equilibrar-se com o joelho dominante. A mão, funesta, era lábil; a faca, repentina, era eloquente. Aquele reles cozinheiro criava uma melodia de sons improváveis – fricativos, de músculos a se despedirem; líquidos, dos tendões a se soltarem; plosivos, dos ossos a se revelarem – mas nenhum deles feria os ouvidos de quem é bem treinado na *medida certa*. De repente, dava a impressão de se mover envolvido por essa música, seguindo o passo esquecido dos dançarinos de cortes ancestrais, resgatando os ritmos perdidos dos hinos aos homens sábios.

文惠君曰：「譆，善哉！技蓋至此乎？」

Imprevistamente, o senhor Wenhui veio visitá-lo, surpreendendo seu servo com um elogio: "Bravo, bravo, Pao! Que exímio és! Donde esta *técnica* tua? Que fizeste para chegar a tal perfeição?".

庖丁釋刀對曰：「臣之所好者道也，進乎技矣。

Depois de deitar a faca, agora repleta de rutilâncias rubras retilíneas, o especialista respirou fundo, enxugou as linhas de suor que preenchiam as suas rugas e ajeitou os vincos de seu avental. De postura impecável, explicou: “Este servo que vos fala se regozija no *Dao*. É este *Dao* que anima a *técnica* que vedes”.

始臣之解牛之時，所見無非〔全〕牛者。三年之後，未嘗見全牛也。方今之時，臣以神遇而不以目視，官知止而神欲行。

Mesmo após o grande esforço de retalhar um animal tão grande, sua respiração permanecia relaxadamente compassada: “Pouco depois de abraçar este ofício, tudo o que enxergava era a imagem do boi inteiro. Porém, passados alguns anos, esqueci-me de que havia um animal, para além das curvas e ângulos que apalpava a minha visão. Hoje, não preciso mais dos olhos para sentir aonde deve ir a faca, pois é o *espírito* que guia as minhas mãos. Ao mandar todos os meus sentidos cessarem, o *espírito* assume o controle e age em meu lugar”.

依乎天理，批大卻，導大窾，因其固然。技經肯綮之未嘗，而況大軱乎！

O virtuoso da faca confidenciou ao seu superior: “Confio-me nos *Padrões do Céu* para que minha faca singre a carne, flanqueando os nervos, marginando as articulações. De prudência, só navega o que está carteado, atravessando os espaços vazios, guinando cartilagens e ossos, nunca os afrontando. Eis o que podeis chamar de *técnica*”.

良庖歲更刀，割也；族庖月更刀，折也。今臣之刀十九年矣，所解數千牛矣，而刀刃若新發於硎。

Contemplou satisfeito a sua obra por dois instantes: “Um bom cozinheiro troca de cutelo a cada ano, pois o utiliza para cortar. Um cozinheiro comum substitui sua ferramenta mês a mês, já que também a usa como alavanca, para partir os ossos. Este servo que vos fala, porém, usa este instrumento há *dezenove* anos, sem nunca tê-lo aposentado. Depois de ter retalhado milhares e milhares de bois, a lâmina permanece nova, como se tivesse acabado de sair da amoladeira”.

彼節者有閒，而刀刃者無厚；以無厚入有閒，恢恢乎其於遊刃必有餘地矣，是以十九年而刀刃若新發於硎。

“O que ensino é mais fácil do que parece. Note que o corpo do boi é cheio de brechas, havendo um vazio para cada articulação. A faca de quem conhece o Dao não tem grossura. Quando o que não tem grossura se projeta no vazio, largas são as vias por onde pode viajar. Por isso, minha faca quarteja o boi como se retalhasse o vento. Compreendeis, assim, por que está nova há dezenove anos?"

雖然，每至於族，吾見其難為，怵然為戒，視為止，行為遲。動刀甚微，謋然已解，如土委地。

"Todas as vezes em que vejo cozinheiros comuns a trabalhar, porém, alarmo-me com as suas dificuldades: os punhos assustados, os braços temerosos, os olhos congelados – o medo de errar corporificado. Não é acidente que seus cutelos se movem brusca e pesadamente, de supetão a supetão, criando blocos informes de carne. Em contraste, movo a minha faca quase imperceptivelmente pelas arestas, e o animal se desmembra, espontaneamente, seguindo as linhas criadas pela Natureza – como se fosse um punhado de terra seca a se despedaçar ao mais leve tato."

提刀而立，為之四顧，為之躊躇滿志，善刀而藏之。」

Tendo terminado seu discurso, Pao Ding inclinou-se para apanhar a faca. Sem dar as costas ao seu amo, começou a esfregá-la com um pano que tinha por perto. De semblante relaxado, inspecionou cada canto de seu *atelier*. Não se percebia qualquer indício de emoção por fora, ainda que, por dentro, sustinha-o uma morna plenitude. Com um último elogio à sua faca, colocou-a de volta na bainha.

文惠君曰：「善哉！吾聞庖丁之言，得養生焉。」

O senhor Wenhui, que até aqui havia escutado o cozinheiro com profunda compenetração, quebrou seu silêncio com um tom imperioso: "Excelente! Destas palavras, que acabo de ouvir de meu cozinheiro, intuo o Dao do *Cultivo da Vida*".

Comentário: "Arte da vida, arte da saúde"

"*Pao Ding desmembra o boi*" é outra das mais famosas histórias deste livro. Para compreendê-la melhor, mais uma vez, é preciso estarmos atentos ao contexto cultural e intelectual que baliza a leitura e interpretação do texto.

Reiteramos que a sociedade da China antiga era segmentada hierarquicamente, estrutura legitimada por uma longa tradição intelectual, de modo que a existência de "superiores" e "inferiores" não era percebida como algo negativo, mas como uma realidade, institucionalizada, da vida. Dito isso, como ilustrado nesta passagem, Zhuangzi costuma utilizar personagens oriundas das classes inferiores, especialmente artesãos, para atuarem no papel de especialistas ou virtuoses do Dao.

Embora o autor nunca chegue a dirigir críticas aos fundamentos da sociedade, obviamente, a escolha de artesãos e eremitas maltrapilhos haveria de causar desconforto a intelectuais conservadores. Para estes, a Sabedoria e a Virtude tendiam a ser patrimônio dos "homens nobres" (君子, *junzi*), pessoas distintas socialmente. Confúcio, por exemplo, constrói a sua doutrina de cultivação moral-intelectual em torno desses homens. Entretanto, Zhuangzi não apenas evita utilizar o termo "homens nobres", mas até o utiliza como alvo de escárnio, na única vez em que aparece nos "Textos do Mestre".

A motivação para que os mestres do Dao fossem retratados como personagens marginais se deve mais provavelmente à concepção que Zhuangzi tem do tipo de busca existencial mais adequada ao daoista. Posições elevadas na sociedade terminam reduzindo o espaço dessa busca "para dentro", limitando o poder do indivíduo de criar um ambiente apropriado para a prática do Dao. Talvez não seja preciso lembrar que, quanto mais elevada a posição, *quanto mais posses ou maior a fama possuída por alguém, menos essa pessoa "pertence a si própria"*, uma vez que tenha de continuar a desempenhar os papéis que seu estatuto social demanda.

Feita essas considerações, a sociedade chinesa antiga não deixava de apresentar interessantes paradoxos. Em si, a função de cozinheiro era muito reles; mas Pao Ding era o "cozinheiro real". No sistema dos *Funcionários de Zhou* (周禮, *Zhouli*), uma obra que inspirou a organização administrativa do império chinês ao longo de sua história, o "cozinheiro real" possuía um estatuto de grande importância, unicamente pela proximidade do centro de poder e pelo nexo de confiança que tinha com o governante (lembre-se que o cozinheiro poderia muito bem tentar envenenar a comida ou simplesmente assassinar o seu amo). Agora, percebe-se por que o senhor Wenhui se dignaria a trocar palavras com Pao Ding.

O senhor Wenhui é o rei Hui de Liang (400-319 a.C., no trono 369-319 a.C.), uma figura histórica, imortalizada pelos seus diálogos com Mêncio e sua aparição nos textos de Zhuangzi. Seu feudo, Liang, também chamado de Wei (魏), era uma potência em seu tempo – sendo também a corte em que atuava Hui Shi, o melhor amigo de Zhuangzi. Porém, isso não serve de indício de que esta seja uma história verídica. Embora haja eruditos chineses que tratam as anedotas de Zhuangzi como se fossem, efetivamente, fatos, o autor costumava agregar personagens históricos às suas ficções unicamente como um recurso estilístico. Como ilustração disso, não há qualquer menção a Pao Ding em outras fontes, devendo ser fruto da imaginação de Zhuangzi.

Passando ao conteúdo, tal como no texto anterior, há duas leituras possíveis. Uma delas, de *interesse geral*, é a de que Pao Ding ensina como o homem que segue o Dao deve se comportar no mundo. A faca é uma metáfora para os "anos dados pelo Céu" a cada um. No pensamento chinês, chegamos a este mundo com um "prazo de validade". De acordo com nossas decisões, podemos viver todo esse prazo, ou encurtá-lo. Nesse contexto, os "dezenove anos" que Pao usa a sua faca correspondem à soma de 10 + 9, ou seja, do maior "número Yin" ao maior "número Yang", expressando totalidade desses anos dados pelo Céu. O método para viver bem é dado pela alegoria da "técnica" que Pao utiliza para cortar os bois: *é preciso adaptar-se às situações, evitando conflitos, mudando de direção sempre que há iminência de desgaste.* É inquestionável que isso demanda um "espaço para autodeterminação pessoal".

A segunda leitura dirige-se à prática de imortalidade. Nesse caso, é importante notar o detalhe de que a faca pode ser usada "por mais de dezenove anos", isto é, o praticante do Dao pode prolongá-los. Em vez de alegorizar a sabedoria prática, *a "técnica" de Pao Ding explica como o daoista deve conduzir a Energia Vital (Qi) em seu corpo*. Essa técnica é meditativa, cujas etapas são representadas pela forma como Pao Ding cortava o boi. Na primeira, *é preciso esforço para se entrar no estado de tranquilidade profunda*, utilizando a vontade (意, *Yi*) para controlar os pensamentos e sensações que surgem repentinamente, pelo simples fato de que o coração-mente está a entrar em repouso. Numa etapa posterior, *a vontade cessa de atuar*, permitindo aos pensamentos e sensações surgirem e desaparecerem espontaneamente, sem contudo perturbar o transe. Numa etapa ainda mais avançada, nem sequer existe a percepção de a vontade ter parado de atuar, de modo que *desaparece a distinção entre eu* (心, *xin*) *e mundo* (境, *jing*).

Se agregarmos o elemento da busca de longevidade a essas três etapas, perceberemos que o daoista *emprega a "vontade" para conduzir a Energia Vital (Qi) pelo seu corpo*. Nesse processo, os pensamentos e sensações interferentes podem ser acompanhados de desconforto ou mesmo dor física. A prática regular de meditação pode auxiliar na desobstrução do *Qi*. Como explicáramos, o fluxo desimpedido do *Qi* pelos meridianos representa "saúde" na medicina tradicional chinesa. Doença e morte são os resultados da perda contínua dessa energia. Quem sabe conduzir o *Qi* pelo seu corpo é capaz de prevenir doenças e, através de um conhecimento secreto, de potencializar o seu metabolismo (氣化, *Qihua*, Transformação do *Qi*) para avançar em direção à imortalidade.

3.
Entre a vergonha e a Sabedoria

公文軒見右師而驚曰：「是何人也？惡乎介也？天與，其人與？」

Gongwen Xuan assombrou-se ao reparar que o General da Direita havia sofrido a pena de mutilação. Incapaz de resistir à curiosidade, inquiriu: "Quem é esse? Por que lhe falta uma parte da perna? Terá sido por obra do Céu, ou por desdita de homem?".

曰：「天也，非人也。天之生是使獨也，人之貌有與也。以是知其天也，非人也。」

O General protestou: "Foi o Céu, deixe os homens de fora disso. Quando Ele me deu a vida, já tinha por decidido que, um dia, perderia um de meus membros. Não poderia nunca ter sido praga de homem, pois temos em comum este aspecto, o de andarmos sobre duas pernas. Por isso sei que foi o Céu, deixe os homens de fora disso".

Comentário: "Saúde psicológica e fortaleza espiritual"

Esta é mais uma passagem que destaca indivíduos marginalizados na sociedade chinesa antiga. Gongwen e o General da Direita não parecem ser personagens históricas, sendo contudo relacionadas ao país de Song.

Sem termos muito a dizer sobre Gongwen, é preciso explicar bem o que a história insinua ao tomar como personagem um General da Direita. Na

China, todo governo legítimo era organizado burocraticamente, sendo a burocracia dividida nos ramos civil (文, *Wen*) e militar (武, *Wu*). General da Direita era um alto cargo burocrático militar, obviamente. Apesar de que houvesse diferentes sistemas de organização militar, as forças de um país podiam ser divididas em dois, três ou mais exércitos – p.ex., "do centro", "da direita", "da esquerda". Nesse caso, o General da Direita era o supremo comandante do respectivo exército, um cargo de grande importância e poder. Nada obstante, a anedota diz que o general havia sido mutilado, uma punição comum para falhas graves de comando.

Num primeiro plano, o texto fala do contraste entre a vergonha e a Sabedoria. Na China antiga, as punições tinham um caráter retributivo e humilhante, envolvendo sempre um tipo de marca, para que todos soubessem do que se tratava. A mais leve delas era uma tatuagem no rosto, feita com ferro quente; a mais pesada envolvia mutilação, com diferentes graus de crueldade (e visibilidade). Quem trazia a marca precisava se rebaixar a um ponto em que se tornava menos do que um homem. Portanto, vemos que, *embora tivesse sido um alto funcionário, o general agora precisava aceitar uma vergonha que não podia esconder a ninguém.* Sem haver preferido a via do suicídio ou do exílio, o General da Direita havia permanecido em sociedade, o que faz prova de sua coragem e presença de espírito incomuns. O daoismo tenta provar que, mesmo nessa condição, é possível encontrar paz de espírito. Nesse caso, a situação do general serve de metáfora *para quem consegue se desapegar da reputação, algo difícil de se realizar em qualquer cultura.* Essa doutrina ensina que o objetivo do Cultivo da Vida não é buscar proteger a integridade da vida que se tem, seja nome, seja patrimônio, sejam as relações próximas. *É prioridade proteger a integridade espiritual*, aquela que garante a autonomia e felicidade do praticante.

Num segundo plano, a história contrapõe Céu e homem, isto é, Natureza e cultura, como fontes últimas das tristezas e alegrias de cada um. À primeira vista, a resposta do General da Direita parece manifestar um tipo de fatalismo, com um argumento pelo menos estranho. É bem verdade que o general não quis responder à pergunta de Gongwen, escondendo as razões para a sua punição. Porém, Zhuangzi pretende destacar o oposto, nomeadamente, que *o general aceitou a sua condição e deixou para trás todos aqueles eventos que culminaram com a perda de uma perna.* Diferentemente de culpar o Céu ou o destino, a leitura daoista do texto enfatiza que o general irmanou-se à Espontaneidade, esquecendo-se das convenções humanas, aceitando o que o Céu lhe trouxe sem distingui-lo como bom ou mau, vantajoso ou danoso. As suas palavras não são as de um homem rancoroso ou humilhado, mas *a de alguém que, permanecendo no mundo, foi além dele.* Essa é a saúde da mente, a longevidade do espírito tão pretendida pelos que abraçam o Dao.

4.
A escolha da galinha d'água

澤雉十步一啄，百步一飲。

Se desejais aprender a "*cultivar a vida*", observai a galinha d'água, que aparenta ser a mais tola das aves, a sobreviver no charco. A cada dez saltinhos, bica o chão em busca de alimento. Passam-se horas, sem que satisfaça seu apetite. Exaurida, precisa de mais uma centena de passos para matar sua sede. Tais são os seus dias.

不蘄畜乎樊中：「神雖王，不善也。」

Perguntai à galinha: "Desejas viver esta sina, até o fim de teus dias? Ou preferes uma vida fácil, numa espaçosa gaiola de vime, sob os cuidados de um generoso dono?". E vos objetará: "Continuarei a ser o que sou, muito obrigada. Ainda que as preocupações do meu sustento deixem de onerar o meu corpo, isso não é de todo bom: pois então serão as minhas necessidades a pesarem sobre o meu espírito".

Comentário: "A vida precede a toda necessidade"

Esta fábula, facilmente compreensível, debate uma questão universal: *qual o equilíbrio que se deve buscar entre conforto material e paz de espírito?* Conforme o pano de fundo histórico conhecido por Zhuangzi, ele tem em mente o caminho--padrão para o sucesso, uma juventude dedicada aos estudos, seguida do serviço burocrático, estável e bem remunerado, sob um clã nobre. Porém, isso não impede que se expanda o contexto para uma situação real em nossa própria cultura, a de como reagiria uma pessoa comum à oportunidade tentadora de poder conseguir uma grande posição profissional, vivendo no luxo, sem qualquer preocupação com o futuro.

Tanto na China antiga como em nossa realidade atual, as pessoas normalmente têm uma visão desproporcional de seus próprios méritos, de modo que estão frequentemente insatisfeitas com a sua sorte na vida. Para elas, o sucesso material é um meio óbvio para que comprovem, para os outros e para si, que são o que acreditam ser. *É uma vida de angústia antes do sucesso e de insatisfação após ele.* Incapazes de se afirmar, acomodando-se no que é seu, entregam-se a novas ambições, competindo por prêmios que imaginam, só para encontrarem os limites que temem existir. *É por isso que elas aceitariam, sem titubear, a oferta da gaiola.*

Com fina ironia, Zhuangzi elege o mais improvável dos animais para representar a sabedoria daoista: um frango d'água, animal de valor ínfimo sem quaisquer características. Para as pessoas comuns, o frango vive num ambiente infesto, passando seus dias sem descanso, em busca de alimento e bebida, com todas as incertezas do que está por vir. *Confrontado com a escolha de deixar sua penúria para trás, assumindo uma vida "civilizada", o frango "estupidamente" se arraiga aos seus hábitos, transformando seu estilo de vida numa escolha consciente.* Há um motivo profundo para a ironia do autor. Aos olhos das pessoas comuns, os sábios parecem homens menores, sem aquele brilho que atrai emulação e inveja. *O daoismo com razão exorta os praticantes a que escondam os seus talentos, a que pareçam tolos aos olhos dos outros.*

Isso nos conduz à escolha da galinha d'água. *A busca de alimento e bebida é uma metáfora para a busca existencial para dentro.* Esses são méritos que enriquecem o ser, dão-lhe consistência e significado, contando com a importante vantagem de que as outras pessoas não o veem. Somente o indivíduo é capaz de julgá-lo, de apreciá-lo, de incorporá-lo. Não são méritos que obtêm reconhecimento direto, nem alimentam o orgulho ao provocarem inveja alheia. Na vida do dia a dia, *o praticante daoista deve manter a sua mente "vazia de si próprio", ou seja, nada do que faz deve estar centrado em suas próprias "necessidades" psicológicas.* Seja no ócio ou em seus afazeres, o fim deve estar posto na contemplação de quão completa e perfeita é a realidade, permitindo-se dissolver nessa totalidade.

5.
O fogo eterno

老聃死，秦失弔之，三號而出。

Num dia chuvoso, Laozi, o velho mestre cujos lóbulos caíam polposos sobre os ombros, morreu. Um discípulo, conhecido como o Sumido das Terras de Qin, partiu logo que soube do triste fato. Ele veio para o funeral do antigo mestre a quem muito não vira, cruzando meio mundo pelos difíceis caminhos rasgados pela destruição e guerra de homens sem senso. Chegou em tempo e, sem mostrar cansaço, foi direto ao lugar do velório. O caixão estava disposto no salão principal. Aproximando-se do corpo, carpiu as três feitas que mandam os ritos: chorou; chorou; chorou; e saiu, sem mais.

弟子曰：「非夫子之友邪？」

Outro discípulo jovem, que estava a ajudar nas cerimônias, veio-lhe no encalço. Menos arquejante do que perplexo, inquiriu: "Esperai! Por que não vos juntastes a nós, fora dos umbrais, para contemplarmos o mestre em seus últimos suspiros?"... Sem dar tempo para que a etiqueta pudesse servir de freio ao estarrecimento, acusou, dedo em riste: "Não éreis um companheiro do falecido mestre?".

曰：「然。」

O estranho respondeu, curtamente: "Era".

「然則弔焉若此，可乎？」

Agora abertamente hostil, o praticante de poucos anos atacou: "Se eras, como pudestes carpir o morto dessa maneira, sem observares os ritos, sem demonstrares tristeza! Onde já se viu?!".

曰：「然。始也吾以為其人也，而今非也。向吾入而弔焉，有老者哭之，如哭其子；少者哭之，如哭其母。彼其所以會之，必有不蘄言而言，不蘄哭而哭者。」

Demorando-se mais do que desejava, o Sumido das Terras de Qin reagiu aos protestos de seu inexperiente interlocutor: "Não há pecado no que fiz. Ao chegar-me, pensei que fôsseis todos meus camaradas. Agora sei que não sois". Voltando-se parcialmente para vê-lo de soslaio, continuou: "Há pouco, quando entrei para prestar meus últimos respeitos ao Velho Mestre, atentei para que havia pessoas idosas a carpi-lo como se fosse seu próprio filho; havia outras, mais jovens, que o faziam tal qual à própria mãe. Com tantas pessoas juntas num mesmo lugar, não há dúvida de que uns lamentam sem desgosto, outros choram sem ter lágrimas".

「是（遯）〔遁〕天倍情，忘其所受，古者謂之遁天之刑。」

Com o mesmo tom sossegado, mirava o mancebo, olhar no olhar: "A verdade é que eles dão as costas para o Céu, na medida em que forçam suas emoções a se prostrarem às normas dos homens. Por terem se esquecido da medida de energia pura com que foram dadivados no princípio, incorrem numa pena maior, que os antigos chamavam o *castigo de quem se furta ao decreto celeste*".

「適來，夫子時也；適去，夫子順也。安時而處順，哀樂不能入也，古者謂是帝之縣解。」

Com um ressaibo quase imperceptível de melancolia, o forasteiro suspirou: "Quando chegou a hora de nascer, o Velho Mestre disse: 'o tempo é certo'; no dia de sua partida, com as bagagens já prontas, simplesmente seguiu o Caminho". Erguendo a mão de forma professoral, assinalou: "Ao aceitar a hora com um sorriso tranquilo, ao seguir o caminho com passo decidido, o coração não se esmorece de desolação, nem se desvaira de gáudio. Os antigos diziam que esse era o *Imperador Celeste a desatar das amarras* que confinam o Espírito".

「指窮於為薪，火傳也，不知其盡也。」

Constatando o completo desarrimo do menino, despediu-se com um último consolo: "Não te desanimes. Para cada tocha que se apaga, há uma outra que se acende. O fogo que as uniu nunca se consumirá". E partiu, sem sequer limpar as suas sandálias.

Comentário: "A vida nunca morre"

Como fecho de ouro para este capítulo, Zhuangzi ficcionaliza um evento dramático, a morte de Laozi, para todos os efeitos o fundador do daoismo. Há uma dupla ironia aqui. Primeiro, sob este enredo, o autor desencadeia uma crítica poderosa a qualquer movimento espiritual institucionalizado – *inclusive aquele ao qual o próprio se filia*. Segundo, enquanto as anedotas anteriores vinham unidas pelo tema da vida e da saúde, Zhuangzi inverte totalmente o espectro para enfocar a morte, não uma morte qualquer, mas *a morte do homem honrado como o mestre que teria vencido a morte e teria ensinado como vencê-la*.

Há consenso de que Laozi é uma figura histórica, mas não se sabe ao certo quais os detalhes de sua existência. Na primeira grande crônica histórica da China (*Os registros do cronista*), compilada por Sima Qian na transição entre os séculos II e I a.C., há um capítulo dedicado a ele, no qual são listadas três pessoas que poderiam ter sido o Laozi histórico. A versão mais aceita indica que Laozi na sua extrema velhice teria ficado muito desgostoso com a situação na China (dinastia Zhou), exilando-se em direção "às regiões do oeste" (西域, Xiyu), isto é, a região noroeste da República Popular da China (incluindo as províncias de Gansu, Qinghai e a Região Autônoma de Xinjiang – o chamado Corredor de Hexi) ou os países da Ásia Central, adjacentes às bacias do Tarim e Jungária. Portanto, não se sabe nem quando, nem onde Laozi morreu. É também verdade que o mito da "Partida para o oeste" foi enriquecido. Começando no século IV d.C., numa luta entre daoismo e budismo por patrocínio imperial e ascendência pública, foi bem divulgada a versão de que Laozi se transformara em Sidarta Gautama, o Buda histórico, para ensinar aos indianos uma forma de daoismo apropriada aos mesmos. Essa é a famosa lenda de que *"Laozi doutrinou aos bárbaros"* (老子化胡, Laozi Huahu). Então, já fazia séculos que Laozi tinha sido apoteosado numa divindade, adorada não apenas como imortal, mas como um dos aspectos do Dao.

Por que Zhuangzi, certamente conhecedor das lendas sobre Laozi, preferiu "matá-lo" em seu texto? Como reagiriam os seus discípulos e leitores, igualmente atentos para as tradições folclóricas sobre Laozi? São todas questões muito difíceis, que põem em questão a natureza do grupo que Zhuangzi criou para si, à natureza de suas práticas e até mesmo à transmissão que recebera. Partindo do princípio de que o autor deste livro tanto era um erudito como praticava técnicas secretas, parece mais provável que essa anedota seja mais uma de suas criações intencionalmente absurdas, orientadas para chocar aqueles seguidores mais inclinados a uma piedade crédula, justamente como o interlocutor do Sumido das Terras de Qin na história.

O mais iluminado dos líderes espirituais termina cercado de pessoas que não o compreendem. Essas pessoas doutrinam a outros indivíduos como a si próprios e, *progressivamente, a centelha original que iluminava o movimento é abafada por vozes e ações confusas*: a religião se perde em meio à sua institucionalização. Laozi, portanto, é colocado no papel de um líder assim, cuja morte o impede de continuar a dar uma direção adequada para a sua seita.

O daoismo não se conformava à realidade de que cada segmento da existência humana deve ser regulado por cerimônias, cujo objetivo é plasmar emoções e comportamentos corretos na sociedade. Todavia, é justamente isso que fazem os seguidores de Laozi na história, organizando um velório e exigindo luto digno do mais ortodoxo confucionismo – cuja visão sobre os ritos era o antípoda do daoismo.

Por conseguinte, coube a um antigo discípulo de Laozi o papel de reorientar o grupo que acompanhou o velho mestre até o seu fim. É muito importante notarmos que o Sumido *não se dirige ao novo líder do grupo,* como seria esperado de um confuciano apegado à hierarquia e à "forma correta de fazer as coisas", *mas sim a um membro menor, de uma forma pessoal e quase secreta* – tal como faz um daoista.

Para o confucionismo, os ritos de luto são os mais importantes, pois são capazes de comprovar os mais autênticos sentimentos, dirigidos gratuitamente aos que não mais estão. Os ritos fúnebres serviam de modelo para todas as relações sociais, havendo cinco graus, cada um deles estritamente disciplinado pelo tipo de vestimenta, comportamentos e tabus exigidos dos envolvidos. Esses cinco graus eram definidos conforme o nível de parentesco, donde se percebe a importância atribuída pelos confucianos à ética familiar como molde para toda a vida social. Enquanto mestre do grupo, os ritos estipulavam que Laozi deveria ser velado e celebrado com o mais alto nível, o de pai e mãe. Dessa forma, compreendemos a indignação do Sumido, para quem os ritos de luto, "coisa de confucianos", são formalidades externas que distorcem a Espontaneidade do homem.

O ensinamento principal vem no fim. *Para o daoista, vida e morte não são diferentes nem conflitantes, pelo fato de que são aspectos da transformação da Energia Vital (Qi).* Enquanto a morte é algo temível para o confuciano, na medida em que interrompe o convívio com os entes queridos, o daoista recusa isso peremptoriamente, o que interpreta como uma desavença contra o Céu – o Dao. *O sofrimento que sentimos diante da morte é prova do apego que sentimos pelos nossos próprios sentimentos.* A chegada da hora, inclusive da nossa própria, é a conclusão de um ciclo e o início de um novo, como ensina a última metáfora. Em vez de sofrer com as tochas que se transformam em cinzas e pó, *nossos olhos devem estar postos no fogo que dá vida e existência a tudo o que toca.*

Capítulo IV
AUTOCONFIANÇA

人間世第四

Apresentação: a ambição é chave para o fracasso pessoal

Este capítulo desenvolve-se num ambiente que o título em chinês descreve como "o mundo da convivência humana" (人間世, *Renjianshi*), expondo a tese de que o praticante daoista deve se proteger das marés da vida, principalmente *reduzindo expectativas que recaiam sobre os outros* e *se protegendo do instinto de competição por honras, poder e riquezas.* Um elemento fundamental da ética daoista é a contenção das ambições pessoais como garantia da segurança, estabilidade (e realização pessoal) no longo prazo. Vale a pena explicar o que isso significa, no contexto social que conheceu Zhuangzi.

Na China antiga, não havia uma separação clara entre o mundo familiar e o mundo profissional. Inexistia a "sociedade civil", algo que tem por papel mediar a esfera privada, da vida familiar, e a esfera pública, dos assuntos políticos. Naquela cultura, a família serve de modelo para as relações sociais como um todo, de maneira que o Estado é visto como a expansão, no tempo e espaço, da prevalência de um "clã" – como expressa o termo chinês para "Estado" ou "país": 國家 (*guojia*), literalmente, a "região fortificada dominada por um clã".

Seja no período pré-unificação imperial, seja nos dois mil anos de existência do Império, as famílias governantes administravam o Estado de forma "patrimonial" (segundo o conceito de Max Weber), ou seja, fazendo da política e economia um prolongamento de seus assuntos "familiares". De fato, se consultarmos os *Ritos de Zhou*, um importante clássico confuciano que descreve, idealizadamente, a organização da burocracia do Estado de Zhou, veremos que há uma confusão de funções que consideraríamos domésticas e de Estado. Portanto, quem entrava na burocracia estava, automaticamente, envolvido nas relações pessoais de seus empregadores. Para além das funções "técnicas" que exercia, também era forçado a administrar o convívio com outras pessoas, superiores, de mesmo nível que ele e inferiores.

Não é preciso dizer que todos os burocratas, em diferentes graus, estavam empenhados em melhorar sua situação funcional, o que presume demonstrar as próprias qualidades para os outros, fazer e gerir amizades, defender-se de adversários e atacá-los etc. Embora esse seja um mundo que Zhuangzi recusa abertamente, ele não pode simplesmente fingir que não existe, donde as anedotas deste capítulo, pontuadas pelo conceito de "*desambição*". O praticante daoista deve ser "desambicioso".

É importante destacarmos a tensão que existe entre o daoismo e o confucionismo no que se refere ao problema da "desambição". Por um lado, no que se refere ao daoismo, a "desambição" é uma decorrência da "contenção dos desejos", fundamento da ética daoista. Por outro, embora também não recomendem a "ambição" numa carreira burocrática, os confucianos não criticam (e distorcem) a posição daoista como sendo motivada por "indiferença aos assuntos de Estado" ou como "instinto egoísta de autoproteção" etc.

Os daoistas replicam a crítica confuciana afirmando que o indivíduo é incapaz de resolver, por si só, os problemas do mundo. Quem se lança nessa empreitada, ou o faz por *ignorância* ou por *ambição*, provocando o mesmo resultado, insatisfação, infelicidade e/ou desgraças para si. Nesse debate, os confucianos defendem-se, argumentando que desejam atuar na política imbuídos de um *senso de dever*, assumindo funções de governo mesmo quando o ambiente geral não é propício, sacrificando-se em prol da sociedade.

Esse ponto e contraponto entre daoistas e confucianos é desenvolvido neste capítulo, com todo o humor e ironia característicos de Zhuangzi. O próprio "Confúcio" figura como protagonista em algumas anedotas, não apenas para reforçar a ilusão de veracidade das discussões, mas sobretudo porque, na cultura chinesa, *"o mundo da convivência humana" é, essencialmente, um produto do confucionismo.*

Em conclusão, a despeito de que Zhuangzi tivesse em vista uma situação social bastante diversa da (pós-)modernidade ocidental, ainda é possível encontrar atualidade e utilidade para as ideias deste capítulo. O *excesso de ambição*, mesmo a forma bem-intencionada que denominamos de "*idealismo pragmático*", continua viva e atuante em diferentes ambientes. A psicologia humana tampouco variou muito, pelo que a *necessidade de autoafirmação, de reconhecimento, mesmo de aceitação* pode conduzir a uma situação de angústia interna e antipatias exteriores, para o que a sabedoria daoista possui bons conselhos: "as coisas estão sempre a mudar: esqueça de suas próprias intenções e objetivos, não perca tempo pensando no que cabe a você".

1.
O jejum do coração

顏回見仲尼，請行。

Yan Hui, o aluno favorito de Confúcio, veio ver o mestre. Como qualquer discípulo consciente de seus deveres, desejava pedir-lhe permissão, antes de se ausentar do país de Lu. O mestre estava de joelhos, à vontade, absorto em suas meditações.

曰：「奚之？」

Como se despertado pela presença de Yan, Confúcio reagiu: "Para onde vais?".

曰：「將之衛。」

Um tanto envergonhado, confidenciou curtamente: "... para as terras de Wei".

曰：「奚為焉？」

Quase de modo brusco, o ancião inquiriu: "E o que tencionas fazer acolá?".

曰：「回聞衛君，其年壯，其行獨；輕用其國，而不見其過；輕用民死，死者以國量乎澤若蕉，民其無如矣。

O aluno encontrou coragem para expor seus pensamentos: "Este discípulo que vos fala ouviu dizer, o homem que ora tem o poder em Wei vive seus anos de maior viço; age impetuosamente, sobrepondo seus desejos ao bem-estar de seus súditos. Os recursos de suas terras, utiliza-os da forma mais leviana; indiferente aos conselhos de seus assessores, não se dá conta dos próprios excessos. Esgotado por corveias, o povo não para de perecer; mortos em guerras no estrangeiro, não passam de palha para o fogo. Sem saída, as pessoas se desesperam".

回嘗聞之夫子曰：『治國去之，亂國就之，醫門多疾。』願以所聞思其則，庶幾其國有瘳乎！」

Seguro de haver feito uma boa defesa, Yan Hui concluiu: "Este discípulo que vos fala certa vez aprendeu do mestre: 'fugi dos países bem governados, acudi os que estão em desordem, pois é preciso que haja muitos enfermos às portas do médico'. Logo, muito desejo encontrar nas vossas palavras um tratamento para os males de Wei. Tomara que inda seja possível sua cura!".

仲尼曰：「譆！若殆往而刑耳！夫道不欲雜，雜則多，多則擾，擾則憂，憂而不救。古之至人，先存諸己而後存諸人。所存於己者未定，何暇至於暴人之所行！

Com uma expressão irônica na face, Confúcio espalmou uma mão sobre a coxa: "Ah, Hui! Se chegares perto de Wei, decerto não escaparás à espada...". Com um tom calejado, explicou: "O Dao é avesso a complexidades. Complexidades trazem complicações; complicações geram perturbações; perturbações causam desassossego. Para o desassossego, não há cura". Antes que seu discípulo pudesse reagir, o mestre catequizou, sentencioso: "Oh, os homens superiores da Antiguidade... primeiro firmavam-se em seu próprio íntimo e, somente então, consideravam como guiar os outros. Disso decorre que, se ainda não te firmastes intimamente, como será possível que tenhas tempo para crivares os ditos e feitos de um homem tão violento?".

且若亦知夫德之所蕩而知之所為出乎哉？德蕩乎名，知出乎爭。名也者，相（札）〔軋〕也；知也者，爭之器也。二者凶器，非所以盡行也。

Notando a apreensão nos olhos de seu aluno, ansioso por um rumo para o seu estudo, o Velho Mestre prosseguiu: "Sabes qual o momento em que a Virtude perde seu equilíbrio e cai? Sabes qual o momento em que a Sabedoria perde a sua compostura e se expõe? A Virtude cai seduzida pela doce fama; a Sabedoria perde-se pelo acalorado *debate*. Os homens acotovelam-se no afã de tomarem o desejado prêmio; a Sabedoria tampouco é neutra, é antes arma nas cizânias que dividem os homens. Fama e Sabedoria, eis duas *armas ominosas*, não são coisas que o estudioso persegue até as últimas consequências".

且德厚信矼，未達人氣，名聞不爭，未達人心。而強以仁義繩墨之言術暴人之前者，是以人惡有其美也，命之曰菑人。菑人者，人必反菑之，若殆為人菑夫！

Acenando levemente com sua cabeça, Yan Hui estava, porém, perplexo por dentro. Alheio ao que se passava fora de sua mente, Confúcio prosseguiu: "Visto de outra forma, se fores um homem de sólida virtude, de inquestionável confiabilidade, isso decerto não bastará para que impressiones o soberano de Wei; caso, ademais, não te prestares a disputar fama com os assessores dele, não vejo como conseguirás tornar-te íntimo do homem. Tanto pior se conquistares a confiança dele; quando por meio de tuas palavras forçares o homem a medir-se com a régua e o esquadro de tua moralidade, exibindo tua humanidade e teu senso de dever como remédio para seus percalços passados, enquanto homem violento, é natural que odeie a ti como vendedor de tua própria excelência. Se agires assim, merecerás a alcunha de autor da tua própria desgraça. Serão as mãos do senhor de Wei a operarem-na, não há dúvida, mas a desgraça recairá sobre o teu corpo. Ou tu achas que poderás culpá-lo por algo a que não deu causa?".

且苟為悅賢而惡不肖，惡用而求有以異？若唯無詔，王公必將乘人而鬬其捷。而目將熒之，而色將平之，口將營之，容將形之，心且成之。

O aluno meneava vigorosamente a cabeça, boquiaberto, aparentando uma idade ainda mais tenra. O ancião preparava uma nova direção para seu argumento: "Pensemos agora que o nobre de Wei de repente se torne um governante a quem apraz o valor de seus subordinados, detestando a todos aqueles que não estão à altura do cargo que lhes confiou; nesse caso, qual o proveito de que busques emprego ali, desejoso de mostrares tua excelência sobre aqueles que já se provaram dignos da posição que ocupam? Digamos que, não obstante teu melhor juízo, tentes a tua sorte e vás; digamos que, na condição de hóspede da corte de Wei, tu cedas a um relance de inspiração e não resistas a intervir nos debates com uma moção. Por mais brilhante que sejas, o que impede aqueles que já lograram para si os apanágios de um duque, ou até mesmo um rei, façam uso de suas prerrogativas, humilhando-te ao protestar as tuas melhores intuições, indeferir tua menção oportuna? Teus olhos então tremerão de temor, recolhidos à borda da esteira que sobra de teus joelhos; tua expressão perderá o fulgor dos ideais que ora a animam, igualdando-se à da multidão dos hóspedes que passaram por aquele mesmo salão; tua boca derramará as desculpas que vertem já censuradas de tua mente; teu rosto trairá a paúra que pesa sobre o teu espírito. Por derradeiro, teu coração, teu coração, ó Hui, também te abandonará, e serás mais um dos inúmeros títeres que seguem no séquito do rei de Wei".

是以火救火，以水救水，名之曰益多。順始無窮，若殆以不信厚言，必死於暴人之前矣!

Yan transparecia vergonha, vergonha da soberba que o levara a querer deixar seu mestre. Entendia que ainda era demasiado cedo, que ainda não havia haurido a melhor forma de se colocar no mundo. Em total silêncio, aguardava mais palavras daquele à sua frente. Mais montanha do que homem, oráculos ecoaram de sua profundeza: "Portanto, não queiras salvar um incêndio com mais fogo; não tragas água para curar uma enchente, do contrário merecerás a alcunha de 'piora a dor' ou de 'eterno iniciante'. Se te aproximares de um homem que não se fia sequer de tuas mais sinceras palavras, não fugirás a morte sob um homem tão violento!".

且昔者桀殺關龍逢，紂殺王子比干，是皆修其身以下傴拊人之民，以下拂其上者也，故其君因其修以擠之。是好名者也。

"Lembra-te dos precedentes de nossa história. Numa era remota, o tirano Jie da casa dos Xia adornou seu palácio com a cabeça do sincero Guan Longfeng, por ter ousado dizer o que não devia; duvidando do valoroso Bi Gan, o malevolente Zhou da casa de Shang arrancou o seu coração, para ver com os próprios olhos a bondade que lá se escondia. Estes são exemplos notórios de grandes homens que cultivavam sua moralidade para, com isso, saberem de que forma se opor à vontade de quem estava acima e cuidar do sofrido povo que estava abaixo. Tais pessoas morrem porque *seus superiores não aceitam o fato de que comandam pessoas melhores do que eles mesmos*. Esse é o preço pago por todos os que amam a fama." Hui afogava-se em seu embaraço.

昔者堯攻叢枝、胥敖，禹攻有扈，國為虛厲，身為刑戮，其用兵不止，其求實無已。是皆求名實者也，而獨不聞之乎？名實者，聖人之所不能勝也，而況若乎！雖然，若必有以也，嘗以語我來！」

"Em tempos mais priscos", continuava a expor Confúcio, "o rei Yao investiu contra as terras de Congzhi e Xuyao; o grande Yu conquistou Youyi. Após os seus triunfos, as capitais de seus novos domínios restaram devastadas. Os espíritos locais abandonaram seus lares ancestrais e os que ainda tinham corpos perderam-nos, ou sobre a roda, ou sob a espada do carrasco. Ao usarem seus exércitos sem trégua, terminaram sem nada de verdadeiro nas mãos… *essa é a paga de todos que cobiçam fama e feitos*. Pergunto-me se és o único a nunca teres ouvido falar disto? A ânsia de fama e feitos é algo que *nem os homens sábios são capazes de vencer* – quanto menos tu!" Sentindo a desolação no semblante de seu discípulo, o mestre compadeceu-se: "Não importa. Tu tens de saber como te portares, chegado o momento. Conta-me como agirias, se estivesses no salão do soberano de Wei!".

顏回曰：「端而虛，勉而一，則可乎？」

Hui procurou suas mãos de onde as havia posto, tentando velar o esmorecimento que o dominava. Com uma voz cadenciosa, quase a declamar, disse: "Composto e impassível!... Zeloso e concentrado!..."… tentando encontrar algum sinal de aprovação, indagou: "Estaria bem, assim?".

曰：「惡！惡可！夫以陽為充孔揚，采色不定，常人之所不違，因案人之所感，以求容與其心。名之曰日漸之德不成，而況大德乎！將執而不化，外合而內不訾，其庸詎可乎！」

Curto: "Não! De maneira alguma! Tal como disseste, o temperamento do soberano de Wei é resoluto e impetuoso, revelando a abundância das forças Yang que se agitam em seu íntimo. Sob o teu repto, essas forças transbordariam, evidenciando-se nos olhos, evidenciando-se na boca, evidenciando-se nas mãos e nos pés. Estarias confrontado com uma fúria a que nenhum homem comum é capaz de fazer frente. Não estranharia que, em tais condições, sob o olhar fulminante de teu senhor, te rendesses a assentir-lhe, a concitá-lo, a incensá-lo. A uma tal situação, poderíamos descrevê-las como 'a água que nunca vence a pedra'; pequenas virtudes nunca haverão de encontrar suas vulnerabilidades, mesmo que dia após dia, noite após noite mantenham-no sob sua influência – o que mais se aplica à Grande Virtude que tens em mente! Não, Hui, se agires assim, será em vão a tua partida, pois a Grande Virtude nunca o transformará. Pior, só poderás render-te à cautela do burocrata comum, *de quem se mantém de acordo com o superior por fora e que nunca se censura por dentro*. Não, Hui, não vejo como!".

「然則我內直而外曲，成而上比。內直者，與天為徒。與天為徒者，知天子之與己皆天之所子，而獨以己言蘄乎而人善之，蘄乎而人不善之邪？若然者，人謂之童子，是之謂與天為徒。外曲者，與人之為徒也。擎跽曲拳，人臣之禮也，人皆為之，吾敢不為邪！為人之所為者，人亦無疵焉，是之謂與人為徒。成而上比者，與古為徒。其言雖教，讁之實也。古之有也，非吾有也。若然者，雖直而不病，是之謂與古為徒。若是則可乎？」

Socorrendo-se de uma das fórmulas que aprendera com seu mestre, Hui ensaiou uma réplica, articulando da melhor forma tudo o que maturara de seu treinamento: "Acontecendo como dizeis... e se me mostrar direito por dentro, no que se refere às minhas convicções mais íntimas, e me dobrar por fora, no que toca às palavras que troco com o soberano? E se me provar à altura dos modelares antigos, por um lado, afirmando-me também como digno desta nossa era, por outro? Sim, mestre, quem é direito por dentro é um *sequaz do Céu*. Enquanto tal, sei que tanto o Filho do Céu, como eu próprio somos igualmente criaturas da entidade celeste; pois que me aproveita com minhas palavras postular o favor ou desfavor de meu soberano? Alguém assim é tolerado por todos como tendo a inocência de uma criança, pelo que se o denomina um sequaz do Céu. Agora, quem se dobra por fora, é um *sequaz do Homem*. Nessa condição, observa a etiqueta cerimonial devida aos superiores sociais, prostrando-se diante deles, após espalmar uma mão sobre o outro punho cerrado, numa saudação reverencial à sua grandeza. Já que todos os de minha posição também o fazem, por que haveria de ousar recusar-me a fazê-lo?!? Desde quando há memória de nossas tradições, age-se dessa maneira; que censura merece o homem prudente, já que ele é quem se chama de sequaz do Homem? Por fim, aquele que se mostra capaz de igualar-se aos grandes homens do passado, atualizando para os nossos dias o exemplo que nos legaram, eis alguém que merece o epíteto de *sequaz da Antiguidade*. Tudo o que sai de sua boca tem a perfeição de um ensinamento, embora a crítica ao comportamento impróprio do governante esteja presente, também. É uma prática que existe desde a Antiguidade, não é uma inovação minha. Logo, ainda que seja direito, não há erro que me possa ser imputado, senão o de haver me tornado um sequaz da Antiguidade". Surpreendido e satisfeito com seu sermão, entregou-se à apreciação do Velho Mestre: "Estaria bem, assim?".

仲尼曰：「惡！惡可！大多政，法而不諜，雖固亦無罪。雖然，止是耳矣，夫胡可以及化！猶師心者也。」

"Não", disse Confúcio, "de jeito nenhum." "Tencionas corrigir teu soberano de demasiadas carências, desejas agir de uma forma que foge aos fatos. Porém, não há erro em te declarares sequaz do Céu, sequaz do Homem, sequaz da Antiguidade, por mais simplório que sejas ao expor essas verdades. Mas isso não convém ao caso. O que importa é que nunca serás capaz de persuadir teu soberano! Ages como alguém que *adestra seu coração*."

顏回曰：「吾無以進矣，敢問其方。」

Contrito, Yan Hui deu-se por vencido: "Mestre, nada mais tenho a acrescentar. Rogo que me ensineis como convencer o soberano de Wei".

仲尼曰：「齋，吾將語若！有〔心〕而為之，其易邪？易之者，皞天不宜。」

Confúcio cerrou seus olhos, em preparação para anuir ao pedido de seu aluno. A voz trovoou firme: "Do *Jejum*, Hui, falar-te-ei doravante. Quem traça seus desígnios no coração antes de colocá-lo em ação, quão fácil será atingir seus propósitos, pergunto-te? Se julgas fácil, Hui, desdiz-te o Céu que fulgura acima de ti".

顏回曰：「回之家貧，唯不飲酒不茹葷者數月矣。如此，則可以為齋乎？」

Confundido, o inexperiente aprendiz tentou fazer sentido das palavras de seu guia: "Meu clã é pobre. É comum que passemos meses sem gozarmos da doçura do álcool, nem fruirmos do sabor do tempero. Eis o que contais por jejum?".

曰：「是祭祀之齋，非心齋也。」

"Não. Falas do jejum devido aos sacrifícios em favor das deidades e dos espíritos, não do *Jejum do Coração.*"

回曰：「敢問心齋。」

Prostrando-se sobre o seu tórax, a súplica veio junto com o prolongamento dos braços, ora estendidos em direção a Confúcio: "Ensinai-me sobre o *Jejum do Coração*".

仲尼曰：「若一志，無聽之以耳而聽之以心，無聽之以心而聽之以氣！聽止於耳，心止於符。氣也者，虛而待物者也。唯道集虛。虛者，心齋也。」

Aos olhos de Hui, Confúcio parecia toldar-se de chamas: "Teu coração deve abrigar uma única inteligência. Num primeiro passo, para de ouvires com teus ouvidos, começa a escutares com teu coração. Depois, faze cessar também o teu coração, e que tua Energia Vital seja tua única mediadora com o mundo! O ouvir do homem limita-se ao que lhe chega pelos ouvidos; até o coração está limitado ao que integra dos olhos, dos ouvidos, do nariz, da língua, da pele. Já a Energia Vital é vazia e inerte, dependendo das coisas para reagir. Cabe ao Dao recolher do vazio as impressões com que o preenche a realidade. *Esse vazio, Hui, é o Jejum do Coração*".

顏回曰：「回之未始得使，實自回也；得使之也，未始有回也；可謂虛乎？」

Tocado por uma iluminação súbita, o jovem perguntou ao ancião: "Antes de ter ouvido o vosso ensinamento sobre o *Jejum do Coração*, ainda acreditava ser eu mesmo. Porém, uma vez que ouvi as vossas palavras, percebo que *eu nunca cheguei a existir*. É esse o vazio a que o mestre se refere?".

夫子曰：「盡矣。吾語若！若能入遊其樊而無感其名，入則鳴，不入則止。無門無毒，一宅而寓於不得已，則幾矣。

O cenho de Confúcio contraiu-se num leve sorriso: "Isso é tudo. Digo--te, então! Se fores capaz de, sob o *Jejum do Coração*, viajar para as terras de Wei, permanecendo distante do núcleo do poder, escondendo teu talento e ideais dos maldizeres, será diferente o desenlace que há pouco previra para ti. Se fores instado a contribuíres tua opinião, reage espontaneamente, como se fosses o sino a ecoar o badalo. Do contrário, controla a tua boca, aceita restares despercebido como o melhor resultado. Em situações nas quais tu não tem meios de transmitir tuas convicções e mesmo de te protegeres, confina-te em ti próprio para enfrentares o inevitável. Eis uma forma de agir que se aproxima do Dao".

絕跡易，無行地難。為人使易以偽，為天使難以偽。聞以有翼飛者矣，未聞以無翼飛者也；聞以有知知者矣，未聞以無知知者也。瞻彼闋者，虛室生白，吉祥止止。夫且不止，是之謂坐馳。夫徇耳目內通而外於心知，鬼神將來舍，而況人乎！是萬物之化也，禹舜之所紐也，伏戲几蘧之所行終，而況散焉者乎！」

Pressentindo que seu discípulo necessitava de mais ajuda, o velho perorou: "Atenta para uma metáfora: *apagares as tuas pegadas, ocultando-te do mundo*, é fácil; difícil é *não deixares pegadas no chão ao andares pelo ar* – lançando-te na vida política, esperançoso de restares intocado pelo que tem de mal. Caso sigas o comando de teus superiores, é fácil te habituares aos artifícios de quem vive na corte; se, ao contrário, te deixas guiar pelo Céu, é difícil que tua natureza seja maculada por eles. Atenta para outra metáfora: ouvi dizer que voa aquele que tem asas, nunca que sem asas alguém consegue voar; ouvi dizer que quem tem sabedoria é capaz de conhecer as coisas como elas são, nunca que quem não a tem é capaz de entender o mundo... Olha para aquele aposento vago: é por estar vago que a luz do dia invade-o! O mesmo se passa com o coração. Mantendo-o vazio, fazendo cessar sua inteligência, tudo o que há de auspicioso e de abençoado converge para ele. Do contrário, mesmo que por fora o corpo esteja sentado imóvel, em meditação, por dentro, o coração dispara sem rumo. Portanto, se um praticante for capaz de *voltar seus olhos e ouvidos para o próprio íntimo, liberando-os do controle exercido pela inteligência do coração*, até mesmo os espíritos e deidades virão visitá-lo, quanto mais os homens se converterão a si! Eis a chave para contemplar a Transformação das Dez Mil Coisas, o método seguido pelos grandes reis Yu e Shun, a técnica utilizada pelos monarcas ancestrais Fu Xi e Ji Qu – quanto maior deve ser a reverência dos homens comuns, dispersos e perdidos pelo mundo?".

Comentário: "Não queiras ser alguém na vida!"

Em termos de concepção, estrutura e desenvolvimento, esta é mais uma pequena obra-prima de Zhuangzi, que descreve fielmente os riscos de quem deixa a tranquilidade de sua vida íntima para buscar um papel de consequência no mundo. Em sentido oposto, ele convida o seu leitor a conciliar vida contemplativa e prática, colocando em primeiro lugar a vivência da Espontaneidade, exortando a que a prática meditativa do Dao preencha espaços antes dedicados a planos e realizações individuais.

Estilisticamente, é importante destacar o papel de Confúcio nas histórias em que figura. O fato de o patriarca da doutrina adversária do daoismo ser destacado nesta passagem – e nas que se seguem – não deve causar perplexidade. Como em outras ocasiões, Zhuangzi ficcionaliza personagens reais, motivado por seu senso de humor e fina ironia. O autor comprova a sua mestria literária ao reproduzir convincentemente a dicção e o raciocínio típicos de Confúcio, ao mesmo tempo que manipula as suas ideias, para sustentarem pontos de vista solidamente daoistas. O realismo é sustentado no tipo de relação que o Velho Mestre mantém com Yan Hui (Yan Yuan), o seu aluno favorito. Visto de longe, este é um diálogo confuciano.

No que tange ao conteúdo, porém, as coisas são diferentes. A passagem usa da autoridade de Confúcio para derrotar a tese do "engajamento" (入世, *Rushi*), a filosofia de vida confuciana. Para essa escola, é necessário "salvar o mundo", o que significa moralizar e humanizar a governança, por meio do treinamento e seleção de homens bons e capazes. Segundo a lógica confuciana, o povo é um reflexo dos próprios governantes, bastando orientar os superiores sociais em direção da busca do bem para que a arraia-miúda se regenere como resultado. *O poder não é uma finalidade em si, mas uma responsabilidade decorrente do estudo* – verdades profundas que remetem às primeiras tradições civilizatórias da Antiguidade mais remota. É por tal motivo que, no pensamento chinês, somos sempre confrontados com citações e feitos exemplares de figuras folclóricas.

O papel desempenhado por Yan Hui é o do bom aluno confuciano, que segue ao pé da letra os ensinamentos que lhe foram transmitidos. Enquanto melhor aluno de Confúcio, ele faz o que é esperado dele, buscar uma oportunidade de pôr em prática a doutrina de governança pela moralidade a que fora condicionado. Surpreendentemente, o "Confúcio" da anedota não apenas o dissuade de seu plano, também o recomenda à vida quietista de um eremita daoista.

O país de Wei (衛), onde Yan deseja se radicar, é, ironicamente, o lugar para onde Confúcio se mudou após sua carreira terminar prematuramente em Lu, sua terra natal. O Velho Mestre buscou emprego ali, tendo encontrado obstáculos semelhantes aos debatidos na passagem. De fato, são obstáculos que, *mutatis mutandis*, encontram-se na vida política de qualquer época. Por exemplo, independentemente do sistema ou forma de governo, a política é uma constante luta de facções que, como forma de conquistar autoridade, normalmente tentam monopolizar a moralidade, negando-a aos outros. Porém, dada a tensão entre fins e meios, as forças políticas muitas vezes postergam a aplicação do que é bom e justo sob pressão da necessidade imediata de pragmatismo. Se a ética sobrevive ao jogo de interesses, ou é como elogio dedicado mutuamente aos que continuam no poder, ou é como arma da oposição. De qualquer maneira, *para a política, a ética permanece um ideal postergado sine die*.

Confúcio ainda hoje é cultuado como o homem "que sabe das impossibilidades, mas ainda persiste". Isso é nobre, digno de louvor e raro, como sabem aqueles que conheceram, em primeira mão, a vida político-burocrática. Zhuangzi, que certamente era um desses casos, tempera o otimismo confuciano com uma visão mais próxima do senso comum. Através de Confúcio, ele cita pelo menos quatro tipos de políticos. Do lado dos líderes, os vultos da história não são *self-made men*, mas produtos do Dao; todavia, sem desmerecer as imensas contribuições deles, é necessário reconhecer a sua condição humana, a sua falibilidade e os sacrifícios que tiveram que fazer para chegarem aonde chegaram. Em segundo lugar vêm os governantes comuns, pessoas que herdaram a sua posição ou a obtiveram sem méritos, gozando da autoridade sem darem nada em troca. A segunda categoria envolve os políticos e burocratas de meia estatura, que formam o séquito dos poderosos. Terceiro, há os arautos da moralidade, os defensores do bem comum, os reformistas bem-intencionados que, muitas vezes, estão motivados pelo desejo de poder, fama ou pelo simples orgulho de serem "melhores" do que seus pares. Esses são os que caem primeiro. Por último, a situação mais usual dessa classe é a dos "operadores políticos", que persistem na vida pública como um fim em si, perdendo em primeiro lugar toda a inocência que talvez tenham tido. De modo a preservarem a sua posição, aprendem a se tornar fiéis partidários, a bajular os seus superiores ou, no mais das vezes, a aceitar as coisas como são, ficando calados a troco de uma parte dos espólios.

Depois de ter acordado Yan Hui de seus devaneios, "Confúcio" passa para o ensinamento do que deve ser feito: a prática do *Jejum do Coração* (心齋, *Xinzhai*). Na religião chinesa arcaica, era comum realizar jejum antes da prática dos sacrifícios, especialmente aquele para os antepassados. Sua finalidade era purificação. Os confucianos transformaram esse jejum numa arte, observando os seus méritos intelectuais e psicológicos. O daoista também o pratica, com uma finalidade mais terapêutica. Ao evitar alimentos "ofensivos" (como carne e certos condimentos, tais como alho, cebolinha, alho-porro etc.), pretende-se evitar consumir alimentos que interfiram com o metabolismo da Energia Vital (*Qi*) dentro do corpo, estorvando o transe. Dito isso, Zhuangzi emprega o termo "jejum" de forma menos concreta: é um *jejum de pensamentos e sensações* – a supressão meditativa de desejos, mais notadamente da ambição de *querer ser alguém para outrem*.

O Jejum do Coração é análogo a uma técnica budista: *contemplar a ação dos "venenos"* (sânscrito *kleśa*; 毒, *du*, em chinês) *sobre a consciência*. Esses "venenos" são a fonte do sofrimento humano, *corrompendo a "natureza búdica"*. Embora haja várias listas dos "venenos", no budismo chinês enfatizam-se três: a ignorância (da verdade budista, 癡, *chi*), a fúria (que nubla a pureza tranquila da mente, 嗔, *chen*) e a cobiça (desejos de toda ordem, inclusive os mais básicos, de bebida/alimento, sono e reprodução, 貪, *tan*). Tanto no caso do daoismo, como no do budismo, o religioso senta-se e permite que esses sofrimentos profundos se manifestem. Com o passar do tempo, esses sentimentos perdem a força, à medida que a meditação conduz a um estado de indiferenciação, de desfazimento da individualidade. No caso do daoismo, é a intuição do Dao, do eterno fluxo de EnergiaVital (*Qi*) no mundo que desfaz todo apego ao eu, que passa a ser desprezado como limitado e precário.

Uma vez o daoista tenha dominado o Jejum do Coração, "Confúcio" recomenda que, *sem nunca desejar "fazer uma contribuição para o mundo"* (o que seria uma sombra da ambição que persiste), *o daoista viva como um eremita.* Nessa hipótese, tampouco deveria evitar o eventual interesse dos poderosos de virem consultar a opinião desse homem iluminado. Todavia, chegando a esse estágio, não se trata mais da busca de uma carreira política, mas do *compartilhamento desinteressado de um tipo de sabedoria.*

2.
Preparado para o que quer que seja

葉公子高將使於齊，問於仲尼曰：「王使諸梁也甚重，齊之待使者，蓋將甚敬而不急。匹夫猶未可動，而況諸侯乎！吾甚慄之。

Aflito, Zigao, o duque de She, preparava-se para liderar uma embaixada ao país de Qi. Com muitas coisas a pesarem em sua mente, veio visitar Confúcio em busca de conselho, a despeito da escuridão da noite. Após os respeitos e reverências de praxe, quem sabe um pouco mais açodados do que estipulam os ritos, Zigao anunciou sua angústia: "Meu rei está a pressionar-me devido a uma embaixada, é um assunto de ingente premência. Qi, imagino, receber-me-á com fartas mostras de respeito e honra, mas retardará a prestação que desejamos. Nestes termos, nem mesmo um homem do povo pode se recusar à ação, quanto menos eu, que tenho estatuto de Zhuhou!". Com um gesto, em silêncio, Confúcio convidou-o a que entrasse.

子常語諸梁也曰：『凡事若小若大，寡不道以懽成。事若不成，則必有人道之患；事若成，則必有陰陽之患。若成若不成而後無患者，唯有德者能之。』吾食也執粗而不臧，爨無欲清之人。今吾朝受命而夕飲冰，我其內熱與！吾未至乎事之情，而既有陰陽之患矣；事若不成，必有人道之患。是兩也，為人臣者不足以任之，子其有以語我來！」

Tão logo o velho erudito se ajoelhou em seu salão solenemente, descomedidamente o duque confidenciou: "Meu velho amigo, confesso-te que grande é meu temor. Lembro-me de cada palavra de um ensinamento teu, que dizia: 'não importa se as coisas são sérias ou pequenas, raramente deixam de conduzir a catástrofes. Se não alcanças o que almejas, são as relações humanas a causarem um desastre, pois os superiores não permitirão que escapes ileso do fracasso; se conseguires aquilo que desejas, será a influência do Yin-Yang sobre teu corpo a causar um desastre, pois toda a tensão, as frustrações, o arrebatamento do sucesso cobram um preço de tua saúde e de tua vitalidade. Vês, portanto, que, prevalecendo ou sob malogro, somente o homem de verdadeira Virtude é capaz de fugir ao desastre'. Essas foram as tuas palavras. Eu, de minha parte, já estou a pagar a pena do Yin-Yang. Tu sabes, minha bebida, minha comida são simples, sem requinte; a comida quente que consumo, dia a dia, é tão pouca que não requer bebidas refrescantes para restaurar o equilíbrio. Todavia, recebi minhas ordens, esta manhã; pelo crepúsculo, sem mudar a minha dieta, precisei tomar água gelada. Como podes explicar que meu corpo continue a arder por dentro?! Embora ainda não tenha sequer partido e começado a tratar da questão em si, já sinto a ameaça do Yin-Yang a pesar sobre minha vitalidade e minha saúde. Se ao final, a embaixada não chegar a um bom porto, eis-me, ai de mim, também sob a ameaça das relações humanas, a espada afiada de corte fino a pairar sobre meu pescoço. Entre essas duas ameaças, reconheço em meu íntimo que não tenho o que se demanda de um bom ministro". Visivelmente alquebrado pela angústia que pesava sobre seus ombros, Zigao lança um apelo: "Se sabes de algo que pode me ajudar, dize-mo!".

仲尼曰：「天下有大戒二：其一，命也；其一，義也。子之愛親，命也，不可解於心；臣之事君，義也，無適而非君也，無所逃於天地之間。是之謂大戒。是以夫事其親者，不擇地而安之，孝之至也；夫事其君者，不擇事而安之，忠之盛也；自事其心者，哀樂不易施乎前，知其不可柰何而安之若命，德之至也。為人臣子者，固有所不得已。行事之情而忘其身，何暇至於悅生而惡死！夫子其行可矣！

Até então, Confúcio havia apenas observado o duque em silêncio – o olhar ameno sob as sobrancelhas espessas, a expressão mansa de quem já havia ido além dos labores da vida política, o ar distante e liberado de quem havia destilado a suprema sapiência e realizado em si a verdadeira virtude. Com um leve expirar, iniciou seu discurso: "Em Tudo sob o Céu, há duas coisas a se advertir: uma delas é o que nos destina na vida, o mandato do Céu; a outra é o que nos une aos nossos superiores, o senso de dever. Tu amas os teus pais, pois é o que nos manda o Céu a todos, são laços que não se desfazem. Tu também ora estás a serviço de um soberano, na condição de ministro dele, um compromisso selado pelo senso de dever. Aonde quer que vás, sempre haverá um soberano a exercer domínio; onde quer que estejas entre o Céu e a Terra, não há como escapares a essa subordinação. Logo, chamo ao mandato do Céu e ao senso de dever de as duas grandes advertências. Devido a uma delas, quando alguém serve aos pais, não pode dispor deles como apraz a si próprio, mas precisa acatar a vontade dos dois, em que percebemos a mais perfeita expressão da piedade filial. Devido à outra, ao servir ao soberano, não se pode agir como deseja, mas deve submeter-se ao arbítrio dele, donde se verifica a mais plena manifestação da lealdade. Em suma, para o homem que cultiva o seu coração, suas obrigações não são levianamente exoneradas por suas emoções, sejam positivas, como a alegria, sejam negativas, como a tristeza. Esse homem sabe da iminência de algo inexorável, mas, *indiferentemente, consegue encontrar a sua paz*, enfrentando--o como se tivesse sido determinado pelo Céu. Eis, meu amigo, o ápice da virtude. Tua própria condição de ministro impõe-te essas fatalidades. Logo, faze o que tens que fazer, *esquece-te de ti próprio*, mesmo dos riscos que recaem sobre teu pescoço – como consegues encontrar tempo para achares consolo em tua vida e temeres a morte!?!". Num tom categórico, acentuou: "Meu senhor, parte em tua embaixada!". Agora, o duque de She cerra seus dentes com força; seus olhos faíscam na penumbra em que se ajoelha. Agora, o duque de She está pronto para a lição que Confúcio tem para lhe ensinar.

丘請復以所聞：凡交近則必相靡以信，遠則必忠之以言，言必或傳之。夫傳兩喜兩怒之言，天下之難者也。夫兩喜必多溢美之言，兩怒必多溢惡之言。凡溢之類妄，妄則其信之也莫，莫則傳言者殃。故法言曰：『傳其常情，無傳其溢言，則幾乎全。』

"Permite a mim", reatou Confúcio, "relatar-te algo que ouvi, já faz muitos anos: 'ao nos relacionarmos com quem está próximo de nós, é preciso conviver de forma a se inspirar confiabilidade; com quem está distante de nós, é preciso transmitir lealdade mediante as nossas palavras. Diferentemente da convivência direta, em que são as próprias atitudes a falarem por si, as palavras têm de ser transmitidas através de terceiros. Consequentemente, um dos trabalhos mais difíceis em Tudo sob o Céu é o dos núncios, quando estes passam as palavras, amistosas ou hostis, de uma parte para a outra. Quando são palavras de amizade, é comum que se carregue na sua beleza; quando de inimizade, que se carregue na sua malevolência. Ambos os tipos de exagero são desfigurações da verdade; como desfigurações, desnaturam a confiabilidade das palavras; desnaturadas que restam, a transmissão perde o seu sentido de existir e as palavras morrem. Por tal razão, há uma máxima que doutrina: 'núncio, repassa o que há de perene nas palavras, não as deixes ir além de seus limites – assim garantes tua própria sobrevivência... ou quase'."

且以巧鬥力者，始乎陽，常卒乎陰，（大）〔泰〕至則多奇巧；以禮飲酒者，始乎治，常卒乎亂，（大）〔泰〕至則多奇樂。凡事亦然。始乎諒，常卒乎鄙；其作始也簡，其將畢也必巨。

Experimentado nas marés humanas, o mestre entendia que muito está além dos parcos meios de um núncio, pois estes não passam de meros instrumentos da vontade e das paixões de seus soberanos. Dando sequência a seu argumento, acrescentou: "Além disso, quando os poderosos medem suas forças com astúcia, sua rivalidade no início manifesta o princípio Yang, da abertura, franqueza, imparcialidade; porém, com o passar do tempo, degringola-se no princípio Yin, do secretismo, da trapaça, da tendenciosidade. À medida que vencem as paixões, a astúcia traveste-se em ardil. Quando os soberanos confraternizam-se, bebendo na etiqueta estipulada pelos ritos, tudo começa de uma forma ordeira, com respeito à ordem de precedência; porém, sói que esses convívios desandem, rebaixando-se até se tornarem meras pândegas. À medida que prevalece a fanfarronice dos beberrões, o júbilo adultera-se em esbórnia. Tudo segue esse padrão. Tudo começa de uma forma franca, e, com o tempo, degrada-se até a devassidão. Se escrutinarmos o devir das coisas, *as causas da decadência e morte já estão presentes desde o início*; mas, com o passar do tempo, crescem e agigantam-se, até não haver mais remédio".

（夫）言者，風波也；行者，實喪也。〔夫〕風波易以動，實喪易以危。故忿設無由，巧言偏辭。獸死不擇音，氣息茀然，於是並生心厲。

剋核大至，則必有不肖之心應之，而不知其然也。苟為不知其然也，孰知其所終！

Depois de haver considerado o papel dos núncios e as incertezas advindas de estes agirem como terceiras partes entre dois soberanos, Confúcio une as duas extremidades do argumento: "As palavras transmitidas pelos núncios exercem uma influência sobre o alvedrio de seus destinatários, que se compara à do vento que levanta as vagas; as ações que os soberanos tomam, baseadas nessas palavras, podem corresponder à realidade ou perdê-la de vista. Disso percebemos que, malgrado sejam as palavras a criarem o motivo para as ações, estas tornam-se o móvel das situações de crise. Um observador sensato concluirá que não existe outra razão para a fúria dos governantes que não seja a facúndia postiça ou a oratória desviada dos núncios. Logo, à maneira de uma besta selvagem confrontada com seus últimos momentos, a potestade ofendida lança um urro, intimando seu adversário ao combate final, arfando e fervendo, com um desejo de morte a bater em seu coração. Forçados pelas circunstâncias, não é mais viável que prepondere a lucidez, já que a má intenção de um é espelhada no coração do outro, sem que qualquer dos dois se dê conta disso. Sem saberem como as coisas chegaram ao ponto em que estão, evidentemente não sabem a que ponto chegarão!".

故法言曰：『無遷令，無勸成，過度益也。』遷令勸成殆事，美成在久，惡成不及改，可不慎與！且夫乘物以遊心，託不得已以養中，至矣。何作為報也！莫若為致命。此其難者。」

Tendo esclarecido até que ponto os núncios são capazes de influenciar a sua própria sorte, o sábio concluiu o discurso com suas últimas exortações: "Há uma máxima que doutrina: 'Núncio, ao partir, não te desvies das ordens que recebeste; ao retornar, não interfiras no juízo do teu superior; demasiada será a menor intervenção tua'. Em suma, qualquer complemento teu, durante a embaixada ou no relato após teu retorno, é bastante para pôr-te em perigo. *Os sucessos mais belos são os que se tornam um hábito, perlongado no tempo; os fracassos mais tristes são os que resistem a qualquer remendo* – tu, núncio, podes relaxar a sua vigilância, um instante que seja?! É preciso habitarmos os assuntos que nos cabem com toda a nossa atenção, ao mesmo tempo que abrimos as portas, mesmo para o que não desejamos. Eis uma forma de cultivarmos e fortalecermos o nosso íntimo, tornando-nos grandes homens por dentro. Qual o sentido de especulares sobre a retribuição de tuas obrigações? Com essas coisas que te disse em tua mente, nada melhor do que cumprires a tua embaixada, transmitindo as tuas informações. O que há de difícil nisso?".

Comentário: "O pragmatismo do homem bom"

Zhuangzi mais uma vez comprova o seu talento de manipular personagens e fatos históricos para transmitir suas ideias a respeito do Dao. Neste diálogo imaginário, Confúcio partilha sua experiência e sabedoria com o "duque" She do país de Chu, personagem com quem estabelecera amizade na vida real, tendo quase ingressado na sua facção política. Naturalmente, o ensino final é daoista: na vida, há muitas dificuldades que não são causadas por nós e que estão além de nossas capacidades. Esses desafios servem de lembrete, não só da nossa falibilidade e fungibilidade, mas também da futilidade final de nossos cálculos e expectativas.

Esta passagem trata do mesmo problema da anterior: como um homem do Dao deve se envolver na vida político-burocrática sem sacrificar a sua autonomia e segurança pessoal. Contudo, enquanto no Jejum do Coração Confúcio pôde recomendar a Yan Hui que se abstivesse de buscar um cargo formal na burocracia, aqui o mesmo não é possível, já que o duque era um membro da alta nobreza (Zhuhou), *tendo um papel político pelo simples fato de ser parente do soberano*. Nesta história, ele deve servir como emissário de Chu ao país de Qi – duas potências militares à época – para executar uma embaixada, cujo conteúdo não está explícito. Possivelmente trata-se de algum tratado de "paz e amizade", algo comum no período dos Reinos Combatentes que, curiosamente, servia de prenúncio para novas hostilidades. Portanto, Confúcio somente pode ajudar She a se preparar para o fracasso inevitável.

Enquanto emissário, o duque estava na pior das posições, *a de tentar garantir um acordo impossível*. Se fracassasse e Qi recusasse a proposta, o duque seria responsabilizado; se tivesse "sucesso" e a aceitasse, Chu não tinha certeza de poder se fiar no acordo, pressagiando também punição para o embaixador. Esta última hipótese não é mencionada, pois, conforme a etiqueta política, o duque She não poderia confessar o seu mais profundo medo, o de sofrer punição injusta de seu soberano, independentemente do resultado de seus esforços.

Assim, "Confúcio" passa a dominar a cena, primeiro dando uma aula magistral sobre a ética confuciana. Ao explorar os conceitos de "senso de dever", "lealdade ao soberano", "confiabilidade", entre outros, Zhuangzi comprova que era muito bem escolado nas lições daquela escola. O problema de fundo, o Velho Mestre revela, é a *volubilidade dos poderosos*, cujas paixões transformam todos os seus comandados em meros instrumentos. É da natureza humana que as partes mais fracas sejam covardemente sacrificadas, não raro sem possibilidade de se defenderem. Sua única esperança é a de serem restauradas futuramente, com o pouco de consolo que isso oferece. Portanto, como simples núncio, o duque deve fazer o melhor para cumprir as suas ordens, evitando comprometer-se com qualquer resultado.

O ensinamento daoista pode ser descaracterizado como autopreservação acima de tudo, como dizem os confucianos. Porém é preciso sair em defesa dele, destacando que tem por base uma avaliação pragmática dos fatos. Enquanto os confucianos acreditam no poder da "virtude" de converter os homens ao bem, *o daoismo prefere enxergar a "virtude" como algo providencial, resultado dos ciclos e contraciclos da história humana*. Para os confucianos, o poder é uma responsabilidade a ser cumprida; *para os daoistas, o poder é um instrumento que deve ser analisado friamente, que pode ser usado para o bem ou para o mal, conforme o que existe no íntimo de quem o possui*. Num mundo imperfeito, o confuciano nada contra a maré, muitas vezes correndo o risco de jogar o jogo dos maus; o daoismo, por sua vez, recomenda que se busque a própria autonomia, a felicidade possível, aceitando o inevitável e prevenindo o que puder sê-lo.

3.
"Fazendo amizade com um tigre"

顏闔將傅衛靈公大子，而問於蘧伯玉曰：「有人於此，其德天殺。與之為無方，則危吾國；與之為有方，則危吾身。其知適足以知人之過，而不知其所以過。若然者，吾柰之何？」

Yan He, um homem de valor do país de Lu, preparava-se para aceitar um convite do duque Ling, que governava o feudo vizinho de Wei. Já fazia um certo tempo, o duque estava à procura de alguém para instruir seu filho e herdeiro, Kuaikui, pelos caminhos da virtude e erudição. Satisfeito com a oportunidade, mas atento para os riscos, Yan buscou aprender mais sobre o seu potencial discípulo com um velho conhecido, Qu Boyu, que estava a serviço em Wei. Tal como Yan, Qu também pertencia à classe social dos Dafu, o que significava que ambos podiam conversar mais abertamente, liberados do rígido cerimonial que disciplina o convívio entre pessoas de diferentes estatutos, pondo e mantendo cada qual em seu lugar. De palavras desornadas e com toda a franqueza que caracterizam um homem de trato fácil, Qu respondeu-lhe prontamente: "Sim, sim, sim, há esta pessoa por aqui... porém, o Céu dadivou-lhe uma compleição terrível... os homens sem lei dão-se bem com ele, mas colocam a sobrevivência do Estado sob risco; os homens de bem dão fôlego para a nossa terra, mas põem o seu próprio pescoço em perigo". Com calculada ironia, comentou obliquamente sobre as repetidas e muito rigorosas punições que pronunciava Kuaikui: "A sabedoria do rapaz... basta para identificar os erros dos outros; não chega, todavia...

para entender por que eles agem dessa forma". Intimidado pela situação pouco aliciadora que lhe acenava, Yan não se conteve: "Ih... sendo as coisas como me reportas, que faço para me livrar dessa embrulhada?".

蘧伯玉曰：「善哉問乎！戒之，慎之，正女身也哉！形莫若就，心莫若和。雖然，之二者有患。就不欲入，和不欲出。形就而入，且為顛為滅，為崩為蹶。心和而出，且為聲為名，為妖為孽。

Mal contendo uma gargalhada que lhe irrompia das entranhas, Qu Boyu abaixou o cenho para mascarar seu estremecimento. Recuperando a postura, respondeu: "Muito boa pergunta, a tua! Vigilância! Prudência! Decência! Fisicamente, tu não tens melhor escolha do que ires; emocionalmente, tu não podes fazer melhor do que te conformares. Mesmo assim, os riscos à tua frente são os mesmos, não mudam. Vás, sim; não te integres. Conforma-te, sim; não te excluas. Do contrário, integrando-te, tua sorte será a mesma de teu grupo: qualquer cambaleio leva à ruína; todo deslize provoca uma derrocada. Se te conformares, mantendo-te alheio aos vícios da corte, basta que ganhes fama e reputação, para que estas se desfaçam em labéu e destruição".

彼且為嬰兒，亦與之為嬰兒；彼且為無町畦，亦與之為無町畦；彼且為無崖，亦與之為無崖。達之，入於無疵。

Ressabiado, Yan He aparentava não compreender a opinião de seu amigo, que até aqui soava mais do que um pouco abstrusa. Qu prosseguiu, de modo ainda mais desconcertante: "Se Kuaikui agir como as crianças a brincarem lá fora, reféns de seus impulsos, age também como uma; se for indisciplinado como os campos de arroz que vemos além desta janela, de calhas tortas e irregulares, imita-o como se também fosse; se for desmesurado como as montanhas que cintam estas redondezas, sem limites para suas apetências, sem saciedade para os seus desejos, bem, sê igual. Se tu fores capazes disso, não antecipo qualquer mazela de que Kuaikui se possa aproveitar".

汝不知夫螳蜋乎？怒其臂以當車轍，不知其不勝任也，是其才之美者也。戒之，慎之！積伐而美者以犯之，幾矣。

As palavras de seu amigo empurravam Yan de um despenhadeiro de desmaranho. Como poderia esse homem, tão distinto, repentinamente conspirar contra a Virtude que outrora os aproximara? Qu, contudo, não demonstrava qualquer desconforto ao orientar o amigo através labirinto da vida política: "Yan, tu nunca prestaste atenção àquela história sobre o louva-deus, não? Nunca ouviste como ele, seguro por ter os braços mais fortes do que os outros insetos, morreu, coitado, tentando aparar a roda de uma carruagem, seguro de que seus braços bastariam para a tarefa... e obviamente não bastaram, ainda que seu feito seja digno de elogio, pela beleza de seu caráter... Vigilância! Prudência! Imagina a ti próprio, acumulando experiência, juntando méritos, e ganhando o elogio e a atenção dos outros, até ofenderes o teu senhor; isso é meio caminho andado para a tua morte".

汝不知夫養虎者乎？不敢以生物與之，為其殺之之怒也；不敢以全物與之，為其決之之怒也；時其飢飽，達其怒心。虎之與人異類而媚養己者，順也；故其殺者，逆也。

Sem aguardar uma reação de seu interlocutor, Qu expôs mais uma comparação: "Tu certamente tampouco conheces aquela anedota do criador de tigres, ou conheces? Não? Ele não ousa dar animais vivos para o tigre comer, já que isso atiça o seu instinto assassino. Não ousa alimentá-lo com merendas inteiras, já que isso o acostuma a estraçalhar suas presas. Pelo contrário, o tratador sabe quando sua cria tem fome, sabe quando ela está farta, antecipando-se às suas emoções destrutivas. Em suma, o criador, o tigre, são criaturas diferentes, mas isso não impede que nutram afeição, um pelo outro. É preciso que se aprenda a obedecer e a seguir a natureza um do outro. Se morre o homem, no fim, é porque ele se rebelou contra a natureza do animal".

夫愛馬者，以筐盛矢，以蜄盛溺。適有蚉虻僕緣，而拊之不時，則缺銜毀首碎胸。意有所至而愛有所亡，可不慎邪！」

Yan agora sabia que a questão não é subverter a moral legada pelos exemplares do passado, mas como *sobreviver*, ou não, num mundo em que a Virtude não impera no tempo de nossas necessidades. Para concluir seu ensinamento, Qu enunciou uma última metáfora: "Ainda há outro conto, daquele nobre que amava seus cavalos em demasia, mantendo-os livres, sem trava, em seu grande estábulo. Tinha uma paixão tão desmesurada por eles, que guardava suas fezes nos mesmos cestos de bambu que utilizamos em nossas cerimônias sacrificais; até a urina dos cavalos ele preservava nas garrafas laqueadas, que de outra forma só podiam se encher do puro álcool a ser provado pelos espíritos. Quando mutucas vinham fazer festa, enxameando os traseiros de seus queridos, o homem acudia-lhes, espalmando as pestes, freneticamente. Não imaginara como sua devoção seria repaga: desconhecendo o amor de seu amo, os animais se assustam, estouram estábulo afora, a torto e a direito, deixando para trás um cadáver conculcado. Embora tivesse as boas intenções de cuidar da saúde de seus queridos, o infeliz morreu, desperdiçando todo o amor que tinha para dar. No mundo da política, como não ser prudente?!?".

Comentário: "Adaptando-se a circunstâncias difíceis"

Zhuangzi continua a sua exploração do mundo de Confúcio, assimilando em sua ficção uma série de personagens reais, o que serve para ancorar o debate em referências históricas. Dessa forma, o duque Ling do país de Wei foi um dos poderosos a quem Confúcio tentou se agregar. Qu Boyu, o protagonista desta história, foi imortalizado nos *Analectos* como alguém que certa vez tentou se aproximar de Confúcio, enviando-lhe um representante. Embora não se saiba nada do pano de fundo dessa história, Qu conquistou elogios de Confúcio por sua franqueza e pela humildade de admitir suas faltas. Nesta passagem, Zhuangzi reutiliza essa personagem para falar da "*Desambição*" daoista.

Além do talento literário de reconstruir um ambiente e um tipo particular de discurso, esta breve narrativa também faz prova de outra qualidade do autor: o realismo, entendido como a violação de regras no que tange àqueles aspectos da realidade que não devem se tornar objeto de representação artística. Na literatura chinesa antiga, eram raros os autores que se permitiam falar sobre as coisas "como são", isto é, daqueles problemas inerentes à realidade sociopolítica que não podiam ser resolvidos sem ameaçar as instituições. Neste texto, Zhuangzi admite que a transmissão hereditária de poder é cheia de perplexidades, já que os futuros donos do mundo são mimados num ambiente de luxo, prenunciando um mau futuro para a ordem que presidem. Nada obstante, uma das vias mais usuais empregadas pelos mestres de sabedoria, justamente, era *a de se tornarem preceptores desses jovens governantes*. Com isso, eram normalmente premiados com toda sorte de vantagens, podendo, em casos mais célebres, serem honrados com títulos tais como *Mestre do Estado* (國師, *Guoshi*). Confrontados com as imperfeições de uma ordem que os beneficiava sobremaneira, obviamente exigia-se deles uma larga medida de flexibilidade.

Zhuangzi trata dessa situação com extrema franqueza. Kuaikui, a criança/jovem a ser tutorada, é autoritário porque a realidade permite que seja. *Quem poderia tomar conta dele, disciplinando-o e preparando-o para assumir o trono, não o fez*. Que poderia, então, fazer um simples preceptor, alguém vindo de fora da família? A situação de Yan He é ainda pior, dada a classe de que provém. Lembramos que a história anterior tratava da impotência do duque She, um membro da alta nobreza (Zhuhou); os personagens envolvidos nesta, todavia, pertencem à *baixa nobreza (Dafu)*, sendo ainda mais limitados os seus meios. Consequentemente, Qu ajuda o seu amigo a pensar bem sobre a questão. Uma recusa por parte de Yan seria terrível, pois feriria a dignidade do soberano de Wei – que, aliás, era um país com pretensões territoriais sobre a terra natal de Yan e Qu. Ao aceitar, entretanto, seria preciso uma certa dose de preparo emocional.

Passando ao largo do idealismo confuciano, Qu fala de problemas reais: *ninguém gosta de ser corrigido, porque fere o orgulho próprio*. No caso de Kuaikui, há um agravante: quando alguém se entrega ao vício, ou a práticas explicitamente censuráveis, há uma sensibilidade maior às atitudes de quem está por perto. *Até mesmo a abstenção silenciosa pode ser mal interpretada, como uma declaração tácita de superioridade*. Como solução prática, Qu recomenda que Yan esteja sempre junto a um grupo, diluindo a sua visibilidade, sem contudo assumir a agenda dessas pessoas. Se forçado a tanto, que participe das pândegas do soberano, quando necessário, buscando esquivar-se desses eventos, quando possível. O homem de ambição, que busca os holofotes, termina atraindo um tipo nocivo de atenção: *seja a inveja do grupo, seja o medo do superior*. É por tal motivo que a política chinesa, mais do que qualquer outra, é uma arte de bastidores, um jogo de conspirações e contraconspirações.

O que pode fazer o homem de princípios? Ao mesmo tempo que parece se deixar levar pela correnteza, ele busca os espaços em que pode exercer uma função (comparativamente) positiva. As alegorias do criador de tigres e de cavalos são esclarecedoras, alertando para a atitude que uma pessoa deve ter para com as pessoas que podem prejudicá-lo, especialmente seus superiores: em vez de devoção (ou bajulação), como na alegoria do criador de cavalos, *é melhor preservar a própria posição, através da administração sábia dos interesses e benefícios mútuos que o colocaram nessa posição.* Como veremos na próxima passagem, isso não significa que o daoista maquiavelicamente transforma pessoas em meios, apenas que está pronto para aceitar cada um como verdadeiramente é, sem impor seus valores e convicções aos outros sob forma de expectativas.

4.
O espírito do carvalho

匠石之齊，至於曲轅，見櫟社樹。其大蔽數千牛，絜之百圍，其高臨山十仞而後有枝，其可以為舟者旁十數。觀者如市，匠伯不顧，遂行不輟。

Certa vez, o renomado artesão Shi Bo partiu de sua casa em Lu em direção a Qi para cuidar de seus negócios, seguido de seus assistentes. Quando estava a se aproximar do lugar conhecido como a trilha do caracol, avistou um carvalho descomunal, que havia sido consagrado pelos locais, honrado regularmente como o Altar da Terra, protetor daquilo que dá vida às Dez Mil Coisas. Estacou, estonteado. Parou-se ali a pensar, contabilizando quanta madeira havia para ser cobiçada. Eis os pensamentos que flutuavam no mar de sua mente: "naquela sombra, podem descansar um, dois, três... uns quatro mil bois!"; "se passasse minha corda de medir, aquele tronco devia dar umas duzentas braças!"; "é tão alta como as montanhas, mas lança seus galhos do tronco após apenas uns dez cúbitos!"; "dá para construir barcos a contar às dúzias!". Subitamente, voltando a si, Shi meneou sua cabeça e deu de ombros algumas vezes. E viu que havia muita, muita gente a admirar a planta. Parecia um dia de mercado. Sem mais, retomou o seu caminho, sem olhar para trás, e nunca parou, sempre rumo ao seu destino.

弟子厭觀之，走及匠石，曰：「自吾執斧斤以隨夫子，未嘗見材如此其美也。先生不肯視，行不輟，何邪？」

Um dos mais jovens aprendizes de Shi Bo havia ficado para trás, a contemplar aquela árvore, profundamente encantado. Ao acordar de sua fantasia, viu que sua companhia já havia partido, ele sendo o derradeiro remanescente. Desesperado, correu e correu, até alcançar o mestre, que não percebera sua falta. Aproximando-se dele, o moço descreveu o que sentira ao ver aquela árvore ingente: "Desde a primeira vez em que tomei este machado nas mãos e deixei a casa de meus pais para seguir a vós, mestre, nunca tinha visto madeira mais bela e boa. Vós, por outro lado, não pareceis haverdes julgado-a digna de maior consideração. Partistes sem vos certificardes de que estávamos todos convosco, tamanha a vossa indiferença. Poderíeis esclarecer-me a razão?".

曰：「已矣，勿言之矣！散木也，以為舟則沈，以為棺槨則速腐，以為器則速毀，以為門戶則液樠，以為柱則蠹。是不材之木也，無所可用，故能若是之壽。」

Desagradado pela estupidez de seu aluno, o artesão repeliu-o com um gesto rude: "Bobagem! Chega das suas nugas!! Aquela árvore é inútil, madeira para se jogar fora. Se construirmos dela um barco, irá a pique em dois tempos; se fizermos dela um caixão, apodrecerá antes do morto; se moldarmos dela um utensílio, rachará antes de a vendermos; se fizermos dela uma porta, a seiva arruinará o acabamento; se polirmos dela uma pilastra, os cupins carcomerão sua macicez. Sabes o que é, a tua 'mais bela e boa'? Madeira sem matéria. Imprestável! Por isso permanecerá intactamente magnífica até o fim de seus anos". E continuaram a sua viagem, sem tocar mais no assunto.

匠石歸，櫟社見夢曰：「女將惡乎比予哉？若將比予於文木邪？夫柤梨橘柚，果蓏之屬，實熟則剝，剝則辱；大枝折，小枝泄。此以其能苦其生者也，故不終其天年而中道夭，自掊擊於世俗者也。物莫不若是。

Cumprido o compromisso, o grupo retornou a Lu avançado na noite. Sob o peso de seus anos, o artesão Shi despencou, exausto, sobre sua esteira. Surpreendeu-se, pouco após perder seus sentidos, em meio ao mais bizarro sonho. O carvalho gigante, melhor, o espírito elemental da árvore, veio procurá-lo em sua casa. Como se reconhecesse as memórias e pensamentos dele, acusou-o, com autoridade: "Tu, velho, por que me compara às outras árvores? Como ousas me desmerecer em relação às úteis? Não sabes que os pilriteiros ou as pereiras, as tangerineiras ou as toronjeiras, qualquer planta que dê frutos ou bagas, ou cabaças ou melões, nenhuma delas escapa à violência, quando chega a época? Violentadas, sofrem humilhações: seus galhos são torcidos; seus ramos, fraturados. Isso é o que se chama de vida dura, repleta de dores e de angústias. Essa é a razão de não conseguirem viver os anos dadivados pelo Céu, de morrem prematuramente: os braços e os punhos do vulgo, das pessoas comuns, a nos desmembrarem e estraçalharem. *E achas que isso acontece só a nós, às árvores*, velho?". Shi Bo não sabia o que dizer.

且予求無所可用久矣，幾死，乃今得之，為予大用。使予也而有用，且得有此大也邪？且也若與予也皆物也，柰何哉其相物也？而幾死之散人，又惡知散木！」

O espírito era bondoso e decidiu compartir sua sabedoria: "Não há um ser no mundo que não sofra a mesma sorte. A inutilidade que reconheceste em mim foi algo que *busquei* com meus próprios meios, ao longo de muitos anos. Periguei, outrora, quase morrendo sob os machados de artesãos estúpidos. Mas, como vês, mantive-me vivo até este momento. Essa é a minha *grande utilidade*: subsistir. Se porventura tu me pudesses dar algum uso, achas que seria tão grande quanto este?". Já de bom humor, o carvalho brincou com Shi Bo: "Convenhamos, tu e eu, somos ambos seres a existir entre o Céu e a Terra; *se somos iguais, por que então nos tratarmos como se fôssemos coisas*? Tu és um homem inútil, às portas da morte! Como saberias, mesmo, se sou ou não uma árvore inútil!". E gargalhou, enquanto desaparecia. O velho continuava atônito.

匠石覺而診其夢。弟子曰：「趣取無用，則為社何邪？」

Ele despertou pela manhã. A primeira coisa que veio a sua cabeça foi discutir o significado do sonho com sua companhia. Em certa altura, um dos discípulos protestou: "Um exibido, esse espírito. Mestre, não nos dissestes que era uma madeira imprestável? Como é possível que tenha sido consagrada como Altar da Terra, afinal?". O artesão corou-se de cólera.

曰：「密！若無言！彼亦直寄焉，以為不知己者詬厲也。不為社者，且幾有翦乎！且也彼其所保與眾異，而以義（譽）〔喻〕之，不亦遠乎！」

"Silêncio!!!", bradou a salivar. "Não sabes o que estás a dizer!" Mais compenetrado, explicou aos que o ouviam com toda a atenção: "Esse espírito, que me apareceu em sonho, habitou intencionalmente a árvore, desejando assim ouvir, daquelas pessoas que não o conhecem, as mesmas palavras de vilipêndio e de menosprezo que tu, que eu, proferíramos." Shi Bo aprendeu a lição: "Mas mesmo que o espírito não a tivesse habitado, mesmo que não fosse consagrada como Altar da Terra, achas que algum machado teria chegado perto do carvalho? Claro que não. Tanto o espírito, como a árvore, ambos *protegem a sua própria existência* mostrando-se inúteis aos olhos dos outros, algo incompreensível para quase todos nós. Se usarmos do senso comum para julgá-los, não vês que erraremos de longe?!".

Comentário: "Não somos coisas"

Esta e as duas próximas passagens tratam de um mesmo tema: *árvores que, perfeitas à distância, possuem um sério defeito de perto que as torna "inúteis"*. No pano de fundo dessas narrativas, há um trocadilho entre "*madeira*" (材, *cai*) e "*talento*" (才, *cai*), de modo que, na mente chinesa, a discussão é imediatamente deslocada para o sentido da existência humana. Essas árvores servem de alegoria para um tipo específico de pessoa, que Zhuangzi pretende resgatar como inspiração para os praticantes daoistas.

Primeiro, falemos do lado positivo de 才 (*cai*), a posição do senso comum. Na China antiga, essa palavra, que traduzimos prioritariamente por "talento", também tinha uma série de conotações importantes, tais como a "potência" ínsita a um ser, que se manifesta ativamente em suas realizações. Céu, Homem e Terra, a tríade fundamental da cosmologia chinesa, era chamada de Três Potências (三才, *Sancai*). Há assim *uma correlação entre o que se é por dentro e o que se faz por fora, que dá margem a um tipo de raciocínio determinista*. Logo, um indivíduo "talentoso" era a matéria-prima para os governantes, sendo o neófito mais desejado para um chefe de escola.

Aproveitamos, também, para explicarmos o significado cultural do enredo, que é o mesmo nesta série de três anedotas. Nela, sempre são os artesãos a encontrar uma árvore, o que reflete um tipo de prática social na China antiga. Há uma tradição assente, de que os bons governantes eram aqueles que sabiam se cercar de homens de "talento". Para tanto, os poderosos tinham que engolir o próprio orgulho, indo pessoalmente ao encontro desses indivíduos, oferecendo-lhes, com honrarias, posições de poder. Essa concepção é tão arraigada no folclore chinês que, até mesmo no próprio daoismo, diz-se que os grandes mestres escolhiam aos seus discípulos, e não o contrário.

Voltando ao enredo comum destas três passagens, percebemos que os artesãos se desapontam com as árvores, deixando-as para trás. No presente caso, o grande artesão, um homem famoso e respeitado, se considera capaz, estribado em sua experiência, de distinguir qual a boa da má madeira. Esse juízo é puramente utilitário, reificando a árvore, eliminando a sua especificidade, o seu papel no mundo. Na verdade, a diferença com um caçador de talentos, ou o gerente de uma empresa, ou o político que precisa de um assessor é muito pequena. O ser humano é reduzido às suas funções, o seu papel – a sua "utilidade".

Por meio de um recurso estilístico, Zhuangzi inverte a situação, transformando a árvore num ser mais sábio e mais longevo do que o velho marceneiro. Assim começa a *inversão do senso comum*, algo que o autor persegue constantemente em sua análise da realidade. O carvalho inútil é identificado como "Altar da Terra" (社, *She*), normalmente árvores longevas, cultuadas como protetoras elementais de uma vila. Porém, como a própria planta esclarece, *a honra foi "conquistada" por sua absoluta falta de méritos*. Ao longo de sua longa existência, ignorada e mesmo desprezada por aqueles que estão sempre em busca de algo notável, a árvore foi capaz de intuir uma profunda verdade: os seres vivem sob um constante impulso de distinguir a si próprios e os outros, passando ao largo da verdade de que, *quanto mais enfatizamos a nossa própria preciosidade, mais nos afastamos da realidade de que somos iguais em nossa falta de segurança*.

A experiência do carvalho pode ser transferida para o mundo da política, ou de qualquer outro ambiente extremamente competitivo. As pessoas espoliam-se, umas às outras, em busca de evidência. Poucas conquistam-na, de fato, servindo de chamariz para que mais delas entrem na arena. Contudo, vistas individualmente, as pessoas de sucesso são chamarizes efêmeros. O mais comum é que o sucesso dure pouco, dando motivo para uma prolongada decadência, com sempre mais insatisfação, sempre mais insegurança existencial. É preciso uma gigantesca coragem para sair desse ciclo, cuja motivação é revelada pela árvore com uma palavra-chave: mortalidade. Quando o velho se dá conta dessa questão, mesmo o estatuto sagrado do carvalho deixa de ter importância. Fundamentalmente, o velho acordou para *a inutilidade real de seus próprios meios, diante da transitoriedade de sua existência*. De forma magistral, Zhuangzi dá credibilidade à difícil tese de que *felizes são os homens transparentes aos olhos dos outros*, naturalmente sob o pressuposto de que conquistaram a sabedoria daoista e de que encontraram o seu espaço de conforto no mundo.

5.
O fedor que salva

南伯子綦遊乎商之丘，見大木焉有異，結駟千乘，隱將芘其所藾。

Quando passeava pelos outeiros das terras do velho Reino de Shang, Guo Ziqi, imortal conhecido como Marquês do Sul, deparou-se com uma árvore estranha, tão gigantesca como nunca imaginara houvesse. A primeira coisa que lhe impressionou, foi a fronde dela. Se mil carruagens de guerra estivessem de passagem, num dia quente como aquele, é certo que todas poderiam encontrar refrigério em sua sombra. Aproximou-se para poder observá-la melhor.

子綦曰：「此何木也哉？此必有異材夫！」仰而視其細枝，則拳曲而不可以為棟梁；俯而（見）〔視〕其大根，則軸解而不可以為棺槨；咶其葉，則口爛而為傷；嗅之，則使人狂酲，三日而不已。

Sem esconder a sua curiosidade por algo que havia conseguido alcançar tamanho tamanho, Ziqi perguntou-se que árvore era aquela, suspeitando que certamente tinha algo de especial, e aproximou-se para examiná-la de mais perto. Sob a sua copa, alçou os olhos, constatando que fininhos eram os ramos e galhos seus, e retorcidos, impróprios para uso como vigas e caibros. Baixando sua vista, aferiu que suas raízes, coleando sobre o solo, eram demasiado bojudas, fendendo-se da medula para fora, impossíveis de serem aproveitadas em caixões ou seus invólucros. Querendo provar possíveis propriedades medicinais, lambiscou levemente uma folha que, talhante, lacerou a sua língua. Pensando que pudesse ter valor aromático, cheirou um ramo que, de tão fedorento, fê-lo desfalecer: ficou tão fraco que, carregado por seus discípulos, só recuperou os sentidos vários dias depois.

子綦曰：「此果不材之木也，以至於此其大也。嗟乎神人，以此不材!

Rememorando-se do ocorrido, um acamado Ziqi reviu o colosso plasmado sobre seu teto, a quem se dirigiu: "Árvore, de tão sáfara que és, cresceste até tocar os céus". Com um soluço, orou: "Divindades, com que extremos de inutilidade iludis os homens".

Comentário: "Bem-aventurados os inúteis"

Este texto, também concernente a uma "árvore inútil" tem como protagonista Guo Ziqi, uma personagem recorrente na obra de Zhuangzi. É importante lembrar que Guo era um mestre daoista e, ultimamente, um imortal celebrizado por seu poder meditativo nas "Três Flautas" (ver Cap.II). No entanto, ele é retratado aqui como uma pessoa normal, falível e insipiente. Chama a atenção, mais uma vez, o tato literário do autor, que nunca sucumbe à tentação de escrever hagiografias. De fato, os textos ulteriores sobre os imortais, por exemplo, os dois grandes clássicos *Séries biográficas sobre os imortais* (列仙傳, *Liexianzhuan*), do intelectual-burocrata da dinastia Han Ocidental Liu Xiang (劉向, 77-6 a.C.), e as *Biografias dos imortais* (神仙傳), do notável mestre de alquimia exterior Ge Hong (葛洪, 283-343), ambas enfatizam o lado fantástico e miraculoso dos que realizaram o Dao em si próprios. Zhuangzi, todavia, *prefere mostrar o lado humano desses praticantes, descrevendo o duro processo que leva à iluminação*. Isso é bom, por criar um senso de familiaridade e simpatia para os que se decidem a praticar o Dao, evitando que a religião se enrijeça em atos de pura devoção.

Lembrando do trocadilho entre "madeira" e "talento" no chinês arcaico, Guo Ziqi é colocado na situação de quem sai à procura de homens de qualidade, sob a preconcepção de que indivíduos, assim como coisas, são instrumentos apropriados para certas tarefas. Vemos o afinco com que tria a árvore para uma aplicação, desde o seu aspecto exterior até as suas propriedades mais íntimas. Isso nos lembra de um conceito cultural importante na China antiga, o do "*Conhecimento dos Homens*" (知人, *Zhiren*) – considerada a mais importante qualidade para a liderança política. Enquanto no Ocidente estamos habituados a ver os grandes vultos da história como "homens completos", eloquentes ao se expressarem, competentes na administração, valorosos ao guerrearem – alguém como Júlio César ou Napoleão, a impressão que resta dos grandes homens da Antiguidade chinesa é a de que não são *larger than life*. O exemplo mais célebre talvez seja o de Liu Bang (劉邦, ?-195 a.C.), fundador da dinastia Han. Liu Bang comete erros estratégicos, trapaceia os seus aliados a torto e a direito, foge descaradamente de conflitos e não faz um grande discurso sequer. Porém, enfatizar esses detalhes é aplicar a visão classicista ocidental. Para a historiografia chinesa, Liu Bang foi um grande "Conhecedor de Homens", capaz de formar coalizões e de selecionar homens de talento para agirem em prol dos fins pessoais do próprio Liu, habilidade descrita positivamente em chinês com o termo sugestivo de "*destinar as pessoas a um bom uso*" (用人, *yongren*).

Voltando à passagem, Zhuangzi ironiza essas concepções tradicionais. Como de praxe, ele não as desmerece em si, apenas demonstra que são despropositadas no plano de quem busca o Dao. Como Guo Ziqi aprendeu a duras penas, *não adianta demandar do Dao uma aplicação prática, uma utilidade social, um lucro quantificável*. As suas sucessivas tentativas de fazê-lo conduzem-no a um desfecho tragicômico: depois de desmaiar com o fedor da planta, fica à beira da morte. Essa experiência acorda-o para o fato de que a árvore, longeva, havia sobrevivido a diversas pessoas como ele, que se aproximaram dela apenas com a finalidade de obter alguma vantagem.

6.

Os deuses são imperfeitos, em sua perfeição

宋有荊氏者，宜楸柏桑。其拱把而上者，求狙猴之杙者斬之；三圍四圍，求高名之麗者斬之；七圍八圍，貴人富商之家求樿傍者斬之。故未終其天年，而中道之夭於斧斤，此材之患也。

Ouvi uma história de que, no país de Song, há um lugar onde vive o clã Jing. Lá há madeiras boas, como catalpas, tuias e amoreiras a pulularem virentemente, não havendo quem não lhes deite os olhos compridos, cada qual com sua cupidez. As plantas menores, com caules de um palmo ou dois, são cortadas pelos caçadores de macacos, com que pulem seus porretes. As de três, quatro braças, são visadas pelos marceneiros, com que fazem as vigas que pendem alto nos salões dos homens de posses. As de sete ou oito, são cobiçadas por homens de linhagem e ricos mercadores, com que fazem seus caixões e os invólucros desses caixões. É por tal razão que essas plantas não conseguem esgotar os anos que lhes foram concedidos pelo Céu, tombando no meio do caminho da vida, sob as dentadas dos machados que as perseguem. Eis *a pestilência dos dons*.

故解（以）之〔以〕牛之白顙者與豚之亢鼻者，與人有痔病者不可以適河。此皆巫祝以知之矣，所以為不祥也。此乃神人之所以為大祥也。

Ao refletir sobre essa história, vem-me à mente uma tradição cerimonial, que muito bem explica essa *perversão do talento*: quando os sacerdotes escolhem as vítimas para os seus sacrifícios, desprezam os bois cuja fronte branca macula seus corpos perfeitamente castanhos, rejeitam os porcos cujos narizes crescem nas testas como chifres e enjeitam os homens que sofrem de hemorroidas... nenhum destes pode ser conduzido ao rio das almas para sua última viagem. Essa tradição mostra que os próprios sacerdotes entendem a verdade de que seres imprestáveis conseguem sobreviver mais um dia, pois são *ominosos*. Mesmo assim, penso que as divindades são ainda mais sábias, pois fazem das coisas menos inconspícuas as epifanias da auspiciosidade maior.

Comentário: "O grande *breakthrough*"

Zhuangzi conduz a questão da "inutilidade *versus* talento" a um clímax, refletindo sobre a misteriosa providência do Dao e a inutilidade final de qualquer esforço humano orientado a que se assuma um papel de relevo na sociedade.

A conclusão evidente neste grupo de três histórias sobre árvores longevas é a mesma: "ser inútil é bom, na medida em que garante muitos anos de vida". Como já assinaláramos na apresentação do Cap.III, a "longevidade" ocupa um lugar de destaque na escala de valores chineses. Assim, é bastante natural que uma vida longa pese bem contra outras qualidades e vantagens. Na superfície desse argumento, o daoista parece estar querendo dizer simplesmente que "devemos ser inúteis aos olhos dos outros". Porém, embora isso não esteja errado, não nos deve escapar o fato de há uma dose de ironia envolvida, que pretende alertar o praticante para *a existência de uma realidade maior em tudo*. Não é o caso de que o daoista deve tornar-se inútil apenas para obter o prêmio de uma vida mais longa, reduzindo a "inutilidade", paradoxalmente, a apenas mais um "talento".

Para comprovar essa interpretação, vale a pena perceber que, neste texto, Zhuangzi está mais preocupado em destacar as desvantagens do "talento" do que em louvar mecanicamente a carência de qualidades. "Talento" é um conceito muito amplo, que pode e deve ser matizado. Árvores boas caem sob o machado, havendo uma miríade de aplicações, o que nos prova que, afinal de contas, *qualquer madeira é boa para algo*. Se o "talento" infla os egos, desencadeando uma competição destrutiva e um mau ambiente de convivência, no final, sai-se sempre perdendo: a árvore que foi transformada num objeto de valor incalculável tem um desenlace tão melancólico quanto a que virou um conjunto de porretes para matar macacos…

É preciso enfatizar que *o "talento" o é sempre para uma outra pessoa*. Não importa se esse juízo vem de uma pessoa gananciosa ou altruísta, se é um homem interessado em poder ou em iluminação espiritual, *todo uso que nos é dado de fora termina por nos limitar a essa realidade estreita, humana, dos papéis que são atribuídos* a quem quer que esteja vivo, apenas para serem redistribuídos uma vez seu velho "dono" tenha deixado este mundo. Enquanto os papéis rotulados como privativos de homens "talentosos" são cobiçados e benquistos, a "inutilidade" confronta o indivíduo com a sua falta de valor aos olhos de outrem. O primeiro, o "talentoso", continua a viver na sua ilusão, crente de que conseguirá galgar posições melhores, até a plena realização de seu potencial. Porém, para a pessoa "inútil" que possui visão e força espiritual suficientes, esse rótulo a confronta com a situação fundamental de heteronomia em que todos vivemos, a incapacidade geral de definir o próprio espaço de conforto e de definir os rumos da própria existência.

No final, Zhuangzi eleva o debate às alturas da teologia, contrastando a religião tradicional da dos que buscam a imortalidade. De um lado, há o sistema das cerimônias rituais, especialmente dos sacrifícios, que condicionam a "utilidade" das oferendas à sua perfeição formal. De outro, há o sistema dos imortais daoistas, que, saindo do mundo, ou seja, sacrificando a sua "utilidade", puderam atingir um estágio de plenitude impossível para a humanidade em geral. O que é auspicioso? O que é ominoso? Sentimos que a resposta óbvia é, respectivamente, "inutilidade" e "talento". Contudo, isso só se verifica quando nos colocamos no plano de existência e de valores adequado. Enquanto estivermos em sociedade, será a lógica do "talento" a nos constranger em direção à nossa morte existencial. *Enquanto conseguirmos nos manter "inúteis" aos olhos do mundo, teremos uma chance de engatinharmos até o prêmio final – a felicidade espiritual.*

7.
Beato Troncho

支離疏者，頤隱於臍，肩高於頂，會撮指天，五管在上，兩髀為脇。

O imortal que respondia pela alcunha de Troncho tinha um aspecto monstruoso. Seu nome era Shu, significando Largo, em bom vernáculo, mas as más-línguas distorciam-no como Estirado, já que seus membros, compridos e delgados, assemelhavam-no, havia quem o dissesse, a um aracnídeo ou a um caranguejo. Troncho era corcunda, com uma corcundice tão grave que seu rosto se projetava adiante na altura do umbigo e seus ombros pendiam acima do cocoruto. Sua virilha, onde normalmente estão os pontos de acupuntura para o qual fluem as energias vitais dos rins, estava na altura de suas axilas; seu tórax restava quase paralelo ao chão, expondo as costas ao sereno e, obviamente, também os meridianos que conduzem aos cinco órgãos – o que era conveniente para qualquer médico que o tratasse.

挫鍼治繲，足以餬口；鼓筴播精，足以食十人。

Troncho fingia ganhar a vida costurando e fazendo remendos, lavando e batendo roupa, o que, de fato, bastava para encher a sua barriga. Porém, secretamente, ainda se arriscava tirando a sorte para os outros, seja agitando varetas de galhos de milfólio, ou, em momentosos momentos, entrando em transe para prever o futuro, fortúnio ou infortúnio – diga-se de passagem, aqui estava a verdadeira *fortuna* do Troncho, que bastava para manter dez pessoas bem alimentadas e satisfeitas com a vida.

上徵武士，則支離攘臂而遊於其間；上有大役，則支離以有常疾不受功；

Quando ocorria ao governante, sempre a lutar contra seus vizinhos, a costumada ideia de contratar guerreiros profissionais e recrutar soldados campesinos – estes, marcados para morte certa –, Troncho era o único que não se escondia aos olhos dos oficiais de justiça; intimoratamente dando de ombros, feriava-se no campo onde se agrupavam os involuntários das armas alheias. Quando vinha à cabeça do soberano reclamar corveias de seus súditos, já que constantemente precisava de novos canais de irrigação, muralhas de defesa, estradas para suas carruagens, ou o eventual palácio adicional, Troncho punha uma cara de coitado, não sem satisfação íntima, apontando para os seus aleijões, reclamando de suas moléstias crônicas... e recusando a imposição que vinha de cima.

上與病者粟，則受三鍾與十束薪。夫支離其形者，猶足以養其身，終其天年，又況支離其德者乎！」

Nada obstante, quando o rei, em sua ritualmente periódica bonacheirice, distribuía grãos para os doentes, inválidos e desamparados, lá se vai Troncho no cordão de miseráveis, ritmicamente prostrando-se e erguendo-se a dar bênçãos, até que volta para casa com grãos equivalentes ao volume de três sinos, sobre o lombo, e com dez feixes grandes de lenha, sob os braços. Nada mal para alguém com as suas deformidades... não só bastam para solucionar sua subsistência e para garantir-lhe viver todos os anos que lhe dadivou o Céu, mas, ainda melhor, para propiciar-lhe a prática de sua virtude!

Comentário: "Tuas fraquezas te fortificam"

Esta anedota coloca os ensinamentos de Zhuangzi num novo ambiente. Ostensivamente uma história bem-humorada sobre uma personagem fictícia, suas entrelinhas ensinam muito sobre a realidade social vivenciada por Zhuangzi. Nas passagens anteriores, já havia falado da alta e da baixa aristocracias, do mundo dos artesãos abastados, até mesmo dos círculos daoistas de melhor condição social. Agora, o autor *enfoca a realidade do povo* e, mais concretamente, a realidade de um daoista (talvez um imortal) que busca abrigo do mundo no lugar menos conveniente de todos – a base da sociedade.

Como já mencionamos, a China antiga de forma geral adotava um sistema identificado por Max Weber como "patrimonialismo burocrático". Isso quer dizer que a sociedade era gerida "*burocraticamente*", ou seja, através de um corpo de funcionários, os quais serviam a um governante com o estatuto subalterno de seus servos pessoais. Adicionalmente, tanto a terra como o que existia sobre ela, inclusive as pessoas, eram juridicamente propriedade do governante – "*patrimônio*" pessoal dele. Assim, a massa de trabalhadores, especialmente os camponeses, não tinha qualquer garantia contra um soberano explorador, cujos intermediários, os burocratas, implementavam vicarialmente esse poder "patrimonial" do governante sobre todos os recursos do país.

Na época de Zhuangzi, havia agravantes a esse quadro geral, pois a China estava dividida em feudos semiautônomos, numa atmosfera de acirrada competição militar e de profunda instabilidade institucional. Por conseguinte, para financiar a construção de infraestruturas, a organização e suprimento de exércitos etc., o governante recorria ao aumento de impostos e à cobrança de corveias extremas. A reação natural do povo era, havendo condições, fugir para outros países com seus clãs em busca de condições de vida comparativamente melhores. Quem não encontrava essas saídas, resignava-se a uma vida de maior incerteza.

Nesse contexto difícil, Zhuangzi quer explorar a sua tese de que ser útil aos olhos dos outros tem seus riscos. Nas passagens anteriores, já havia provado que o homem competitivo termina, paradoxalmente, sacrificando sua autonomia, mesmo ao galgar posições elevadas. Desta feita, entretanto, coloca-nos num ambiente em que *não há qualquer autonomia, nem qualquer glória a ser buscada*, para início de conversa. O que fazer, quando não somos donos de nosso tempo, quando não possuímos patrimônio suficiente para adquirirmos nossa liberdade, quando não temos sequer as qualificações que nos salvem de uma vida mecânica e bestializante? Zhuangzi propõe uma solução, metaforicamente, através da personagem do corcunda chamado de Troncho.

Troncho é caricaturalmente deformado, a ponto de não existir no mundo real. Isso tem uma motivação literária, a de inserir humor na história, mas também possui um valor simbólico: *ele é uma pessoa única, por motivos socialmente errados*. Nada obstante, é capaz de usar em seu proveito o fato de ser um pária. Justamente por estar fora dos padrões, Troncho consegue sair ganhando em todos os sentidos: é capaz de se manter por meio de seu trabalho e não só escapa aos impostos, mas ainda se beneficia das obras de caridade governamentais.

Troncho representa um tipo de praticante daoista. Perceba-se que, na história, apesar de ser homem comum do povo, ele ainda *conhece técnicas secretas*, como a adivinhação do futuro por meio do Yijing (易經) e a incorporação mediúnica de espíritos. *Diferentemente do confucionismo, o daoismo tem uma conexão íntima com a cultura popular*. Depois de sistematizarem e rotinizarem práticas e conhecimentos folclóricos, seus especialistas deram-lhe uma roupagem uniforme, transformando-os em aspectos da religião daoista. Com efeito, o daoismo é um fenômeno muito mais amplo do que o monasticismo, que representa a face mais visível dessa religião hoje. Além dela, há uma quantidade desconhecida de "mestres laicos" dispersa pelas comunidades de cultura chinesa em todo o mundo. Se colocado no mundo de Zhuangzi, o monasticismo daoista é uma contradição em termos, pois não havia uma orientação exclusiva de como o praticante deveria viver. *O Dao é uma realidade absoluta que não se reduz a uma receita*. Cada grupo, mestre e discípulos, explorava essa liberdade ao máximo, escondendo-se das grandes instituições, fugindo de qualquer tutela.

8.
A sensatez do lunático

孔子適楚，楚狂接輿遊其門曰：「鳳兮鳳兮，何如德之衰也！來世不可待，往世不可追也。天下有道，聖人成焉；天下無道，聖人生焉。」

Já fazia muitos anos que Confúcio havia deixado para trás sua terra natal, para trás suas posses, para trás *o seu estatuto*, em busca de um rei que o visse como ele é e, ouvindo-o, que lhe desse a oportunidade, há tantas décadas desejada, de fazer o seu Dao prevalecer em Tudo sob o Céu. Acompanhado por seus alunos, ia de país a país, um cortejo de carruagens, sem nunca encontrar uma parada certa. Certa vez, chegara à fronteira do país de Chu, quando Rabeira, conhecido localmente como louco, apareceu às portas da estalagem onde se abrigava o Velho Mestre. Com toda a lucidez daqueles que viram o mundo como ele é, o insano, hirsuto e imundo, cantarolou: "Ó tu que és como a fênix! Como a virtude do mundo se depravou! Não é possível esperar por uma nova era, a antiga era não mais voltará. Quando o Dao impera em Tudo sob o Céu, os homens sábios encontram seu emprego no Estado; quando o Dao se apaga do mundo, os homens sábios provam-se em meio às dificuldades".

「方今之時，僅免刑焉。福輕乎羽，莫之知載；禍重乎地，莫之知避。」

Confúcio encheu-se de si, esperando palavras de reconhecimento e, quiçá, algum bom conselho para as audiências que buscaria com as potestades. Aproximou-se reverencialmente, os passos curtos, o tronco rígido, o sorriso duro. Rabeira viu-o fisgar a isca e fez finta de se evadir. O erudito acelerou seus movimentos o máximo que podia, sem contanto alargar os passos, para não violar os ritos. O louco então falou: "Porém, nesta sociedade em que vivemos, o melhor que se pode fazer é escapar às punições injustas e viver mais um dia para transmitir a nossa cultura. O favor do Céu é mais leve do que uma pena, quem sabe dela fazer suas asas? O infortúnio divino é mais pesado do que a terra que nos sustenta, quem é capaz de dele escapar?". Confúcio ficou sem ação, pois aquelas palavras eram muito diferentes das que esperava.

「已乎已乎，臨人以德！殆乎殆乎，畫地而趨！迷陽迷陽，無傷吾行！郤曲郤曲，無傷吾足！」

Indiferente, Rabeira continuou: "Basta, homem, basta de te colocares acima dos outros com tuas virtudes, impondo-te como mestre do certo e do errado! Perigo é o que correrás, perigo, ao tentares ditar de que forma cada qual deve se comportar, como se riscasses sobre o chão o espaço que cabe a cada um! *Quem finge loucura nunca cai em desgraça, o que se faz de tolo!* O que anda torto por vias direitas não fere os próprios pés, quem deixa pegadas pensa na via reta!". E fugiu correndo, mais rápido do que um relâmpago.

Comentário: "Radical, em sua moderação"

Após haver descrito neste capítulo personalidades aristocráticas que assumiram, voluntariamente ou involuntariamente, o engajamento, Zhuangzi descreve qual o tipo ideal de existência que um daoista deve perseguir, primeiro com Troncho e, agora, com Rabeira. Para reforçar o efeito retórico deste trecho, Confúcio reaparece, não mais como professor de sabedoria prática, *mas como aluno da Sabedoria última*. Seu mestre não é um erudito de ainda maior renome, ou uma grande potestade, mas Rabeira, o mendigo louco do país de Chu, uma personagem desprezível aos olhos do mundo, em tudo comparável a Troncho.

Usando a mesma técnica habitual, Zhuangzi recria uma passagem famosa dos *Analectos*, em que Confúcio se encontra com Rabeira, em chinês Jieyu

(接輿). Tudo indica que o Velho Mestre vinha a Chu comparecer a uma audiência com o governante de terras na fronteira norte daquele país. Esse governante era o duque She (葉公, She Gong), que apareceu ficcionalizado no segundo texto deste capítulo. Porém, logo após ter chegado, Confúcio esbarra por acaso com Rabeira. Embora seja citado apenas uma vez nos *Analectos*, Rabeira é uma personagem importante na obra do mestre Zhuang, aparecendo em várias passagens e sendo destacado logo no primeiro capítulo da obra como um sábio do Dao e, até mesmo, um imortal.

Zhuangzi modifica o enredo e o conteúdo da passagem original. Enquanto nos *Analectos* Confúcio está sentado em sua carruagem quando avista Rabeira no caminho, esta história coloca Confúcio num ambiente interno, com Rabeira "passando pelas portas". Nos *Analectos*, Confúcio se interessa pelo que Rabeira diz, mas o louco foge antes que o Velho Mestre tenha podido aprender mais sobre a sabedoria daquela personagem elusiva. Apesar de manter o tom da fala de Rabeira, Zhuangzi quadruplica a sua extensão, explorando com mais profundidade a visão daoista da política e o ideal de retirada do mundo. Nos *Analectos*, tudo indica que Confúcio preserva as suas concepções intocadas, enquanto a impressão deixada por este texto é a de que, mesmo que não se tenha convertido ao daoismo, pelo menos o grande erudito sai diminuído desse encontro.

Aproveitamos esta oportunidade para explicar como as recriações literárias de Zhuangzi são mais do que paródias cômicas, pois exploram com plausibilidade certas zonas cinzentas da história e do pensamento. Nos *Analectos*, Confúcio mostra profundo respeito por personagens descritas como 逸民 (*yimin*), o "povo perdido" e um certo respeito pelos "eremitas" (隱者). O "povo perdido" reúne grandes personalidades que haviam abandonado o convívio social, até mesmo morrendo de privação, pelo fato de recusarem a realidade política de sua época. Alguns desses membros seriam eventualmente absorvidos ao folclore daoista Os "eremitas" também são descritos nos *Analectos* como pessoas que preferiram tentar sobreviver pelos próprios meios, isolando-se da sociedade. Pelos exemplos disponíveis naquela obra, eram homens de cultura e certamente tinham tido meios em sua vida pregressa. Confúcio condói-se de que alguns desses indivíduos não tenham legado mais do que seus nomes (e reputação) à posteridade.

Os daoistas apoiavam-se nesses fatos para argumentar que o fundador do confucionismo não reprovava a visão e valores daoistas, chegando a admirar algumas personalidades.

Baseado numa interpretação plausível da atitude de Confúcio, Zhuangzi faz algo mais neste trecho. Sem desmerecer aquele grande luminar, ele argumenta que *o sofrimento e frustração de Confúcio (reconhecidos nos Analectos) provinham do fato de que o próprio não tinha sido capaz de deixar o mundo para trás.* Toda a sua erudição não se tinha traduzido no poder do daoista de se afirmar diante da sociedade, não se importando com o preço demandado de uma atitude tão radical.

Isto nos traz de volta a Rabeira. Para os confucianos, os homens bons, isto é, pessoas que se destacam por sua moralidade, comprovada por seu domínio da tradição literária, cedo ou tarde seriam reconhecidas, idealmente, por meio de uma posição de autoridade bem remunerada. A essa "utopia" confuciana, Rabeira responde com sarcasmo contundente e bom senso. Os homens que conquistam poder e riquezas no mais das vezes não são altruístas bem-intencionados. Com alguma frequência, são pessoas conscientes de que é necessário fortalecer continuamente a sua posição, apoderando-se do que não lhes pertence, usando outras pessoas como ferramentas, derrotando impiedosamente quem se opõe. Como contraponto, nas obras que refletem a cultura política da China antiga, há personagens que conseguem preservar a sua posição ao fingirem loucura. Entretanto, Rabeira tem uma realização maior, a de que há uma finalidade para o seu *instinto de autopreservação: observar as coisas como elas são, medindo as próprias forças e agindo, com seus meios limitados, para alcançar o Dao.*

9.
Proverbial inutilidade

山木自寇也，膏火自煎也。

A madeira nobre que cresce nas montanhas causa violência a si própria. A banha que dá luz aos homens consome a si mesma.

桂可食，故伐之；漆可用，故割之。

O cinamomo pode servir na cozinha, portanto é fatiado sob o machado. O sumagre é útil para adornar as coisas, logo é retalhado pela faca.

人皆知有用之用，而莫知無用之用（也）。

No mundo, não há quem não saiba da utilidade do que não é inútil, porém ninguém conhece a utilidade do que não é útil.

Comentário: "Decide o que é útil para ti próprio..."

Zhuangzi conclui este capítulo com um poema sobre a "utilidade do inútil", o que se transformou num provérbio: "*muito se aproveita quem se vale da própria falta de proveito*" (無用之用，是為大用, *wuyongzhiyong shiweidayong*). O raciocínio, sintetizando o que Zhuangzi expôs nas anedotas anteriores, é cristalino, dispensando maiores comentários.

Contudo, vale a pena registrar algo sobre a forma do texto. No original chinês, temos uma composição poética, cuja forma é dificilmente reproduzível em qualquer outro idioma. Dois elementos a definem como poesia: a estrutura paralela/simétrica dos versos (ritmo) e o uso de "rima" (melodia). Sobre a estrutura, notamos que as três parelhas de versos têm uma extensão crescente, respectivamente com dez (5 + 5), doze (6 + 6) e catorze (7 + 7) sílabas. De fato, há uma partícula declarativa (也, *ye*) na última posição, quebrando a simetria 7 + 7 e perturbando a "rima". Pessoalmente, acredito que é sintaticamente dispensável, donde tê-la colocado entre parênteses. A "rima" decorre de Zhuangzi haver utilizado as mesmas estruturas frasais, repetindo as terminações (也... 也 *ye... ye*; 之... 之 *zhi... zhi*; 用之用... 用之用 *yongzhiyong... yongzhiyong*).

Considerando as diferenças linguísticas e literárias entre português moderno e chinês antigo, mantive o paralelismo sintático e evitei criar rima pela repetição de palavras, tendo variado a terminação dos "versos" (a si própria/a si mesma; sob o machado/pela faca; não é inútil/não é útil).

Com esses dois elementos (versos crescentes/repetição das terminações), o autor reforça estilisticamente o desenvolvimento de seu raciocínio: quatro situações falam de qualidades positivas que terminam levando à própria destruição, servindo de prova para o aforismo final, segundo o qual o mais sábio não é quem sempre exibe o próprio valor para os outros, preferindo "*esconder o próprio brilho*", para que prevaleça no momento adequado.

Capítulo V
BELEZA
德充符第五

Apresentação: moralizando a beleza corporal

Todas as passagens deste capítulo têm um elemento em comum, o fato de se referirem a pessoas *feias*, sejam deformadas de nascença, sejam por terem sofrido punições corporais. Na China antiga, as penas tinham um caráter retributivo e degradante, de modo que, ao deixarem uma marca indelével, destacavam essas pessoas socialmente para que recebessem o opróbrio de todas as classes. Justamente, através das histórias a seguir, Zhuangzi pretende desafiar a atitude cultural padrão, pondo em questão o sentido profundo de "beleza".

Antes de passarmos aos textos, é relevante explicarmos como o conceito de "beleza" se situa na cultura chinesa clássica. Embora seja verdade que, dentre as altas civilizações, a beleza seja objeto de busca universal, sua definição está sujeita a condicionantes históricas e geográficas. Também é verdade que, mediante o intercâmbio material e intelectual entre civilizações, há influências mútuas, as quais, em certa medida, propiciam um tipo de "diálogo estético" inter ou transcultural. Para além de todas essas variantes, é possível reconhecer que, malgrado todas as diferenças de ênfase e abordagem, *o conceito de beleza é permeado pela figura humana em toda e qualquer cultura antiga*.

Nada obstante, ao comparamos as artes pictóricas ocidentais e chinesas no período clássico de ambas, é difícil identificarmos termos comuns entre ambas com relação à forma como concebem a "beleza" do corpo humano. Há uma razão histórica para tanto. Com a fundação do mundo helenístico, a concepção ocidental da beleza da figura humana transmitiu-se ao Oriente, tendo chegado até a Índia e a Ásia Central. O estatuário budista das dinastias Máuria e Gupta fazem prova desse nexo. A China permaneceu fora do âmbito desse intercâmbio. Quem já viu os soldados de terracota de Xi'an pode dizer que são uma exceção, tendo sido executados segundo uma estética claramente "ocidentalizante". Porém, tudo indica que não foram artistas etnicamente chineses que as conceberam, mas provavelmente indivíduos treinados na arte estatuária das "Regiões Ocidentais", justamente as cidades-oásis budistas da Ásia Central ou Gandhara, o Paquistão atual. É possível acompanhar a decadência dessas técnicas através do estatuário das grutas budistas espalhadas pelo Oeste chinês, ao longo do Período de Separação (sécs. III a VII). Por razões não imediatamente evidentes, a escultura nunca conseguiu se afirmar como "bela arte" na cultura dos Han (a "etnia" chinesa).

Em contraste, é fácil perceber que a visão que os gregos e romanos possuíam do vigor corporal masculino e da exuberância física feminina é muito peculiar, *talvez única* dentre as altas civilizações antigas. No Ocidente, o *tabu sobre a nudez pessoal* nunca possuiu a mesma força que na China e em outras civilizações. Embora haja sensualismo na cultura indiana, nunca se produziu o mesmo tipo de entendimento e valorização do corpo – a arte, especialmente a dança indiana (estilização das *mudras, rasas, bhavas...*), está aí como evidência.

Utilizemos três elementos para diferenciar a "beleza" ocidental da chinesa. Em primeiro lugar, os gregos e romanos julgavam a imagem humana como a única digna de representar os deuses. Não só isso, eles também elegeram o corpo humano (e a sociedade, quem sabe por via dele) como o mais elevado objeto de expressão artística. Em terceiro lugar, a beleza física era um ideal atingível mediante a prática de esportes "de performance", alimentado pelo que se convencionou chamar de "espírito agônico" dos gregos e romanos – o amor da competição em todos os ramos, competição mediada por critérios de justiça e proporcionalidade.

No caso chinês, primeiramente, percebemos que, mesmo no período "clássico" (a partir de Confúcio e anterior à unificação imperial, mais ou menos entre os séculos VI e III a.C.), as deidades teratológicas continuavam onipresentes, ao lado do culto dos antepassados. Como evidência, percebemos que os objetos de culto, como jade e vasos de bronze, parecem destacar mais o bestial do que o humano. A seguir, o antropomorfismo nunca conseguiu se afirmar na arte, por ter sofrido forte influência do pensamento ortodoxo, o qual rejeitava a nudez como objeto de meditação estética. Por último, na China antiga, nunca se desenvolveu o conceito de "esportes" como "educação física" competitiva. A ginástica chinesa antiga (tal como descrita nos livros e ilustrações, transmitidos ou descobertos arqueologicamente) era lenta e de baixo impacto – como as formas mais usuais de Taiji Quan (Tai-Chi Chuan) praticado hoje. Tudo isso se compõe num quadro em que "saúde" e "exuberância física" são coisas bastante diferentes.

Obviamente, os chineses antigos também possuíam seus critérios próprios de "exuberância" e de "beleza física", que pode ser confirmado nas artes pictóricas e nos manuais de longevidade – homens rechonchudos (mesmo os guerreiros) e, geralmente, mulheres bastante magras. Há algo culturalmente importante nisso, que escapa à apreciação ingênua dessas obras. A chave é que *o conceito chinês de "beleza" está condicionado a um ideal ultimamente ético*. Expliquemos melhor esse ideal ético-estético para que se entenda como Zhuangzi tenta reconstruí-lo.

A palavra "belo" em chinês é 美 (*mei*) e corresponde ao conceito central da "estética" naquele país. Há uma raiz etimológica comum entre 美 e 善 (*shan*). Este último ideograma nada mais é do que o "*bem*", isto é, a perfeição moral. Os textos fundadores do pensamento chinês clássico comprovam a relação entre as duas palavras. Porém, é preciso notar que 善 tem um sentido menos absoluto de "bem", muitas vezes representando um bem *limitado no tempo e no espaço*. Por exemplo, uma ação ou um pensamento podem ser descritos como 善. Para além desse "bem" relativo, há um *"Bem" absoluto*: o importantíssimo conceito de 德 (*de*), normalmente traduzido como "Virtude", mas que representa o que há de belo no coração do homem. Para fecharmos o círculo entre os três caracteres, a palavra "belo" 美 é frequentemente casada com 德, significando o *Summum Bonum* na cultura sínica. Desse modo, fica configurada a relação íntima entre moralidade e beleza.

Agora podemos mostrar como essa concepção abstrata de "beleza moral" condiciona a visão chinesa a respeito da beleza do corpo humano.

Um trecho importante do clássico confuciano *O grande aprendizado* diz que riqueza e virtude combinam-se para fazer do grande homem "alguém que tem o coração grande e o corpo gordo" (心廣體胖, *xinguang tipang*). Isso explica por que a iconografia chinesa idealiza o corpo masculino como rechonchudo. O corpo feminino é, para os chineses Han, idealizado como de extrema magreza, pela simples razão de que a mulher é Yin, o princípio oposto ao homem. Ademais, conforme a lógica do Yin-Yang, Yin deve seguir e obedecer ao Yang. Enquanto Yang representa o que está "fora", "vive em público", Yin é o que "esconde", "permanece em casa". O homem deve ser *generoso*, a mulher deve ser *frugal*. Isso tudo reforça a magreza feminina como ideal complementar à gordura masculina. Sem dúvida, as narrativas sobre as chamadas "Quatro beldades da China antiga" em momento algum destacam a beleza exterior, qualquer que possa ter sido, mas suas qualidades interiores.

Ainda mais do que no Ocidente, os chineses valorizavam *a integridade corporal como pressuposto para a beleza física*. Isso também era moralizado, em três planos. Primeiro, deformidades eram prova de que o indivíduo não havia obtido "Energia Pura" do Céu e da Terra. Segundo, a integridade física era um requisito da piedade filial: ao morrerem, o confucianismo exigia dos homens que "devolvessem aos seus pais" (Céu e Terra) o que receberam no princípio. Terceiro, os chineses acreditavam num tipo de justiça divina retributiva, que fazia que qualquer punição recebida fosse interpretada como desfavor da divindade.

Neste capítulo, Zhuangzi questiona cada um desses três elementos, argumentando que *a beleza verdadeira é a moralidade que flui de dentro, independentemente do aspecto exterior de cada um*. É isso o que sugere o título chinês deste capítulo, 德充符 (*dechongfu*), segundo o qual as deformidades dos protagonistas das histórias não alteram o fato de que a prática do Dao é "o distintivo de que a Virtude os preenche por dentro".

1.

O aleijão que perambulava pelo universo

魯有兀者王駘，從之遊者與仲尼相若。

Havia um perneta no país de Lu chamado de Wang Tai, o Pangaré. Acumulara um número imenso de seguidores, que, à maneira antiga, vagavam junto com ele, de lugar a lugar, de sítio a sítio. Eram tão numerosos que se podiam comparar à escola do grande Confúcio.

常季問於仲尼曰：「王駘，兀者也，從之遊者與夫子中分魯。立不教，坐不議，虛而往，實而歸。固有不言之教，無形而心成者邪？是何人也？」

Impressionado pelo fenômeno, Chang Ji, um homem de valor, veio pedir referências ao Velho Mestre: "O Pangaré sofreu a pena de mutilação. Porém, mesmo sob essa maior das infâmias, conseguiu reunir uma multidão de asseclas, conquistando tal glória que agora divide as mentes do país de Lu convosco, ó mestre". Sem medir suas palavras, prosseguiu: "De pé, recusa-se a doutrinar; sentado, furta-se à discussão; os discípulos, contudo, *vazios por dentro*, buscam os ensinamentos dele; de sabedoria repletos, voltam para suas terras". Revelando um indício de admiração por Pangaré, questionou a Confúcio: "Aquele sábio propala *a doutrina que nada diz*. Como é que alguém disforme de corpo pode ter atingido a perfeição de coração? Que homem é esse?".

仲尼曰：「夫子，聖人也，丘也直後而未往耳。丘將以為師，而況不若丘者乎！奚假魯國！丘將引天下而與從之。」

Tendo ouvido com interesse, Confúcio quebrou o silêncio, as palavras ponderosas promanando do profundo: "aquele mestre é um sábio. Este que te fala o seguiu outrora, sempre no final do séquito, nunca entre as primeiras fileiras. Se o tomei por mestre, quanto mais devem fazê-lo os que são menores do que eu! Não só os do país de Lu, conduziria todos os meus discípulos de Tudo sob o Céu para que se prostrassem diante dele em submissão".

常季曰：「彼兀者也，而王先生，其與庸亦遠矣。若然者，其用心也獨若之何？」

Incapaz de preservar o semblante plácido, tal como prescrito pelos ritos, Chang Ji mostrou-se consternado com a censura de Confúcio. Timidamente, rogou-lhe um novo ensinamento: "Mesmo sendo um perneta, é maior do que vós sois e estende-se muito além da mediocridade. Aceito as coisas como dizeis que são. Desta maneira, o que tem de especial no que se refere ao que *traz em seu coração*?".

仲尼曰：「死生亦大矣，而不得與之變，雖天地覆墜，亦將不與之遺。審乎無假而不與物遷，命物之化而守其宗也。」

Satisfeito com a pergunta, Confúcio parecia entrar em transe: "Morte e vida, ambas, são grandes questões, mas aquele grande mestre não muda sua direção, nem confrontado com uma, nem confrontado com a outra. Mesmo que o Céu se despenque e a Terra se emborque, o mestre não se perderá, nem com um, nem com a outra. Alertando para o mar de ilusões em que vêm e vão as coisas, não se põe à deriva com elas, nunca. Ao entender o que é o tempo, denominando corretamente as mudanças que os seres sofrem no mundo, no seu íntimo permanece intocado pelo caminho que as coisas seguem, preservando a *Verdade Original*...".

常季曰：「何謂也？」

Perplexo, Chang Ji interrompe o ancião: "Não compreendo, mestre. O que quereis dizer com isso?".

仲尼曰：「自其異者視之，肝膽楚越也；自其同者視之，萬物皆一也。夫若然者，且不知耳目之所宜，而遊心乎德之和；物視其所一而不見其所喪，視喪其足猶遺土也。」

Confúcio tentou encontrar as palavras para descrever a sua mais inacessível intuição do *Dao* do Pangaré: "Quando atentamos para as partes, não percebemos o todo. Por exemplo, não vemos o corpo humano quando teimamos em distinguir dele os órgãos como o fígado e a vesícula; não vemos Tudo sob o Céu ao embirrarmos sobre onde estão os países de Chu e de Yue. Se, no entanto, destacamos o que há de comum no mundo, é como se as Dez Mil Coisas conformassem *Uma Única Existência*. A apreensão da realidade inteira ignora as partes da realidade, tal como as reconhecem os ouvidos e olhos, admitindo o todo que lhe traz de uma só vez o coração, que passeia pela harmonia da *Suprema Virtude*. Dado o simples fato de contemplarmos o que dá Unidade aos seres, não nos damos conta do que perdeu. Ao observar a perna que não mais possui, *é como se fosse um pedaço de barro, levado embora pela chuva*".

常季曰:「彼為己以其知，得其心以其心。得其常心，物何為最之哉?」

Chang Ji permanecia incrédulo: "Mas a cultivação que o Pangaré difunde é a que prescreve *pessoalmente*, segundo a sua sabedoria *particular*. Todo o conhecimento que acumulou veio de seu *próprio* coração, isto é, das suas intuições *individuais*. Falando sem rodeios, o Dao do Pangaré é uma mera opinião *singular* dele. Por que todas as pessoas pensam, então, que é o maior?".

仲尼曰:「人莫鑑於流水而鑑於止水，唯止能止眾止。」

O sábio, que percebia a inveja a queimar no peito de Chang, censurou-o: "As pessoas não buscam o reflexo de sua face sobre a água corrente, mas sim sobre a água parada. Só quem para a si próprio em meio ao turbilhão confuso da existência é capaz, primeiro, de parar a multidão e, depois, de ensinar a multidão a parar a si mesma...". Depois de uma pausa, continuou a ilustrar o atônito interlocutor: "Como a água que cessa de fluir, revelando a sua pureza, o Pangaré fez cessar as suas emoções; com isso, atraiu inúmeros seguidores, que pararam às suas portas; ensinando-lhes o seu Dao, também os discípulos realizaram em si o que antes era apenas uma *intuição pessoal* de seu mestre, cessando também as paixões deles".

「受命於地，唯松柏獨也在冬夏青青；受命於天，唯舜獨也正，幸能正生，以正眾生。夫保始之徵，不懼之實。勇士一人，雄入於九軍，將求名而能自要者。」

Confúcio então vincou mais uma alegoria: "Dentre as coisas que recebem a sua vida da Terra, somente o pinheiro e o cipreste permanecem virentes, seja no verão, ou no inverno; quando é o Céu a distribuir a Energia Vital, apenas reis sábios como Shun tomam as porções justas, sendo abençoados com uma vida espontaneamente correta, e endireitam a forma de ser dos outros que neles se espelham. Não podemos tampouco dizer que os grandes homens privilegiados pelo Céu e pela Terra não tenham mérito individual. Preservando até o fim a pureza com que foram premiados no início, fazem prova do seu brio, do seu destemor que vence o mundo. Obviamente, é preciso distinguir as motivações que os levam a tanto. Por exemplo, um único guerreiro, sozinho em sua valentia, é capaz de avançar contra Nove Exércitos. Motivado pelo mero intento de conquistar fama, que reverberará por eras e eras, é que consegue realizá-lo".

「而猶若是，而況官天地，府萬物，直寓六骸，象耳目，一知之所知，而心未嘗死者乎！彼且擇日而登假，人則從是也。彼且何肎以物為事乎！」

"Que dizer então do Pangaré, para quem Céu e Terra são como seus órgãos, para quem as Dez Mil Coisas são como as suas vísceras! Sua Energia Vital habita a cabeça, tronco, membros – as seis partes de seu corpo – como se hóspede fosse, usando-os como seus ouvidos e olhos, *unindo todas as sensações num único saber*, de modo que seu coração, sua mente, nunca esteve morto, sempre estando vivo para a última realidade! Aquele homem iluminado age conforme o momento, usa das técnicas divinatórias para assinalar o dia em que se dará a sua ascensão ao Mistério. Os seus discípulos seguem-no por todas estas razões, ó Chang. Como poderia o Pangaré se importunar com as coisas do mundo?"

Comentário: "Usa de tuas virtudes como se não fossem tuas"

Confúcio tem um papel proeminente neste capítulo, tal como no anterior. Há, todavia, uma importante diferença. Enquanto fora descrito na divisão anterior como o ideal de sabedoria prática, notadamente de como viver em sociedade, nesta história, e ao longo deste capítulo, o Velho Mestre é retratado *como um admirador do Dao, incapaz de realizá-lo em si devido às suas limitações.*

Como antecipado na apresentação, o centro das atenções é uma personagem misteriosa, conhecida por seu sobrenome (Wang) e alcunha (Tai), que simplificamos para Pangaré. Sem mencionar a razão para tanto, Zhuangzi apenas diz que ele foi punido com o castigo de mutilação. Paradoxalmente, tornou-se professor de Virtude, rivalizando com o próprio Confúcio. Fica claro que ele não ensina o currículo ortodoxo, mas a doutrina daoista. De maneira a manifestar sua aprovação a Pangaré, Zhuangzi utiliza um duplo recurso estilístico: primeiro, o do "*distanciamento*". Nem Pangaré, nem um representante de sua escola é descrito diretamente. Isso destaca *o senso de mistério e de iniciação do daoismo*, contrastado com o ensino caracteristicamente exotérico do confucianismo. Segundo, imagina um diálogo entre Confúcio e um de seus discípulos, em que o discípulo participa como defensor da escola e dos ensinamentos confucianos; Confúcio não só referenda a doutrina daoista, mas assume a posição de porta-voz de Pangaré.

O conteúdo é ainda mais interessante do que a forma do texto. Pangaré é um aleijão. O discípulo (e o próprio Confúcio, como veremos eventualmente) desprezam-no, não por sua deformidade, mas pelo *significado moral* dela, pelo fato de ser um criminoso punido enquanto tal. Para os confucianos, a ousadia de Pangaré não tinha limites: ousou tornar-se um "professor de Virtude", chefe de escola, rivalizando com homens de reputação ilibada e ampla erudição, a exemplo do próprio Confúcio. Mais importante, Pangaré *não fazia prova de suas credenciais*, por exemplo ensinando os complexos textos da tradição confuciana.

É interessante notar que essas características se aproximam de um outro importante pensador clássico chinês, Mo Di, 墨翟, o Mestre Mo ou Mozi (470-390 a.C.) – já falamos um pouco sobre ele na introdução. Mo não era o seu sobrenome, mas uma referência ao fato de ter sido marcado no rosto com ferro em brasa, sendo a tatuagem preenchida com um pigmento negro. Essa era a punição devida a um crime mais leve. Nada obstante, o mestre Mo, primeiramente filiado à escola confuciana (é provável que tenha estudado com um discípulo direto de Confúcio), deixou-a para criar o que seria um dos mais importantes movimentos sociais em sua época. Opondo-se ao confucionismo em várias de suas doutrinas principais, o "moísmo" fragmentou-se em diversas orientações regionais e, por fim, foi incorporado ao "daoismo". Chegando à dinastia Han, o mestre Mo era celebrado como integrante do panteão dos imortais daoistas.

Semelhanças à parte, Pangaré ensina o daoismo de Zhuangzi. Toda a dimensão política, enfatizada tanto por Confúcio como por Mo Di, é ignorada em benefício da prática meditativa, da transmissão do Dao mediante o diálogo não verbal ("de mente a mente"), da busca da Unidade por trás da aparente independência dos seres etc.

É importante lembrar que, através de Pangaré, Zhuangzi advoga um princípio filosófico bastante original: a síntese intuitiva de verdades que transcendem o domínio das relações sociais. Original porque, conforme o ensino tradicional na China, erudição e sabedoria envolviam a memorização de textos, analisados com ajuda de uma malha de conceitos. A hermenêutica clássica não exigia a busca de um "sentido" para os textos em sua inteireza, mas, principalmente, a explicação palavra a palavra, frase a frase e, no máximo, parágrafo a parágrafo.

Essa visão integrativa da realidade é magistralmente reconduzida à deficiência do Pangaré. A perna que lhe falta serve de metáfora, criticando aqueles que se apegam a detalhes. Enquanto Confúcio e os seus se deixam afetar pela falta da perna daquele pensador, *recusando-se a ouvir o mais importante, aquilo que Pangaré tinha a ensinar*, Zhuangzi mostra que os intelectuais comuns estão atrás em termos de sabedoria e de virtude. Nas entrelinhas, o autor faz uma crítica poderosa a esses homens inteligentes, que muitas vezes se tornam presa de sua própria inteligência. Vaidosos, frequentemente se tornam incapazes de reconhecer as virtudes uns dos outros. Acostumados a serem seguidos, confundem as suas qualidades específicas com a sua condição individual como um todo. Um líder disforme como Pangaré quebra essa ilusão. *Sendo incorrigivelmente imperfeito, ele conscientemente se volta para algo maior do que si próprio.*

2.
A subjugação do orgulho

申徒嘉，兀者也，而與鄭子產同師於伯昏無人。子產謂申徒嘉曰：「我先出則子止，子先出則我止。」其明日，又與合堂同席而坐。子產謂申徒嘉曰：「我先出則子止，子先出則我止。今我將出，子可以止乎，其未邪？且子見執政而不違，子齊執政乎？」

Shentu Jia, um mutilado, era condiscípulo de Zichan, ambos seguidores do misterioso imortal que ia pela alcunha de Ninguém das Sombras. Ainda que fossem irmãos sob Ninguém, Zichan, então celebrado como uma das grandes personalidades de Tudo sob o Céu, não conseguia se desvestir da vergonha que o cobria quando estava ao lado daquele inevitável alvo de ignomínia. Certa vez, sôfrego, sem conseguirem contê-lo as regras de convivência harmônica, disse a Shentu: "Ou vou eu primeiro, e tu ficas, ou partes tu antes e eu depois: não quero que me vejam ao teu lado". No dia seguinte, repetiu-se a situação. Congregando-se todos os discípulos para ouvir as palavras do mestre, o aleijão tornou a se sentar na mesma esteira do ínclito colega. Ao final, mal escondendo seu asco, suando de frustração, Zichan insistiu, rispidamente: "Agora saio; permanece tu. Ou deixa-me agora, e irei por último... Pensando bem, preciso pôr-me a caminho, já; não podes esperar até que tenha desaparecido de vista, então?", para que ficasse mais do que clara a porção que cabia a cada um, acentuou: "Vês alguém que tem o poder nas mãos e, mesmo assim, insistes em violar a hierarquia que nos separa. Ou, por acaso, vanglorias-te de estarmos sobre um mesmo assoalho, sob um mesmo teto?".

申徒嘉曰：「先生之門，固有執政焉如此哉？子而說子之執政而後人者也？聞之曰：『鑑明則塵垢不止，止則不明也。久與賢人處則無過。』今子之所取大者，先生也，而猶出言若是，不亦過乎！」

Com ironia, o perneta retribuiu-lhe o golpe: "De todas as portas que levam ao Dao, tal como ensinadas pelo nosso mestre, há aquela que presume a busca e exercício do poder, conforme alegas? Ou será que te glorias da posição que possuis para colocar-te à frente dos outros? Pois foram estas palavras que ouvi de nosso mestre: '*poli o espelho, até que raie como o sol!* E não deixai que sequer a poeira o polua, do contrário macular-se-á o seu brilho. O mesmo se aplica à convivência entre homens de valor. Ao buscardes juntos o Dao, espelhando-vos uns nos outros, por mais longo que seja o convívio, não haverá mácula tampouco em vós'. Ora, tomaste a grande decisão dentre as decisões, reconheceste o mestre também como teu mestre. Como podes portar-te de tal forma, dizendo coisas de tal calibre? Isso não é a mácula que te poluiu?".

子產曰：「子既若是矣，猶與堯爭善，計子之德不足以自反邪？」

Tomado pela ira, o grande homem voltou a investir com as mesmas armas. Apontando para o aleijão, avesso ao mínimo do que se esperava de um cavalheiro, zombou: "Olha para ti próprio; vê, vê como és!! E ainda disputas beleza com o grande rei Yao? Contabilizas a Virtude que amealhaste, estando certo de que te basta para comprar de volta a perna que te falta?".

申徒嘉曰：「自狀其過以不當亡者眾，不狀其過以不當存者寡。知不可奈何而安之若命，唯有德者能之。遊於羿之彀中，中央者，中地也；然而不中者，命也。人以其全足笑吾不全足者多矣，我怫然而怒；而適先生之所，則廢然而反。不知先生之洗我以善邪？吾與夫子遊十九年矣，而未嘗知吾兀者也。今子與我遊於形骸之內，而子索我於形骸之外，不亦過乎！」

Shentu permaneceu calado por um momento. Parecia recolhido em suas memórias, revivendo o duro processo que o deixara naquela condição. Ao cabo, encontrou, todavia, as palavras que comprovavam a sua integridade maior: "Muitos são os que, confessando seus crimes, reputam que não merecem perder a sua inteireza. Poucos aqueles que, ocultando seus delitos, julgam que não devem se manter ilesos. Entretanto, só os que têm a Virtude em si somos capazes de compreender que as coisas não podiam deixar de ter sido como foram e encontramos a paz, e vivemos na paz, dos que acreditam *que foi o Céu a decretá-lo*. A justiça é quase sempre certeira: vivemos da mesma forma que os animais que erravam sob a mira de Hou Yi, o arqueiro divino, já dando por certa a sua morte. Os que dela escapavam por milagre, deviam graças à Vontade do Céu. Muitas pessoas riem de mim, pois não mais tenho uma perna, enquanto eles ainda têm ambas. No passado, o rancor incendiava-me as entranhas, consumia-me o ódio, até que cheguei às portas do nosso mestre. O fogo apagou-se, meu íntimo reencontrou seu silêncio, meu espírito restabeleceu-se. Não sei se foi o mestre a abluir-me com sua bondade. Tu percebes, este ano, já sigo a Ninguém por dezenove anos, ele nunca, nunca, nunca se deu conta de que me falta um membro. Tu e eu hoje peregrinamos juntos nesta seita, somos um e o mesmo: *meu corpo é teu corpo, teu corpo é meu corpo*. Tu, porém, buscas a mim fora deste nosso corpo. Não vês como isso macula a ti?".

子產蹵然改容更貌曰：「子無乃稱！」

Pálido, uma força maior faz que Zichan se prostre. A fisionomia pesa-lhe com arrependimento, sua presença esmigalha-se, agora é um *nada*. Transmudado pela humildade, roga ao irmão: "Nada mais fales; nada mais fales".

Comentário: "Autossuperação"

Depois de haver questionado o orgulho que sentem os homens de substância, Zhuangzi continua a discutir o que concede verdadeira grandeza a alguém, ousadamente colocando em foco uma grande figura da história chinesa.

Zichan, 子產 (nome verdadeiro Gongsun Qiao, 公孫僑, ?-522 a.C.), coprotagonista desta anedota, foi um dos mais destacados estadistas do período da Primavera e Outono. À frente do país de Zheng, uma nação relativamente fraca, como seu ministro-chefe, Zichan transformou-o num importante ator do sistema internacional da época, adotando políticas visionárias e legando precedentes incontornáveis para a vida política posterior da China. Confúcio o admirava sinceramente, tanto que trata dele nos *Analectos* como um modelo para o "homem nobre" (君子, *junzi*), ideal confuciano de perfeição humana.

Fazendo prova da sua vivência, Zhuangzi ficcionaliza Zichan para desvelar a humanidade subjacente aos mitos. Quando reconhecemos a grandeza de certas individualidades, não raro permitimos que sua humanidade seja ofuscada por aqueles aspectos que as projetam acima do que é comum a todos nós. O autor, porém, modera essas expectativas, chamando a atenção para que o ser humano deve ser visto com equilíbrio e sobriedade.

Consequentemente, por um lado, *é preciso reconhecer as qualidades desses vultos.* Seja nesta anedota ou em qualquer outra, Zhuangzi nunca questiona o valor dos indivíduos que deixaram a sua marca na memória coletiva, muitos das quais realizando contribuições inegavelmente positivas. Ademais, também reconhece as qualidades morais que essas personagens não podem ter deixado de possuir. Aqui, Zichan é retratado no ápice do poder e, mesmo assim, é humilde o bastante para reconhecer a primazia do imortal alcunhado de Ninguém das Sombras, frequentando o seu círculo como simples discípulo. O desenvolvimento da história também provará que Zichan dedica o mesmo respeito a quem se prove merecedor dele.

Por outro lado, *os grandes homens sucumbem ao risco de um amor-próprio excessivo, que se confunde com as virtudes, méritos e glórias que conquistam.* Embora as realizações pessoais sempre tenham por base uma qualidade real, os méritos degeneram-se à medida que são confundidos com as recompensas que obtêm, especialmente aquelas oriundas da atenção alheia. O problema descrito na passagem surge quando os homens começam a se julgar donos das próprias distinções, atentos para o "senso de valor" que os separa das pessoas comuns.

Zichan vê-se diminuído ao dividir a esteira com alguém que foi punido criminalmente. Isso não deixa de ser razoável à luz dos valores e convenções sociais chineses, especialmente segundo a lição confuciana. *Zichan também parece sentir um tipo instintivo de vergonha de sua própria atitude.* Inicialmente, ele é incapaz de verbalizar o seu desconforto. Shentu Jia percebe-o e decide tentar ajudá-lo, por meio de um jogo psicológico, atiçando o desconforto existencial de Zichan, não só por estar ao lado de si (um mutilado), mas porque Zichan assim tem que se expôr ao seu próprio lado negro (o orgulho de sua posição).

O seu irmão de escola faz Zichan perder a paciência e colocar em palavras todo o amor-próprio e a vaidade que o enchiam, impedindo que absorvesse os ensinamentos mais profundos de Ninguém das Sombras. Resumidos com o aforismo "*poli o teu espelho*", esses ensinamentos usam o ato de se mirar no espelho como metáfora para o processo meditativo: *o espelho é o coração*, que pode ou não estar coberto de poeira, representando as perturbações causadas pelos desejos. "*Brilhar como o sol*" quer dizer *refletir o Dao através da cessação do "eu", da vontade.*

Para surpresa de Zichan, Shentu é um iluminado do Dao, que conseguiu vencer o trauma da mutilação e da ignomínia sob que vivera então. É preciso assinalar que "*foi o Céu que me puniu*" tem o significado profundo de que o daoista conseguiu se reconciliar com a sua própria falta. Todo sentimento de vergonha e exclusão ficou para trás, não sob forma de um simples ato de esquecimento, mas de aceitação das realidades da vida e da coragem de olhar para adiante – claro, com o apoio da prática do Dao. A referência aos "dezenove anos", que já encontráramos na anedota do cozinheiro real Pao Ding, tem o *sentido simbólico da realização do Dao, da compreensão dos mistérios do Yin-Yang.*

De fato, a *humildade* de Shentu Jia anima um dos discursos mais comoventes desta obra. Esse discurso não só provoca pena em Zichan, mas também vergonha por ter agido como o fez. A autonegação de Shentu, associada ao extremo ato de desprendimento ("*teu corpo é meu corpo*") provoca uma metanoia radical em Zichan, potencializada literariamente pelo término abrupto da narrativa.

3.
Os grilhões do espírito

魯有兀者叔山無趾，踵見仲尼。仲尼曰：「子不謹，前既犯患若是矣。雖今來，何及矣！」

No país de Lu, havia um ermitão da montanha Shu, conhecido pela alcunha de Sem-Pé. Criminoso, havia sofrido a pena de mutilação. Desde então, tornara-se uma visita frequente do salão de Confúcio. Já eram íntimos, como mestre e aluno. Um dia, na despedida, o sábio sentiu ser apropriado tocar no doloroso assunto: "Perdeste a medida da cautela; outrora, cometeste o erro que se voltou contra teu corpo, deixando-te assim como estás. Mesmo que compartas do meu convívio, em que bem meus conselhos haverão de importar?".

無趾曰：「吾唯不知務而輕用吾身，吾是以亡足。今吾來也，猶有尊足者存，吾是以務全之也。夫天無不覆，地無不載，吾以夫子為天地，安知夫子之猶若是也！」

Modesto por fora e por dentro seguro, Sem-Pé explicou: "Foi justamente por não compreender a razão das coisas que dei mau uso ao meu corpo. Consequentemente, hoje me falta a perna que tanto me faz falta. Ultimamente, se busco abrigo sob o mesmo teto do mestre, é porque me sobra algo mais nobre do que minha deficiência – a minha sede de Virtude. Voto solenemente empenhar-me na busca de inteireza espiritual – compensando a minha falta de integridade física". A seguir, com a franqueza plácida de quem foi além, manifestou o seu desapontamento: "Não há nada a que não cubra o Céu, a Terra, não há nada a que não suporte. Até este momento, o mestre éreis como Céu e Terra para mim, nunca imaginei que pudésseis ser alguém assim…".

孔子曰: 「丘則陋矣。夫子胡不入乎, 請講以所聞! 」

Sentindo a pontada no coração, o idoso erudito penalizou-se: "Confesso a ti a minha carência de qualidades, Sem-Pé. Por que o meu senhor não tornais a entrar e nos honrais com o que ouvistes da vossa Virtude?".

無趾出。孔子曰: 「弟子勉之! 夫無趾, 兀者也, 猶務學以復補前行之惡, 而況全德之人乎! 」

Mudo, Sem-Pé fez uma profunda reverência, e partiu, e não se voltou mais. Depois de dar um longo suspiro, Confúcio coçou a barba e ajeitou o manto na cintura, quando percebeu que seus discípulos estavam de pé à sua volta, não menos assombrados do que ele próprio. Inserindo as mãos nervosas nas mangas, exortou os seus seguidores: "Pequenos, emulai esse homem! Sem-Pé foi punido com mutilação, é um pária para o mundo, mas, mesmo assim, não mede esforços em seu estudo, no intento de compensar o mal de seus comportamentos pregressos. Tanto mais deveis todos vós que sois inteiros de corpo e íntegros de Virtude!". E recolheram-se.

無趾語老聃曰: 「孔丘之於至人, 其未邪? 彼何賓賓以學子為? 彼且蘄以諔詭幻怪之名聞, 不知至人之以是為己桎梏邪? 」

O aleijão seguiu sua viagem pelas Terras do Meio, numa peregrinação ao maior de todos os sábios, o Grande Laozi, o imortal Lao Dan. O próprio, nada mais do que um esfarrapado eremita, recebeu-o sem cerimônias, nem sequer forçando o contentamento que se crê expressão de hospitalidade, conforme os ritos. Sentados no salão, Sem-Pé partilhou sua impressão sobre Confúcio: "O homem que chamam de Kong Qiu, será que ainda não conseguiu se tornar um *homem supremo*? Como é que ainda se entrega ao ensino de seus pupilos, com seus excessos de formalidade? Passa seus dias a buscar uma reputação de diferente, de distinto, de extraordinário – talvez alheio a que tais objetivos, nobres para os que permanecem no mundo, são algemas e grilhões para os autênticos homens supremos?!".

老聃曰：「胡不直使彼以死生為一條，以可不可為一貫者，解其桎梏，其可乎？」

Assentindo em seu íntimo, com um sorriso de gengivas nuas, o mestre Lao professou oracularmente: "E por que não o fizeste ver *vida* e *morte* com os mesmos olhos? E por que não lhe mostraste que o *possível* e o *impossível* interpenetram-se? Serás capaz de quebrar os grilhões, partir as algemas do homem?".

無趾曰：「天刑之，安可解！」

Irmanado ao grandevo velho, Sem-Pé confessou sua impotência: "*O Céu mutilou-o*, não mais anela se livrar de suas amarras; como conseguiria, sozinho, despedaçar os seus ferros!?!".

Comentário: "Todo dia pode ser um recomeço"

Depois de expor como os intelectuais e os homens de sucesso estão condicionados às suas próprias concepções de certo e errado, incapazes de distinguir a virtude íntima, em que acreditam, da beleza exterior, que veem, Zhuangzi agora põe o paradigma de sábio à prova.

Confúcio acredita na providência como justiça moral, o que não é uma posição indefensável, mas conduz a uma séria limitação do potencial do homem para autossuperação. O daoismo, por outro lado, esforça-se para contemplar a Verdade Suprema. Segundo essa Verdade, *a moralidade é um instrumento provisório, uma etapa que conduz ao Dao permanente.*

Nesta história, Confúcio chegou a recolher um "eremita", conhecido apenas pela alcunha de Sem-Pé, como um improvável discípulo. Embora reaja de maneira exemplar, acolhendo o homem e tratando dele da mesma forma que seus outros alunos, Confúcio não deixa de se compadecer de Sem-Pé. Quando os dois chegam a ter uma certa intimidade, o Velho Mestre pergunta qual a razão para que tenha vindo buscar os seus ensinamentos. Se levarmos em consideração o pano de fundo cultural, saberemos que *Confúcio não está censurando Sem-Pé*, mas lamenta que não tenha podido ajudá-lo a evitar a desdita. Assim, Confúcio define-se como um professor de sabedoria prática. Ele ensina como um erudito deve se portar em sociedade, buscando a *Justa Medida* (中庸, *Zhongyong*), com a qual evita errar por falta ou por excesso. Confúcio está certo de que esse tipo de doutrina poderia ter salvado Sem-Pé. Agora que foi mutilado, contudo, sua honra não pode mais ser salva, mesmo que venha a se destacar no caminho do Estudo dos Ritos.

A seguir, é importante entendermos qual a atitude mental e psicológica de Sem-Pé. Sendo ele um sábio daoista, alguém que já obteve méritos ao seguir um Caminho que se sabe mais completo do que o confucionismo, o que estava a fazer no salão do Velho Mestre, buscando um tipo de erudição de que, para todos os efeitos, não precisava? A chave para a passagem, mais uma vez, é o *questionamento das hierarquias sociais* pelo daoismo, que destaca as limitações de se dividir pessoas entre "superiores" e "inferiores". Tal como ocorrera com Shentu Jia e Zichan na passagem anterior, Sem-Pé primeiro desejava confirmar que Confúcio merecia a reputação que tinha, aprendendo com ele. Uma vez que isso não se confirmara, as relações invertiam-se, com o daoista proferindo a sua melhor doutrina.

O comportamento de Sem-Pé também é análogo ao de Shentu Jia. No texto anterior, Shentu continuou a sentar-se ao lado de Zichan, mesmo sabendo que este lhe sentia aversão. Sem-Pé deixa Confúcio após mostrar-lhe que o grande erudito não havia conseguido pôr em prática os seus princípios. Embora essas ações pareçam distintas formalmente, ambas conduzem Zichan e Confúcio a uma *metanoia*, saindo desses eventos como pessoas transformadas. Por que, então, resta a impressão de que Shentu continuou a conviver com Zichan, enquanto Sem-Pé partiu sem olhar para trás? A resposta parece ser a de que *Confúcio necessitava de uma reflexão mais radical*. Enquanto Zichan necessitava somente vencer a sua vaidade, admitindo o valor de um mutilado, Confúcio precisava repensar a sua visão da realidade.

Para Confúcio, e o pensamento chinês em geral, a vida humana é regida pelo Mandato do Céu (天命, *Tianming*). Apesar de que possamos explicar o Mandato como "destino", essa palavra somente esclarece o lado determinista de sua contraparte chinesa. "Céu" originalmente era uma deidade não antropomórfica, que mantinha a Natureza e a sociedade em ordem. Logo, o Mandato do Céu não é puramente fatalista, como destino. Ademais, *o confucionismo moralizava essa deidade*, de maneira que havia um sentido difuso de providência ou de justiça divina no mundo. Portanto, nesta passagem, ao ver o mutilado, Confúcio instintivamente admitia que havia sofrido a pena adequada. Porém, Sem-Pé mostra-lhe que também *é possível a alguém em sua condição transcender essa justiça, aceitando-a e se tornando uma pessoa melhor.* Por maior que fosse a falha, por mais desfigurado que fosse, era possível ir além da marca vitalícia que carregava, realizando a virtude em si e avançando em direção ao Dao.

Diferentemente da história anterior, há uma "coda" sobre o encontro de Sem-Pé com Laozi, o fundador do daoismo, posteriormente reconhecido como imortal e até divinizado. Esse breve anexo serve de julgamento, contundente, mas equilibrado, sobre as limitações da doutrina confuciana. O confucionismo pretende organizar a sociedade em classes, funções ou estatutos, legitimados por categorias morais. Nesse esquema, há o risco de que simplesmente se moralizem distinções preexistentes, formalizando-se um novo sistema, *que não deixa de discriminar e limitar o potencial humano, ainda que de uma forma racional e até aceitável.* O apego a esses princípios por parte de Confúcio é refutado como a maior das mutilações.

4.
O homem que não queria o poder

魯哀公問於仲尼曰：「衛有惡人焉，曰哀駘它。丈夫與之處者，思而不能去也。婦人見之，請於父母曰『與為人妻寧為夫子妾』者，十數而未止也。

O duque Ai do país de Lu havia convocado uma reunião com todos os seus ministros. Pelo que conheciam dele, parecia pronto para dizer algo momentoso. Numa dada altura, voltou-se para Confúcio, que, tendo apenas o estatuto de Dafu, estava ajoelhado sisudamente em sua estreita esteira, separado do soberano por todos aqueles outros igualmente fiéis servidores, embora de estatuto superior. Disse-lhe o duque: "Há um homem disforme no feudo de Wei, que responde pela alcunha de Totó da Queixada. Mesmo sendo mal-apessoado, os bons homens que entram em seu convívio nunca lhe dão as costas. Também as mulheres que se aproximam dele suplicam aos seus pais que as casem com ele, preferindo tornar-se concubinas desse feio em vez de se tornarem esposas de outros formosos – não uma, nem duas, mas dezenas e dezenas de casos, que continuam a se multiplicar".

未嘗有聞其唱者也，常和人而已矣。無君人之位以濟乎人之死，無聚祿以望人之腹。又以惡駭天下，和而不唱，知不出乎四域，且而雌雄合乎前。

Tal como Confúcio, os subordinados permaneciam imóveis, pelo que o duque continuou: "Ao aprender sobre a forma de se portar desse Totó, descobri que, como dizemos em nossa língua, 'nunca o ouvimos liderar o coro, sempre se contenta em fazer o acompanhamento' – ele nunca disputa primazia ou eminência com ninguém. Causa-me impressão que outros o buscam, não porque tenha estatuto nobre, como um governante de homens, podendo salvá-los das presas da morte, nem porque tenha acumulado prebendas, tal como um magistrado ou ministro, podendo aliviá-los do flagelo da fome. Totó é feio de dar medo a Tudo sob o Céu, bem sabido, mas 'dá beleza ao canto do coro, harmonizando-o', ou seja, cria uma atmosfera de concórdia, sem impor sua vontade sobre quem quer que seja. E quão menos é um homem de muito saber – seus conhecimentos não vão além do leste-sul-oeste-norte de nossa experiência comum; porém, há algo de extraordinário nessa sua empatia, fazendo que nem besta, nem ave, seja macho, seja fêmea, nega-se a pedir o seu afago".

是必有異乎人者也。寡人召而觀之，果以惡駭天下。與寡人處，不至以月數，而寡人有意乎其為人也；不至乎期年，而寡人信之。

Já pairava uma atmosfera de antecipação no salão. E o duque não se fez de rogado: "Certamente, Totó da Queixada tem algo de diferente das outras pessoas. Sem que vós soubésseis, em segredo, convocamo-lo como hóspede ducal. Observamo-lo. Com efeito, é tão horroroso que põe Tudo sob o Céu a correr. Contudo, convivemos menos do que um mês até que conquistasse a nossa mais profunda atenção; menos de um ano, e já havia se tornado depositário de nossa incondicional confiança".

國無宰，寡人傳國焉。悶然而後應，氾（而）若辭。寡人醜乎，卒授之國。

Agora, cada um daqueles poderosos segurava o fôlego, já prontos para a inevitável conclusão. E o duque não se fez de rogado: "Excelências, como meu país não tem um grão-ministro, decidimos transferir-lhe os poderes de governo". Fazendo uma pausa para reforçar a solenidade do momento, o duque prosseguiu: "Após tão sério anúncio, pela sua atitude, parecia-nos que nada havia ocorrido. Observei-o e observei-o, exigindo uma resposta. Então ele respondeu, desta feita como se fosse uma pessoa comum, declinando polidamente do nosso favor, o que entendemos como um aceite velado. Logo, fizemos o que qualquer governante em nossa situação faria.

Recusamos a recusa, simulamos uma expressão de lamento e empurramos--lhe as insígnias nas suas mãos".

無幾何也，去寡人而行，寡人卹焉若有亡也，若無與樂是國也。是何人者也？」

Diante daquela efervescência agora não mais bem velada pelos poderosos de Lu, desesperados de serem preteridos, o duque concluiu com o que menos esperavam: "Sem mais nem menos, Totó volta-nos as costas e dá às pernas. Mais do que orgulho ferido pela desfeita, doeu-nos uma funda tristeza tininte, da perda de alguém queridamente precioso. Abandonados, pareceu-nos que nunca teríamos mais ninguém para dividir conosco as alegrias destas nossas terras". O salão agora descontraía-se sob o mesmo semblante sisudo, seguros de que teriam preservadas as suas posições. Finalmente, desejoso de algum consolo, o duque dirige-se a Confúcio: "Qiu, nosso servo, o que tens a nos dizer desse homem?".

仲尼曰：「丘也嘗使於楚矣，適見㹠子食於其死母者，少焉眴若皆棄之而走。不見己焉爾，不得類焉爾。所愛其母者，非愛其形也，愛使其形者也。戰而死者，其人之葬也不以翣資；刖者之屨，無為愛之；皆無其本矣。

Com os olhos recolhidos, o Grande Erudito volta-se para seu governante, respondendo com uma alegoria: "Algum tempo atrás, parti numa embaixada para as terras de Chu no sul. Durante o trajeto, avistei um leitão a mamar do cadáver de sua mãe. Pouco depois, satisfeita a barriga, sem se estremecer, deixou para trás a coisa morta, foi-se embora. O motivo para o comportamento do bicho, entendo, é que *não mais se reconhecia naquele corpo*, não havia mais nada ali como si próprio. Não era a forma física de sua mãe que produzira o afeto em seu coração, era o afeto que concebera a forma física da mãe nele". Muitos não pareciam perceber o que aquele homem tão entendido queria dizer. Confúcio prosseguiu: "O homem que morre no campo de batalha não se apercebe dos leques de penas que são tributados sobre seu caixão; o punido que perdeu suas pernas não sente apego pelos sapatos que não mais pode calçar – esses são *acessórios* que perderam sua razão de ser, pois o *principal, o que é*, já não mais existe".

為天子之諸御，不爪翦，不穿耳；取妻者止於外，不得復使。形全猶足以為爾，而況全德之人乎！今哀駘它未言而信，無功而親，使人授己國，唯恐其不受也，是必才全而德不形者也。」

Explicada a indiferença que Totó sentia pelo poder e glória mundano, Confúcio prosseguiu, esclarecendo a fonte da grandeza dele: "As consortes e concubinas do Filho do Céu, elas nem pintam as suas unhas, nem furam as suas orelhas, preservando a sua beleza espontânea. O mesmo não se aplica aos homens do vulgo, que não consideram mais do que o aspecto exterior ao escolherem as suas mulheres; consequentemente, não têm como fazer que elas valorizem o que são por natureza. O que desejo demonstrar é que, se a perfeição do corpo basta para que se escolha uma companheira, quanto mais a perfeição da Virtude, no caso de um fiel ministro!?! Isso nos traz de volta à situação de Totó da Queixada. Espontaneamente, conquistou a confiança de meu duque sem tê-la cortejado; sem precisar de quaisquer realizações, políticas ou marciais, conseguiu aproximar-se de vós. E assim, meu duque ofereceu-lhe as insígnias deste feudo de Lu – apesar de estar sob o medo secreto de que Totó não aceitasse. Isso prova que ele *possui todo o Poder* e *oculta a sua Virtude*".

哀公曰：「何謂才全？」

Os ouvintes continuavam em dúvida. O duque falou por todos: "O que significa 'possuir *todo o Poder*'?".

仲尼曰：「死生存亡，窮達貧富，賢與不肖毀譽，飢渴寒暑，是事之變，命之行也；日夜相代乎前，而知不能規乎其始者也。故不足以滑和，不可入於靈府。使之和豫，通而不失於兌；使日夜無郤而與物為春，是接而生時於心者也。是之謂才全。」

De forma mais clara, Confúcio explicou: "Ao longo da existência, os homens comuns transitam entre vida e morte, fama e esquecimento; experimentam fracasso e sucesso, riqueza e pobreza; obtêm uma reputação insigne antes que seu nome se degenere. As mudanças por que cada um passa são provocadas pela operação do *Mandato do Céu*. Enquanto homens, vemos a sucessão de dia a noite, de noite a dia, sem que nossa sabedoria seja capaz de haurir o início das coisas. Por isso, a inteligência humana é incapaz de desvendar a *Harmonia do Universo*, refletida no íntimo de cada um; a inteligência humana é incapaz de penetrar no *Gabinete do Espírito*, onde estão escondidos os mistérios do coração. Por outro lado, há homens capazes de produzir a harmonia e a concórdia em seu meio, intuindo a transitoriedade das coisas sem perder a alegria de viver; eles permitem que os dias se sucedam sem parar, enquanto gozam uma eterna primavera com as coisas. Por terem perene conexão com o que está próximo de si, fazem que isso viva para sempre em seus corações. Eis o significado de 'possuir *todo o Poder*'".

「何謂德不形？」

Inclinando-se ligeiramente, demonstrando satisfação com a resposta, e interesse em aprender mais, o duque avançou: "E o que quer dizer *ocultar a Virtude*?".

曰：「平者，水停之盛也。其可以為法也，內保之而外不蕩也。德者，成和之脩也。德不形者，物不能離也。」

Confúcio recorreu a uma comparação: "Num terreno plano, a água para, acumula-se, avoluma-se até que, em sua abundância, chamamo-la de lago. Podemos tomar isso como modelo para nossa conduta. O lago preserva toda a água dentro de si, não permitindo que ela se agite, alagando o entorno. Dessa forma, chamamos de Virtude a cultivação moral e espiritual que, por seu acúmulo, produz a Harmonia numa determinada personalidade. Se, por mais abundante que for, não permitirmos que transborde sobre as nossas imediações, os seres e coisas de nosso convívio nunca nos deixarão, atraídos por tal equilíbrio". Penseroso, o duque Ai agradeceu a exposição com um gesto horizontal de sua mão direita e retirou-se, seguido de seus aios.

哀公異日以告閔子曰：「始也吾以南面而君天下，執民之紀而憂其死，吾自以為至通矣。今吾聞至人之言，恐吾無其實，輕用吾身而亡其國。吾與孔丘，非君臣也，德友而已矣。」

Passados alguns dias, discretamente, o governante envia um núncio à mansão de Confúcio. Recebe-o à porta Min Ziqian, discípulo graduado do Ilustre Erudito, famoso por sua piedade filial. O núncio repetiu tal como ouvira as palavras de seu senhor: "Outrora, tornei-me alguém que se senta voltado para o sul, símbolo de quem é soberano em Tudo sob o Céu; tendo nas mãos as malhas da lei, enquanto pastor do povo, perdia o sono com medo de que não vivesse os anos que me dera o Céu. Pelo meu zelo, reputava-me alguém que dominara as artes de governo. Todavia, ao ouvir os ensinamentos de vosso mestre sobre o *homem supremo*, reconheço que me falta substância: tenho usado levianamente a minha autoridade e ameaçado de extinção o meu feudo. Doravante, o vosso mestre Kong Qiu e eu não mais somos soberano e ministro, mas apenas companheiros na busca da Virtude".

Comentário: "A beleza espontânea de quem está em paz consigo"

Nesta história, Zhuangzi coloca Confúcio no ambiente que lhe é mais familiar, onde suas ideias fazem mais sentido – o mundo da política. O leitor não deve ficar confuso com as diferentes formas sob que o Velho Mestre é recriado neste livro. Como dissemos, o daoismo distingue entre os que se "engajam" e os que se "retiram" do mundo, preferindo os últimos aos primeiros. *Essa preferência não acarreta uma negação cabal da sociedade*, apenas uma apreciação crítica das limitações que ela (na verdade, as pessoas que vivem em sociedade) impõe a cada indivíduo (mutuamente). O daoismo advoga fortemente em favor de que há algo mais absoluto no que se refere à realização do potencial humano. Sob esses pressupostos, a característica mais profunda da personagem "Confúcio" é o seu poder de vislumbrar a perfeição do Dao, ao mesmo tempo que continua tolhido pela erudição e sabedoria que lhe concedem um lugar no mundo.

Mais uma vez, Zhuangzi emprega a técnica do "distanciamento" para ilustrar que os homens do Dao "foram além". O que sabemos de Totó da Queixada (哀駘它, Ai Taituo em chinês) vem da boca do duque Ai. Toda a aristocracia do país de Lu, no entanto, parece alheia a esse misterioso homem. Como de praxe, o duque é uma personagem histórica, aqui tratada de modo ficcional e manipulada para corresponder ao ideal chinês de governança. Esse ideal prescreve a complementaridade entre o governante, que exerce autoridade legítima segundo a tradição e o sistema dos ritos, e o ministro, um homem com credenciais morais e de erudição únicas, escolhido por seus méritos e potencial. O duque Ai, portanto, exerce o papel habitual do poderoso em busca de um braço direito.

Totó foge à regra. Logo no início, é descrito pelo duque com uma expressão negativa: 惡人 (*e'ren*). Esse termo tanto indica alguém "feio" por fora, como por dentro (mau), pelo que tornamos a encontrar o problema geralmente debatido neste capítulo, *o de que o aspecto de uma pessoa é representativo de seu íntimo*. As palavras do duque desfazem a primeira expressão, mostrando que Totó na verdade possui a *verdadeira Beleza*. Homens e animais, todos se sentem naturalmente atraídos para ele. Contra todas as expectativas, não se trata de uma personalidade magnética. É modesto, passivo e apagado. Todos gostam dele porque, *sendo o que é, deixa todos à vontade*. Consegue refletir para os outros a paz que fez consigo próprio. Da forma defendida pelos daoistas, esvazia-se das exigências para com terceiros, espontaneamente promovendo a harmonia com quem for que esteja próximo.

Isso nos conduz ao clímax da passagem: Totó recusa a mais elevada honra política de Lu, sabidamente desejada por Confúcio. Ao mesmo tempo que se porta segundo as expectativas sociais, evitando frustrar ou melindrar o duque, Totó se afasta anonimamente da corte de Lu, seu paradeiro desconhecido. Como explicação para essa estranha atitude, temos o paradoxo de que a Virtude conquista o poder, mas deve ser perdida para mantê-lo.

Confúcio sabiamente explica: as ações dos homens comuns são motivadas por seus interesses. É comum que as pessoas cooperem, façam amizade ou até se tornem parentes motivadas por cálculos. Tratamos os outros mais ou menos bem segundo um juízo egoísta do que isso nos traz – mesmo que seja apenas um simples elogio, de que somos "simpáticos" ou "pessoas simples". Mais grave ainda é o caso de quem se envolve na política, ou busca riquezas, ou pretende se notabilizar por alguma qualidade ou habilidade pessoal. Totó é *simples* como uma folha branca de papel. Vive como vive, simplesmente por ser o que é. Isso não é algo fácil de se conseguir, porque a própria natureza nos impõe certos tipos de afeto (como a da porca pelos leitões) e de expectativas de reconhecimento (o herói que vence um triunfo).

Como bom daoista, Totó *foi além*. Ao meditar sobre vida, morte e todas as mudanças da sorte que ocorrem entre um e outro, ele foi capaz de, num ato de iluminação, manter seu equilíbrio ao seguir a sua direção. *Reconhecendo que todos os seres andam aos tombos, ele cede o peso morto da soberba e da inveja, vendo os outros como a si próprio, promovendo uma sensação fácil de harmonia com o seu meio.* As pessoas amavam-no facilmente porque Totó não se relacionava com elas através de expectativas ou de exigências. Por isso, a recusa do cetro de Lu é um ato muito eloquente sobre o que deve fazer o homem que busca a felicidade plena. Por um lado, deve tentar fugir dos conflitos de interesse incompatíveis com a sua visão de existência; por outro, deve manter dormentes as paixões, sempre presentes no coração humano, que desnaturam a plenitude de alguém que se sente possuidor de tudo do que precisa.

5.
A melhor companhia

闉跂支離無脤說衛靈公，靈公說之；而視全人，其脰肩肩。甕㼜大癭說齊桓公，桓公說之；而視全人，其脰肩肩。

Séculos atrás, Folha Seca, um homem de pernas atrofiadas, muito corcunda e sem lábios veio ao país de Wei numa embaixada, para tentar influenciar o duque Ling. O governante gostou tanto dele que, depois, ao ver pessoas normais, começou a achar que tinham o pescoço fino demais, reto demais – muito esquisitas. Algo parecido ocorreu também no feudo de Qi, onde Tonel de Aguardente, mais largo do que comprido, com uma desdentada boca descomunal, repetiu o mesmo tipo de sucesso com o duque Huan. O governante gostou tanto dele que, depois, ao ver pessoas normais, começou a achar que eram espichadas e emaciadas demais – muito esquisitas.

故德有所長而形有所忘，人不忘其所忘而忘其所不忘，此謂誠忘。

Moral da história: alguns homens são maiores em termos de Virtude, tão maiores, que os outros se esquecem de sua aparência. Assinalo que eles não se esquecem do que esqueceram, mas se esquecem *daquilo que nunca poderiam esquecer* – para os que seguem o Dao, isso se denomina de *esquecimento sincero*.

故聖人有所遊，而知為孽，約為膠，德為接，工為商。聖人不謀，惡用知？不斲，惡用膠？無喪，惡用德？不貨，惡用商？

Por esse motivo, quando um homem sábio sai em seu passeio pelo universo, absorto no vazio de sua mente, abandona todo dualismo: de "eu" e "outro", de "aparência" por fora e de "virtude" por dentro. Para ele, a sabedoria vulgar só traz desgraça; as convenções sociais são meros amálgamas; as próprias virtudes comuns são uma adequação forçada; os cargos e honras servem exclusivamente para despertar o impulso de se querer recebê-los. Ora, nada extrínseco apetece o homem sábio, de modo que não precisa calcular os benefícios que obtém num determinado curso de ação – de que lhe serve a sabedoria? Ele não infringe a ordem, simplesmente passa ao largo da hierarquia da sociedade – que lhe importam as convenções? Ele nunca se vê afetado pelas solenidades, intocado pelos rígidos deveres de luto – para que então as virtudes? Ele não interage motivado por interesses materiais, dando as costas para qualquer lucro – qual o sentido de se cobiçar algo?

四者，天鬻也。天鬻者，天食也。既受食於天，又惡用人！有人之形，無人之情。有人之形，故羣於人，無人之情，故是非不得於身。眇乎小哉，所以屬於人也！謷乎大哉，獨成其天！

Sabedoria, virtudes, convenções, ofícios – essas quatro coisas são meios através dos quais o Céu amanha a civilização, provendo-a dos meios de conquistar o seu sustento. No entanto, no que concerne ao homem sábio, *ele obtém seu alimento diretamente do Céu*. Já que o Céu o alimenta, que lhe importa a sorte dos homens? Embora tenha um corpo humano, o homem sábio não tem a mesma sensibilidade. Por possuir a mesma forma que o gênero humano, permanece em convívio com a coletividade. Todavia, por estar dotado de uma sensibilidade distinta, permanece livre das amarras do Certo e do Errado, do Sim e do Não, do Ser e do Não ser. Digo, não sem ironia: "*Não será o homem sábio tacanho também?* Afinal, pode ser considerado um homem!". Em verdade, vive num estágio mais elevado do que os maiores vultos de nossas tradições, uma vez que só ele é capaz de realizar a sua Natureza, tornando-se como o Céu!!!

Comentário: "Igual, mas diferente"

Com este ensaio, desenvolvido com um raciocínio translúcido, Zhuangzi põe em palavras o que restara implícito nos textos anteriores. Através da metáfora dos homens feios por fora e belos por dentro, critica percucientemente quem age baseado em impressões e julga segundo preferências pessoais. O grande homem, segundo o daoismo, é aquele *que se torna ingênuo*, pelo que o ato de "esquecer" é pôr de lado todas aquelas circunstâncias (p.ex., amor-próprio, instinto de comparação) que fragilizam o homem diante de si próprio e dos outros.

Julgada segundo os critérios técnicos da escrita literária chinesa clássica, este é um ensaio exemplar. De curta extensão, Zhuangzi parte de dois *loci classici*, referências a personalidades famosas da Antiguidade, haurindo um "conceito" ("esquecimento sincero"). Esse conceito é então desenvolvido "polemicamente", conforme a lógica de "*Elogio e crítica*" (褒貶, *baobian*), um método chinês clássico de exposição – neste contexto, discriminando o homem sábio do homem vulgar. Por fim, a peroração indica um método para o cultivo da virtude ("obter o alimento do Céu").

No entanto, quando passamos a uma análise do conteúdo, entra em jogo a fina ironia e o temperamento brincalhão desse autor. Os *loci classici* não apenas são falsos, mas o duque Ling de Wei tampouco era um governante memorável, tendo sido fortemente influenciado por sua esposa e muito temeroso em enfrentar a nobreza de seu feudo. "*Esquecimento sincero*" tampouco é um conceito castiço, obtido dos *Clássicos Ortodoxos*, mas uma criação pessoal do escritor. O "*Elogio e crítica*" é impecavelmente desenvolvido, mas *no sentido oposto ao que faria um erudito*, pois Zhuangzi põe em dúvida a tradição e comportamentos estabelecidos. A conclusão é paradoxal, uma vez que o senso comum chinês exige que o homem sábio "brilhe para os outros como a estrela polar", orientando a busca de crescimento individual (o estudo) pelo seu exemplo. Zhuangzi, ao contrário, quer que o seu *homem supremo* "*apague as próprias pegadas*", imperceptível até mesmo para os que convivem diretamente consigo.

Como resolver o paradoxo de que *um homem sábio desconhecido por todos não pode ser um homem sábio?* (Já que seu estatuto diante dos outros presumia uma reputação consentânea.) Zhuangzi já vem respondendo essa questão de diversos ângulos. Antes de mais nada, é preciso que o sábio se estabeleça. Isso é realizado por meio da *superação dos opostos* (vida/morte; bem/mal; sucesso/fracasso), atingida pela prática de austeridades, meditação, eremitismo. Esse sábio então age "*por inação*" (無為, *Wuwei*): sem se promover, divulgando a sua forma de ser e pensar, torna-se, por fruto das circunstâncias, um exemplo para os outros, nem que seja pela "atmosfera" que cria em sua convivência. Dessa forma, toma-se nota do *Caminho*, aplicando-o à própria vida. As outras pessoas, cada qual dentro de seus limites, absorvem algo daquela sabedoria, nem que seja a sua "teoria". Os daoistas denominam esse comportamento de "*quando o sábio completa a sua obra, esconde-se do mundo*" (功遂身退, *Gongsui Shentui*). Em outras palavras, *o sábio realiza a obra, mas os outros confirmam-na em si próprios.*

Dois outros pontos merecem destaque. Primeiro, a atitude de Zhuangzi com respeito à sociedade. Em dada altura, ele parece sair do âmbito pessoal e questionar até mesmo as convenções e regras de convívio. Entretanto, assim como o pensamento ocidental pré-modernidade (tal como um Montaigne, por exemplo), os pensadores chineses de toda a época imperial são "tradicionalistas" aos nossos olhos. Coerentemente, *Zhuangzi nunca se opõe às instituições em si, preferindo relativizá-las nos estreitos limites de sua vida íntima*. Pelo que se depreende de seus textos, Zhuangzi certamente observava a maior parte das regras formalmente, sem possuir qualquer convicção interna. Eis um elemento que o destaca do confucionismo.

Segundo, um problema prático. A menos que se torne um imortal (admitindo-se que isso seja possível), *o sábio daoista continua sob pressão dos mesmos desejos e paixões que qualquer outra pessoa*. Qual a origem de sua força, mental e espiritual, para que não hesite ou duvide de si ao ver todos os outros buscando coisas que *sabe* não conduzirem à felicidade última. De uma forma ainda mais radical, como lidar com a fome e necessidade, o desprezo e indiferença (retratados mediante as personagens "feias" deste capítulo)? *Eles obtêm o seu alimento diretamente do Céu*. Para além das técnicas de longevidade, a meditação e demais práticas espirituais são insubstituíveis. É pena que até comentaristas antigos descontextualizem o lado religioso de Zhuangzi, apontando que basta assumir uma nova forma de pensar e agir para que o indivíduo se liberte de seus grilhões.

6.
Emoções que ferem o espírito

惠子謂莊子曰:「人故無情乎?」莊子曰:「然。」惠子曰:「人而無情,何以謂之人?」

Liberado de seus afazeres políticos, Hui Shi viera ter com o seu velho amigo Zhuang Zhou. Refestelados ao ar livre, deitados na relva, inspirados pela facilidade dos sons e cores que preenchiam aquele momento, terminaram por retornar ao tema do ideal máximo de existência humana. Homem de ação, o mestre Hui puxa a manga de seu parceiro, perguntando-lhe: "Então, crês que há pessoas que não têm emoções, diferentes de nós outros?". Com os olhos semicerrados, ofuscados pelo sol, o mestre Zhuang responde com um curto murmúrio: "Hum". "Sendo assim, como podemos dizer que são realmente seres humanos, já que são desprovidos das emoções que nos caracterizam?" Dessa vez, ficou sem resposta, obteve uma risota, meramente, meio debochada.

惠子曰:「既謂之人,惡得無情?」莊子曰:「是非吾所謂情也。吾所謂無情者,言人之不以好惡內傷其身,常因自然而不益生也。」

Tendo perdido a face, mas sem aceitar a derrota, Hui investe contra o amigo: "Jà que concordamos em reconhecer esses seres como homens, como será possível que, de fato, não tenham emoções?". Sempre olhando, supino, para o alto, o mestre Zhuang comparte suas meditações: "As emoções a que te referes não são o que entendo por sensibilidade. Essas pessoas têm uma psicologia diferente do gênero humano, não ferem o seu íntimo, e depois a própria saúde, devido a sentimentos de *apego* e *repulsa*. Tais seres sempre seguem a Espontaneidade em tudo o que vivenciam, nunca acrescendo nada ao que foram dadivados pelo Céu quando de sua vinda à vida".

惠子曰:「不益生,何以有其身?」莊子曰:「道與之貌,天與之形,無以好惡內傷其身。今子外乎子之神,勞乎子之精,倚樹而吟,據槁梧而瞑。天選子之形,子以堅白鳴!」

Apegado à inteligência de seus sofismas, Hui Shi tenta, uma última vez, emaranhar o mais sábio amigo: "Se em nada acrescentam à Energia Vital que os trouxe ao mundo, de que maneira é possível que tenham crescido, passando de bebês a crianças, de crianças a homens, e se tornado o que são?". Apoiando-se sobre o lado direito de seu corpo, Zhuang Zhou fita seu interlocutor: "Foi o Dao que lhes deu a aparência que têm, enquanto o Céu lhes dadivou os corpos com que existem, do nascimento à morte. Não é isso o que tenho em mente. *Não acrescer ao Céu é seguir ao Céu*. Refiro-me à atitude que têm em sua vida: não permitem que os gostos e desgostos machuquem-nos por dentro, que suas emoções se tornem fardos pesando sobre seus corpos. Olha para ti próprio, vê como vives: tuas aspirações são voltadas para fora de teu íntimo, por isso empenhas o teu espírito fora de ti, pões um fardo sobre tua Energia Pura. Quando chegaste, sob tantas inquietações, te encostaste naquela árvore a arfar; depois, incapaz de esqueceres os medos de quem está no mundo, cedeste ao cansaço, desfalecendo-te sob este plácido chapéu-de-sol. Corrige os teus caminhos. O Céu escolheu para ti este corpo, basta-te que investigues os seus mistérios – de que te aproveitam as sutilezas dos nomes e das coisas, os teus sofismas sobre a dureza das pedras brancas???".

Comentário: "O Dao é belo"

Este capítulo conclui-se da mesma forma que o primeiro, recolhendo mais uma humorosa interação entre Zhuangzi e seu melhor amigo, o político ilustre e famoso intelectual Hui Shi. Embora não consigam estabelecer propriamente um diálogo de ideias, o autor aproveita a ocasião para explicar melhor *a beleza íntima do homem que realizou o Dao*.

Como explicado na última passagem do primeiro capítulo, o mestre Hui é lembrado hoje como expoente da Escola dos Nomes ou dos Debatedores, um grupo aparentemente heterogêneo de intelectuais que utilizava truques retóricos para refinarem as suas habilidades de oratória, aplicando-os à vida política de sua época. É nesse contexto que Zhuangzi, no final desta anedota, fala de "nomes" de "coisas" (as duas mais importantes categorias da Escola dos Debatedores) e cita uma famosa proposição daqueles intelectuais: "deve-se separar a dureza e a brancura das pedras brancas e duras" (uma tipologia de conceitos, diferenciando a origem organoléptica dos predicados: visão para o "branco", tato para o "duro").

Enquanto Hui Shi parece unicamente interessado em vencer a discussão contra o seu amigo, Zhuangzi, à sua maneira, concentra-se nos problemas mais cruciais para a felicidade humana. Como de praxe, a receita para essa plenitude existencial é representada pelo *homem supremo* que permanece inominado. Esse *homem supremo* nada mais é do que o indivíduo "feio por fora" que converte a todos com sua presença – tratado nas outras passagens. O mestre Hui evidentemente distorce o ensinamento daoista ao argumentar que o praticante visa a *eliminar* as suas emoções.

Nos capítulos anteriores, já alertamos para o fato de que a prática meditativa e a filosofia daoistas exigem a cessação das emoções como pressuposto para a contemplação do Dao. *Ao esvaziar o que se traz no coração-mente é possível ser preenchido pela Espontaneidade, irmanando-se às Dez Mil Coisas*. Esse processo pode dar a impressão de que, com a eliminação da individualidade, não há emoções a serem sentidas. Como Zhuangzi explica, isso é falso. As emoções que devem ser eliminadas em primeiro lugar *são aquelas que surgem dos desejos que possuímos sob nossa condição humana*. Desejos neutros, como os de descanso e alimentação, podem desnaturar-se facilmente em preguiça e gula.

A visão daoista difere do senso comum, representado pelo confucionismo. Já havíamos falado um pouco sobre o tema no segundo texto do Capítulo II desta obra. Os confucianos argumentam que todas as emoções são naturais e boas – *na medida certa*. O pensamento chinês ortodoxo inclusive cataloga essas emoções, casando-as aos Cinco Elementos, aos Cinco Órgãos da Medicina Tradicional Chinesa etc. Dito de outra forma, as emoções são produto da Energia Vital, donde sua inevitabilidade. "Fúria", "tristeza" e outras emoções em princípio indesejáveis em nossa cultura deveriam ser manifestadas em equilíbrio com "alegria", "contentamento" – que nos são mais aprazíveis. Para eles, era preciso conter as manifestações "excessivas" das mesmas. Não é, de forma alguma, uma posição indefensável.

Porém, os daoistas parecem ter um argumento convincente: pela sua própria natureza, as emoções condicionam o espírito humano, retirando dele a serenidade profunda que lhe inspira a Espontaneidade. É uma verdade "universal" que os homens tendem naturalmente a buscar prazer e a evitar a dor. Logo, como encontrar o "equilíbrio", qual a "medida correta"? Parece ser melhor *contemplar a sucessão das estações, desapaixonada e necessária, que no entanto traz (e leva) a vida do mundo*. Mais do que um simples exercício intelectual, a sabedoria propalada pelo autor tem como pressuposto uma reorientação dos objetivos que cada um tem, como o diz explicitamente a Hui Shi.

Para concluir, no contexto do tema deste capítulo, desde Laozi, o daoismo diferencia entre a beleza contingente da Beleza absoluta:

A beleza contingente é a que está aberta ao julgamento dos olhos. Como diz o ditado, "quem ama o feio, bonito lhe parece". Laozi afirma que a beleza tem que ser relativa, pois somente quando se lhe contrapõe algo feio é que ela se constitui como tal. Compreensivelmente, os sentimentos humanos tendem para o belo, e isso nos conduz de volta ao paradoxo inicial deste capítulo: pode um homem feio ser bom?

Zhuangzi esclarece que os nossos julgamentos, fundados em nossas emoções, são falhos desde o seu nascedouro, pelo que a beleza que reconhecemos é limitada e precária. Quando nos libertamos dessas apetências, nos abrimos para a *Beleza absoluta, que não é vista com os olhos, nem é percebida com qualquer outro dos sentidos*. Essa Beleza é plena e eterna, não podendo ser apropriada no tempo e no espaço, somente pode ser intuída mediante participação na Espontaneidade. Essa Beleza é o Dao.

Capítulo VI
MORTE

大宗師第六

Apresentação: uma religião sem salvação

Este é o capítulo mais estritamente "religioso" de *Zhuangzi*. Em todas as suas passagens, a morte figura como *Leitmotiv*, revelando-se como o problema fulcral que exige coerência e unidade entre os diversos níveis do pensamento do autor: O anseio por liberdade existencial (Cap.I), a busca de uma sabedoria que transcende as limitações dos sentidos (Cap.II), o esforço para manutenção da saúde (Cap.III), a acumulação de força para persistir no caminho (Cap.IV), o reconhecimento da Beleza absoluta (Cap.V) são aspectos que culminam no encontro final com uma força invencível: a morte. O capítulo final virá como uma mensagem de conforto, uma vez o praticante tenha conseguido atravessar o teste de fogo, *a vitória sobre o medo de não mais existir.*

Mais uma vez, apreender o que é peculiar à cultura chinesa é indispensável para interpretarmos corretamente os problemas a que os textos a seguir se dirigem, bem como as "soluções" que propõem.

Sem dúvida, a morte é uma das principais forças a moldarem as civilizações humanas. O homem distingue-se não só por haver institucionalizado a linguagem, um sistema abstrato de signos comunicado via um modelo de regras e padrões específico, mas também *por haver institucionalizado a existência (vida/morte) como "religião"*. Todavia, enquanto a linguagem e a "religião" estão presentes em todas as sociedades, ambas distinguem-se culturalmente, assumindo identidades próprias. No que se refere à última, e no que diz respeito particular à morte, a partir de determinado momento na sua pré--história, o homem começa a sepultar e celebrar os seus falecidos. Malgrado os respectivos sentimentos e motivações serem formalmente "universais", os mortos são celebrados/sacramentados com liturgias e folclores próprios a cada grupo humano, o que faz que a morte chegue a ser vivenciada como realidade *independente* de cultura a cultura, podendo mesmo se tornar mutuamente ininteligível.

A tendência de universalizar o sentimento religioso é ultimamente fruto da cultura particular a que pertencemos, cuja atitude fundamental enraíza-se na Antiguidade ocidental. Os gregos (e posteriormente os romanos) esforçaram-se para conciliar os diversos sistemas de deidades, crenças e práticas religiosas. Por exemplo, Heródoto, autor de uma profunda investigação "etnográfica" do mundo conhecido de sua época, percebia a diferença "externa" dos cultos e tradições estrangeiras, mas reconduzia-as "em essência" aos mesmos deuses – não só "gregos", mas também reconhecidamente estrangeiros. Embora o sincretismo não seja estranho a outras culturas, inclusive a chinesa, o instinto peculiarmente ocidental de buscar o "universal" permitiu a *incorporação seletiva de cultos estrangeiros tais como "eram" e sob suas formas "originais"*, por exemplo, os de Ísis ou o próprio cristianismo, na Antiguidade tardia. Uma característica do ecumenismo ocidental o distingue, de modo que nenhuma outra alta civilização chegou a assumir deuses estrangeiros enquanto tais – Jesus foi assimilado ao hinduísmo como um elemento do panteão hindu; o Buda original foi paulatinamente abstraído de seus elementos históricos ao se espalhar pelo Leste e Sudeste Asiático; o Islã inverteu a lógica da domesticação de religiões estrangeiras, *refundando* as culturas por onde passou; e assim por diante.

Em comparação com o Ocidente, "religião" na China antiga tem um sentido muito peculiar e limitado. Antes de mais nada, havia uma diversidade de práticas, crenças e instituições que podem ser integradas sob o guarda-chuva de "religiões chinesas". Apesar da falta de uniformidade dessas "religiões", elas têm uma forte identidade e persistência no tempo, devido, entre outras razões, *a sua profunda rejeição de crenças estrangeiras*.

O budismo é um caso único, por haver sido difundido a partir do século III, uma era de descentralização política, em que diversas etnias "não chinesas" possuíam os meios políticos, econômicos e militares de promovê-lo. Contudo, ao longo dos muitos séculos ao longo dos quais o budismo foi "domesticado", houve uma integração funcional com as outras duas "grandes tradições religiosas" chinesas, nomeadamente, o confucionismo e o daoismo. Existia uma divisão de trabalho entre as três, que podemos simplificar da seguinte maneira: o confucionismo estava responsável pela educação moral (com traços religiosos), o sistema de sacrifícios e o culto aos antepassados; o daoismo cuidava da busca de longevidade, medicina/exorcismos e *Fengshui* (a crença tipicamente chinesa da influência do Yin-Yang sobre vida e morte); *ao budismo restava o importante papel de resolver positivamente a questão da vida além-túmulo.*

Ou seja, até a entrada do budismo, a cultura chinesa não tinha conseguido desenvolver uma doutrina propriamente soteriológica – de salvação universal, aberta a todos. Essa inexistência caracteriza a situação histórica conhecida por Zhuangzi, mais o seguinte:

O culto dos antepassados era a principal expressão da religião chinesa. Todavia, esses espíritos também eram seres limitados, dependendo dos sacrifícios para continuarem a "sobreviver" no além. Seu papel também era idêntico ao de quando estavam no mundo, nomeadamente o de proteger os interesses do clã. Ademais, era um culto muito limitado e exclusivo: pelo menos inicialmente, os sacrifícios familiares parecem ter sido privilégio da minúscula elite social. Mesmo quando se tem notícia da celebração dos espíritos populares, a sua vida no além-túmulo era uma reprodução especular da que se teve na sociedade.

Além disso, havia a crença em deidades elementais, de rios, montanhas, florestas etc. cujo papel no domínio humano era limitado. Mesmo as grandes deidades das dinastias pré-unificação imperial, Shangdi (上帝, o Soberano Acima) e Tian (天, o Céu que a tudo cobre) eram protetores do clã que tinha as rédeas do Estado, influentes enquanto culto público. Embora não se possa ignorar uma quantidade considerável de práticas "religiosas", inclusive xamanismo e magia, sua grande maioria voltava-se para prosperidade e proteção "aquém-túmulo".

Na época de Zhuangzi, também se nota um certo fermento "religioso" no plano individual, particularmente a atenção dada às práticas de longevidade, o que se confirma nas descobertas arqueológicas. Entretanto, essas práticas, que tem uma relação estreita com o culto dos imortais, não se traduziam imediatamente num sistema litúrgico ou numa crença institucionalizada.

Logo, este livro, particularmente as passagens que se seguem, servem de documento para percebermos que a *prática de longevidade/imortalidade não estava fundamentada numa esperança particular de salvação, mas no desejo de que essas técnicas viessem a surtir efeito*. Uns conseguiam, outros não. Portanto, a morte permanecia como uma realidade implacável da vida, o que explica o tom, por vezes de desespero, com que Zhuangzi trata dela. Em certos momentos, surge até mesmo um relance da criação do homem por algo maior do que ele.

Apesar de que leitores cristãos do *Zhuangzi* tenham desejado encontrar nessas passagens um reconhecimento "ecumênico" da deidade, parece ser mais adequado vislumbrar nesse "criador dos seres" um aspecto do Dao que justifica a própria busca de imortalidade. É nesse plano que encontramos a "fé" daoista. Coerentemente, em chinês, este capítulo é conhecido como o "*Mestre da Grande Doutrina*" (大宗師, *Dazongshi*). Nesse contexto específico, o autor fala do Dao como a via que todos seguem, desejosos ou recalcitrantes, sábios ou de poucas luzes, longevos ou não.

1.
O elogio do homem verdadeiro

知天之所為，知人之所為者，至矣。知天之所為者，天而生也；知人之所為者，以其知之所知以養其知之所不知，終其天年而不中道夭者，是知之盛也。

"Se conseguires intuir o modo de operar do Céu e conhecer a forma de agir do homem, poderás ser honrado como um *homem supremo*. *Supremo* porque, por um lado, intuindo o modo de operar do Céu, saberás que é o Céu, o próprio Dao, que a tudo vivifica. *Supremo* porque, por outro lado, conhecendo a forma de agir das pessoas, tornar-te-ás capaz de cultivar essa sabedoria para, paulatinamente, colheres dela aquilo que ainda não pudeste conhecer. Assim viverás todos os anos que te *mandou* o Céu, não morrendo antes de teu tempo. Eis a plenitude da sabedoria humana.

雖然，有患。夫知有所待而後當，其所待者特未定也。庸詎知吾所謂天之非人乎？所謂人之非天乎？

"Mesmo que isso seja verdade, tu, *homem supremo*, és imperfeito. Tal sabedoria depende de algo para restares de pé, das realidades em que te escoras, do que podes denominar, do que crês que *existe*. Com base nesses elementos, estabeleces a validade de teu saber. Pena que as realidades sobre que constróis teus saberes são instáveis, indefinidas, precárias. Como então podes estar certo de que o que chamo de *Céu* afinal distingue-se do *homem* e de que o que chamo de *homem* afinal difere do *Céu*?

且有真人而後有真知。

"Por isso, proponho que há o estágio do *homem verdadeiro*. E que somente após se atingir esse estágio é que raia o dilúculo da *Sabedoria verdadeira*.

何謂真人？古之真人，不逆寡，不雄成，不謨士。若然者，過而弗悔，當而不自得也。若然者，登高不慄，入水不濡，入火不熱。是知之能登假於道者也若此。

"Tu me perguntas, então, o que é o *homem verdadeiro*? Tais homens existiam na Antiguidade; não se revoltavam contra a privação, não ambicionavam grandes feitos, não tramavam posições de poder e autoridade. Somente esses não pagavam um preço por cada erro que cometiam em suas carreiras, sofrendo as dores do arrependimento; nem tampouco se tornavam escravos do próprio sucesso, ao conquistarem as insígnias do poder e distinção, sucumbindo à arrogância de quem se julga autor do próprio êxito. Para além de estarem fora da sina que recai sobre os ombros dos homens, esses indivíduos também se alçam além dos limites que a todos impõe a Natureza. Subindo aos vértices do mundo, não sofrem vertigem de medo. Ao mergulharem nas profundezas dos abismos, não se afogam. Ao se purificarem dançando no fogo, não se queimam. Os entendidos entendem, as pessoas *podem* se elevar a esse estágio do Dao.

古之真人，其寢不夢，其覺無憂，其食不甘，其息深深。真人之息以踵，眾人之息以喉。屈服者，其嗌言若哇。其耆欲深者，其天機淺。

"O *homem verdadeiro*, conhecido da Antiguidade, não sonhava em seu sono. Em sua vigília, não se inquinava de inquietações. Ao consumir alimento, não se deleitava com delícias. Seu respiro borbotava das profundezas. Nisso, diverge do vulgo. O *homem verdadeiro* faz fluir o seu ar desde a planta dos seus pés, como se planta fosse. Já os mortais, puxam o ar para o fundo de sua garganta, como se retira água de um poço: um labor constante para frutos contingentes. Primeiro vem o esforço do sorvo, que para num engasgo. Depois vem o hálito que permanece preso, agarrado à garganta. Respirar é árduo. Por que os reles nem sequer sabem respirar? Os desejos dos cinco sentidos arraigaram-se em sua vontade, o *eixo do Céu* não perpassou o seu espírito.

古之真人，不知說生，不知惡死；其出不訢，其入不距；翛然而往，翛然而來而已矣。不忘其所始，不求其所終；受而喜之，忘而復之，是之謂不以心捐道，不以人助天。是之謂真人。

"O *homem verdadeiro*, conhecido da Antiguidade, ignorava as alegrias da vida e os terrores da morte desprezava. Ao chegar ao mundo, não se perdia em júbilos; nem se rebelava, em sua saída dele. Sem apego vinha, sem apego ia. Embora nunca se esquecesse de sua origem antes de nascer, a saudade não o levava a precipitar a sua morte. Durante a sua inteira passagem por este plano, alegrava-se por cada coisa que recebia, devolvendo-as sem pesar, como se delas se houvesse esquecido. Quem consegue agir desta maneira não abandona o Dao para seguir o próprio coração, nem acredita que suas forças bastam para ajudar o Céu a seguir seu próprio curso. Esse é o *homem verdadeiro*.

若然者，其心志，其容寂，其顙頯；淒然似秋，煖然似春，喜怒通四時，與物有宜而莫知其極。

"Homens desse calibre são estranhamente poderosos: suas mentes são pura vontade, suas figuras são impassíveis, seus semblantes são prodigiosos. Implacáveis como o outono, dadivosos como a primavera, não são porém seres caprichosos: em seu caso, alegria, raiva, tristeza, contentamento, cada uma das emoções fundamentais, circulam e mantêm-se em perfeita harmonia com o suceder das estações do ano. Em sua relação com as coisas, nunca fogem à medida do que é adequado – e não há ninguém que consiga conceber a sua perfeição.

故聖人之用兵也，亡國而不失人心；利澤施乎萬世，不為愛人。

"Sabes por quê? Porque tentamos definir a perfeição meramente como uma idealização de nossas circunstâncias. Por exemplo, os homens sábios que foram forçados a usar das armas preferiam sacrificar as suas terras a perder os corações e mentes de seus apoiadores. Concomitantemente, os benefícios de seu jugo espalham-se como aljôfar sobre dez mil gerações, não por preferirem aquelas pessoas que estavam sob seu comando, mas por ter em mente o bem-estar de longo prazo de seu povo. Esse é o acme da sabedoria humana, de cujo descenso marcamos os outros estágios da grandeza dada aos homens:

故樂通物，非聖人也；有親，非仁也；天時，非賢也；利害不通，非君子也；行名失己，非士也；亡身不真，非役人也。

"Cuida nisso: Se encontrares contentamento ao conhecer as razões das coisas, ao compreender os sentimentos dos seres, não és um *homem sábio*. Se reconheceres teu parentesco, ou até proximidade, com as pessoas de teu convívio, não és um *homem humano*. Se precisares estipular o momento propício, definido pelo Céu, para as tuas empresas, não és um *homem de valor*. Se, diante dos diferentes caminhos abertos à tua frente, não conseguires prever quais trarão lucro, quais trarão dano, não és um *homem nobre*. Se ao granjeares fama desrespeitas os teus escrúpulos, não pertences à classe do *homem letrado*. Se pisoteias o próprio orgulho, se desprezas a própria dignidade, não podes comandar os outros como um *homem público*.

若狐不偕、務光、伯夷、叔齊、箕子、胥餘、紀他、申徒狄，是役人之役，適人之適，而不自適其適者也。

"Personalidades como Gu Bukai, Wuguang, Boyi, Shuqi, Jizi, Xuyu, Jita, Shentu Di – ainda que sejam vistos como homens sábios e homens de valor da honorável Antiguidade por grandes eruditos de tradição respeitável – não passam de comandados, subalternos de homens públicos. Comandados de comandantes, despachados de despachantes, alheios ao seu alheamento da Virtude.

古之真人，其狀義而不朋，若不足而不承；與乎其觚而不堅也，張乎其虛而不華也；邴邴乎其似喜乎！崔乎其不得已乎！滀乎進我色也，與乎止我德也；厲乎其似世乎！

"Oh, o *homem verdadeiro* é infinitamente mais do que tudo o que encarecemos em nossos livros: aos nossos olhos, é como as montanhas com que culmina o mundo, inalteravelmente altaneiras, nunca desabantes. Embora deixe a impressão de que nada onera o seu coração, de fato tudo permeia o seu intelecto, e nele nada falta. Está à vontade em sua solidão, assume a sua singularidade, mas não se agarra à sua pessoalidade. Por se espelhar no vazio, expande o seu ser, sem intumescer o seu ego. Há um calor na sua expressão, uma afabilidade no seu porte, faz crer que é alegre. Ledo engano! Seus movimentos e reações reproduzem as flutuações da Energia Vital, não lhes resistindo, nem sendo por elas compelido. É como a água que se acumula, preenchendo o seu aspecto, inundando a sua Virtude. Consegues imaginar algo mais vasto do que o seu espírito? Afigura-se à imensidão do Dao!

謷乎其未可制也；連乎其似好閉也，悗乎忘其言也。以刑為體，以禮為翼，以知為時，以德為循。以刑為體者，綽乎其殺也；以禮為翼者，所以行於世也；以知為時者，不得已於事也；以德為循者，言其與有足者至於丘也；

"Tampouco é impossível que o *homem verdadeiro* viva em sociedade. Não penses que, por estar em comunhão com o Dao, a consciência do *homem verdadeiro* dispersa-se, sem qualquer disciplina. Sua concentração é um fluxo contínuo que parece nunca ter se interrompido. Sua meditação ocorre no mais absoluto silêncio, pois as palavras perderam seu uso. Sob esse estado de iluminação, ele *permeia* o governo, não o exerce: as punições servem-lhe de braços, os ritos funcionam como as suas pernas; a Sabedoria espelha o tempo propício, a Virtude define o padrão para seus atos. O que quero dizer com '*as punições são braços fortes*', inquires-me?; digo que o rigor da lei é mais clemente do que a violência impune. Que desejo expressar com '*os ritos são pernas firmes*'?, são os ritos e música que coordenam os comportamentos, mantendo a sociedade no rumo. E qual o significado de '*a Sabedoria segue o tempo propício*'?, quando não é necessário ponderar ou refletir sobre a conveniência de um determinado curso de ação, este se torna uma realidade inevitavelmente justificada. Por fim, não compreendes o que quer dizer '*a Virtude segue o padrão*'?, isso demonstra que é possível a todos perceber e acompanhar as manifestações da Virtude, ultimamente, prova que o homem verdadeiro pode se juntar a outros para buscarem, como destino final, o Vazio.

而人真以為勤行者也。故其好之也一，其弗好之也一。其一也一，其不一也一。其一與天為徒，其不一與人為徒。天與人不相勝也，是之謂真人。

"Por conseguinte, o *homem verdadeiro* também pode ser gregário. Infelizmente, as pessoas comuns confundem-no com os *homens sábios*, estando convictas de que se chega a esse estágio através de práticas rotineiras, de uma cultivação intensiva. Mas isso não importa. Embora o *homem verdadeiro* sinta afinidade por alguns e estranhamento por outros, sua forma de se comportar diante de ambos é uma e a mesma. Seja quando se irmana aos seus companheiros, seja quando não se irmana a eles, não há diferença alguma em seu modo de ser. Questionas-me quais são esses dois grupos de camaradas, e te respondo: irmana-se aos *Seguidores do Céu*; não se irmana aos *Seguidores dos Homens*. Protestas que não é possível tratá-los da mesma maneira, e replico a ti: *Céu e homem existem em harmonia*. Respeitada a prioridade de um sobre o outro, nunca se sobrepujam. Eis a razão para que o louvemos como *homem verdadeiro*."

Comentário: "Imortal até o fim..."

Com este ensaio, Zhuangzi enfrenta o fato de que mesmo a Sabedoria do Dao não basta para salvar o praticante daoista de um fim igual ao do confuciano, ou de quem se entrega à busca de realizações, ou daquele que simplesmente vive dia após dia. Esse é o germe dialético da soteriologia, que permaneceria atrofiada no daoismo até os nossos dias. É preciso assinalar que, em Laozi e nesta obra, *a prática daoista não garante resultados para todos*; quando se os obtêm, são diferentes de pessoa a pessoa; até os melhores resultados não podem violar a Espontaneidade – o que deixa em aberto o problema de quanto podem viver os imortais (admitindo-se que existam).

A tradição crítica chinesa argumenta que Zhuangzi está a inovar a "escada do ser" com o seu *homem verdadeiro* ou *autêntico* (真人, *Zhenren*). Nessa "escada", distinguem-se hierarquicamente os diferentes tipos de existência humana. Nos degraus da base, estão os homens comuns; nos do meio, o ideal confuciano, representado por vários tipos, o mais avançado dos quais é o sábio (聖人, *Shengren*); nos de cima, os grandes daoistas, nomeadamente, o *homem supremo*, que vinha sendo referido como o ápice, e sua forma aperfeiçoada, o *homem verdadeiro*. Essa leitura trai suas condições sociais e um hábito mental chinês. Na Antiguidade daquele país, sempre se organizou a sociedade em camadas estanques, isolando a elite político-burocrática daqueles que não tinham relação direta com o regime. Até a própria elite também estava classificada por dentro em dois tipos de "patentes", os "*níveis nobiliárquicos*" (爵位, *Juewei*), definidos pela relação com a família reinante, e os "*escalões burocráticos*" (官位, *Guanwei*), situando os funcionários dentro da máquina administrativa central.

Zhuangzi certamente está a se referir a essa atmosfera social, utilizando a "escada do ser" em prol de suas reflexões. Contudo, não é seguro que esteja, sem ironia, a advogar em prol de um *homem verdadeiro*. Os pensadores clássicos chineses, vendo a hierarquia social como uma realidade transcendente, faziam seus ideais de vida corresponder a essas "listas". Desde o seu nascedouro em Confúcio, a elite intelectual da baixa nobreza 士大夫 (*Shidafu*) já se representava numa escala que abrangia o homem de valor (賢人, *Xianren*), vindo abaixo do homem nobre (君子, *Junzi*), que existia sob o ideal quase inatingível do homem sábio (聖人, *Shengren*). Será que, depois de propalar a saída do mundo com tanta eloquência, Zhuangzi não perceberia que estava a repetir os mesmos vícios da sociedade em sua utopia daoista?

O que parece ser mais certo é que Zhuangzi *se dera conta das limitações de qualquer ideal humano*. O plano da sabedoria prática já estava satisfatoriamente coberto pelo confucionismo. O da sabedoria transcendente, pelo *homem supremo*. Todavia, eis o problema: o *homem supremo* é longevo, mas apenas protela, não escapando das angústias e incertezas da morte. Numa discussão reminiscente do quarto texto do Capítulo I, o conhecimento do Dao está sempre condicionado aos *limites* de cada indivíduo e, num campo mais amplo, da própria vida humana. O virtuoso daoista invariavelmente *depende* de algo – em última análise, seu corpo, sua mente, seu espírito – para que possa tentar alcançar uma intuição, *sempre fugidia*, da Verdade Suprema. Portanto, o *homem verdadeiro* serve de recurso, literário, para que o autor tente representar um tipo de existência sobre-humana, intrinsecamente *menos incapaz* de tocar o absoluto. Atente-se para que Zhuangzi não dá como certa a existência desses homens, vez e outra assinalando que "existiam na Antiguidade". Com isso, os autores chineses indicam um tempo antiquíssimo, perfeito, inalcançável por qualquer memória humana, o que, nas convenções da vida intelectual chinesa antiga, serve de "prova irrefutável" de que suas idealizações não são falsas.

Os comentaristas de matriz daoista tentam estabelecer um nexo entre o *homem verdadeiro* e a crença nos imortais (仙人 ou 僊人, *Xianren*) – termos que, aliás, *nunca aparecem* neste primeiro tomo de *Zhuangzi*. Admitindo que o nexo existe, defrontamo-nos com uma séria dificuldade: segundo o raciocínio de Zhuangzi, os *imortais* também podem *morrer*. É preciso reconhecer que os *homens verdadeiros* são extremamente longevos e possuem, de fato, todo tipo de poderes sobrenaturais. Nada obstante, Zhuangzi dedica, neste ensaio, um parágrafo à forma como enfrentam a morte, assinalando que os *poderes sobrenaturais também estão sujeitos a limites*. Notamos que, em momento algum deste livro, o autor trata do ambiente em que vivem os imortais como um tipo de paraíso terrestre. Sem dúvida, mais ou menos na época de Zhuangzi, já circulavam pela China lendas de que havia moradas dos imortais – seja montanhas, sejam rios, às vezes terras distantes, ilhas além do mar. Apesar de que fossem "perfeitos" do ângulo das sociedades humanas, todos esses lugares estavam situados *no mesmo plano que o nosso*, "entre o Céu e a Terra", ou seja, *circunscritos pela Transformação do Dao*.

Por todos esses motivos, fica evidente para o leitor que a atitude de Zhuangzi permite que nos concentremos sobre a morte como uma questão em si e, por esse motivo, cheia de significado existencial. *Afinal, o que é a morte, se temos certeza de que não é o fim?*

2.
Além da morte, além da vida

死生，命也，其有夜旦之常，天也。人之有所不得與，皆物之情也。彼特以天為父，而身猶愛之，而況其卓乎！人特以有君為愈乎己，而身猶死之，而況其真乎！

Não te conformas com que vimos à vida e sumimos com a morte. Lembro-te que é o que manda o *Mandato*. É o mesmo que a sucessão dos dias às noites; *assim quis o Céu*. Nós, homens, estamos limitados por nossas fraquezas; é o quinhão de todos os seres. Por tal razão, o vulgo venera o Céu como Pai e cultiva a longevidade de seus corpos: por que os homens melhores haveriam de tomar outro Caminho? Além disso, a plebe também considera a vida de seu governante mais preciosa do que a própria, prontos para sacrificarem-se no proveito dele: como é que os homens mais verdadeiros fugiriam desse Dao? Será que percebes o meu sarcasmo?

泉涸，魚相與處於陸，相呴以濕，相濡以沫，不如相忘於江湖。與其譽堯而非桀也，不如兩忘而化其道。

Para que entendas o que realmente penso, ocorre-me uma fábula. Há muitas eras, o sol raiou sem parar e a chuva esqueceu de cair. E assim veio a seca que secou os lagos, os rios e até a fonte de onde fluíam os rios e lagos. Os peixes surpreenderam-se sobre a terra enrugada, debatendo-se. Para sobreviverem, viram que podiam esguichar uns sobre os outros a água que sobrara nas suas brânquias, umectando-se com os humores de cada qual.

Uma vida precária, mas vida, mesmo assim, não? Ou julgas que teria sido melhor continuarem a viver dispersos pelos lagos e rios, ignaros uns da existência dos outros? Não me respondas. Em vez de debatermos sobre quem é bom, quem é mau, tomando partido do virtuoso rei Shun, denunciando o degenerado rei Jie, não seria mais proveitoso *esquecermos* a existência dos opostos e promovermos a *Transformação do Dao*?

夫大塊載我以形，勞我以生，佚我以老，息我以死。故善吾生者，乃所以善吾死也。

Vê esta Terra que suporta a toda a vida. Ela nos dadiva os corpos que possuímos, ela nos fadiga com a vida, ela nos míngua com a velhice, ela nos apaga com a morte. Não compreendes? Por que te revoltas contra a nossa sina? Da mesma forma que devemos nos *benquistar com a vida*, devemos nos *benquistar com a morte*.

夫藏舟於壑，藏山於澤，謂之固矣。然而夜半有力者負之而走，昧者不知也。藏小大有宜，猶有所遯。

Já ouviste falar daquela história do pescador precavido que, morando numa vila de ladrões, sempre ocultava o seu bote num desfiladeiro após a labuta diária? E aquela do eremita que, desgostoso do mundo, elegeu uma montanha perdida no meio dos lagos sem fim como seu latíbulo? Ajuizados esses dois, não? Contudo, certa feita, na calada da noite, veio um bruto corpulento e carregou o barco de um nas costas; certa feita, na calada da noite, veio a morte e levou o outro embora. *A medida de nossa estupidez é o que não podemos prever*. Tanto o pescador como o eremita escolheram meios apropriados para preservar o que lhes era caro, e conseguiram, enquanto foi possível fugir ao inevitável.

若夫藏天下於天下而不得所遯，是恆物之大情也。特犯人之形而猶喜之。若人之形者，萬化而未始有極也，其為樂可勝計邪！故聖人將遊於物之所不得遯而皆存。善妖善老，善始善終，人猶效之，又況萬物之所係，而一化之所待乎！

E o que dizermos daqueles que tentam esconder Tudo sob o Céu em Tudo sob o Céu – supremo paradoxo! – e não conseguem? Eis a grande aspiração dos seres que pretendem a imortalidade!! Embora se submetam às Dez Mil Transformações, a manifestação do Dao na realidade, somente se dão por satisfeitos quando assumem um corpo humano. Obtendo-o, porém, sofrem, pois continuam a fluir seguindo o ritmo das mudanças da Energia Vital, que nunca cessam, nunca culminam, nunca terminam: será possível preferir, comparar, aferir as alegrias das transformações do Dao? Consequentemente, o homem sábio permite que seu coração transite por tudo aquilo que os outros desejam preservar, abraçando a transitoriedade das coisas e, mesmo que as perca, acumule-as em seu espírito. Que bem--vinda lhe seja uma morte em tenra idade! Que bem-vindos lhe sejam os óbices da extrema velhice! Ao prezar os inícios e prezar os fins, esse homem serve de modelo para emulação. Mas não só. Ele é o nó que une as Dez Mil Coisas umas às outras, o arrimo da *Unidade que permanece em meio às mudanças*.

Comentário: "Deitando o fardo"

Com uma exposição tortuosa, cheia de falsos inícios e falsas conclusões, Zhuangzi reproduz a completa desorientação com que os homens vivem. Essa exposição *esconde uma crítica feroz da busca de imortalidade em detrimento da contemplação do Dao*.

Almejar a longevidade, como um fim em si, conduz a um paradoxo destruidor para o daoismo: com os olhos postos no prêmio a se obter, esquece-se da motivação original, *a busca de um sentido positivo para como se vive a cada dia* e, mediatamente, para toda a existência. É por tal motivo que o Dao sempre prevalece sobre o homem com uma sabedoria maior, a *mandar* que todos morram. Ao tentar viver "todos os dias que o Céu lhe deu" ou postergar a sua partida do mundo, o homem sábio não se revolta contra a morte, antes tenta compreender como ela se harmoniza à Espontaneidade, em outras palavras, *como a eterna transformação do Dao permeia a realidade*. Com essa doutrina, Zhuangzi adota e enriquece o sentido de Mandato do Céu.

O *Mandato do Céu* (天命, *Tianming*) é uma importante doutrina do pensamento chinês primitivo. Nos *Clássicos Ortodoxos*, as obras sagradas do confucionismo, ela vem mais diretamente relacionada à tomada de poder da casa de 商 (Shang) pela dinastia sucessora, a de 周 (Zhou). Na racionalização desse evento histórico, Shang perdera o governo de Tudo sob o Céu em decorrência da degeneração de sua Virtude (德, *De*), que até então garantira para si o favor do Céu. No pensamento chinês, *a história é cíclica*: da mesma forma que o Mandato atribuía suas benesses, também era capaz de retribuir a injustiça e, por isso, Tudo sob o Céu sempre restaria sob a responsabilidade do melhor. Porém, no *Clássico das mutações* (易經, *Yijing*), na *Doutrina do meio* (中庸, *Zhongyong*) e outras obras ortodoxas, o sentido de "Mandato" é ampliado substancialmente, abrangendo não apenas os grandes atores da história, mas servindo de ordem comum para tudo e todos que existem, dizendo respeito a todos individualmente. Dessa forma, o Mandato passava a ser explicado como a força divina por trás de cada evento – um "destino" pleno de sentido. Desde esse momento, o pensamento chinês exorta o homem sábio *a meditar sobre o Mandato, descobrindo por meio dele a sua própria natureza íntima* (do homem sábio) e restaurando-a "tal como a recebera do Céu", através de uma purificação moral e espiritual.

Entretanto, na prática, a atitude mais generalizada dos chineses antigos com respeito ao Mandato do Céu não era a de contemplação íntima, mas a de ver nele uma força mecânica, *tentando manipulá-lo utilitariamente* para evitar desgraças e buscar benesses. Como resultado, as artes divinatórias chinesas assumiram uma notável importância na cultura popular, criando um complexo sistema determinista, desde os *Livros dos Dias* (日書, *Rishu*) da dinastia Han (final séc. III a.C. – início séc. III d.C.), até os modernos *Almanaques Amarelos* (黃曆, *Huangli*) – listas do que era/é propício fazer, ou não, a cada dia do ano.

Nesse contexto, Zhuangzi usa de sarcasmo para orientar as pessoas a que *admitam as desgraças e a morte como coisas fora do controle, mas cheias de sentido*. Tanto a fábula dos peixes, como as anedotas do pescador e do eremita fazem pouco dos homens que não medem esforços para controlar o seu destino. Eles são incapazes de prever tudo o que lhes pode acontecer, não têm sabedoria o bastante para responder adequadamente aos eventos e, por último, têm de se consolar em sua triste condição, por meio de concepções como a "felicidade viável", a "segurança possível", "falta de sorte" etc. Seja à maneira do peixe que sobrevive na lama emprestando a água dos outros, seja à dos dois que não medem esforços para evitar o que não lhes apraz, vivemos reagindo a ameaças imaginárias, tomando decisões com base em especulações, recusando o nosso próprio "destino" putativo, antes que qualquer coisa aconteça. O praticante daoista entrega-se a essa força maior, calculando menos, pensando menos, antecipando-se menos e, dessa maneira, conformando a sua vontade à Transformação do Dao.

Um provérbio chinês sintetiza a sabedoria daoista, exortando as pessoas a que "fluam juntas com a Espontaneidade" (順其自然, *Shunqiziran*). Isso significa que cada um deve tentar observar sua própria condição "de fora", como se fosse um desconhecido, em meio a uma situação que não lhe diz respeito, perdido num lugar e num tempo que não lhe importam pessoalmente. Esse ponto de vista é o da "Unidade que permanece inalterada em meio às mudanças do mundo". Por conseguinte, a maior segurança existencial e senso de plenitude diante das desgraças é a *daquela pessoa que, intuindo a própria fungibilidade, permite que tudo passe como o suceder natural das coisas*: bens materiais, entes queridos... e a própria vida.

3.
O Hino ao Dao

夫道，有情有信，無為無形；

O Dao tem duas coisas: tem sensibilidade, tem credibilidade. O Dao não tem duas coisas: não tem intencionalidade, não tem corporeidade./

可傳而不可受，可得而不可見；

O Dao pode e não pode: pode ser transmitido, não pode ser recebido. O Dao pode e não pode: pode ser captado, não pode ser visualizado./

自本自根，未有天地，自古以固存；

Desde as suas raízes, desde o seu princípio, desde quando Céu e Terra ainda não eram, desde o início do tempo, o Dao já estava lá, presente, existente./

神鬼神帝，生天生地；

Fonte do nume dos Espíritos Telúricos, fonte do nume das Deidades Celestes; mãe do Céu, pai da Terra./

在太極之先而不為高，在六極之下而不為深；

Precedendo à Suprema Polaridade, carecendo de sua altura; inferior às Seis Direções, carecendo de sua profundidade;/

先天地生而不為久，長於上古而不為老。

Anterior à separação do Par Cosmogônico, falto de sua longinquidade; mais duradouro do que a Suprema Antiguidade, falto de sua longevidade./

狶韋氏得之，以挈天地；伏戲氏得之，以襲氣母；

Xiwei, rei-deus, conquistou o Dao e ergueu Céu e Terra com seus braços; Fu'xi, rei-deus, dominou o Dao e conteve a Mãe da Energia Vital entre suas mãos;/

維斗得之，終古不忒；日月得之，終古不息；

O Caço do Norte, mapa das estrelas, obteve o Dao e registra com precisão a história do universo; Sol e Lua, luminares do mundo, conseguiram o Dao e marcam a sucessão imorredoura do tempo;/

堪坏得之，以襲崐崙；馮夷得之，以遊大川；

Kan'huan, deidade monstruosa, ganhou o Dao e emboscou o deus de Kun'lun, montanha-eixo do Céu; Feng Yi, deidade fluvial, captou o Dao e assenhorou-se do rio Amarelo;/

肩吾得之，以處大山；黃帝得之，以登雲天；

Jian'wu, deidade dos montes, apoderou-se o Dao e habitou a montanha Tai, eixo do mundo; Imperador Amarelo, rei de homens, apropriou-se do Dao e montou num dragão, subindo aos céus encapelados;/

顓頊得之，以處玄宮；禺強得之，立乎北極；

Zhuan'xu, herdeiro do Imperador Amarelo, recebeu o Dao e instalou--se no Palácio Negro, reinando sobre o Norte; Yu'qiang, descendente de Zhuan'xu, auferiu o Dao e ocupou os Mares do Norte;/

西王母得之，坐乎少廣，莫知其始，莫知其終；彭祖得之，上及有虞，下及五伯；

Rainha-mãe do Oeste, deidade do sol poente, colheu o Dao e sentou-se em seu palácio na montanha Shao'huang – ninguém sabe desde quando, ninguém sabe até quando; Ancestral Peng, o mais longevo dos homens, agarrou o Dao e conheceu o reino dos Cinco Grão-Duques, desde os tempos de Yu Shun até a era dos Zhou, ao todo um milheiro de anos;

傅說得之，以相武丁，奄有天下，乘東維，騎箕尾，而比於列星。

Chuan Yue também alcançou o Dao e, com isso, tornou-se ministro de Wu Ding, rei de homens, antes que Tudo sob o Céu caísse, surpreendentemente, em suas mãos; após morrerem, continuam a governar o mundo, cavalgando sobre as constelações da Peneira e do Rabo, duas últimas das Mansões do Leste – o Dragão Verde.

Comentário: "O folclore da imortalidade"

Em meio a uma série de textos instigantes, com foco nas dificuldades de aceitar e de lidar com a morte, este capítulo, misteriosamente, traz uma passagem menos envolvente, de louvor ao Dao. Embora seja única em estrutura e tom em todo o *Zhuangzi*, é muito provável que teve uma influência significativa no desenvolvimento do daoismo religioso em sentido estrito, *com um estilo que antecipa a literatura de caráter devocional.*

Justamente por ser devocional, o leitor moderno tem dificuldades de acompanhar esta passagem e até mesmo de simpatizar com ela, pois, à maneira da *Cosmogonia* de Hesíodo, aos nossos olhos resume-se a uma lista de nomes e atributos. Sem embargo, nas religiões antigas, *os nomes das deidades tinham um poder em si*, cuja mera pronúncia despertava, no coração dos fiéis, o sentimento de reverência e entrega absoluta ao poder do nume. Essas listas representavam uma "*história*" *sagrada*, resumindo uma profissão de fé e padronizando referências que viriam a prevalecer em outras obras, de objetivos menos especificamente religiosos. Por isso, em reconhecimento à importância desse texto, tentamos destacar melhor o seu conteúdo com um comentário ligeiramente mais detido.

O título de "Hino ao Dao", que atribuímos à composição, define o seu gênero. É um poema de cariz devocional em duas partes. A primeira delas faz o elogio do Dao, enquanto a segunda celebra um conjunto de deidades, muitas das quais persistem até hoje como objeto de veneração no daoismo religioso. Tecnicamente, a primeira parte é composta de parelhas de versos de diversas extensões, mas com mesmo número de sílabas e simétricos semanticamente. Na segunda parte, predominam tetrassílabos, com a simetria semântica ampliada para as parelhas, cujos versos agora formam unidades sintáticas.

Para facilitar a explicação, reproduzimos o texto:

PARTE I

(1) O Dao tem duas coisas: tem sensibilidade, tem credibilidade. O Dao não tem duas coisas: não tem intencionalidade, não tem corporeidade./

O Dao pode e não pode: pode ser transmitido, não pode ser recebido. O Dao pode e não pode: pode ser captado, não pode ser visualizado./

(2) Desde as suas raízes, desde o seu princípio, desde quando Céu e Terra ainda não eram, desde o início do tempo, o Dao já estava lá, presente, existente./

Fonte do nume dos Espíritos Telúricos, fonte do nume das Deidades Celestes; mãe do Céu, pai da Terra./

Precedendo à Suprema Polaridade, carecendo de sua altura; inferior às Seis Direções, carecendo de sua profundidade;/

Anterior à separação do Par Cosmogônico, falto de sua longinquidade; mais duradouro do que a Suprema Antiguidade, falto de sua longevidade;/

Esta primeira parte do poema lembra o *Dao De Jing* de Laozi em estilo e conteúdo. O Dao é exposto homileticamente (1) e cosmologicamente (2).

Na curta homilia, o Dao é descrito como a Verdade absoluta que não pode ser ensinada dogmaticamente, devendo ser intuída por meio de práticas espirituais. Isto é, o Dao, por essência, não se presta à proselitização em massa, já que *não está ao alcance da linguagem, nem se manifesta da mesma forma no tempo e no espaço*: há um tipo de mestre para cada tipo de aluno e há um tipo de transmissão para cada tipo de recepção. Isso marca a passagem para o conteúdo cosmológico.

Os homens são seres limitados no tempo e no espaço, enquanto o Dao é absoluto. Embora haja ciclos de criação e destruição na Natureza (quatro estações) e na sociedade (dinastias políticas), o mesmo não se aplica ao Dao. *Não há um fim para a história, nem para o mundo.* A "criação do universo", descrita como separação do Céu e da Terra, não é mais do que um aspecto da *Transformação* (化, *Hua*), a forma de ser do Dao. Curiosamente, no pensamento chinês autóctone, o mundo é eterno, não havendo contraparte para a separação do par cosmogônico, como a sua nova junção ou destruição mútua. Mesmo com a assimilação do budismo, a noção de destruição periódica do mundo (sucessão de *Kalpas*), característica da civilização hindu, não chegou a modificar a atitude tradicional dos chineses, *de se preocuparem exclusivamente com este único mundo.*

A primeira parte termina com o paradoxo de que o Dao é "mais limitado" do que a realidade que produziu e continua a produzir.

Passemos à segunda parte:

PARTE II

Xiwei, rei-deus, conquistou o Dao e ergueu Céu e Terra com seus braços; Fu'xi, rei-deus, dominou o Dao e conteve a Mãe da Energia Vital entre suas mãos;/

O Caço do Norte, mapa das estrelas, obteve o Dao e registra com precisão a história do universo; Sol e Lua, luminares do mundo, conseguiram o Dao e marcam a sucessão imorredoura do tempo;/

Kan'huan, deidade monstruosa, ganhou o Dao e emboscou o deus de Kun'lun, montanha-eixo do Céu; Feng Yi, deidade fluvial, captou o Dao e assenhorou-se do rio Amarelo;/

Jian'wu, deidade dos montes, apoderou-se o Dao e habitou a montanha Tai, eixo do mundo; Imperador Amarelo, rei de homens, apropriou-se do Dao e montou num dragão, subindo aos céus encapelados;/

Zhuan'xu, herdeiro do Imperador Amarelo, recebeu o Dao e instalou-se no Palácio Negro, reinando sobre o Norte; Yu'qiang, descendente de Zhuan'xu, auferiu o Dao e ocupou os Mares do Norte;/

Rainha-Mãe do Oeste, deidade do sol poente, colheu o Dao e sentou-se em seu palácio na montanha Shao'huang – ninguém sabe desde quando, ninguém sabe até quando; Ancestral Peng, o mais longevo dos homens, agarrou o Dao e conheceu o reino dos Cinco Grão-Duques, desde os tempos de Yu Shun até a era dos Zhou, ao todo um milheiro de anos;

Chuan Yue também alcançou o Dao e, com isso, tornou-se ministro de Wu Ding, rei de homens, antes que Tudo sob o Céu caísse, surpreendentemente, em suas mãos; após morrerem, continuam a governar o mundo, cavalgando sobre as constelações da Peneira e do Rabo, duas últimas das Mansões do Leste – o Dragão Verde.

A segunda parte do texto traz um catálogo de deidades, todas *produzidas* pelo Dao, ou seja, *reproduções contingentes* do mesmo. Essas divindades são louvadas por seus atributos e realizações, sendo integradas ao que podemos denominar de "*geografia divina*" da China.

Parte dessas deidades são personagens lendárias, semi-históricas e históricas que, via de regra, foram governantes da "China" em suas respectivas eras. Dessa forma, o daoismo não deixa de seguir a *sacralização da política* peculiar a todo o pensamento autóctone da China. Fu Xi (伏羲), o Imperador

Amarelo (黃帝, Huangdi) e Zhuanxu (顓頊) são os mais conhecidos, normalmente citados como integrantes dos chamados Três Augustos e Cinco Imperadores (三皇五帝, Sanhuang Wudi). Esses são os oito principais reis sábios da Alta Antiguidade (pré-história remota?), anteriores à adoção do princípio de transmissão hereditária do poder. A divisão em três e cinco parece se justificar em que os primeiros, nos quais se inclui Fu'xi, são heróis civilizadores, que ensinaram os chineses as artes da caça/pesca, agricultura e manejo do fogo; os cinco membros da segunda categoria também deram contribuições civilizadoras, porém mais concernidas à organização social e aos costumes tradicionais do povo.

Fu'Xi seria retrabalhado posteriormente para ser o elemento masculino de um par cosmogônico. A contraparte feminina é Nü'wa (女媧) – não citada neste trecho. Iconograficamente, os dois são frequentemente representados metade serpente (dragão), metade ser humano. A parte inferior (o rabo de dragão) dos dois está entrelaçada, enquanto a metade humana abraça-se parcialmente, segurando, com o braço livre, um compasso (símbolo do Céu) ou um esquadro (símbolo da Terra). Em certos contextos, os dois são colocados sobre o pano de fundo das *28 Moradas do Céu* (二十八宿, Ershiba Xiu, as constelações clássicas chinesas).

Xiwei (豨韋), que aparece em primeiro lugar na lista de deidades, descrito sucintamente como "líder do Céu e da Terra" no original, é uma personagem obscura, que parece ter pertencido a um período bastante posterior da China proto-histórica. Todavia, já que é citado antes de Fu'Xi (a personagem efetivamente mais antiga do catálogo) e pelo texto afirmar que "carrega Céu e Terra em seus braços", é tentador relacioná-lo de alguma maneira ao gigante Pangu (盤古), um mito estrangeiro que parece ter sido domesticado vários séculos depois de Zhuangzi. Pangu é o "titã chinês" que separou o Céu e a Terra com seus braços e pernas. Ele morreu ao fazê-lo e, com a decomposição de seu corpo, deu vida às Dez Mil Coisas.

A Rainha-Mãe do Oeste (西王母) e a montanha Kun'lun (崑崙, que aparece deslocada geograficamente neste texto) também parecem estar conectadas ao folclore estrangeiro das "Regiões Ocidentais" (西域, Xiyu, a Ásia Central). O culto da Rainha-Mãe desenvolveu-se muito rapidamente a partir da segunda metade da dinastia Han (sécs. I-III). Há uma interessante tradição, preservada numa obra literária mais ou menos contemporânea a Zhuangzi, segundo a qual o rei Mu de Zhou (周穆王, 1027? – 922? a.C.) viajou para o Oeste, com o objetivo de prestar uma visita à Rainha-Mãe, em busca da imortalidade.

Kan'huan (堪坏), Feng Yi (馮夷) servem de ilustração para as deidades elementais, representando montanhas, rios, florestas e coisas do tipo. Eles ilustram a "sacralização do espaço" que está bem representada por uma série de imagens neste texto. Citamos dois exemplos mais importantes. Primeiro vem a montanha Tai (泰山), tão sagrada para os chineses antigos como o monte Sumeru era para as religiões hindus. Exercendo o papel de "Pilar do Céu", seu estatuto permaneceu intocado mesmo após a expansão territorial da China em direções oeste e sul. A montanha Tai continuou como o centro dos "Quatro" ou "Cinco Picos Sagrados" organizados ulteriormente. O segundo exemplo concerne ao rio Amarelo, que é o mais importante rio na cultura chinesa. Por seu ensejo, há um conjunto de tradições sobre o "Senhor do Rio" e sobre a "Tartaruga Divina" sobre cujo casco veio revelado o diagrama que esquematizava os segredos do Céu e da Terra.

Embora o texto cite apenas o norte (Palácio Negro, Mares do Norte), os pontos cardeais também são celebrados como aspectos do Dao, representando Yin-Yang e os Cinco Elementos. Sol e Lua são manifestações incontornáveis do divino que, na China, são assimilados ao esquema Yin-Yang. O Céu é um lugar privilegiado para o daoismo, sendo a abóbada celeste dividida em Quatro Palácios, cada qual representado por um animal sagrado (Dragão, Tigre, Fênix e Xuanwu – misto de tartaruga e cobra). Sobre esses Quatro Palácios distribuíam-se as 28 constelações (em chinês, Moradas do Céu). O texto cita particularmente a constelação de sete estrelas conhecida como Caço do Norte (北斗七星, Beidou Qixing) – Ursa Maior, para nós. Importante referência para a agricultura chinesa, o Caço tem uma presença marcante na liturgia daoista de eras posteriores, sendo imaginada como a "carruagem" do Grande Yu (大禹), mais um rei sábio, a quem se atribui a invenção de obras hidráulicas com que se atenuaram os efeitos das enchentes periódicas do rio Amarelo.

O texto termina com menção a personagens de eras relativamente menos remotas, o mais recente dos quais é o rei da dinastia Shang, Wu Ding (武丁),

que faleceu em 1192 a.C. Ministros também são reconhecidos e, especialmente, dois praticantes do Dao, Pengzu (彭祖), o "homem mais longevo do folclore chinês", e Jianwu (肩吾), o Ombrudo, que figura nas anedotas de Zhuangzi e integra uma das mais importantes linhas de transmissão daoista desta obra. É importante notar a insistência com que *essas figuras estão de alguma forma presentes no Céu*. A religião daoista prega a existência de uma corte no Céu, que tem características análogas às do governo imperial sobre a Terra, o que reitera o desinteresse congênito dos chineses em qualquer idealização da vida no além.

Para concluir, este texto é o mais próximo que chegamos de uma "mitologia" na literatura clássica chinesa. Não podemos nos esquecer da *Escritura das montanhas e mares* 山海經 (*Shanhai Jing*), também reconhecida como texto sagrado do daoismo. Porém, essa é *uma "mitologia" carecedora de grandes verdades sobre o ser humano, de grandes especulações sobre o universo*. A China antiga também não chegou a produzir uma literatura épica em sentido estrito – em outras altas civilizações, *mito e épico são "gêneros" contíguos*. Ao refletirmos sobre as razões para tanto, isso provavelmente se justifica pela organização social e econômica de seu povo: a agricultura os fixava ao solo e a administração burocrática atrofiava a curiosidade especulativa dos poetas e filósofos. Nada obstante, não se pode ignorar que há *rudimentos de devoção* nas entrelinhas, abrindo vias para a organização do daoismo como uma religião institucionalizada, o que ocorreria de fato, muitos séculos após Zhuangzi.

4. A genealogia do Dao

南伯子葵問乎女偊曰：「子之年長矣，而色若〔孺〕子，何也？」曰：「吾聞道矣。」

Antes de ganhar fama como o Marquês do Sul, Guo Ziqi persistia no caminho da imortalidade, praticando o Dao. Viajava pelas terras de Tudo sob o Céu, esforçando-se para aprender os segredos daqueles homens que deixaram de ser homens, tendo coberto as suas pegadas e apagado os seus rastros. Numa oportunidade, encontrou pelos ermos dos charcos a choupana em que morava Sozinho. Com o tempo, tornou-se discípulo desse misterioso que, a despeito de sua extrema velhice, aos olhos das pessoas comuns, não era mais do que um rapazote imberbe. Depois de conviverem por um certo tempo, louvando-o, Ziqi inquiriu sobre as suas técnicas secretas: "Meu senhor, já possuis uma certa idade; porém, ao observar vossas feições, espanta-me que ainda sois fresco e firme como um menino. Pergunto-me o que tereis feito para consegui-lo?". Satisfeito, mas sem vanglória, Sozinho anunciou: "Eu *ouvir falar* do Dao!".

南伯子葵曰：「道可得學邪？」曰：「惡！惡可！子非其人也。夫卜梁倚有聖人之才而無聖人之道，我有聖人之道而無聖人之才，吾欲以教之，庶幾其果為聖人乎！不然，以聖人之道告聖人之才，亦易矣。

Ardendo de cobiça, Ziqi não resistiu: "E esse vosso Dao é algo que pode ser aprendido, praticado?". Sempre a sorrir, o velho moço sonsamente mensurou o seu discípulo, ponderando se e como responderia. Após alguns instantes de suspense, gargalhou: "Como pudera! De jeito nenhum! Tu não estás à altura. Há muitas luas, Buliang Yi também achou a minha choupana e também se prostrou diante de meus pés. Inspecionando-o, vi que Yi tinha o talento de um homem sábio, mas, perdido, não encontrara o Caminho para se tornar um. Eu, de minha parte, conhecia o Dao do homem sábio, é verdade, mas nunca tive o talento para me constituir num... Todavia, ele persistiu e persistiu, viveu por tanto tempo fora de minha choupana que, comovido com sua insistência, intimei-me: 'De repente, pode até ser que ele já não tenha um homem sábio dentro de si?'. Antes de aceitá-lo, ponderei em silêncio por mais uma época e conclui que usar do Dao para ensinar a quem tem o *talento* para o Dao não seria impossível.

吾猶守而告之，參日而後能外天下；已外天下矣，吾又守之，七日而後能外物；已外物矣，吾又守之，九日而後能外生；已外生矣，而後能朝徹；朝徹，而後能見獨；見獨，而後能無古今；無古今，而後能入於不死不生。殺生者不死，生生者不生。其為物，無不將也，無不迎也；無不毀也，無不成也。其名為攖寧。攖寧也者，攖而後成者也。」

Buliang Yi surpreendeu-me. Sem ceder às minhas reservas, comecei a lhe ensinar. Transcorridos três dias, ele conseguiu *esquecer-se de Tudo sob o Céu*. Vendo o seu progresso, contive a minha insegurança, e continuei a instruí-lo. Passados sete dias, mostrou-se capaz de *desprezar as suas necessidades materiais*. Atingindo esse ponto, deixei as minhas dúvidas de lado. Nove dias e Buliang já *ignorava as alegrias da vida*. Ignorando-as, subitamente, *viu tudo como se estivesse sob o sol da manhã*. Iluminado, *contemplou a sua própria existência como algo absoluto*. Contemplada, colocou-se *além do tempo*. Além do tempo, acedeu a um estágio em que *nem estava morto, nem estava vivo*. Desse modo, o mais mortífero dos males não conseguia extinguir a sua vida; a mais salvadora das benesses não o preservava da sua morte. Enquanto ente, era puro devir, manifestando uma perfeita obediência ao que quer que lhe reservasse o futuro: não havia nada que se perdesse, nem que se completasse em seu ser. Se tiver de usar um nome para definir tal estágio, seria *agitação serena*, isto é, descreve o homem que, atravessando a todo tipo de agitações em sua vida íntima e coletiva, consegue conciliá-las através da realização do Dao em si próprio.

南伯子葵曰：「子獨惡乎聞之？」

Tendo ouvido com atenção, Ziqi rememora todas as paragens pregressas de seu treinamento, descrente da razoabilidade daquelas lições. Por fim, traduz os seus sentimentos contraditórios numa única questão: "E como o meu mestre terá sido o único a ouvir desse Dao?".

曰：「聞諸副墨之子，副墨之子聞諸洛誦之孫，洛誦之孫聞之瞻明，瞻明聞之聶許，聶許聞之需役，需役聞之於謳，於謳聞之玄冥，玄冥聞之參寥，參寥聞之疑始。」

Intocado pelas dúvidas de seu aluno, com um tom de ironia quase imperceptível, Sozinho respondeu sisudamente, deixando pistas para o bom entendedor: "Nada temas: esse Dao pertence a uma tradição longeva como a Antiguidade. Aprendi sobre Ele com o filho de quem havia copiado Sua escritura. Por sua vez, este aprendeu com o neto de quem a havia memorizado. Esse último estudou sob o mestre que viu a Luz, cujo mentor foi Cúmplice dos Segredos. Ele havia se tornado discípulo íntimo de Tens que Praticar e Tens que Praticar seguira por muitos anos a *Quadrinha das Transformações*. Além desta linha de divulgadores, da qual sou um integrante, ouvi falar dos seus primeiros mestres, os três patriarcas da tradição: O que se Esconde na Escuridão, O que se Irmana ao Absoluto e, pai dos pais, Incerto Início.

Comentário: "O medo da morte"

Esta anedota merece atenção por dois motivos. Por um lado, oferece intuições práticas sobre *como é possível atenuar, e até mesmo eliminar, o medo da morte*, expondo, de uma forma relativamente simples, o que é necessário para que o ser humano seja capaz de encará-la com sobriedade. Ao mesmo tempo, também oferece pistas interessantes sobre as práticas sociais do daoismo, nomeadamente, *detalhes da transmissão do Dao entre mestre e aluno*.

No mais das vezes, o medo da separação final com o mundo está ligado não às incertezas do que está por vir, mas *aos desejos irrealizados* e, de forma mais profunda, *ao apego que temos por nossa própria identidade*. A prática de meditação pode ser voltada para identificar e eliminar essas fontes de sofrimento, o que Zhuangzi faz ao delinear sete (ou oito) etapas de progresso espiritual.

Falemos primeiro sobre as práticas sociais, cuja mais importante característica retratada neste trecho é a *transmissão secreta do Dao*. Aproveitamos para lembrar alguns pontos já suscitados em outras passagens. Idealmente, os grandes mestres devem se manter "escondidos" do mundo, não devendo ser pessoas socialmente ilustres. Cabe-lhes escolher os seus discípulos, avaliando o que se chama em chinês de 根器 (*Genqi*). *Genqi* é o potencial desse aluno de absorver os ensinamentos. Mais do que uma medida da "inteligência" dessa pessoa, representa sobretudo a sua *aptidão espiritual para o Dao*, o seu poder de intuição e capacidade de progresso independente. O mestre não ensina de forma sistemática; no mais das vezes, *nem sequer ensina*. No início do treinamento, orienta o aluno sobre alguns detalhes, entregando um conjunto de instruções escritas para memorização, as partes iniciais de um texto maior, que serve também de escritura religiosa. No mais das vezes, esse texto possui partes incompreensíveis ou até mesmo erros e omissões intencionais, para "*proteger o Dao*". Depois de realizar um *juramento aos tutores espirituais*, o discípulo integra o agregado familiar do mestre, agindo como servo pessoal dele, esforçando-se para provar o seu mérito. Nessa convivência, conforme o progresso (ou não) do aluno, o professor pode transmitir mais textos (ou não), pode transmitir os segredos da técnica (ou não): é até possível que nunca ensine os arcanos finais – pois nem sequer os conhece! O *ensinamento oral* é a parte mais decisiva, que garante o segredo dos ensinamentos e a confiabilidade do mestre. Em etapas mais avançadas, as porções finais dos textos são entregues para cópia, seguidas de um juramento. Esse é o contexto implícito da passagem.

Passando agora ao conteúdo da passagem, lembramos que o Marquês do Sul Guo Ziqi é uma personagem semifictícia retratada em diversas passagens de *Zhuangzi*. Nesta anedota, ele ainda estava em busca das técnicas secretas do Dao, o que nos leva a crer que se trata de um evento anterior ao das Três Flautas (Cap.II.1). Aqui ele se depara com Ru'yu (女偊), que traduzimos para Sozinho. Sozinho é descrito como alguém que realizou o Dao em si, não só prolongando a sua vida, mas restaurando a própria juventude – o que é prometido por técnicas minoritárias, controversas, do daoismo. A terceira personagem do texto, Buliang Yi (卜梁倚), possui um nome incomum, aparentemente de origem não "chinesa", o que, na época de Zhuangzi, resumia-se à região entre o rio Amarelo e o rio Han – origem do termo "Países do Meio".

O diálogo ilustra a obrigação de manter o segredo da transmissão. Sozinho fala de como avaliou a "aptidão" (根器, *genqi*) de Buliang para o Dao, de como o acolheu e de como o ensinou. Guo Ziqi também deve ter persistido algum tempo até que o imortal tenha se dignado a interagir com ele sobre o Dao. Ainda assim, a linguagem é intencionalmente obscura e repleta de figuras como lítotes e duplas negações. Sozinho chega a expor os ensinamentos secretos, mas de uma forma que *somente o iniciado é capaz de perceber e sem descer aos detalhes práticos*. Isso é frustrante para Guo Ziqi, que transparece irritação. No final, ainda descrente, pede do longevo mestre que revele quais os patriarcas que originaram a sua linhagem. Obviamente, esse é um assunto sigiloso. Com muito humor, Sozinho *inventa os nomes de seus mestres*, os quais seguramente não denominam pessoas, mas *elementos do processo de transmissão e aprendizado do Dao*.

A descrição dos avanços de Buliang Yi serve como modelo para dividir as etapas de progressão no Dao. Ao todo, há *sete etapas*, mais um estado de perfeição inquebrantável, que podem ser analisados como *três tipos de disciplina existencial e quatro (ou cinco) poderes meditativos*, traduzindo em palavras os avanços na capacidade do praticante de se descartar da realidade (tempo e espaço), suprimindo qualquer sensação de vida (desejo positivo) ou morte (desejo negativo). Essas etapas querem dizer o seguinte: (1) abrir mão de todas as ambições seculares; (2) suspender as necessidades materiais de subsistência; (3) tornar-se insensível ao que há de mais valioso na existência humana; (4) poder de *insight* externo, visão clara dos assuntos mundanos; (5) poder de *insight* interno, visão clara do próprio ser, destacado de qualquer contingência; (6) autonomização completa do indivíduo em relação ao tempo – a mente permanece no "eterno presente"; (7) transe profundo, eliminando o apego à vida e a repulsa à morte. Finalmente, como distintivo da perfeição espiritual: (8) a paz interior permanente, *mesmo fora do transe*.

Analisando criticamente as etapas de progresso espiritual, vemos que Zhuangzi vocaciona a prática de meditação para *identificar e eliminar as fontes do sofrimento suscitado pela morte*. No mais das vezes, o medo da separação final com o mundo está ligado não às incertezas do que está por vir, mas, como já afirmamos no início deste comentário, aos desejos irrealizados e, de uma forma mais profunda, ao apego que temos por nossa própria identidade. Como fartamente ilustrado em outras passagens, é possível expandir o nosso sentido de comunhão com o mundo, justamente ao *fazer cessar os sentidos* que teimam em comprovar que somos dotados de consciência e agência autônomas, para todos os efeitos fazendo de nós meras coisas sozinhas no mundo e incapazes de compartilhar o que há de mais significativo e precioso com os outros.

5.
Quebra as tuas amarras

子祀、子輿、子犁、子來四人相與語曰：「孰能以無為首，以生為脊，以死為尻，孰知死生存亡之一體者，吾與之友矣。」四人相視而笑，莫逆於心，遂相與為友。

Recordo-me de uma anedota (não me lembro de que livro) sobre os "quatro discípulos órfãos" – Promessa, Carroça, Arado, Chegado. Estavam eles gozando de um momento de ócio, disputando sobre o Dao. De repente, um lançou o tema: "quem será capaz de usar as técnicas secretas para transformar seu corpo?... O Nada será a cabeça; a Vida, a espinha; a Morte, a bunda? Quem será capaz de se incorporar à Vida e à Morte? Se alguém conseguir, esse será o meu companheiro do Dao". Os quatro então entreolharam-se e se riram uns dos outros. Como ninguém se sentiu contrariado com o chiste, todos se tornaram companheiros do Dao.

俄而子輿有病，子祀往問之。曰：「偉哉夫造物者，將以予為此拘拘也！曲僂發背，上有五管，頤隱於齊，肩高於頂，句贅指天。」陰陽之氣有沴，其心閒而無事，跰鮮而鑑於井，曰：「嗟乎！夫造物者又將以予為此拘拘也！」

A história continua: Passado um tempo, Carroça adoeceu gravemente e Promessa veio prestar-lhe uma visita. Cruzando o umbral dos aposentos, achou o amigo acamado, contorcido, botando os bofes pela boca. Com o humor de sempre, Carroça buscou o fôlego para saudá-lo: "Sublime é o *Criador dos Seres*, que fez deste homem a lacraia que vês! Vergado sobre o ventre, meu rosto esconde-se na virilha; os Cinco Órgãos estão na altura dos ombros e consegues contar as juntas de minha espinha. Que formosura!". Como se causara tão formidável maladia? Foi o mal passar das estações, um desarranjo do Yin e Yang que pauta as mudanças do tempo, um desalinho da Energia Vital. Nada obstante, indiferente ao seu corpo, o coração de Carroça seguia folgado, como se nada lhe houvesse sucedido. Sem poder andar, ele rastejou para fora de casa, até o poço em cujas águas se mirou. Admirado, disse: "Ih! Vê só! O *Criador dos Seres* transformou-me numa lacraia!". Fazia graça de si mesmo.

子祀曰：「女惡之乎？」

Sentindo um pouco de pena pelo suplício do companheiro, Promessa não sabia como consolá-lo: "E tu não te indignas com tua condição?".

曰：「亡，予何惡！浸假而化予之左臂以為雞，予因以求時夜；浸假而化予之右臂以為彈，予因以求鴞炙；浸假而化予之尻以為輪，以神為馬，予因以乘之，豈更駕哉！且夫得者，時也，失者，順也；安時而處順，哀樂不能入也。此古之所謂縣解也，而不能自解者，物有結之。且夫物不勝天久矣，吾又何惡焉！」

Não manifestando as dores que evidentemente o contorciam, Carroça meneou com todo o seu tronco: "Claro que não, como poderia?! Estou pronto para a *Transformação*. Se, pouco a pouco, visse meu braço direito convertendo-se num galo, deixá-lo-ia voar para longe anunciar a alvorada; se fosse o meu braço esquerdo a virar uma coruja, que saísse pelo mundo a cantar a noite. Se meu espírito se convertesse num puro-sangue e fossem os meus quadris a virarem uma carruagem, que o resto de mim subisse nela para passear pelo universo, sem qualquer nostalgia do que tinha, do que houvera, do que fora! Tu bem sabes, amigo, quando nos acontece algo de bom, devemos acreditar que era a hora para tanto; quando nos acontece algo de mau, devemos aceitar de bom grado, tal qual. Quem encontra paz na sua espera por algo de bom, quem sabe ser humilde diante de um revés – esse é um grande homem – nem a tristeza, nem mesmo a alegria são capazes de solapar o seu equilíbrio. Essa é uma fortaleza que desde a Antiguidade se apelida de a *Quebra das Amarras*: quem não for capaz de realizá-lo, espontaneamente, continuará a estar enleado pelo mundo. De qualquer maneira, nenhuma das coisas ou seres que encontraste em tua vida é capaz de vencer o Céu eternamente. Como eu haveria de me indignar com minha condição?".

俄而子來有病，喘喘然將死，其妻子環而泣之。子犁往問之，曰：「叱！避！無怛化！」倚其戶與之語曰：「偉哉造化！又將奚以汝為，將奚以汝適？以汝為鼠肝乎？以汝為蟲臂乎？」

A história não terminou aí. Depois da passagem de Carroça, foi a vez de Chegado. Parecia agonizante, arfava os seus últimos respiros. Já estavam todos prontos para a despedida. Esposa, filhos, reunidos em torno do leito do moribundo, choravam todos, uns em voz baixa, outros nem tanto. Arado veio prestar os seus respeitos, justamente quando o velho amigo havia recobrado as forças para censurar a própria família: "Basta! Xô! Não temam a *Transformação*!". Envergonhado com a cena, Arado permanecia escorado na porta do lado de fora, de onde saudou Chegado: "Magnífica é a *Transformação*! Mas o que fará de ti, companheiro? A que lugar te levará? Será que os teus órgãos animarão uma ratazana? Ou os teus membros deslocarão a um inseto?".

子來曰：「父母於子，東西南北，唯命之從。陰陽於人，不翅於父母；彼近吾死而我不聽，我則悍矣，彼何罪焉！夫大塊載我以形，勞我以生，佚我以老，息我以死。故善吾生者，乃所以善吾死也。今（之）大冶鑄金，金踊躍曰『我且必為鏌鋣』，大冶必以為不祥之金。今一犯人之形，而曰『人耳人耳』，夫造化者必以為不祥之人。今一以天地為大鑪，以造化為大冶，惡乎往而不可哉！」成然寐，蘧然覺。

Não resistindo à travessura, Chegado encontrou as forças para um último discurso. Convidou o irmão de Dao para que se adentrasse, desejava tê-lo sob seus olhos nesse último diálogo. Arado mostrava uma certa tristeza e abatimento quando se encostou a um cântaro para ouvir: "Em nossas terras, não importa qual a região, todos os filhos têm que se submeter à vontade dos pais... a autoridade do Yin e Yang não fica aquém da dos pais. Se me ordenam que faleça e lhes dou orelhas moucas e até mesmo lhes resisto, que crime me pesará sobre o pescoço!! Esta Terra suporta os nossos corpos, enche-nos de labores com a vida, desonera-nos com a velhice e haverá de nos dar repouso com a morte. Portanto, da mesma forma que gozamos os longos anos em que estivemos aqui, também temos que prezar o que virá depois. Para usar uma alegoria, há um *Grande Artífice* a trabalhar seu metal que, saltando alegremente sobre a bigorna, exclama de repente: 'Eu haverei de me tornar uma ferramenta importante'. O Artífice para de martelá-lo, enxuga o suor, franze o seu cenho e confessa: 'Há algo de errado com esse pedaço de qualquer coisa'. E aqui estamos, reclamando do nosso fim, dizendo 'quero continuar a ser homem', 'não aceito nenhuma outra forma". A *Transformação* sem dúvida dirá o mesmo de nós: 'Ominosos, esses homens'. O Céu e a Terra são a grande fornalha da vida. A *Transformação* é o nosso *Grande Artífice*. Como poderia recusar tornar-me o que querem que seja? Num momento, cairei no sono e, com um sorriso, acordarei para uma agradável surpresa".

Comentário: "Nada se cria, tudo se transforma"

Zhuangzi assume um tom diferente neste texto, usando seu bom humor e imaginação para conduzir uma reflexão sobre a morte, revolucionária no contexto cultural chinês. *Nem todo apego à vida pode ser criticado como negativo.* Há seres humanos que criam laços de irmandade espiritual, dividindo experiências autênticas e crescendo juntos no Caminho (Dao). Os quatro "irmãos do Dao" desta passagem simbolizam esse tipo de relação, suscitando emoções que Zhuangzi, distintamente de outros casos, não critica. A razão principal parece ser a de que é um apego que não se dirige à forma física concreta do que se ama, mas à sua existência e ao que ela significa em termos de algo que pode ser compartilhado, potencializado e disseminado através do tempo. *O amor do Dao é diferente do amor humano, em que ele está presente em todas as coisas, desinteressadamente e sem parcialidade.* Só assim é que pode persistir nesse amor, sem que ele nunca se desnature em ódio, ou remorso, ou saudade, ou ciúme, mesmo sob a certeza de que os objetos particulares mudam sem parar e deixarão de ser um dia tal como os vivenciamos.

Para entender como isso é intelectualmente possível, precisamos resumir a contribuição de Zhuangzi para a visão da morte no contexto cultural chinês.

Como explicado na apresentação deste capítulo, para a religião chinesa primitiva, a morte era um evento irreversível, em que não havia esperança de salvação da alma. Na época de Zhuangzi, havia de fato uma crença nas "*Fontes Amarelas*" (黃泉, Huangquan), um lugar subterrâneo onde o "espírito" das pessoas permanecia após falecerem. Era um ambiente desolado, compreensivelmente pior do que a vida neste plano, comparável ao *sheol* judaico ou ao *hades/infera* das crenças greco-romanas. Isso parece mostrar uma certa intuição da existência da alma. Também sabemos da existência de cerimônias mediúnicas nos ritos ortodoxos, porém as fontes não são convincentes no que se refere a uma existência feliz para esses espíritos. Sabemos, ainda, que o xamanismo era praticado, especialmente no Sul e no Norte, ambas as regiões originalmente "não chinesas", acreditando-se na possibilidade de viagens do espírito além do corpo e de metamorfoses temporárias, com passagem pelo plano das deidades. Porém, essas eram técnicas específicas dos xamãs, que não estavam ao alcance da grande maioria.

Dado esse pano de fundo, o presente texto contribui positivamente para a visão do além-túmulo, considerando a possibilidade de que o homem, *desfazendo-se em Energia Vital (Qi) após o seu falecimento, pudesse tornar a viver em outro corpo*, não necessariamente humano. É importante lembrarmos que foi o budismo que introduziu na China a crença sistemática em reencarnação. A visão ortodoxa (confuciana) do mundo não via com bons olhos a possibilidade de que as pessoas pudessem voltar ao mundo no corpo de animais, e vice-versa, pelo que podemos ter certeza de que as intuições de Zhuangzi neste texto, inovadoras como o eram, também *causariam insatisfação ou, no mínimo, não seriam levadas a sério*.

Além disso, nesta passagem, Zhuangzi especula sobre um certo "*Criador dos Seres*" (造物者, Zaowuzhe). Filósofos e místicos ocidentais que leram o *Zhuangzi* quiseram ver nesse conceito uma prefiguração do Deus uno, o que é tentador, mas enfrenta dificuldades intransponíveis – por exemplo, a divisão do Dao em Yin-Yang e o papel dos Cinco Elementos. Claramente, o "Criador dos Seres" não é uma deidade, muito menos uma deidade antropomórfica. Vimos que as deidades são manifestações limitadas do Dao, com poderes muito pequenos: por exemplo, não conseguem dar vida às coisas. Os comentaristas chineses insistem, e têm razão, que esse "Criador" é uma metáfora para a Transformação propiciada pelo Dao através da Energia Vital (*Qi*), chamada de "*Transformação do Qi*" (氣化, *Qihua*). Segundo a Transformação, a vida não cessa, assumindo novas formas sempre que as antigas perdem sua razão de ser. O Dao é passado, presente e futuro de tudo o que existe, é razão e sentido, *constituindo-se no elemento unificador e integrativo para a realidade inteira*. Quem crê no Dao e o vivencia pela prática religiosa, não precisa temer a morte, porque sabe que ela é uma contingência de coisas contingentes.

6.
A epifania de Confúcio

子桑戶孟子反子琴張三人相與友，曰：「孰能相與於無相與，相為於無相為？孰能登天遊霧，撓挑無極；相忘以生，無所終窮？」三人相視而笑，莫逆於心，遂相與為友。莫然有間而子桑戶死，未葬。

Amoreira, Invertido e Lira eram praticantes do Dao que haviam deixado o mundo para trás. Os três juraram-se irmãos com o desafio: "Qual de nós será capaz de, sem aniquilar a própria individualidade, entrar em comunhão espiritual com os demais e, sem violar a Espontaneidade, manifestar o Dao entre todos nós? Quem entre nós conseguirá ganhar os Céus e pairar pelas montanhas brumosas, evolucionando junto com as transformações da Energia Vital, até nos inteirarmos à *Não polaridade*? Qual será aquele a esquecer de que os outros estão a viver e, dessa forma, abolir os fins para toda a existência?". Ainda com os cálices de aguardente nas mãos, os três entreolharam-se e gargalharam com a bufonaria bêbada de cada um. Ninguém se melindrou e, brindando, selaram a sua amizade espiritual. Contudo, após esse dia, nunca mais se falaram. Os anos se sucederam até que circulou a notícia de que Amoreira havia falecido, mas seu corpo permanecia insepulto.

孔子聞之，使子貢往侍事焉。或編曲，或鼓琴，相和而歌曰：「嗟來桑戶乎！嗟來桑戶乎！而已反其真，而我猶為人猗！」子貢趨而進曰：「敢問臨尸而歌，禮乎？」

Esse boato chegou ao conhecimento de Confúcio, o grande erudito que zelava pela perfeita observância dos rituais. Coerentemente, o Mestre agiu rápido e despachou Zigong, um de seus dez discípulos mais notáveis, para que interviesse, pois distinguira-se como o de mais irresistível oratória. Chegando às portas do lugar do velório, Zigong admirou-se com a mais sacrílega das situações: ante o momento mais solene da vida humana, um completo desalinho e a maior desarmonia de emoções imaginável. Havia quem estivesse a trançar artefatos com fibras de bambu, sentados de pernas abertas sobre o solo sujo. Havia quem estivesse a brincar de fazer música com uma cítara desafinada num canto. Havia, mais para o meio do salão, um coro de carpideiros esfarrapados. Eles tentavam acompanhar uma imaginada melodia com as seguintes palavras: "Ai de nós, Amoreira, ai de nós! Ai de nós, Amoreira, ai de nós! Tu já voltaste, voltaste para a Verdade. Nós inda estamos, p'ra te chorar restamos". Ressabiado, Zigong escondeu as mãos dentro das mangas do lado oposto e moveu-se apressadamente, como mandam os ritos, para entrar no salão. Aproximando-se daqueles pouco convincentes cujo hálito delatava aguardente, sugeriu com discrição: "Meus senhores, meus profundos pêsames por vossa perda! Ouso perguntar-vos, estais a cantar diante do falecido vosso amigo, isso não viola os ritos?".

二人相視而笑曰：「是惡知禮意！」子貢反，以告孔子，曰：「彼何人者邪？修行無有，而外其形骸，臨尸而歌，顏色不變，無以命之。彼何人者邪？」

Invertido e Lira, um alto, de cara vermelha, o outro baixinho, de cara pálida, entreolharam-se por um momento e, rindo ruidosamente, reagiram: "E desde quando é essa a *intenção* dos ritos?". E lhe deram as costas para continuar a folgança. Zigong ficou encabulado com tamanha irreverência e voltou para relatar a situação ao seu mestre. Depois de fazer uma rápida mesura e resumir os pormenores do ocorrido, desabafou, gesticulando irritadamente: "Que tipo de gente é aquela? Que falta de maneiras, de cultivação, de Virtude! Tratam a sua aparência, o próprio corpo, como algo estranho a si próprios. *Cantam* em torno de um defunto! Não manifestam o respeito, nem a tristeza devidos aos que se foram! Realmente, não tenho palavras para definir pessoas assim. Que gente é aquela?" – abanava a cabeça voltada para o chão.

孔子曰：「彼，遊方之外者也；而丘，遊方之內者也。外內不相及，而丘使女往弔之，丘則陋矣。彼方且與造物者為人，而遊乎天地之一氣。彼以生為附贅縣疣，以死為決肒潰癰，夫若然者，又惡知死生先後之所在！

Confúcio ficou desconcertado ao encontrar Zigong naquele estado de espírito. Coçando a cabeça, considerou de que forma poderia recompô-lo. Ao mesmo tempo, de fato, percebeu que não fazia o menor sentido postular a ética dos funerais e luto para pessoas que recusavam a ordem da morte e vida. Então, disse-lhe: "Aquelas pessoas que encontraste, elas vagam fora do mundo. Eu, por outro lado, vivo dentro dele. Quem está no mundo e quem o deixou não existem num mesmo plano. Mandei-lhe que fosse visitar os dois, prestar respeitos pelo finado em nosso nome – nisso fiz muito mal. Afinal de contas, os iniciados do Dao estão em comunhão com o *Criador dos Seres*, passeando por Céu e Terra através da *União da Energia Vital* que os permeia. Veja bem que, para eles, a vida é como uma verruga feia que cresce sobre a pele imaculada; para eles, a morte é uma pústula que causa prurido na carne sadia; para eles, Zigong, não é possível saber o que lhes veio primeiro, o que lhes veio por último, se foi a morte, se foi a vida".

假於異物，託於同體；忘其肝膽，遺其耳目；反覆終始，不知端倪；芒然彷徨乎塵垢之外，逍遙乎無為之業。彼又惡能憒憒然為世俗之禮，以觀眾人之耳目哉！」

O velho sábio parecia encontrar as suas melhores palavras: "Espírito e corpo são independentes, na maneira como pensam e como existem os cultivadores do Dao. Eles apenas tomam emprestada a matéria, coisas que não pertencem a si, para confiá-la, provisoriamente, àquilo que os define, provisoriamente, como seres humanos. Dizemos 'meu fígado', 'minha vesícula', 'meus ouvidos', 'meus olhos', enquanto eles esquecem absolutamente que 'têm' os dois primeiros e, dos dois últimos, ignoram absolutamente o seu 'uso'. Sejam dos ciclos da Grande Espontaneidade, como chamamos a Natureza, sejam das transmutações do universo, esses homens dão de ombros para qual o início, qual o término delas. Com uma visão tão ampla da realidade, lançam-se a esmo numa procissão para longe deste *Mundo de Pó*, vagabundeiam numa peregrinação norteada pelo agir sem finalidade da *Inação*". Zigong dava mostras de não desentender. Por isso, Confúcio concluiu com um sorriso bonachão: "Como, então, aqueles homens haveriam de se permitir desorientar por estas nossas cerimônias temporais, vivenciando da mesma forma que nós, com olhos e com ouvidos, a realização inerente aos ritos?".

子貢曰：「然則夫子何方之依？」孔子曰：「丘，天之戮民也。雖然，吾與汝共之。」子貢曰：「敢問其方。」孔子曰：「魚相造乎水，人相造乎道。相造乎水者，穿池而養給；相造乎道者，無事而生定。故曰，魚相忘乎江湖，人相忘乎道術。」

Tendo intuído que o grande erudito não censurava aquela flagrante violação dos costumes, pelo contrário, reconhecia o seu valor, Zigong preferiu passar a limpo: "Sendo assim, o mestre referenda a qual dos caminhos: a entrada ou a saída do mundo?". Um tanto surpreendido com a franqueza desse seguidor de tantos anos, o sábio disse, fitando um ponto no vazio: "*Sou só um remanescente do povo punido pelo Céu*. Meu corpo permanece preso a certas coisas, enquanto meu coração almeja outras. Mesmo assim, comparto esse cárcere contigo, transmito-o a ti". Zigong tinha ares de que não via sentido naquelas palavras; apropriando o seu aspecto, pediu: "Ouso rogar ao mestre que me ensine esse Dao". Confúcio acenava satisfeito: "Os peixes encontram-se na água; os homens convivem no Dao. Basta cavar uma lagoa e os peixes ali prolificam. Da mesma forma, basta modelarmos um ambiente através do Dao, para que os homens possam, sem qualquer insucesso, infortúnio, infelicidade encontrarem a sua *segurança* moral, mental, mística. É por isso que ensino que os peixes se esquecem uns dos outros quando singram os lagos e rios, enquanto os homens ignoram-se uns aos outros quando praticam as *Técnicas do Dao*".

子貢曰：「敢問畸人。」曰：「畸人者，畸於人而侔於天。故曰，天之小人，人之君子；人之君子，天之小人也。」

Zigong vacilava sob o peso de suas dúvidas: "Mas, mestre, aqueles homens que vi eram deformados moralmente. Ouso perguntar-lhe sobre o que os fez assim". Assumindo um semblante grave, Confúcio mostrou que sabia como ser categórico: "Os *deformados do Dao* a que te referes são seres que, tendo se desfigurado aos olhos dos homens, ombrearam-se com o próprio Céu! Por isso, com razão, temos aquele ditado: Tacanho para o Céu, nobre para o homem; nobre para o homem, tacanho para o Céu".

Comentário: "Ceticismo esclarecido"

Numa anedota de enredo similar ao texto anterior, Zhuangzi reinsere Confúcio e sua escola como personagens, dramatizando os limites da visão chinesa tradicional da morte. Encontramos um grupo de praticantes que, no passado, tornaram-se "irmãos do Dao". Em determinada altura, um deles falece, mas não é prontamente celebrado com os ritos de praxe. Isso propicia o reencontro dos "irmãos" supérstites, há muito separados, para velarem o defunto. Mas não só, o próprio Confúcio envia um de seus melhores alunos *para garantir que a tradição seja respeitada*, atuando no papel de "polícia dos costumes". Chegado o dia da cerimônia, os presentes fracassam sofrivelmente, ofendendo a piedade confuciana. Porém, Confúcio tem uma profunda epifania, que o leva a reconhecer que não está à altura do daoismo.

Muito embora, como já enfatizamos, a religião tradicional chinesa não especule muito sobre a existência além-túmulo do indivíduo, a China sempre teve no culto aos antepassados o elemento mais central de sua vida religiosa. O culto aos antepassados incluía sacrifícios regulares, a limpeza cerimonial dos túmulos, entre outras práticas. Segundo a mentalidade chinesa, *esse culto era uma continuação da ética familiar*, intermediada pelas cerimônias de velório, enterro e luto. A ortodoxia estilizava esses três eventos para perenizar o dever de obediência e devoção aos pais e mais velhos. Eram muito mais do que cerimônias privadas. Por exemplo, o *velório* servia para mostrar para a comunidade o quanto se sofria pela passagem dos entes queridos, com a expectativa de que houvesse muitas pessoas, de que se chorasse sem consolo e se manifestasse desespero. O *enterro* era um grande evento social, dando margem a competição, pois, quanto mais luxuosos fossem, mais se conquistaria admiração (e inveja) alheia. O *luto*, com prazos que chegavam a três anos, era regulado com rigor pela tradição, sendo dividido numa escala de cinco graus conforme o parentesco. *Quem estava de luto não podia participar da vida pública*, prevendo-se a utilização de roupas específicas, uma série de tabus alimentares e, mais uma vez, expectativas sociais de que se agisse de uma maneira e se assumisse uma aparência predeterminadas. Uma forma de ganhar a vida dos "confucianos" na época de Zhuangzi era, justamente, *a de prestar "consultoria" sobre esses três eventos*, orientando os seus clientes sobre a execução correta das formalidades.

Isso nos traz de volta a Confúcio e seu importante discípulo Zigong. Como o velório/enterro/luto eram elementos básicos dos ritos, o Velho Mestre tinha interesse pessoal em garantir que se agisse conforme a tradição. Porém, para os daoistas, a excessiva institucionalização dos ritos havia circunscrito os homens, não lhes permitindo serem espontâneos com os seus mais profundos sentimentos. Ademais, enquanto "irmãos do Dao", não podiam estar desesperados pela morte do amigo, uma vez que tinham a esperança de voarem pelos Céus, alçando-se às mais altas montanhas – isto é, como imortais. Nesta história específica, parecem acreditar que, *após a morte, é possível que se reincorpore ao Dao, transformando-se junto à Energia Vital.* Há um eco da cosmologia chinesa, dizendo que o daoista consegue se igualar à "Não polaridade" (無極, *Wuji*, um estado em que Yin e Yang não estão diferenciados, ou seja, o próprio Dao) – ao perder a sua forma física. Em seu discurso, Confúcio explica em detalhes essa crença.

O ponto mais marcante da história, no entanto, é como o grande erudito candidamente reconhece seus limites.

Não conseguindo abrir mão de seu apego às exterioridades da vida – conhecimentos, reputação, honrarias –, Confúcio, porém, é capaz de intuir a Verdade absoluta. Ele é um remanescente do "povo punido pelo Céu", tendo investido os seus dias em *compreender algo que é muito útil para a coletividade, mas não traz benefícios para o seu avanço existencial e espiritual.* Talvez como a imensa maioria das pessoas talentosas e capazes, o "Confúcio" desta passagem talvez não tenha tido coragem de sacrificar o que tinha, bem como todas as suas perspectivas promissoras, em favor de algo sobre que não estava, nem poderia, estar certo. Com o avanço da idade e da experiência, porém, conseguiu chegar à quase certeza de que sim, havia "algo mais adiante", inexprimível e absoluto.

Essa representação de Confúcio é admirável por sua humildade, já que, consciente das insuficiências de sua doutrina, mostrou-se capaz de reconhecer o valor dos daoistas, enquanto persistia no próprio caminho. Coerentemente, vislumbra-se algo similar na sociedade chinesa: *o culto aos antepassados manteve seu vigor, dando espaço à busca de imortalidade daoista e, em seu tempo, à busca de liberação final (Mokṣa) dos ciclos de reincarnação no budismo.* Esse *ceticismo esclarecido* é uma característica do confucionismo. Aprofundaremos esse tema no próximo comentário.

7.
Sê como o espelho!

顏回問仲尼曰：「孟孫才，其母死，哭泣無涕，中心不戚，居喪不哀。無是三者，以善處喪蓋魯國。固有無其實而得其名者乎？回壹怪之。」

Horrorizado, Yan Hui, o aluno predileto de Confúcio, veio correndo delatar mais uma violação à etiqueta tradicional dos ritos. Encontrou o Erudito em boa hora, quando estava a concluir sua recitação diária dos *textos sagrados*. Prendendo as longas madeixas que haviam se soltado durante a agitação, Yan explicou atônito: "M-mestre, o Mengsun Cai, a mãe dele, ela morreu! Quando fui prestar meus pêsames; porém, não havia lágrimas no seu choro, não havia saudade em seu peito, não havia tristeza em seu velar – como tem que ser com todos aqueles que perdem seus pais. Sem lágrimas, sem saudade, sem tristeza… dentre os Países do Meio, o feudo de Lu goza da reputação de haver preservado os ritos de luto mais prístinos. Não será porque, em certa altura, os praticara de fato e, com o suceder dos anos, obtivera esse bom nome? A atitude de Mengsun causa-me uma profunda estranheza…".

仲尼曰：「夫孟孫氏盡之矣，進於知矣。唯簡之而不得，夫已有所簡矣。孟孫氏不知所以生，不知所以死；不知就先，不知就後；若化為物，以待其所不知之化已乎！且方將化，惡知不化哉？方將不化，惡知已化哉？

Fortalecido pelas leituras, o Velho Mestre ainda transpirava inspiração. "Hui, tu sabes que o senhor Mengsun é um homem de grande valor. No que toca ao velório da falecida mãe, posso garantir que se empenhou totalmente, de uma forma que vai além de todo conhecimento. O problema, talvez, é o de que, diante do corpo da mãe, Mengsun não conseguiu decidir se era ela que estava morta, ou ele que estava vivo. Sem chegar a uma decisão, decidiu que era o mesmo que chegar a uma. O senhor Mengsun, ele praticou o Dao por muitos anos, agora não mais sabe o que traz a vida à vida, nem o que leva a morte à morte. Ignora o que vem antes, ignora o que vem depois. Ao se submeter à Transformação, veio ao mundo como um ser; neste momento, aguarda a próxima etapa que paira desconhecida adiante – e nada mais, seu coração está vazio! Além do mais, mesmo que esteja a um palmo de sua *Transformação*, como estar certo de que ela acontecerá, de fato? Ainda que esteja a um instante da *Não Transformação*, onde estará a convicção de que ela já não terá acontecido?

吾特與汝，其夢未始覺者邪！且彼有駭形而無損心，有旦宅而無情死。孟孫氏特覺，人哭亦哭，是自其所以乃。且也相與吾之耳矣，庸詎知吾所謂吾之乎？且汝夢為鳥而厲乎天，夢為魚而沒於淵。不識今之言者，其覺者乎，其夢者乎？造適不及笑，獻笑不及排，安排而去化，乃入於寥天一。」

Boquiaberto, Yan Hui ainda estava de pé. "Vejo que estás confuso. Senta-te que te explico melhor. Hui, tu e eu, neste momento, *estamos a viver num sonho*. Ainda não nos aproximamos sequer de nosso despertar! Já aquele homem de quem estamos a falar, ele contemplou os seres a se transformarem, da vida à morte, da morte à vida. Tais seres viajam sem rumo, montados sobre o cavalo lesto da *Energia Vital*. Em seu périplo, meramente param para pernoite e as formas, os seus corpos, servem-lhe de tugúrios. Ao deixá-los para uma nova jornada, é como se nada sentissem, afora o chamado do Caminho. Retornando ao nosso ponto de partida, Mengsun já despertou de seu sonho: quando os outros choram, ele também chora; não porque ele vai com os outros, mas porque, no seu íntimo, sabe que essa é a forma própria de interagir com quem permanece no mundo. Além do mais, no estágio que atingiu, ele comunga com todos os seres e coisas em seu corpo, simples assim. Como exigir dele que saiba discriminar os limites de seu 'eu'? Imagina que este nosso sonho mude de enredo. És neste momento um pássaro, a agitar as tuas asas, projetando-te em direção ao alto; és neste momento um peixe, a ondear o teu corpo, precipitando-te em direção às profundezas. Não sabes qual o verdadeiro 'agora' – estás a dormir? Estás desperto? *O conforto que encontras em tua existência não deve levar a que te percas em teu contentamento*; sendo esse o caso, não conseguirás te conformar de bom grado às mudanças que te ocorrerão. Hui: tens que encontrar paz em meio às turbulências de tua sina, somente assim é que a *Transformação* deixará também de existir para ti e que conseguirás caminhar ao encontro do Céu e unir-te a ele, dispersando o teu ser nas vastidões de sua solitude".

Comentário: "Excurso – Sobre a tolerância religiosa na China"

Esta passagem esmiúça a crítica daoista das práticas funerárias tradicionais, defendendo que *a morte é um evento natural, devendo ser celebrada como o agir da Espontaneidade no mundo*. Porém, aqui a ênfase é dada ao comportamento de Mengsun Cai, que representa a personalidade ideal do sábio daoista. Em vez de impor as próprias convicções, é necessário antes agir como um "espelho" dos outros, admitindo e respeitando as diferentes visões e posturas de vida.

O jogo de cena traz Confúcio, novamente, que discursa como um mestre daoista. Como já apontamos, Yan Hui é uma outra personalidade histórica, considerado pelo Velho Mestre como o mais ético e inteligente de seus discípulos. Uma passagem clássica sobre Yan, perenizada pelo ditado "*perca tudo, menos a alegria de viver*" (不改其樂, *bugai qile*), o imagina pobre, com frio e fome, mas nunca vacilando em sua escolha, a de seguir o Caminho do Sábio. Neste texto, devido ao seu apego às tradições dos antigos, Yan vem falar de Mengsun Cai, uma personagem fictícia com estatuto da baixa nobreza Dafu, como Confúcio. O país de Lu, terra natal de Confúcio, tinha sido o feudo do duque de Zhou, um vulto da história que consolidou a dinastia na condição de regente, que transmitiu pacificamente o poder ao seu jovem sobrinho depois de ter derrotado uma conspiração envolvendo outros tios do herdeiro legítimo. Também por tal motivo, os ritos de Zhou, tal como praticados em Lu, eram considerados os mais autênticos, pois refletiam a moralidade imaculada do duque.

Passando ao discurso de Confúcio, é evidente que fala, mais uma vez, como um daoista, servindo de porta-voz para Zhuangzi. Zhuangzi explora um ângulo diferente da relação entre a visão ortodoxa (confuciana) da morte e a concepção, mais avançada, do daoismo. Mengsun Cai dá valor ao papel coletivo dos ritos confucianos, realizando as cerimônias e participando delas segundo as expectativas sociais. Entretanto, *Yan Hui, enquanto virtuoso dos ritos, percebe que Mengsun não se entrega totalmente*. Afinal de contas, o luto do pai e mãe é celebrado na literatura confuciana como o mais alto momento da piedade filial. Porém, Confúcio não vê erro em Mengsun, descrevendo-o como mais um homem "que foi além". Por um lado, observou as formalidades do velório, não por simples respeito, mas por admitir a verdade que as motivava. Por outro, não demonstrou seus sentimentos por insensibilidade em relação à mãe, mas porque *a morte não lhe parecia algo definitivo, ou mesmo certo*. Confúcio retoma a visão daoista de que "vivemos num sonho e sonhamos com a vida", uma atitude terapêutica que visa ajudar as pessoas a que quebrem o apego às próprias circunstâncias. Em resumo, o grande homem não é aquele que "desperta" os outros para a verdade que ele conhece, mas que permite a que cada um siga o próprio caminho, ao mesmo tempo que deixa um exemplo positivo, espelhando as próprias convicções.

Chegando a este ponto, concluímos que *tanto Confúcio como "Mengsun Cai" (Zhuangzi) não tratam o sábio como um proselitista, alguém que tenta converter aos outros*. No texto anterior, Confúcio admitia que o daoismo é uma doutrina superior, a que ele se declarou incapaz de seguir. Desta vez, Mengsun parece ser um praticante do daoismo, mas não chega a proclamá-lo para os outros, ao contrário, submete-se de bom grado aos hábitos menos esclarecidos de sua comunidade. Essa é a outra face, daoista, do "*ceticismo esclarecido*", referido no comentário ao texto anterior.

Tal ideal de sabedoria na China antiga suscita o que, em nossa cultura, é conhecido como "tolerância religiosa". Sem dúvida, "tolerância religiosa" é uma característica da cultura chinesa, antiga e moderna. Porém, é preciso sermos bastante específicos sobre o pano de fundo histórico e cultural dessa "tolerância", esclarecendo as suas condições:

Em primeiro lugar, como afirmado na "Apresentação", a cultura chinesa em geral, e a sua ortodoxia ("confucionismo"), em particular, *nunca chega-*

ram a desenvolver uma doutrina soteriológica. Mesmo o budismo, com o passar do tempo, adaptou-se à noção de iluminação (e salvação) seletiva, não demandando que toda a população assumisse a ética e vida religiosa como orientação comum. Isso é muito diferente das práticas sociais do budismo tibetano (Mahayana), tailandês (Theravada) etc., em que há deveres universais para com a "comunidade monástica" ("igreja") budista.

Segundo, *o culto oficial do Estado não chegou a se desdobrar numa religião efetiva para toda a população*. Em sua origem, o poder político na China antiga estava ligado ao culto dos antepassados, especialmente dos imperadores. Essencialmente, era um culto familiar, em que não havia divinização em sentido estrito. Toda sorte de seitas daoistas e budistas, com efeito, ofereceram-se como alternativas. Entretanto, mesmo que o poder imperial tenha assumido, em vários momentos, uma religião de Estado, essa religião era um acessório dos cultos oficiais, que permaneceram "confucianos" em toda a história. O budismo não conseguiu consolidar a noção do imperador como um *Dharmaraja* ou um *Cakravartin*, alguém ungido pelo clero, com estatuto de semideidade, compromissado com o Estado religioso.

Terceiro, na história chinesa, *nenhuma religião institucional conseguiu se estabelecer independentemente do Estado*. O daoismo sempre foi uma religião de pequenos grupos, cujo monasticismo foi fundado em maior escala e mantido por patrocínio (e controle) imperial. O budismo, sob condições históricas únicas, conseguiu criar uma "igreja" muito forte e de representação nacional, mas foi paulatinamente submetido ao mesmo tipo de patrocínio e controle do governo central, minguando até se tornar uma corporação pouco inspiradora para o público.

Quarto, *apesar de que ocorreram inúmeros movimentos violentos de cariz religioso ao longo da história imperial chinesa, eles ou fracassaram, ou mudaram de natureza, após assumirem o poder político*. Por um lado, o elemento religioso nunca conseguiu ser determinante nesses movimentos, pelo fato de as crenças chinesas serem ecléticas e pela necessidade de esses movimentos apelarem para os interesses de grupos não filiados a essas religiões. Por outro lado, a política imperial, burocrática e baseada em precedentes milenares (sacramentados pelos ritos confucianos), nunca se permitiu alterações radicais, pelo que os grupos políticos que capturavam o poder tinham que se adaptar às tradições governamentais, praticando as religiões como "complementos" ao culto oficial.

Quinto, dado o forte controle exercido pela cultura oficial, *o que entendemos por religião sempre foi um assunto "privado" na China antiga*. Ou seja, nunca estiveram presentes as situações para que os problemas fundamentais da religião se tornassem indutores do debate público, permanecendo sob tutela da ideologia ortodoxa (confuciana) do Estado. Simultaneamente, a educação tradicional (mais uma vez, confuciana) garantia que a elite intelectual permanecesse bastante homogênea, de maneira que as grandes questões (vida, morte, sofrimento, felicidade) não suscitavam soluções fora do terreno bem palmilhado dos textos clássicos – o que não inclui a presente obra em si, mas tolheu todas as suas implicações através dos limites à sua interpretação...

8.
Onde está a justiça divina?

意而子見許由。許由曰:「堯何以資汝?」意而子曰:「堯謂我:『汝必躬服仁義而明言是非。』」

Xu You refestelava-se perto de sua árvore, o tronco despido, o semblante despreocupado, as águas do rio a correrem. Ouviu um vulto que se aproximava, o passo pesando sobre a vegetação rala. Dobrou o pescoço preguiçosamente para trás, fechando um olho para distinguir quem era, sob toda aquela claridade. Era o mestre Andorinha. Sem fingir a menor cerimônia, berrou para o outro homem do Dao: "Ouvi dizer umas histórias; o que é que o rei Yao deu de presente para ti?". A silhueta escura começava a se perder nos detalhes do visitante: faltava-lhe a ponta do nariz, cortada por uma lâmina afiada, percebia-se. Também tinha umas queimaduras sobre a face, lembrando um selo oficial. Arquejando com o calor e cansaço, Andorinha espaçava as suas palavras: "Yao instou-me: 'A humanidade e o senso de dever, tens que imprimir a tuas ações; com tuas palavras, deves distinguir claramente a medida do certo e do errado".

許由曰:「而奚來為軹?夫堯既已黥汝以仁義,而劓汝以是非矣,汝將何以遊夫遙蕩恣睢轉徙之塗乎?」意而子曰:「雖然,吾願遊於其藩。」許由曰:「不然。夫盲者無以與乎眉目顏色之好,瞽者無以與乎青黃黼黻之觀。」

Xu You coçou as pernas hirsutas com uma das mãos, cobrindo os olhos com o outro antebraço. Ele sabia de tudo o que se passara. Cruelmente:

"E qual a razão para que venhas ao meu ermo? Tua fama corre nua em Tudo sob o Céu. Yao usou da humanidade e do senso de dever para marcar a tua face... E isso que era teu nariz, é o certo e o errado de Yao". Irrompeu num riso zombeteiro. "Explica-me, com esta tua cara, de que maneira tu encontrarás uma terras onde estejas livre, obtendo o teu bel-prazer, conforto, plenitude?". Humildemente, o apenado protesta: "Sim, estás certo... sem embargo, mesmo que não possa andar no meio do Caminho, ainda sou um homem do Dao, ainda posso andar por suas margens". Xu enfureceu-se pela insolência desse que havia se tornado um pior dos homens. A cólera coloria-o: "Errado. Um míope não tem como gozar da beleza do cenho, dos olhos, das sobrancelhas; um cego não sabe o que é o verde ou amarelo da laca, nem distingue os padrões negros e brancos sobre a seda".

意而子曰:「夫無莊之失其美，據梁之失其力，黃帝之亡其知，皆在鑪捶之間耳。庸詎知夫造物者之不息我黥而補我劓，使我乘成以隨先生邪？」

A discussão havia chegado a um impasse. Andorinha sentia-se traído; justamente aquele que deveria ser o primeiro a dirimir o seu labéu juntara-se ao cordão de delatores. Indignado, o justo ponderou: "Sabes que Sóbrio, o mais belo da Antiguidade, deixou seus cosméticos de lado após encontrar o Dao, sacrificando a beleza que o definia; sabes que Vigoroso, o mais forte da Antiguidade, assumiu o seu lado feminino após conhecer o Dao, perdendo o vigor de que tanto se orgulhava; sabes que o Imperador Amarelo, o mais sábio da Antiguidade, olvidou-se de tudo o que aprendera após ser surpreendido pelo Dao. Esses três foram temperados na forja do Caminho. Xu You, como podes estar certo de que o *Criador dos Seres* não será capaz de apagar as minhas cicatrizes e de restaurar o meu nariz, dando-me a montadura para que voe pelos Céus, seguindo os mestres que nos precederam???".

許由曰:「噫！未可知也。我為汝言其大略。吾師乎！吾師乎！齏萬物而不為義，澤及萬世而不為仁，長於上古而不為老，覆載天地刻彫眾形而不為巧。此所遊已。」

Xu You sentou-se, voltado para Andorinha. Havia mudado de opinião. Apoiando-se nos joelhos, reconhecia nele o seu irmão do Dao: "Ih, não me tinha dado conta dessas verdades. Sendo assim, comparto contigo algumas migalhas que amealhei pelo Caminho. Esses são os meus mestres, os meus mestres nas vias da vida! O Dao é outono, degenera as coisas, onde está seu senso de dever? O Dao é primavera, regenera os seres, quede a sua noção de humanidade? O Dao existe desde a mais Alta Antiguidade, mas nunca encontraremos velhice e decadência nele. O Dao cobre o Céu, suporta a Terra – esculpe as formas, molda os corpos, sem se orgulhar de sua destreza. Eis o lugar em que deves peregrinar, em busca de tuas respostas".

Comentário: "Segunda chance"

Este texto fala da esperança do praticante daoista de, por meio de sua prática, alcançar uma redenção impossível para quem permanece em sociedade. Percebemos que *o Dao não é misericordioso, não se compadece da condição individual dos homens*, da maneira como estamos habituados a ver a deidade sob influência da revelação cristã. Disso não se segue que o Dao é cruel, empenhando-se em piorar a condição de cada um. Há uma promessa diferente, primeiro, *da libertação física através da imortalidade*; depois, *da vida eterna, através da aniquilação material da individualidade*. Zhuangzi constrói magistralmente essa tese, por meio da escolha das personagens e da construção do enredo.

Em suas premissas gerais, o enredo lembra "a subjugação do orgulho" (V.2) e "Os grilhões do espírito" (V.3): um mutilado busca ser aceito por uma personagem importante, que a princípio recusa-o por sua condição. Esse apenado então faz uma breve exposição de seu progresso na busca do Dao, comovendo o seu interlocutor e confirmando um ensinamento. Há diferenças profundas, no entanto, quando levamos em consideração as personagens.

O personagem fictício Yi'er (意而), que traduzimos como Andorinha, foi punido com mutilação do nariz e marcado a ferro sobre o rosto a mando do rei sábio Yao, por alguma violação à moralidade pública, que permanece inexplicada. Andorinha então vem visitar Xu You, membro da mais importante linha de transmissão de imortais retratada nesta obra, também reputado como mestre do rei sábio Yao (cf. Cap.I.4). Lembramos que o daoismo também venera os reis sábios, mas por razões diferentes do confucionismo, por exemplo, por assumirem o poder após serem iluminados pelo Dao e, especialmente, por terem aprendido e aplicado a doutrina do "Governo pela Inação" (無為而治, *wuwei erzhi*).

Nesse contexto, a justiça da punição decretada por Yao nunca entra em questão. A dura reação inicial de Xu You também não causa estranheza, uma vez Andorinha ostensivamente se tornara um pária depois de sua dupla punição. As nossas sensibilidades atuais, especialmente a tese "pós-moderna" de que o crime é um subproduto das instituições opressivas, são totalmente estranhas à ética chinesa antiga – e, na verdade, à de qualquer sociedade tradicional. Dessa forma, a atitude de Andorinha nesta anedota (ou de Shentu Jia, ou de Sem-Pé, no capítulo anterior) não é a de combatividade, mas de *resignação ao tabu que mereceram*. Ele aparece como um suplicante.

O ponto principal desta história é o de que, diferentemente do confucionismo, *o daoismo oferece a chance de um recomeço – fora da sociedade*. Para tanto, é preciso uma "conversão" do praticante, que – se enfatize novamente – não tem nada a ver com o arrependimento de suas faltas. Na passagem, a humildade de Andorinha é um reflexo da desonra que não tem meios de lavar e que o estigmatiza diante de quem quer que saiba de seus precedentes. Todavia, ao "andar nas margens do Dao", ele pôde intuir a possibilidade da "saída do mundo". Ele cita outros homens imperfeitos moralmente (Sóbrio, Vigoroso e, surpreendentemente, o Imperador Amarelo, talvez com uma ponta de sarcasmo) como precedentes, provando que ele próprio também tinha uma oportunidade de reencontrar seu equilíbrio através do Dao e alçar-se a um plano maior de existência. Comovido, Xu You dispõe-se a concluir a anedota com um ensinamento, lembrando a Andorinha que, *embora nada seja impossível ao Dao, não há garantias de sucesso, pois se manifesta de maneiras diferentes para cada um.*

9.
Sentado, alheio a tudo

顏回曰：「回益矣。」仲尼曰：「何謂也？」曰：「回忘仁義矣。」曰：「可矣，猶未也。」

Penso que todos os meus leitores tenham os *Analectos* decorados de ponta a ponta e, por isso, sabem como Confúcio sempre louvava a Yan Hui como seu melhor aluno. *Analectos* à parte, ouvi uma interessante história, de fontes fidedignas, que explica a verdadeira razão para a admiração de Confúcio. Acho que merece registro neste meu calhamaço de pensamentos avulsos. Conta-se que Yan Hui havia aprendido a meditar e, certo dia, estava tão exultante que irrompeu pelo salão de Confúcio, interrompendo a sesta que este fazia nos seus aposentos. O ancião ergueu-se a meio corpo do estrado a estalar, os longos cabelos desalinhados, para ouvir o seu ruidoso preferido: "Um grande avanço, mestre, eu realizei!". De boa disposição, Confúcio deu-lhe a palavra: "É? Que avanço, Hui?". Seus olhos brilhavam: "*Apaguei a humanidade e o senso de dever de meu coração*". Bocejando, o sábio parou por um momento: "Nada mal, nada mal. Contudo, isso não conta como um avanço". Hui saiu.

他日，復見，曰：「回益矣。」曰：「何謂也？」曰：「回忘禮樂矣。」曰：「可矣，猶未也。」

Transcorrera um tempo, tanto que Confúcio se esquecera do episódio. Estava voltando para casa, depois de prestar uma visita a um conhecido. Um estampido repetido de passadas pesadas chegava-lhe no encalço: era Yan, que vinha revê-lo. "Desta vez eu progredi, sem dúvida!", declarou. Abrindo um sorriso, fazendo um gesto de aceitação, o Erudito dos Eruditos encorajou-o: "É? Que avanço, Hui?". Com uma voz tentativa, disse: "*Os ritos e a música já não mais existem para mim*". Confúcio notava algo a brotar no peito de Yan Hui, embora muito minúsculo: "Nada mal, nada mal. Contudo, isso não conta como um progresso". Hui voltou.

他日，復見，曰：「回益矣。」曰：「何謂也？」曰：「回坐忘矣。」仲尼蹵然曰：「何謂坐忘？」

Passara um período mais longo, até um dia quando o Velho Mestre estava a praticar cítara próximo do tanque detrás de sua quinta. De repente, as moitas no seu entorno tremeram terrivelmente, com um Yan Hui a desembrenhar-se enquanto falava: "Agora sim, agora sim, adiantei-me". As mãos de Confúcio congelaram-se no tempo: "É? Que avanço, Hui?". "*Sentei-me no esquecimento*". O erudito estremeceu; Hui tinha chegado a algum lugar; o que dizer? Afrouxando os laços que prendiam as suas folgadas mangas, Confúcio cedeu à curiosidade: "O que queres dizer com *sentar no esquecimento*?".

顏回曰：「墮肢體，黜聰明，離形去知，同於大通，此謂坐忘。」仲尼曰：「同則無好也，化則無常也。而果其賢乎！丘也請從而後也。」

O discípulo ria tolamente enquanto o idoso recolhia-se para acolhê-lo. Yan Hui ajoelhou-se e compartilhou sua experiência de meditação: "Os meus membros, braços e pernas, caíram como coisas mortas; minha mente, o brilho de minha consciência, apagaram-se como brasas frias. O meu espírito abandonou meu corpo, deixando toda a sabedoria humana para trás. Mesclando-se à *Grande Permeação*, irmanou-se ao Dao em seu cariz de ininterrupta transformação. Eis o que entendo por *sentar-se no esquecimento*". Confúcio percorria as suas memórias, tentando encontrar algo parecido com o que Hui lhe descrevia. Sem sucesso, admirou-o: "Faz sentido. Uma vez te uniste ao Dao, não há mais apetência, não há mais desejo. Depois de que te transformaste junto com Ele, não há mais permanência nas coisas, tudo flui. Fizeste prova de todo o teu valor, Hui. Sinto que é chegada a hora de prostrar-me a teus pés e seguir-te como meu mestre".

Comentário: "Experimentando a morte"

Esta é mais uma das passagens centrais de Zhuangzi, com enfoque na prática meditativa. As "Três Flautas" (II.1) e o "Jejum do Coração" (IV.1), duas outras passagens celebérrimas, também expunham as técnicas do transe, a primeira propondo a contemplação da Grande Espontaneidade e a segunda ensinando a fazer cessar os desejos. Nesta anedota, *Zhuangzi encoraja o praticante a buscar o "esquecimento de si", experimentando uma sensação "entre a morte e a vida"*. O esquecimento envolve a utilização do transe para que se consiga, progressivamente, cessar a consciência do próprio corpo, eliminar a consciência da própria respiração e batimentos cardíacos e "esquecer que se está vivo" – isto é, por fim, "calar a mente". Através desses exercícios, uma vez que se retorne do transe, é possível experimentar a experiência de abolição (também uma forma de esquecimento) dos Opostos – particularmente vida e morte.

"*Os meus membros, braços e pernas, caíram como coisas mortas; minha mente, o brilho de minha consciência, apagaram-se como brasas frias [...].*" Esta singela descrição de Yan Hui sobre a sensação do próprio transe inspirou as práticas meditativas de inúmeras gerações de praticantes daoistas Na dinastia Tang, o influente monge Sima Chengzhen (司馬承禎, 647-735), um dos mestres da seita da Alta Claridade (上清, *Shangqing*) tomou emprestado o conceito de "sentar-se no esquecimento" para dar nome a um ensaio clássico do daoismo religioso, sintetizando sete objetivos para a prática do Dao. Apesar de que, naturalmente, haja muitos elementos inovadores naquele texto em relação a Zhuangzi, inclusive uma série de concepções budistas – como a reencarnação – Sima está fundamentalmente preocupado com a *união mística (por meio da meditação) entre corpo e espírito*. Essa unidade é descrita como uma experiência da plenitude do Dao, "que desconhece (se esquece de) todo o resto", especialmente da busca da vida e horror à morte.

O conteúdo místico da passagem é construído como uma crítica das limitações da sabedoria confuciana. Yan Hui somente consegue superar as distinções entre vida/morte, alegria/dor etc. após eliminar os condicionamentos que recebera da doutrina de Confúcio. Dessa forma, Yan primeiro se esquece da humanidade/senso de dever, antes de poder se esquecer dos ritos e música. É pertinente, assim, suscitarmos o problema: *por que ele se esquece dos valores morais antes das instituições sociais? Não deveria ser o contrário?* Afinal, as instituições, em nosso ponto de vista, são convenções externas à nossa individualidade, enquanto os nossos valores definem o que somos enquanto seres humanos. Essa é uma questão importante, que explica por que Confúcio não foi capaz de intuir a técnica de "se sentar no esquecimento" antes do discípulo.

Dito da forma mais sintética, *nas culturas "orientais" de matriz "coletivista", as instituições são interiorizadas, da mesma forma que os valores são coletivizados.* Portanto, é natural que Yan Hui tenha que se esquecer primeiro daquilo que é externalizado, seus valores, para então conseguir se libertar do poderoso condicionamento das instituições sobre sua individualidade. Somente depois disso é que alguém na China antiga podia se tornar um "eremita", quebrando os vínculos com tudo e todos, inclusive si próprio.

Expliquemos com um pouco mais de detalhe.

Em teoria, o confucionismo defende que os valores estão, todos, potencialmente presentes na natureza humana. Portanto, humanidade/senso de dever, as duas principais virtudes confucianas, são congênitas a cada ser humano. Nada obstante, *a maioria das pessoas precisa da educação para praticar essas qualidades.* Enquanto base para o currículo educacional, os ritos e música (禮樂, *Liyue*) consolidavam o sistema de práticas tradicionais que, a seu turno, regulava toda a vida social chinesa na Antiguidade. Por isso, Confúcio e a ortodoxia viam nos ritos e música a expressão correta de como cada ser humano deve agir e, ultimamente, do que deve ser.

Os ritos e música eram ensinados por meio da *imitação de comportamentos e memorização de textos.* Tanto os comportamentos, como os textos, eram construídos com base em *dicotomias*, tais como "elegante" e "vulgar" (雅俗, *Yasu*), "correto" e "vicioso" (正邪, *Zhengxie*) etc. Em outras palavras, humanidade e senso de dever, os valores de que Yan Hui se esquece primeiro, eram concepções mediadas pelos ritos e música, baseadas em distinções. Assim compreendemos como Yan *primeiro consegue se livrar de sua consciência moral* e só *ulteriormente desativa os condicionamentos que recebera através da educação.*

Confúcio, por outro lado, sendo o grande compilador dos textos sagrados sobre os ritos e música, bem como o modelo de erudito e virtuoso desse sistema, nunca conseguiria fazê-lo. Ele *já havia interiorizado plenamente as distinções inerentes aos ritos e música à sua individualidade, uma perfeição que terminara por definir o que o Velho Mestre* era. Enquanto discípulo, Yan Hui ainda não havia atingido o mesmo estágio de Confúcio naquela disciplina e os ritos e música ainda não haviam se tornado um elemento espontâneo de seu ser. Esse contraste entre ambas as personagens esclarece o enredo e a lição final da passagem.

10.
De onde venho, para onde vou?

子輿與子桑友，而霖雨十日。子輿曰：「子桑殆病矣！」裹飯而往食之。至子桑之門，則若歌若哭，鼓琴曰：「父邪！母邪！天乎！人乎！」有不任其聲而趨舉其詩焉。

Reservei para o fim uma anedota sobre a amizade que unia a Carroça e Amoreira, dois homens do Dao, sobre quem já falei em outras ocasiões. Encontravam-se com frequência para partilharem do ócio e se encorajarem no Caminho. Numa ocasião, começou a chover e continuou a chover, aos cântaros, por dez dias seguidos, e Amoreira não aparecia na casa de seu querido parceiro. Com saudades, Carroça pensou consigo: "O que terá acontecido ao Amoreira? Dez dias! Será que não está estatelado, morto em sua morada?". Cedendo ao chamado da afetividade humana, Carroça embalou um pouco de arroz cozido numa tela limpa de cânhamo e, agasalhando-se, partiu em direção à cabana de Amoreira. À medida que se aproximava de lá, percebia no ar um som que esbarrava no caniços de água, de choro e de canto, de choro e de cordas. Olhando pelo vão da janela, avistou Amoreira abraçado à sua cítara, tangendo-a, em prantos. Em meio aos soluços, discernia algumas palavras: "Foi meu pai!? A minha mãe?! Foi o Céu!? O Homem?!". Em certos momentos, a dor era tamanha, que o canto se desfazia em gemidos; em outros, era o corpo que se perdia em espasmos, e a música depauperava-se em lamúria.

子輿入，曰：「子之歌詩，何故若是？」曰：「吾思夫使我至此極者而弗得也。父母豈欲吾貧哉？天無私覆，地無私載，天地豈私貧我哉？求其為之者而不得也。然而至此極者，命也夫！」

Comiserando o amigo, Carroça por fim decidiu interrompê-lo, interpelando-o: "Amigo, o que pesa no teu peito e chega aos meus ouvidos como lástima e como choro? Qual a razão para que teu desabafo venha como canto e como poesia?". De olhos inchados e com o rosto muito vermelho, Amoreira esboçou um rápido sorriso, para então desabafar o seu tormento: "Nestes dias, sozinho em casa, comecei a pensar no que me trouxe aos estertores desta existência, sem que nunca tenha conseguido encontrar uma solução. Terão sido o meu pai e mãe, com todo o sentimento que tinham por mim, a desejarem que vivesse em meio a tanta miséria? Ou terão sido o Céu e a Terra a fazê-lo, indiferentes que são ao fado de um indivíduo, pois a tudo cobrem e a tudo suportam, com fria justiça? Carroça, passei os últimos dias a torturar-me com essa questão, sem que nunca tenha chegado a uma conclusão. Penso que vais concordar comigo, todavia, que foi o *Mandato do Céu* a guiar-me até estes extremos de angústia!".

Comentário: "Pergunta ao Céu"

Ao concluir este capítulo permeado por reflexões sobre a morte, Zhuangzi surpreende mais uma vez o leitor, pois, em vez de lhe deixar uma última mensagem positiva, de consolo e encorajamento, confronta-o com a verdade, nua e crua, de que *o homem não é o autor de seu destino*. Esse efeito é multiplicado pelo fato de Amoreira, que se desespera com a falta de sentido de *sua* existência, ter a palavra final. A conclusão, se existe uma, é a de que mesmo os praticantes do Dao estão obrigados a viver sob o Mandato do Céu. Embora saibam do dogma religioso, que todos vêm do Dao e a ele retornam, não deixam de sofrer, à maneira das pessoas normais, com as angústias da existência e a incerteza do futuro. Essa talvez seja a diferença entre *saber* a verdade e não ser capaz de *vivenciá-la*. De qualquer maneira, é preciso refletir sobre o significado desta passagem, seja numa leitura autônoma, seja no contexto deste capítulo como um todo.

Vista como uma história independente, esta passagem fala do *homem isolado do Dao*, com uma franqueza difícil de ser encontrada em outras obras clássicas chinesas. De fato, uma característica da literatura e filosofia sínicas é a de omitir ou aligeirar aspectos negativos da realidade, enfatizando o que há de belo na vida. *Quando surge o tema do sofrimento, ele normalmente é relativizado, referido a situações concretas*. Podemos tomar Confúcio como o exemplo clássico. Embora Confúcio seja frequentemente retratado nos *Analectos* num profundo estado de frustração, ela nunca é remetida a uma condição (supostamente) geral do ser humano, a de que "o homem bom sofre, enquanto o mau prospera" – que gerou a questão da teodiceia no Ocidente. Mesmo o insucesso material de Yan Hui e sua morte extemporânea são tratados com uma delicadeza e inocência quase infantis. Em narrativas históricas nas quais há maldade ou injustiça, como as muitas presentes nos *Registros do cronista* ou nos *Estratagemas dos Reinos Combatentes*, o sofrimento de *uns* é produto da crueldade e imoralidade de *outros*, nunca se fala do sofrimento como situação humana. Este texto de Zhuangzi, ao contrário, traz o sofrimento em seu sentido *absoluto*: a existência *em si* é sofrimento.

Apesar de quebrar as convenções literárias chinesas, Zhuangzi, à sua maneira de sempre, não explora o tema com a explicitação que desejaríamos. Temos que esperar pelo budismo, dadas as suas raízes hindus, para que uma nova abordagem, mais franca e realista, apareça no horizonte intelectual chinês. Por um lado, os budistas argumentam que o sofrimento (sânscrito *Duḥkha*; chinês 苦, *ku*) é a condição básica da existência humana. Motivado pela *ignorância* (sânscrito *Avidyā*; chinês 無明, *wuming*), toda ação do homem, até as que visam trazem bem-estar, termina em dor – pois a busca humana de alegria é contingente e limitada. Por outro lado, essa invariável condição universal (descrita com a metáfora *"Mar de Amargura"*, 苦海, *Kuhai*) é o esporão para que o homem busque a sabedoria última, que o conduzirá para a liberdade espiritual e existência plena. Esta leitura pode ser, e foi, ao seu tempo, sobreposta à doutrina daoista como um complemento.

Logo, o praticante daoista que fraqueja no Caminho, que permite que seus sentimentos e desejos individuais tomem conta de si, está sempre no limitar de uma crise existencial. O isolamento de Amoreira é prova de que *ninguém está além das pressões do insucesso material, das decepções pessoais e da ausência de um sentido maior* que nunca deixam cada um em paz – possivelmente desde o início dos tempos.

Uma leitura sistemática do texto admite essa leitura isolada como ponto de partida. Colocado na última posição do capítulo, esta anedota permanece como uma advertência àqueles que já vislumbraram o Dao, seja pela prática religiosa, seja pelo acúmulo de sabedoria. Todo sucesso gera uma medida de desvanecimento, que abre a porta de trás para uma sensação de vazio... Esse é o vazio de todos que carecem do Nume, que se julgam bastantes em si próprios. *O praticante não deve esquecer que tudo o que vivencia de positivo não é mérito seu, mas um* presente *da Espontaneidade*. É exatamente nos momentos em que nos sentimos mais plenos, mais realizados, que desprezamos o apoio espiritual que nos colocou de pé. Se prestarmos atenção ao texto, vemos que Amoreira, no cúmulo de sua dor, trata o Céu e a Terra como algo separados de si. Essa é a condição dos homens comuns, não daqueles que permanecem unidos misticamente ao Dao.

Capítulo VII
DAO

應帝王第七

Apresentação: o que é um "grande homem"?

O último capítulo da obra retoma um conjunto de temas centrais para Zhuangzi, agora unificados em torno da figura ideal do "homem do Dao", que é modelo de existência humana para esse autor e, por extensão, para a doutrina daoista. Mais de dois milênios depois, parece-nos fácil discursar sobre pessoas normais que, seguindo um receituário potencialmente aberto a qualquer um, excluem-se voluntariamente da sociedade para conseguir poderes extraordinários, indo além das hierarquias e estruturas de poder secularmente estabelecidas. Na verdade, se tivermos em mente as condições sociais e políticas da China antiga, essa nova mitologia, para cuja criação Zhuangzi então contribuía, era mais do que improvável e até, de certa maneira, subversiva. Portanto, antes de passarmos aos textos e respectivas análises, é importante compreendermos a preconcepção de "grande homem" originalmente válida na Antiguidade chinesa, que os imortais anônimos do daoismo precisavam conciliar.

Já indicamos que as personagens principais do folclore arcaico chinês eram reis sábios. Todo o edifício intelectual das tradições e instituições era em certa medida atribuído à contribuição desses indivíduos. A partir do período conhecido como da Primavera e do Outono (iniciado em cerca de 771 a.C.), um conjunto de eruditos, dos quais o maior representante fora Confúcio, começou a sistematizar os "textos sagrados" da Alta Antiguidade chinesa. Esses eruditos não o fizeram em nome próprio, mas sob o pressuposto de "transmitirem a tradição, nunca a criarem", o que serviu para sacramentar a autoridade dos reis sábios.

Dessa forma, Confúcio assumia como herói pessoal o ilustre regente da Casa de Zhou, o duque Dan (周公旦, séc. XI a.C.). Mêncio alegava que suas doutrinas eram modeladas nos reis sábios pré-dinásticos Yao e Shun (de uma época em que os governantes chineses supostamente eram escolhidos dentre as pessoas mais virtuosas e não sucedidos hereditariamente). As lideranças confucianas subsequentes imitavam o exemplo de seus mestres e isso serviu para perenizar a situação em que os reis sábios eram o modelo final de "grande homem".

Sobre esse pano de fundo, as doutrinas "rivais" do confucionismo, por exemplo o moísmo e o próprio daoismo, não tinham como descartar os reis sábios, uma vez que suas ideias precisavam de legitimidade ancestral para adquirirem cogência. Consequentemente, em vez de buscar outros modelares, preferiam dirigir críticas aos adversários confucianos, alegando que Confúcio e seus discípulos "não entenderam" qual a "verdadeira intenção" dos reis sábios. Isso fez que *o debate intelectual chinês se perenizasse como um conflito entre autoridades,* voltado para explicar qual o "ensinamento autêntico" daqueles soberanos.

Enquanto o confucionismo e o moísmo admitiam os reis sábios como autoridades finais, os daoistas tinham uma posição mais peculiar, mais dúbia, sobre aqueles governantes. Ao defenderem que o "grande homem" deve permanecer "fora do mundo", criavam um espaço em que os reis sábios não podiam exercer o seu papel de praxe, pois estes celebrizaram-se por seus feitos ao se "engajarem no mundo". Discretamente, assim, os "imortais" podiam ser colocados sobre os reis sábios, por possuírem uma Virtude mais "absoluta" do que a deles. Laozi, no *Dao De Jing*, e Zhuangzi, neste capítulo, se empenham em comprovar que a sabedoria daoista também surte bons efeitos se usada para governar o mundo.

Nada obstante, ao afirmar que o "eremita" servia de existência ideal, o daoismo violava o senso comum, numa primeira impressão. Se compararmos a experiência da China arcaica à das altas civilizações no mesmo período, vemos que todas giram em torno de *um conceito transcendente de realeza*: No ecúmeno ocidental, os heróis homéricos eram reis, cuja visão de mundo, valores e virtudes serviram de modelo para a educação; o rei Davi criou instituições centrais para a cultura (e culto) judaica, plasmando o "messianismo" e, indiretamente, preparando o próprio surgimento do movimento cristão. No mundo hindu, os Pandavas, protagonistas da Guerra dos Kurukshetras e, obviamente, Rama, enquanto membros da realeza, davam substância às narrativas sagradas daquele povo. E assim por diante... Logo, a atitude chinesa sobre os seus soberanos arcaicos segue um padrão largamente disseminado pelo mundo antigo.

Diante desses limites, para entender como o daoismo teve sucesso em estabelecer a sua doutrina do "grande homem", é possível tentar relacioná-lo aos movimentos liderados por aqueles que se convencionou chamar de "renovadores morais": Zoroastro, Sócrates, Mahavira/Buda, Jesus Cristo etc. A característica comum dessas personalidades é a de que eles *promoveram ideais de existência humana alheios às estruturas políticas vigentes, inclusive às práticas religiosas que sacralizavam o poder real.* Embora eventualmente os movimentos que deram início se consolidassem como religiões/ideologias de Estado, cujos sacerdotes também se viram envolvidos na vida política, cada "renovador moral" insistia que *suas doutrinas de libertação espiritual tinham por foco o indivíduo*, estando separadas e indo além do que oferecia o mundo secular.

Embora em momento algum a China tenha desenvolvido uma verdadeira soteriologia, *é o daoismo dos "imortais" que mais se aproxima do fenômeno da "renovação moral"* – e não Confúcio e sua escola. Se considerarmos o movimento daoista primitivo como um todo, encontramos nele a centelha de uma nova definição de "grande homem" na China antiga – a obra de Zhuangzi serve, pelo menos, como testemunho dessa mudança.

Dado esse contexto amplo, podemos agora compreender que o "argumento" desenvolvido neste capítulo serve para reservar um lugar especial de "grandes homens" para os "imortais":

Porém ao sublinhar que os "homens do Dao" são capazes de obter méritos políticos em nada inferiores aos reis sábios, Zhuangzi afirma que há coisas maiores a serem buscadas na vida, coisas que estão ao alcance exclusivo de quem pratica o Dao. O título em chinês deste capítulo é "*Em resposta aos que ocupam o cargo de soberanos*" (應帝王, *Yingdiwang*). Os comentaristas preferem uma leitura alternativa: "aqueles que devem se tornar os (verdadeiros) soberanos". Sabemos que os comentaristas de Zhuangzi, embebidos na tradição e ideologia confucianas, persistem em defender que a finalidade última da existência humana, também para os praticantes do Dao, deve ser participar na vida burocrática, idealmente como reis (ou seus altos conselheiros). Entretanto, não só *o exemplo da vida pessoal de Zhuangzi*, mas *a mensagem principal de seus textos* é a de que o quietismo é a melhor opção de vida, que o "grande homem" se coloca fora da competição destrutiva por evidência, usando todas as suas forças para contemplar o Dao.

1.
O cavalo e o boi

齧缺問於王倪，四問而四不知。齧缺因躍而大喜，行以告蒲衣子。

Sempre empenhado em dar uma rasteira no contrapé de seu querido mestre, o Banguela finalmente conseguiu um dia desconcertá-lo com suas perguntas. Para quatro indagações irrespondíveis, recebeu quatro confissões de ignorância – via-se que o Garoto já não era o mesmo! Regozijando-se, saiu dando cambalhotas e estrelinhas. Por que não relatar o ocorrido ao Farrapo, mestre de seu mestre? Aventurando-se pelo mato, o Banguela tomou a conhecida trilha para uma parte mais isolada da mesma montanha em que viviam, até chegar ao casebre em que Farrapo praticava o Dao, isolado do mundo.

蒲衣子曰：「而乃今知之乎？有虞氏不及泰氏。有虞氏，其猶藏仁以要人；亦得人矣，而未始出於非人。泰氏，其臥徐徐，其覺于于；一以己為馬，一以己為牛；其知情信，其德甚真，而未始入於非人。」

Mal-humorado, o secular imortal deu-lhe as boas-vindas de sua janela, com sarcasmo: "Ah? Só agora é que tu te destes conta? Tu vês, Banguela, Tudo sob o Céu celebra a Shun como o mais moral dos governantes, e Shun nunca chegou aos pés de Fu Xi. Fu Xi ensinou-nos como o Yin-Yang deu forma ao nada, transmitindo-nos os oito trigramas das mutações. Shun? Ele incorporou a humanidade, e, com a força de sua autoridade, exigiu que os outros fossem como ele. E seu povo foi bem governado, legando-lhe uma reputação radiosa. Entretanto, ainda que tenha conquistado o coração dos que estavam abaixo de si, não deixou de fazê-lo ao mostrar que os outros estavam errados e ele, certo. O imortal Fu Xi, por outro lado, refestelava-se preguiçosamente em seu imponente palácio de pau a pique, gozando da mesma tranquilidade simples que comungava com os seus subordinados. Shun e Fu Xi tinham espíritos diferentes. Shun desejava ser como um *cavalo*; Fu Xi, um *boi*. Um firmava-se na sabedoria que acumulara; o povo reconhecia-a como verdadeira e assim acreditava em Shun. O outro, ah, o outro. Sua Virtude era *Verdadeira*, Banguela, e nunca precisou diminuir os outros para engrandecer a si mesmo". E voltou para dentro de seu casebre, sem perceber que o visitante ainda continuava lá.

Comentário: "Quem é o maior?"

A primeira anedota deste capítulo diz respeito à atitude que o daoista deve ter com relação aos méritos, próprios e alheios. Apesar de que se saiba que a busca do Dao deve ser realizada "fora do mundo", é importante lembrar que *"mundo" não é só a sociedade secular, mas também representa os seus valores, crenças e objetivos na vida*. Portanto, uma comunidade monástica também pode ser inquinada por tudo aquilo que tentou evitar, deixando a sociedade para trás. Esta passagem o ilustra com a atitude de Banguela, que manifesta o impulso natural do homem de se comparar aos outros, de tentar estabelecer o seu valor com base na diminuição do próximo.

Zhuangzi ilustra esta situação com bom humor e autoironia, encenando-a no contexto da mais insigne linha de transmissão da obra: Farrapo, Garoto, Banguela, Xu You (e o rei sábio Yao). Banguela por fim se tornaria um imortal, mas aqui é retratado num momento de infantilidade, pregando peças no seu mestre Garoto, teimando em fazê-lo passar vergonha. Já o havíamos encontrado numa situação idêntica no segundo capítulo (II.16). Desta vez, porém, é Garoto quem perde o certame. Banguela então busca o elogio de Farrapo, seu "mestre-avô", que o repreende com uma preleção sobre dois reis sábios: Fu Xi e Shun.

Farrapo coloca Fu Xi acima de Shun. *Shun é, possivelmente, o rei sábio favorito do confucionismo clássico.* Ele foi o sucessor escolhido por Yao, do que se percebe ser uma personagem historicamente muito posterior a Fu. De Shun se elogia a prática da piedade filial, atribuindo-se-lhe também a criação do *Dao da Esposa* (婦道, *Fudao*), que estipula regras de comportamento familiar para as mulheres. Já Fu Xi é uma das mais antigas deidades antropomórficas do daoismo, tendo sido louvado no "Hino ao Dao" (cf. Cap.VI.3). Ele é extremamente importante para essa religião, que lhe atribui o desenho dos Oito Trigramas fundamentais do *Clássico das mutações* e do respectivo gráfico dispondo os mesmos "Antes da Separação do Céu e da Terra": em outras palavras, foi ele quem explicou o mistério da "formação do universo" na cultura antiga chinesa. Fu Xi é mais *reverenciável* do que Shun.

Porém, não é esse o raciocínio de Farrapo. *Ele não argumenta que Fu Xi é melhor do que Shun por ser* "mais" *do que ele, mas por ser* "menos". O primeiro detalhe que salta à vista é a comparação de Shun com o cavalo, enquanto Fu Xi é o boi. No *Clássico das mutações*, trata-se dos animais simbólicos de Qian (乾) e Kun (坤), os dois principais trigramas, que representam, respectivamente, a totalidade das forças Yang e Yin. Yang é o elemento masculino, o líder, as forças ativas de transformação da natureza. Yin é o feminino, o seguidor, que, *passivamente*, consolida a obra de Yang. Na *Dupla Escriturai (Dao De Jing)*, Laozi já havia afirmado que o praticante daoista deve enfatizar o cultivo do princípio *Yin* e evitar Yang (cf., particularmente, o cap.78).

Na mentalidade chinesa, especialmente no daoismo, o elemento feminino é capaz de "vencer" o masculino, *submetendo-se* a ele. Enquanto Yang, por sua natureza, deixa sua força esvair, Yin a *preserva* em si. "Nada é capaz de vencer a água", uma outra metáfora da "vitória" do fraco sobre o forte. Na política, Yin é melhor do que Yang, por deixar que cada um siga o seu Caminho, por governar sem intervir, por não produzir forças contrárias.

Dessa forma, o "grande homem" não é aquele que se impõe por sua força, ou por seus talentos, ou por sua presença: *ele cultiva-se em silêncio, evitando o conflito*. É dessa forma que, colocando-se fora da competição, da busca de evidência, que ele se permite tomar a iniciativa no momento adequado. Vendo o que realmente importa *para si*, busca-o sem qualquer ingerência externa, *nem precisa se preocupar com a impressão que seus pares têm de si.*

2.
A arte do possível

肩吾見狂接輿。狂接輿曰：「日中始何以語女？」肩吾曰：「告我君人者以己出經式義度，人孰敢不聽而化諸！」

Iniciado nos mistérios da imortalidade, o Ombrudo foi prestar uma visita ao virtuoso do Dao, Rabeira, o louco que famosamente abandonou Confúcio em sua perplexidade. O anfitrião habitava um antro. Afora as paredes periclitantes e o teto, que pouco protegia das intempéries, em nada se distinguia do exterior. Acolhido o recém-chegado, perguntou-lhe com uma voz guinchante: "Meio-Dia é teu mestre, não? Dize-me, dize-me, que te ensinou o Meio-Dia?". "Meu mestre ensinou-me o Caminho do Governo, esclarecendo que, ao soberano de homens, é imprescindível plasmar à sua imagem tanto as leis e regras aplicáveis ao povo, como o próprio sistema de rituais e cerimônias dos homens bons".

狂接輿曰：「是欺德也；其於治天下也，猶涉海鑿河而使蚉負山也。夫聖人之治也，治外乎？正而後行，確乎能其事者而已矣。且鳥高飛以避矰弋之害，鼷鼠深穴乎神丘之下以避熏鑿之患，而曾二蟲之無知！」

Mudando de cor, Rabeira tomou ares de insanidade. Cuspiu no chão, e disse: "Meio-Dia é um descarado, um trapaceiro do Dao. Para ele, governar Tudo sob o Céu é como cruzar os oceanos com aquelas perninhas tortas que tem, é como cavar um novo rio Amarelo com seus braços flácidos, é como carregar uma montanha nas costas com o corpo de mosquito dele".

E riu-se, desvairadamente, com um pasmo Ombrudo à sua frente. "Agora, um verdadeiro homem sábio… estás a ouvir-me? Um homem sábio de verdade, será que deve cuidar das coisas que estão fora de si? Ou será que deve, primeiro, corrigir a si próprio e depois entrar em ação? O que por fim *realiza* deve estar delimitado às suas reais *capacidades*. Não há muito mais que possa fazer. Olha para como são as coisas segundo a *Grande Espontaneidade*: os passarinhos buscam as nuvens para evitar as flechas certeiras; os camundongos cavam túneis sob os altares dos espíritos para fugirem dos fumos mortíferos – cada um preserva a própria sobrevivência antes de mais nada, isolando de si os males sobre que não tem controle. E tu, Ombrudo, tu pensaste que esses animaizinhos não tinham Sabedoria!!".

Comentário: "O altruísmo do egoísta"

Esta anedota possui um enredo similar à anterior. Uma personalidade que por fim se tornaria um imortal, pertencente a uma linha de transmissão célebre, comporta-se de forma incompatível com o que se espera de um praticante do Dao. Ele é então censurado por um outro companheiro de Caminho, mais experiente, que o instrui sobre a melhor atitude de vida. Ombrudo é um imortal de relevo no folclore daoista, aparecendo diversas vezes nesta obra, junto de Tiozinho, Meio-Dia e Rabeira – outras sumidades do Dao. Ademais, é um dos poucos "eremitas" louvados por Zhuangzi no "Hino ao Dao" (VI.3). Não é possível ter certeza até que ponto são personagens históricas e, ainda menos, saber se Zhuangzi está ou não a ficcionalizar histórias reais.

Passando ao conteúdo, o autor satiriza o confucionismo. Não o desmerece enquanto doutrina, mas o *desacredita como uma sabedoria prática viável*:

O confucionismo se idealiza como uma doutrina que cultiva indivíduos "sábios *por dentro e* governantes *por fora*" (內聖外王, *neisheng waiwang*). Porém, de forma mais realista, nos casos de maior sucesso, costumava treinar eruditos versados nas tradições sagradas e precedentes de governo, capazes de contribuir com sua visão moral do mundo para a formação e supervisão dos governantes – eruditos chamados de Mestres dos Reis e Imperadores

(帝王師, *Diwangshi*). Neste último caso, podemos usar o termo "*Caminho do Governo*" (Mêncio preferia "*Caminho do Rei*" 王道, *Wangdao*) para indicar a transmissão de conhecimentos sobre as instituições políticas clássicas, da ética adequada às relações entre governante e o corpo de funcionários, bem como de uma ideologia de governo centrada nas boas intenções de quem manda e na cooperação e obediência de quem é mandado. Esse é o contexto para a explicação, tipicamente confuciana, que Ombrudo dá, do que aprendeu com o seu mestre.

Naturalmente, são poucas as pessoas que se opõem ao confucionismo em termos abstratos. Rabeira não é uma delas. Ele sabe, todavia, que o *mundo da política é um mundo de relações humanas, onde a ética é um elemento menor, até mesmo circunstancial*. Quando as pessoas em posição de comando são pessoas morais, os valores positivos têm uma chance de exercer seu papel nas tomadas de decisão, não por serem bons em si, mas por serem da preferência daqueles que têm os meios para impô-los. Sabendo disso, o confucionismo tenta resolver o problema "no atacado", isto é, usa todos os meios para criar um ambiente geral em que todas as pessoas estão imbuídas de um forte instinto (ou condicionamento) para a moralidade. Essa solução faz todo o sentido, mas, como Zhuangzi bem sabe – e nos mostra que sabe –, *muitas pessoas estão dispostas a correr o risco de violar as regras mais fundamentais de convivência para obterem certos benefícios*. Isso se aplica ainda mais a um ambiente competitivo, o que conspira para a instrumentalização da ética. Portanto, Rabeira afirma que Meio-Dia é um trapaceiro, não por duvidar de sua lidimidade, mas por saber que ele não está à altura do que ensina.

O daoismo de Zhuangzi é realista e pragmático. Nenhum homem tem meios para controlar a realidade em que vive. No máximo, tem condições de decidir por si só o que concerne à sua direção pessoal no mundo. Por tal motivo, sua presença na sociedade é medida pela *adequação dos meios limitados que possui aos fins ainda mais limitados que define*. Não há grandes ideais de transformação das pessoas em algo melhor, ou da defesa da justiça e dos bons costumes. Isso está fora do que qualquer indivíduo pode realizar, sem a ajuda de um grupo e sem que comece a militar como chefe de uma facção. O problema das facções é o de que mesmo a liderança mais magnética não pode garantir que todos os seus comandados são idealistas. *Quando há competição, perde-se totalmente o controle.*

Yang Zhu 楊朱 (440?-360 a.C.), falecido poucos anos antes do nascimento de Zhuangzi, era um pensador classificado como daoista, que advogava o "amor-próprio" como o mais alto valor a ser perseguido pelo ser humano. Seu aforisma (apócrifo) de que "*um fio de cabelo meu não vale o bem estar de Tudo sob o Céu*" (拔一毛而利天下不為也, *Bayimao er litianxia, buweiye*) era criticado violentamente por Mêncio (um adversário/competidor de Yang Zhu), como prova de que era um "homem egoísta", não disposto a correr riscos em prol do bem do país. Apesar de que conheçamos muito pouco das ideias de Yang – afora as distorções de Mêncio, há um capítulo muito limitado na obra *Mestre Lie* –, é preciso reconhecer que, em primeiro lugar, é uma atitude que faz bastante sentido no contexto do daoismo e, segundo, parece obter a aprovação de Zhuangzi.

O "egoísmo" de Yang Zhu presume a *aceitação da própria pequenez*. Isso não implica assumir uma atitude de complacente passividade, nem de passar a apontar o dedo para os responsáveis pelos males do mundo. Como Rabeira deixa claro no texto, o homem de bom senso *precisa conhecer a si, confiar no Dao e continuar a se esforçar*. Ele não faz planos sobre coisas que não conhece, mas permite que a sua intuição o guie em direção ao que pode realizá-lo, ao que é capaz de produzir os meios para a sua felicidade. O homem "altruísta", por outro lado, muitas vezes utiliza seus ideais para justificar seus interesses e seus objetivos pessoais. Esse é um homem mais perigoso do que Yang Zhu, tanto para os outros, como para si próprio.

Por último, ao colocar um grande imortal como Ombrudo numa situação incompatível com a sua fama, Zhuangzi está a sublinhar que é necessário ter humildade para errar e sabedoria para aprender com os erros, indiferentemente à imagem que tenhamos diante dos outros (e de nós mesmos). Somente assim é possível que se ouça e entenda as palavras mais sensatas que nos chegam. Pessoas de muita cultura e inteligência, como o próprio Mêncio, talvez tivessem dificuldade em aceitar o argumento simples de voltar os próprios olhos para passarinhos e camundongos – os seres "pequenos" que Zhuangzi frequentemente utiliza para ilustrar as suas teses.

3.
Os dois planos da existência

天根遊於殷陽，至蓼水之上，適遭無名人而問焉，曰：「請問為天下。」

Era uma vez um homem do Dao, cujo nome ninguém sabia. Ia pela alcunha de *Raiz do Céu*. Raiz do Céu não tinha paragem certa, vagava sem rumo em busca de novos ensinamentos. Numa dessas ocasiões, cruzou as montanhas Yin até o ponto, ao sul, em que margeavam o rio Liao. Estava nas terras de Zhao. Ali, finalmente encontrou um sábio que, diz-se, passara pelos salões dos poderosos. Ignoravam, todavia, quem tivesse sido antes de abraçar o Dao. Chamavam-no de Ninguém. Sem esconder um certo entusiasmo, Raiz do Céu aproximou-se de Ninguém, quando este se banhava de sol, sentado imóvel de frente para o rio, o corpo aureolado pelo brilho das águas, dando a impressão de que estava a meditar. Prostrando-se sobre o chão e tocando a terra repetidamente com sua testa, o peregrino pediu-lhe: “Ensina-me como tomar conta de Tudo sob o Céu!”.

無名人曰：「去！汝鄙人也，何問之不豫也！予方將與造物者為人，厭，則又乘夫莽眇之鳥，以出六極之外，而遊無何有之鄉，以處壙埌之野。汝又何帠以治天下感予之心為？」

Como se despertando de um sonho, Ninguém ergueu-se, apalpando a cabeça calva. Sua expressão mostrava profunda contrariedade: “Ide embora daqui, tu e tua sordidez! Que impertinência com que me importunas!! Estava numa audiência com o *Criador dos Seres*, visualizando-o como se homem fosse. Quando se cansou de minha presença, montei-me em meu falcão campeador, ave que vai entre os planos do espírito. Voei além das Seis Direções que delimitam o nosso mundo – pairando sobre as vilas habitadas pelos homens de Lugar Algum, descansando sobre as campinas imensuráveis do Grande Vazio... E tu, tiras-me a paz de meu coração, acorda-me de meu transe, para perguntares sobre o que fazer para pôr Tudo sob o Céu em ordem???".

又復問。無名人曰：「汝遊心於淡，合氣於漠，順物自然而無容私焉，而天下治矣。」

Raiz do Céu está sem reação. Aquele homenzinho calvo à sua frente recoloca-se na posição em que tinha sido encontrado: as pernas cruzadas; as costas eretas; a cabeça relaxada, levemente inclinada. Ao inspirar, parece sorver todo o ar daquelas bandas. Temendo que, desta feita, não lhe fosse possível despertar o imortal, chegou perto dele com suas largas passadas, prostrou-se sob a terra, tocando o chão repetidamente com a sua testa – e repetiu a pergunta: "*Como governar Tudo sob o Céu?*". Ninguém se engasga com um grosso hausto de vento. Para enxotar o visitante, responde, apressado: "Aprende a viajar em espírito pelas regiões brandas do ser; une a tua Energia Vital à vaga harmonia do nada. Submete-te à Espontaneidade que atua sobre cada ser, purgando-te de qualquer individualidade que reste em ti. Assim, descobrirás que Tudo sob o Céu *está* em ordem". E se calou em definitivo.

Comentário: "O espírito guia a matéria"

Através do diálogo entre Raiz do Céu (天根, Tiangen) e Ninguém (無名人, Wumingren), dois imortais que aparecem uma única vez em sua obra, Zhuangzi desenvolve o enredo das passagens anteriores, avançando da teoria à prática: de maneira a se libertar das pressões sociais por "se tornar alguém", *é necessário vivenciar uma realidade maior*, assegurando-se da própria decisão de seguir o Dao como estilo de vida.

Não era fácil atingir esse objetivo. Reiteremos que, na cultura chinesa antiga, o maior caminho de realização pessoal era a participação na vida político-burocrática. Como também já sabemos, o confucionismo é um eloquentíssimo porta-voz dessa visão. A abordagem daoista da "saída do mundo" estava num período incipiente, as principais instituições do "eremitismo" e da busca de longevidade não tinham destaque na cultura majoritária, o que faz de *Zhuangzi* uma *obra pioneira* no que se refere ao desenvolvimento desse tema.

Se considerarmos os primeiros tempos da doutrina daoista, vemos que os mais antigos representantes não eram "eremitas" no sentido pleno, mas intelectuais a serviço na Academia de Jixia (稷下學宫, Jixia Xuegong), uma instituição criada pelo corte do país de Qi (província atual de Shandong). Esses homens expunham as suas doutrinas e recolhiam discípulos, gozando do patrocínio de Qi, que lucrava com o prestígio que obtinha em relação aos outros feudos. O pensamento era, certamente, daoista em seus fundamentos: utilizar a Espontaneidade no exercício do poder, reduzindo conflitos de interesse entre os grupos dominantes; evitar conflitos militares com outros Estados, para não interferir na produção econômica; "eliminar os desejos" da arraia-miúda, facilitando o seu controle. Por conseguinte, havia uma cepa mais "secular" do daoismo, que conquistou preeminência nos séculos precedentes à unificação imperial em 221 a.C. e mesmo depois. O próprio *Dao De Jing*, obra fundadora do daoismo, reflete, em não poucos capítulos, preocupações mais práticas com o governo do Estado.

Isso não significa que essa faceta "engajada" fosse numericamente representativa do daoismo globalmente presente na sociedade de então, somente que Zhuangzi enfatiza um lado até então invisível do daoismo na literatura e pensamento chineses. Sem termos à disposição muitos conhecimentos sobre a realidade popular, é fato que crenças e práticas daoistas, alheias à vida política, já eram perceptíveis na elite social na época de Zhuangzi, como documentam achados arqueológicos e obras de arte transmitidas. A grande contribuição desse autor foi a de representar a opção "contemplativa" como algo digno em si, legitimando-a no longo prazo.

Isso nos traz de volta à passagem. Raiz do Céu está sob a influência do "consenso social", dedicando os seus esforços para se tornar alguém que possa "se tornar útil à sociedade". Em sua peregrinação por mestres de sapiência, encontra Ninguém, um "eremita", envolvido em sua prática meditativa usual. Devido a ela, Ninguém teve acesso a um plano mais elevado – *acessível apenas em espírito*. O Criador dos Seres, sobre que já falamos no capítulo anterior, apresenta ao eremita a uma realidade mais plena do que esta que muitos afirmam ser a única. Tal como o daoismo religioso viria a descrever nas suas escrituras, séculos depois de Zhuangzi, Ninguém afirma que há um plano espiritual ocupado por seres sublimes, indiferentes à sorte do mundo, mas propiciáveis pelos homens do Dao. Isso suspende a validade de muito do que ensinavam os mestres de sabedoria prática e exige uma reconsideração abrangente do que se fez e pensou na vida intelectual chinesa.

Qual a consequência mais importante dessa "descoberta"? *Uma nova forma de perceber a própria existência*. O homem verdadeiramente sábio está mais preocupado com sua realização num sentido absoluto. Essa realização é possível, não como uma solução filosófica, mas como uma exploração contínua das verdades acessíveis neste novo plano.

4.
O eremita-rei

陽子居見老聃，曰：「有人於此，嚮疾強梁，物徹疏明，學道不勧。如是者，可比明王乎？」

Yang Ziju chegara de uma longa viagem de Linzi, magnífica capital do país de Qi. Homem de muito saber – e Virtude pouca, submetera-se a Lao Dan, o grande Laozi, como discípulo. Naquele fim de mundo, visitou o humilde salão do maior dos imortais, rogando-lhe um ensinamento sobre o Dao verdadeiro. Bem ajoelhado, fazendo prova de seu refinamento, iniciou uma conversa com o longevo. Essas foram as suas palavras: "Mestre, imaginai uma certa pessoa: pronta ao responder perguntas, rápida como o eco segue a voz; brava ao reagir ao perigo, sólida como uma viga forte. Para ele, todas as coisas são diáfanas e sua sabedoria atravessa-as como um raio de luz; entende que o estudo do Dao merece devoção e nunca fraqueja ou desanima sob o seu peso. Alguém com tais qualidades pode se tornar um rei iluminado, ou pelo menos esclarecido?".

老聃曰：「是於聖人也，胥易技係，勞形怵心者也。且（曰）〔也〕虎豹之文來田，猨狙之便、執斄之狗來藉。如是者，可比明王乎？」

Naquele dia, o mestre Lao estava bem-apessoado em sua simplicidade. Agarrava, juntos, os longos bigodes e barba, completamente brancos, numa mecha delgada. A outra mão parecia flutuar no ar, com um gesto fixo que destacava as compridas unhas. Anuiu, magnanimamente, ao pedido de Yang:

"Em comparação com o homem sábio, Yang, esse que tu descreves não passa de um burocrata experiente, fiel às suas responsabilidades, adestrado nos cargos que ocupou – extenuado pelos labores, receoso de seus superiores. Observa a Grande Espontaneidade à tua volta: os tigres, as panteras, animais tão admiráveis, eles não terminam atiçando a cobiça dos caçadores, com seus belos pelames? E os macacos e micos, dada a sua agilidade e destreza, não convidam o cativeiro? E os sabujos e rastreadores, peritos na captura de raposas, não terminam também com uma correia em seu pescoço? Os homens de que falas não diferem em muito desses. Onde se viu poderes compará-los a um rei esclarecido, quanto mais iluminado?".

陽子居蹙然曰：「敢問明王之治。」老聃曰：「明王之治：功蓋天下而似不自己，化貸萬物而民弗恃；有莫舉名，使物自喜；立乎不測，而遊於無有者也。」

Yang Ziju suou frio. Afinal, era reconhecido no país de Qi, um dos mais ricos e poderosos em seu tempo, como um grande mestre do Dao, tendo acumulado um numeroso séquito de estudantes. Com aquelas poucas palavras de Lao Dan, anos de reflexão foram reduzidos ao nada: que haveria de ensinar, após sua volta à corte? Seus pensamentos retornaram ao momento: "Ouso perguntar-vos sobre o governo do rei iluminado". A cabeça do mestre Lao projetou-se para trás com uma gargalhada: "Memora-te, pois. Eis o governo de um rei iluminado: seus méritos cobrem Tudo sob o Céu, embora não pareçam obra sua. Seu Dao doutrina as Dez Mil Coisas, embora o povo miúdo se iluda com a própria autarcia. Assíduo sem se fazer anunciar, enche de alegria todos os seus governados – pois não se veem como tal. Oculto nas sombras do Dao, passeia sem deixar rastros, irmanado ao vazio, ao nada". Frustrado, Yang Ziju partiu.

Comentário: "O melhor governante não quer o poder"

Laozi, o patriarca do daoismo, é mais uma vez retratado por Zhuangzi, desta vez para expor, com sua usual dubiedade, como o praticante consumado do Dao é capaz de contribuir para a política de um país, na condição de "*soberano invisível*".

Esta passagem é uma crítica velada aos "daoistas engajados", referidos no comentário ao texto anterior. Lembramos que, na época de Zhuangzi, um grupo de pensadores políticos egressos do daoismo, cujos nomes chegaram até nós, estava a serviço dos duques do país de Qi, reunido na chamada Academia de Jixia. Tal como os partidários da escola confuciana, esses homens buscavam emprego como conselheiros políticos, aplicando o pensamento representado pelo *Dao De Jing* nos assuntos políticos, militares e diplomáticos, bem como adaptando a ética daoista para a vida na alta sociedade.

Yang Ziju é Yang Zhu (楊朱), um membro da Academia de Jixia que defendia uma doutrina de "egoísmo altruísta". Para ele, se cada um se empenhasse na busca da própria felicidade, sem atender para aquilo que gera dissensão e conflito entre os homens (fama, posses, poder etc.), seria possível pacificar e harmonizar as relações entre as pessoas. Embora as ideias não sejam más em si – e representem a essência do pensamento daoista, diga-se de passagem –, *sua autenticidade é posta em dúvida pela* opção de vida *de Yang*.

Enquanto o praticante daoista deve, idealmente, envidar esforços para eliminar os próprios desejos, assumindo um estilo de vida simples e evitando excessos de sofisticação intelectual, Yang Zhu exibe o seu refinamento literário através da questão que põe a Laozi: um breve discurso de 24 caracteres (sílabas) é estruturado com duas parelhas de quadrissílabos (4 + 4, 4 + 4), as quais desenvolvem uma definição de "soberano ilustrado" com efeitos retóricos de paralelismo e simetria, parte que é seguida pela questão a Laozi, um outro conjunto de oito sílabas, dividido sintaticamente em 3 + 5, *para quebrar a simetria, deixando uma sensação de conclusão*. Além do mais, o conteúdo da elocução de Yang tem uma carregada tonalidade confuciana. A questão que faz lembra a "crítica de personalidades", um gênero literário muito presente nos *Analectos* e no *Livro de Mêncio*, em que eruditos debatem as qualidades de terceiros.

Laozi reage à altura, indo ao cerne da questão. Yang Zhu pretendia tomar emprestada a sabedoria do Patriarca do daoismo, com objetivo de vendê-la a um preço para os seus patronos em Qi, capturando a imaginação de discípulos tão ambiciosos como ele próprio. Para sua decepção, Laozi alfineta-o duplamente: primeiro, ironiza a doutrina de Yang, afirmando que é característica de alguém que deseja se pôr a serviço dos poderosos; segundo, orienta-o a mudar de atitude, deixando de se angustiar para merecer o reconhecimento dos outros. Malgrado Yang ache que uma alta posição é um prêmio, Laozi sobriamente adverte que terminará por restringir a liberdade existencial de que Yang já goza, *transformando-o num instrumento para os seus próprios superiores*.

Depois de ferir o orgulho de Yang com criticas, Laozi frustra-o com seu ensinamento sobre o rei iluminado, pois não é o tipo de instrução prática que se pode oferecer nos salões de uma corte. Laozi desenvolve uma doutrina diametralmente oposta ao "sábio por dentro, rei por fora" dos confucianos. Diferentemente do sistema dos ritos e música, que destaca o abismo entre governantes e governados através de uma série de elementos distintivos do estatuto a que se pertence – do vestuário à linguagem –, Laozi sugere o princípio de que *os governantes devem ser invisíveis aos olhos do povo*, mais empenhados em esconder o seu poder do que exibi-lo.

O ensinamento de Laozi sobre o governante daoista é uma sucessão de paradoxos, dos quais o mais fundamental é o de que *ganha e preserva o poder quem não o deseja*: pois essa pessoa governará orientada pelo interesse geral e será capaz de abrir mão de sua posição no momento adequado. Ao tratar dos assuntos públicos, esse "rei iluminado" *nunca parte de seus próprios objetivos*, pelo que é capaz de enxergar com clareza a sua própria situação; ele nunca se vê como o dono da verdade, pelo que valoriza as contribuições dos outros; ele nunca conta vantagem, pelo que consegue prosperar com a cooperação dos outros; ele *nunca se vangloria de suas realizações*, pelo que se mantém no poder por muito tempo, dividindo-as com os seus coautores.

Apesar de que seja perfeitamente possível fazer uma leitura "pragmática" sobre os princípios de Laozi, não se deve ignorar o lado místico, contemplativo, que não raro coroa as partes mais dolosas daquela obra. Conforme a tradição, Laozi não tinha ambições seculares, negando através de seu exemplo pessoal o sentido daqueles que esgotam sua energia em busca de vantagens – grandes ou pequenas. Ele ensinava "como as coisas são" em parte para censurar o mundo por haver dado as costas ao Dao. Coerentemente, nesta história, as últimas palavras reforçam a necessidade de que o rei iluminado seja um "eremita" praticante do Dao, isto é, *que atue no mundo da política sem estar nele* – o mais intrigante paradoxo da doutrina política de Laozi.

5.
Manifestação

鄭有神巫曰季咸，知人之死生存亡，禍福壽夭，期以歲月旬日，若神。鄭人見之，皆棄而走。

Contarei a história de como o mestre Lie, um dos mais insignes imortais, encontrou o seu Caminho, o evento que decidiu a sua carreira. Tudo começou com uma certa xamã, chamada Ji Xian, que habitava os vales do país de Zheng, cujos poderes sobrenaturais gozavam de uma fama que corria a passos largos em Tudo sob o Céu. Ji conhecia os mistérios da vida e da morte – e de como escapar da indesejada. Desgraça ou fortuna, tinha-as em suas mãos, capazes de furtar a longevidade, guardada zelosamente pelo Céu. Previa o futuro, dominando os arcanos da mântica, não só assinalando "tal e tal acontecerá desta e desta forma", mas também dizendo em que ano, em que mês, em que quinzena – em que dia – se passará o evento. Parecia uma *deidade*. Para o povo miúdo de Zheng, avistá-la era o pior dos portentos – não importa o que estivessem a fazer, abandonavam tudo o que tinham nas mãos e corriam de volta para casa, trancando-se lá.

列子見之而心醉，歸，以告壺子，曰：「始吾以夫子之道為至矣，則又有至焉者矣。」壺子曰：「吾與汝既其文，未既其實，而固得道與？眾雌而無雄，而又奚卵焉！而以道與世亢，必信，夫故使人得而相（女）〔汝〕。嘗試與來，以予示之。」

Movido por uma irresistível curiosidade, Lie Yukou, que nessa época não passava de um jovem aprendiz, procurou Ji Xian nos rios mais recônditos de Zheng, sem nunca se desencorajar com as incertezas de sua empreitada. Assim, finalmente encontrou-a e esteve com ela e seu coração inebriou-se. Depois de conviverem por um tempo, não sei por que razão, Lie voltou à sua comunidade de praticantes, a despeito de que persistisse o encanto. Numa manhã, ele confidenciou, impudente, as suas experiência ao seu mestre, o imortal que ia pela alcunha de Chaleira. Disse-lhe algo assim: "Quando comecei a te seguir, mestre, julgava que nada estava acima de teu Dao; apercebo-me de que ainda há algo ainda mais perfeito". Chaleira espreguiçava-se em seu duro estrado, com a barriga bojuda à mostra. Sem qualquer indício de perturbação, ele firmou-se ao mesmo tempo em que explicava: "Kou, até este momento, somente transmiti a ti os textos; da *substância* de nosso Dao, nada viste. Falas como se já o tivesses realizado em ti próprio. Não é presunção de tua parte?". Abanou a cabeça e continuou: "O Dao presume Yin e Yang. Tens muitos conhecimentos acumulados do que memorizaste, são o aspecto feminino de teu treinamento. Mas ainda te falta Yang, o macho. Desta maneira, como pretendes fecundar a semente do Dao!?!". Lie Yukou ouvia atentamente aquele maltrapilho: "Tu te fiaste neste 'dao' que conheces, comparando-o às artes menores de quem continua no mundo; não me surpreende que termines te fiando nessa feiticeira. Foi por teres aberto teu corpo que ela conseguiu usar de seus truques". Chaleira pensou por mais uns instantes, concluindo: "Tenta fazer com que ela venha até aqui. Se conseguires, mostrá-lo-ei para ti". O jovem partiu de imediato.

明日，列子與之見壺子。出而謂列子曰：「嘻！子之先生死矣！弗活矣！不以旬數矣！吾見怪焉，見濕灰焉。」列子入，泣涕沾襟以告壺子。壺子曰：「鄉吾示之以地文，萌乎不震不正。是殆見吾杜德機也。嘗又與來。」

Passadas algumas semanas, não só conseguiu reencontrar a xamã; também persuadiu-a a vir consigo para se confrontar com Chaleira. Retornados, a xamã, exalando segurança, fez o jovem esperar fora, enquanto se entrevistava com o velho homem do Dao. O tempo se estendeu, até que Ji Xian sai da casa dilapidada, profundamente aturdida: "Acudam-me Céu e Terra! O teu mestre está às portas da morte! Não lhe resta esperança! Profetizo que se irá antes do décimo dia! Tem um jeito assombroso, sua

Energia Vital esvai-se em fumos órfãos: é como *cinzas molhadas*". Acudindo, Lie apressou-se, empurrando a porta enquanto enxugava as lágrimas com a outra manga de seu manto. Ajoelhando-se ao lado do moribundo, apertou uma de suas mãos: "Mestre! Mestre!", estava inconsolável. Os minutos se sucederam, até que o livor do rosto de Chaleira se esvaneceu. O imortal então lhe sussurrou: "Agora há pouco, quando a tua xamã veio ver-me, mostrei-lhe a *Técnica dos Padrões da Terra*, Kou. Com a Grande Transformação que produziu o universo, a Terra nasceu no momento em que a Energia Vital se encontrava nem num estado de movimento, nem num estado de repouso. O mesmo se aplica ao corpo humano, que pode entrar num estado em que nem há inspiração, nem há expiração. Com minhas técnicas, travei o *Motor da Virtude*, a fonte da vitalidade humana. Percebendo-o, a xamã acreditou que estava moribundo. Porém, nada lhe dize. Tenta fazer com que me visite uma nova vez, amanhã".

明日，又與之見壺子。出而謂列子曰：「幸矣子之先生遇我也！有瘳矣，全然有生矣！吾見其杜權矣。」列子入，以告壺子。壺子曰：「鄉吾示之以天壤，名實不入，而機發於踵。是殆見吾善者機也。嘗又與來。」

Sem perceber o que estava a se passar, Ji Xian cedeu às repetidas rogativas daquele que haveria de se tornar um dos maiores homens do Dao. Ainda segura de si, ela bateu na porta de Chaleira e, sem receber qualquer comando, entrou. Permaneceu por um tempo mais longo do que no dia anterior. Quando finalmente se retirou, carregava um semblante de perplexidade. Sem fitar Lie, falava com rapidez: "Céu e Terra sorriram para o velho. Foi sorte que tenha me encontrado! Está plenamente curado. Toda a vitalidade perdida retornou ao seu corpo! Ontem, consegui ver que seu *Motor da Virtude* parara". Diferentemente do que se passara na primeira vez, o aprendiz ingressou tranquilamente no casebre, para achar Chaleira fitando o horizonte desde sua janela. Sua voz vibrou surdamente pelo ambiente: "Hoje mostrei à xamã o que chamo de *Técnica da Abóbada e Plano*, já que a Energia Vital flui entre o Céu e a Terra, revelando-se como vida. Inefável, não há nenhuma palavra, nenhuma denominação que explique a coisa verdadeira. Onde se encontra o *Motor da Virtude*, perguntas? Em meu corpo, seu movimento começa na altura dos *calcanhares*. Ji talvez tenha interpretado minha habilidade em controlá-lo como o retorno de minha vitalidade. Vai, nada lhe dize e tenta convencê-la a prestar-me uma nova visita, amanhã". Lie acenou com a cabeça.

明日，又與之見壺子。出而謂列子曰：「子之先生不齊，吾無得而相焉。試齊，且復相之。」列子入，以告壺子。壺子曰：「吾鄉示之以太沖莫勝。是殆見吾衡氣機也。鯢桓之審為淵，止水之審為淵，流水之審為淵。淵有九名，此處三焉。嘗又與來。」

Naquela manhã, Ji Xian havia perdido um pouco da sua aura, nem mais parecia a "deidade" de Zheng. Mansamente, anunciando-se, ingressou nos umbrais de Chaleira. Não muito depois, retirou-se rapidamente, confessando para o jovem aprendiz: "A Energia Vital flui desritmada em teu mestre. Estando fora de compasso, não sou capaz de utilizar as minhas técnicas para prognosticar quando morrerá, e de que moléstia. Recomendei-lhe aguardar até que o fluxo da Energia Vital se normalize. Tornarei a examiná-lo, quando propício". Lie despediu-a e, rindo-se consigo mesmo, entrou para ver o virtuoso do Dao, que também estava a achar graça na confusão que havia causado à profetisa: "Desta vez, mostrei a Ji a *Técnica Invencível da Suprema Vaziez*, a qual coloca corpo e mente além de quaisquer distinções. É possível que ela tenha percebido o seu efeito, de neutralizar o *Gatilho da Energia Vital*. Já que desta maneira reequilibrei a *Energia Espiritual* em meu corpo, Ji não foi capaz de empregar as suas técnicas e frustrou-se". A voz do imortal ecoou na cabeça do jovem daoista: "Nove é o número da completude. Há Nove Técnicas de manipulação da Energia Vital, *Nove Abismos* que, com suas águas negras, profundas, imóveis, representam o Dao. Num desses abismos, o peixe primevo vem e vai desenhando espirais. Noutro, as águas permanecem estagnadas. Num terceiro, as águas simplesmente se movem, espontaneamente. Eis as três técnicas que mostrei à tua feiticeira. Vai, persuade-a, uma última vez, a que me venha ver, amanhã". Lie prostrou-se sobre o assoalho.

明日，又與之見壺子。立未定，自失而走。壺子曰：「追之！」列子追之不及。反，以報壺子曰：「已滅矣，已失矣，吾弗及已。」壺子曰：「鄉吾示之以未始出吾宗。吾與之虛而委蛇，不知其誰何，因以為弟靡，因以為波流，故逃也。」

Com o raiar do sol, Ji Xian retornou, pé ante pé, a cabeça baixa, humildosa. A porta se abriu diante dela. Pareceu cambalear no limiar do casebre quando, horrorizada por algo que viu, lançou um grito e correu, desesperada, em pânico, fugindo. De dentro da casa, Chaleira gritou com uma voz tonitruante: "Persiga-a! Traga-a de volta!". Despertado pela ação repentina, Lie procurou o rastro da adivinha, uma descida abrupta pelo mato, aviando-se em seu encalço. Debalde. Refez o caminho de volta, cada vez mais contérrito com o que se desenrolara. Enxugando o suor, empurrou a porta de Chaleira com o antebraço: "Mestre, ela, ela sumiu, desapareceu... não consegui alcançá-la", tentava desculpar-se. Com o tronco despido, o imortal não acusava nada de extraordinário. Apontou para a esteira em que o jovem se ajoelharia. Sem maiores formalidades, esclareceu: "Hoje de manhã, pretendia mostrar à profetiza a essência do Dao que pratico há eras. Nem cheguei a tanto. Entrei em transe, irmanando-me ao vazio, passivamente respondendo às influências do ambiente. Não sabia mais quem ou o que era, quem ou o que estava em minha presença. De tal maneira, logo ao pôr seus olhos sobre mim, reproduzi os padrões criados pelas técnicas dela, como a sucessão de ondas que se formam sobre a correnteza. Sentindo-se suplantada, debandou-se". Sem olhar para a sua face, Lie Kou fez uma demorada reverência ao virtuoso do Dao.

然後列子自以為未始學而歸，三年不出。為其妻爨，食豕如食人。於事無與親。彫琢復朴，塊然獨以其形立。紛而封哉，一以是終。

Depois dessa experiência, o aprendiz reconheceu que ainda não havia começado a estudar o Dao, que ainda não havia se convertido à doutrina verdadeira. Por muitos anos, não deixou os limites da comunidade, tornando-se um eremita. Primeiro, mudou os seus hábitos de convivência. Era ele que cozinhava, em vez de sua mulher. Comer porco era o mesmo que consumir carne humana. Nos negócios do dia a dia, ignorava os laços de parentesco. Depois, intentou praticar uma forma maior de existência. Passava o tempo a pensar como se *reesculpir numa tábua rasa*. Um determinado dia, assumiu o aspecto de uma rocha, sem expressão, sem sentimento: desfizera-se a dualidade que antes existia entre dentro e fora, corpo e espírito. Num mundo de mudança, em que domina a desordem, havia criado uma fortaleza segura para si. E desta forma continuou a ser, *abraçado à Unidade*, até alcançar a imortalidade.

Comentário: "Não crestes em vão"

De certa forma, esta passagem pode ser considerada *o clímax da presente obra*, a *única* em que os poderes dos imortais são descritos "em primeira mão", como uma *atualidade*. Com um único golpe, *Zhuangzi quebra o "distanciamento"* que havia estabelecido entre o leitor e os "imortais", contradizendo o que havia posto em dúvida reiteradas vezes nos capítulos precedentes: esses indivíduos estão entre nós, apenas preferindo não se revelarem como tal. Isso é de extrema relevância para a síntese final das ideias discutidas no livro e para a preparação do tom com que o *Zhuangzi* se encerra.

O mestre Lie (列御寇, Lie Yukou) aparecera logo no início desta obra (I.2), já em sua feição de imortal, a cavalgar uma nuvem, livre do peso das preocupações seculares. Aqui, num interessante *flashback*, ele reaparece antes de sua *Transformação*, servindo Chaleira (壺子, Huzi), *um mestre que despreza*. Como o enredo deixa claro, Lie tampouco estava seguro a respeito do Dao, tendo sido seduzido pelos poderes mágicos de uma feiticeira do país de Zheng, Ji Xian (季咸). Essa feiticeira havia adquirido um conhecimento profundo das artes do Yin e Yang. Por ser capaz de adivinhar a sorte com um alto nível de precisão e como os chineses antigos acreditavam que o Mandato do Céu fixava um destino para cada um, ela fora reconhecida como profetiza, e como uma presença de mau agouro.

À primeira vista, Ji Xian parece ou ser uma mestra de *Fisiognomonia* (adivinhação baseada na aparência, especialmente a face). Os chineses antigos acreditavam que o Yin-Yang e Cinco Elementos continuavam a influenciar o homem ao longo de sua vida, inclusive o desenvolvimento de seu aspecto físico. As características do corpo, a forma dos olhos, nariz, sobrancelhas etc., bem como a sua disposição sobre o rosto, o aparecimento de manchas em lugares específicos, a formação de rugas etc. tudo isso era interpretado como prenúncios e analisados conforme regras precisas do Yin-Yang.

Porém, se lermos a passagem com cuidado, notamos que os "poderes" de Ji Xian não se resumem a essa mântica. Possivelmente, também incluem um tipo de orientação espiritual, que pode ser alcançada pelo transe ou por manifestações mediúnicas. Essa é uma fonte importante das técnicas e práticas daoistas, sendo a base de uma das duas grandes correntes do daoismo institucional moderno, a seita da *Unidade Ortodoxa* (正一道, Zhengyi Dao). O transe/incorporação é conduzido por meditação, invocação de mantras, recitação de sutras e passos de dança. Um outro poder da feiticeira é o que o daoismo descreve como *visão interior* (内觀, *Neiguan*), normalmente descrito nas escrituras e textos daquela religião como uma técnica utilizada pelo praticante para contemplar a *Transformação da Energia Vital* em seu próprio corpo. Relata-se que médicos/xamãs da China arcaica, tais como o famoso Bian Que (扁鵲, 407-310 a.C.), um dos patriarcas da medicina chinesa, utilizavam esse tipo de poder para prever e diagnosticar doenças em seus pacientes.

Duvidando de seu mestre, Lie Yukou provoca um "duelo" entre o ordinário Chaleira e a imponente Ji Xian. Chaleira não aceita demonstrar o seu domínio do Dao por orgulho ou por sede de publicidade, mas *para demonstrar a Lie que sua compreensão do Caminho que tomara era limitada* e que, por isso, ele estava se deixando influenciar por uma má doutrina. Por tal motivo, os embates ocorrem entre paredes, sem que o próprio Lie pudesse estar presente.

Na passagem, chamam a atenção termos como "Gatilho da Energia Vital", "Motor da Virtude" etc. Zhuangzi gosta de utilizar termos misteriosos para falar sobre os tópicos mais arcanos da prática daoista. Para entendê-los, não faz muito sentido explorar os comentários mais famosos e "ortodoxos", porque assumem que essas palavras são simples metáforas, recursos literários para embelezar o texto. Coerentemente, explicam-nos por meio do método filológico, reconduzindo o sentido ao que consideram ser "ideias gerais" do pensamento de Zhuangzi – invariavelmente alheias à prática daoista. Os comentários mais místicos, por outro lado, estão atentos para que o autor *intenta esconder o significado de um ensinamento* prático; todavia, não parecem estar certos do que se trata e, quando há mais segurança, expressam-no numa linguagem igualmente cifrada.

Isso não impede de compreendermos o sentido geral dos embates. Chaleira primeiro se vale do domínio que assumiu sobre o fluxo de Energia Vital (*Qi*) em seu próprio corpo. Como referimos, as técnicas permitem, geralmente, regulação de certas funções biológicas, relacionadas ao sono, apetite, estado emocional. No caso dos praticantes mais avançados, é possível adquirir controle sobre batimentos cardíacos, funções cerebrais e metabolismo corporal. Isso basta para confundir Ji Xian no que concerne às técnicas do Yin-Yang. Chama a atenção que Chaleira *somente utiliza três técnicas – de* nove. Ou seja, o imortal deixa claro que há *seis* outros estágios de controle da Energia Vital (*Qi*), cujos poderes se manifestam *além do corpo*. Assim, a passagem termina com o quarto poder, que faz que a feiticeira fuja, apavorada. O que deve ter sido? Transfiguração? Invisibilidade? Levitação? Tudo isso é citado pelo folclore daoista. Zhuangzi maximiza o impacto literário ao não dar pistas sobre o que aconteceu, pois Ji Xian fugiu desenfreada... Uma outra possibilidade pode ser a de que *o embate se elevou ao plano espiritual, com manifestação das deidades invisíveis que guiam a ambos os daoistas*.

O impacto desse desenlace é percebido em Liezi, que assume, com toda a seriedade, a busca do Dao. Da breve descrição sobre a vida eremítica que Liezi passa a ter, destacam-se alguns pontos:

Diferentemente da seita da Verdade Plena (全真道, Quanzhen Dao), formada no século XIII e hoje majoritária na China, Liezi não praticava o celibato. O daoismo possui uma relação complexa com a sexualidade. Embora a perda de sêmen (Energia Pura, 精) seja associada ao envelhecimento precoce, o daoismo admite o cultivo (mútuo ou predatório) da Energia Vital por meio de atos sexuais. Assim, num extremo, sob a influência do budismo, certas seitas, particularmente a do daoismo monástico, começaram a exigir o celibato de seus associados. Noutro extremo, há seitas, muito poderosas nos princípios do daoismo religioso, que advogavam técnicas sexuais como uma das principais para o cultivo da longevidade/imortalidade, inclusive com rituais mágicos grupais e públicos. Isso entrava em conflito direto com a ética confuciana, que, sem ser puritana, esforçava-se para manter o âmbito da vida sexual restrita ao da família (a China antiga admitia a poligamia). Com o passar do tempo, embora essas técnicas tivessem perdido a visibilidade e a legitimidade sociais, continuaram a existir como um "tipo" particular de cultivo do Dao, as *Técnicas do Dormitório* (房中術, *Fangzhongshu*). Liezi talvez estivesse no meio desses dois extremos, como a maioria dos daoistas, observando um regime sexual adequado aos ensinamentos que recebeu.

Além dessa questão, vem o tema da dieta alimentar. Novamente sob influência do budismo, os membros do daoismo monástico, em eras posteriores, também passaram a observar o tabu de nunca comer carne. Porém, mesmo o daoismo primitivo possuía uma série de restrições alimentares, especialmente de temperos, que interferiam no fluxo de Energia Vital (*Qi*). No caso de Liezi, os comentaristas "ortodoxos" parecem não perceber que o texto sugere a prática de vegetarianismo (a carne de porco é a mais comumente consumida na China) ou, pelo menos, o tabu sobre esse tipo de alimento.

Sob esses pressupostos, Liezi pratica meditação e transe, segundo o objetivo, descrito em Laozi, de "abraçar a Unidade", entre corpo e espírito, entre ser limitado e o Dao absoluto.

6.
Epítome

無為名尸，無為謀府；無為事任，無為知主。

Eis os meus conselhos para aqueles que teimam em tentar a sua sorte no mundo. Não te tornes um prisioneiro dos nomes e honrarias que tanto prendem a atenção do mundo. Não te estorves com as maquinações em que perdem tempo os ambiciosos e insatisfeitos. Não busques para ti as responsabilidades vazias sobre coisas que não te dizem respeito. Não presumas para ti a sabedoria postiça daquelas pessoas que a perseguem como algo estranho a si próprias.

體盡無窮，而遊無朕；盡其所受乎天，而無見得，亦虛而已。

Pratica meditação. Com o corpo limitado que tens, busca esgotar todo o espaço ocupado pelo infinito, tenta passear com teu espírito por aquelas paragens onde nunca se deixaram pegadas. Tenta ativar toda a cota de Energia Vital que recebeste do Céu, mas não para o fim de obteres algo com isto, mesmo que obtenhas e obterás. Mantém o teu espírito vazio, acima de tudo, evitando a arrogância que acompanha o sucesso.

至人之用心若鏡，不將不迎，應而不藏，故能勝物而不傷。

Ao final, tornar-te-ás um *homem supremo*, além de todo sofrimento e alegria que pontua a existência humana. O *homem supremo* usa o próprio coração como um espelho: seus pensamentos e sentimentos refletem não a sua individualidade, mas os seres com que entra em relação. Portanto, enquanto algo não lhe sucede, não há razão pela qual reagir; se há algo que justifica uma reação, esta não vai além do que lhe deu causa. É como um espelho: as imagens surgem, permanecem, desaparecem par a par com os objetos que as suscitam. Ele é capaz de vencer a luta contra tudo o que há no mundo, jamais saindo ferido.

Comentário: "É simples!"

Depois de haver utilizado a história sobre a decisão final do mestre Lie para tranquilizar o seu leitor, assegurando-lhe que as promessas do Dao são verdadeiras, Zhuangzi aproveita esta penúltima passagem para reiterar apenas três pontos, sintetizando a doutrina que desenvolveu, com ensaios, anedotas, fábulas, provérbios e poemas, ao longo dos sete capítulos de seus escritos:

Em primeiro lugar, a ética daoista é diferente de toda busca de sabedoria, riquezas e poder. *Essas buscas são voltadas para fora*. Todo o sucesso secular aprisiona o homem, tornando-o em última instância dependente da imagem que construiu para si próprio. O daoista reconhece a solidão existencial como a realidade fundamental da existência. Através de seu treinamento, o praticante realiza a pureza (清, *Qing*) e vivencia a tranquilidade (淨, *Jing*) – duas finalidades básicas dessa religião, ambas voltadas *para dentro*.

Em segundo lugar, *a prática daoista fundamental é meditação*, muito menos formal do que os rituais que se visualizam nos templos (道觀, *Daoguan*) e muito mais simples do que a infinidade de técnicas dos virtuoses do Yin-Yang (*Fengshui*, MTC, mântica etc.). Solitária e silenciosa, a meditação está *aberta ao alcance de todos*, sem restrições ou condições de qualquer natureza. Para a quase totalidade das pessoas, o sucesso que se obtém não tem qualquer repercussão social. Mesmo que a tenha, não é facilmente comunicável, nem deve sê-lo.

Por último, *o objetivo da cultivação daoista não é o de transformar a humanidade numa raça de imortais*, embora não considere isso como algo mau em si. Mesmo que se idealize ir além de todas as limitações humanas, *é mais importante almejar ir além do mundo* – o que é prontamente factível, sob os preceitos éticos e mediante a singela prática de meditação. No fundo, trata-se de uma *terapia existencial*: todo ser humano aspira à própria realização, mas não sabe o que ela é. O daoismo entra em cena ao convidar cada um para que vivencie a solidão absoluta dos passeios dentro de si próprio, perdendo o medo de morrer "por alguns longos instantes". *Ao experimentar a solidão, ao vivenciar a morte*, não só se quebram todos os laços, deitam-se todos os fardos: *cada qual tem lampejos do que é a verdadeira liberdade, nomeadamente, a de descobrir as coisas que trazem realização... e de ir buscá-las.*

7.
Caos

南海之帝為儵，北海之帝為忽，中央之帝為渾沌。儵與忽時相與遇於渾沌之地。

Pretendo contar uma última história, que gostaria de ver compilada como o último de meus escritos. Será uma fábula sobre o mundo antes de vir a ser chamado de Tudo sob o Céu – antes do tempo, antes do espaço. No início, se é que posso utilizar esta palavra, tudo era água, tudo era caos. Havia duas polaridades, o que estava embaixo e o que estava acima. Acima eram os Mares do Sul, governados por You, o Imperador Escuridão; abaixo, eram os Mares do Norte, governados por Hu, o Imperador Oblívio. O Meio também tinha um Imperador, Hundun, Confusão. As águas estavam em constante movimento, fluíam ciclicamente, pelo que Escuridão e Oblívio encontravam-se com frequência, junto com seus séquitos, nos domínios de Confusão.

渾沌待之甚善。儵與忽謀報渾沌之德，曰：「人皆有七竅以視聽食息，此獨無有，嘗試鑿之。」日鑿一竅，七日而渾沌死。

Como ótimo anfitrião, o Imperador do Meio mimoseava-os com os mais diligentes obséquios – sem nunca faltar, nem exceder. Encantados, Escuridão e Oblívio sentiram-se obrigados a repagar a beneficência de quem os recebia tão bem. E assim foi que selaram um pacto: "Confusão é o melhor dos anfitriões, mas um tanto estranho, nem parece gente. Nunca pudemos perceber que forma tem. Inventemos um tipo de ser que se chama de 'humano'. Têm sete orifícios, com os quais veem e ouvem, sorvendo alimento e ar. Confusão carece deles. Presenteemo-lo, por conseguinte, furando-lhe olhos e boca e narinas e ouvidos". E assim fizeram, um orifício para marcar a passagem de cada dia. Ao cabo de sete dias, Confusão morreu. Esta é a fábula. Que o bom entendedor encontre bom proveito!

Comentário: "Ainogomsoc"

Zhuangzi consuma a sua obra como deve fazer um artista consumado. Formalmente, o livro termina da mesma forma que começara, com uma fábula – ou um *mito*. Tratam também do mesmo problema: a cosmogonia daoista. Contudo, se compararmos ambas as histórias, perceberemos que elas *descrevem movimentos* enantiomórficos *na Transformação do Dao*:

Na "Fábula do peixe e do pássaro", testemunhamos o voo do ser que se transforma, conectando o norte ao sul, a água ao fogo – Yin a Yang, representando, simbolicamente, a cosmogonia chinesa. Enfatizamos que esse processo de criação do Céu e da Terra pela Transformação do Dao, embora *necessário*, criou um mundo imperfeito, por *limitar* as coisas: tal como expunha a história, os seres então começam a se distinguir como grandes e pequenos, longevos e breves. Em outras palavras, a as noções de tempo e de espaço produzidas pela Transformação do Dao não eram, nem são neutras: *elas criam os problemas da existência humana*. Apesar de que possam ser pensadas "cientificamente", abstraindo-se o ponto de vista humano, não se deve pretender que essas são verdades capazes de responder às questões da vida íntima de cada um...

A presente fábula trata do Caos (渾沌, *Hundun*), a situação primitiva do Céu e da Terra (universo) na cosmogonia chinesa, em que Yin e Yang estavam "confundidos" no Dao – permanentemente inertes. Na primeira passagem deste livro, o voo do pássaro ilustrara a passagem para a existência (有, *You*), o lado positivo da cosmogonia; agora, Zhuangzi dramatiza a sua face negativa, a morte do Caos, que é o movimento *oposto* ao do voo do pássaro. Logo, do ponto de vista do Céu e da Terra, pode-se descrever o Caos como inexistência (無, *Wu*).

Já que é impossível utilizarmos a linguagem para explicar o que havia antes do mundo, Zhuangzi recorre a uma alegoria. Nesta passagem, podemos interpretar as duas personagens, Escuridão (儵, *Shu*) e Oblívio (忽, *Hu*), como *dois aspectos do Caos*. São reiterações do Dao, Yin e Yang em sua face inerte. Segundo o enredo, movidos pelas melhores intenções, Escuridão e Oblívio decidem presentear o seu anfitrião, Caos, com os *poderes de entendimento*: olhos para ver, ouvidos para ouvir, nariz para respirar, boca para falar. Essas faculdades, características da raça humana, terminariam por submeter o Caos à mesma condição que nós: limitação no tempo e no espaço. Por conseguinte, também provocam a morte dele, que se verifica após sete dias, um para cada orifício da face. Vale a pena abrir um parêntese para lembrar que isso não é um paralelo com a criação judaico-cristã: a China Arcaica não adotava um sistema "hebdomadário" (ciclo de sete dias como base para descrever o transcurso do tempo), preferindo organizar o tempo em ciclos de quinze dias, os chamados 24 nós da Energia Vital (二十四節氣, *Ershisi Jieqi*). Também é verdade que esses ciclos quinzenais eram harmonizados a um outro ciclo, de sessenta dias (六十甲子, *liushi jiazi*). Mas a ausência do conceito de "semana" na cultura chinesa antiga não altera o significado geral da passagem, que persiste claro: uma vez concluída a obra cosmogônica, logicamente, morre o Caos.

Uma vez que tenhamos explicado questões de técnica literária e do sentido alegórico profundo da passagem, podemos dedicar algumas linhas ao que isso quer dizer, na perspectiva da prática daoista.

Primeiro, falemos num plano abstrato. No pensamento chinês, *Caos e Cosmos são aspectos da Espontaneidade. O Dao está presente em ambos, sem ganho, nem perda*. Consequentemente, da mesma maneira que prezamos a nossa vida do dia a dia (Cosmos), também é indispensável aprendermos a valorizar o Caos no contexto da prática, orientando-nos pela "pureza tranquila" (清淨, *Qingjing*) e "placidez branda" (恬淡, *Tiandan*), de que o Caos é a plenitude.

Segundo, num plano mais prático, *o Caos é como um farol para o daoista*. Como ilustra o primeiro capítulo do *Dao De Jing*, "é preciso eliminar os desejos, para contemplar as maravilhas do Dao; é necessário *preservá-los*, para observar o seu limiar, a sua '*origem*'" ("無欲以觀其妙，常有欲以觀其徼", *Wuyu yiguan qimiao/Changyouyu yiguan qijiao*). Visto que o daoismo se opõe ao acúmulo de desejos, a preservação (provisória) dos mesmos tem um *papel profilático*, impulsionando o indivíduo a que busque, em sua experiência, um meio para lidar com eles: o retorno à *origem*. Mesmo em momentos de maior perturbação interior é possível continuar a intuir o Dao. Observe para onde os desejos fluem, quais as angústias e prazeres íntimos a motivarem o pensamento. Siga-os até o seu ponto de chegada. Mais cedo ou mais tarde, perdem o seu vigor e se desfazem no esquecimento.

Terceiro, e último, *o Caos tem uma conotação filosófica*. Na história, a personagem Caos possui um papel, acolhe a tudo e todos, não resiste a nada e a ninguém, é uma alegoria para a *serenidade imutável* do Dao. De maneira a recobrá-la, é necessário esquecer os olhos, os ouvidos, a boca e, derradeiramente, o próprio nariz, apagando qualquer rastro de consciência e, com ela, toda a inteligência que distingue entre bem e mal, vida e morte...

Posfácio
Traduzindo O imortal do Sul da China*:* *um retrospecto metodológico*

Ao traduzir *O imortal do Sul da China (Zhuangzi)*, dei-me conta da insuficiência do método de tradução rigidamente literal que adotara no caso dos *Analectos* e das *Escrituras do Caminho e de sua Virtude*. Naquelas duas primeiras ocasiões, estava diante de textos memorizados e referidos *verbatim* no seu público de origem, de maneira que "um ideograma, uma palavra" era a melhor regra para oferecer ao leitor de língua portuguesa o sabor da *experiência original* da leitura do texto, com todas as suas lacunas e perplexidades. No caso dos *Analectos*, empreguei um comentário sintético e simples para resolver os principais problemas hermenêuticos. No caso das *Escrituras*, confrontei o leitor com um comentário chinês antigo, também traduzido literalmente, auxiliado por um conjunto de informações sistemáticas, para que pudesse experimentar o processo de leitura *autêntico* dos chineses antigos. Em comparação com o que fiz com relação aos *Analectos* e o *Dao De Jing*, pretendo desta vez oferecer uma diferente *experiência de leitura*. Portanto, volto-me agora para problemas diferentes, os quais exigem uma atitude metodológica peculiar.

Desta vez, não apenas desejo explorar *O imortal do Sul da China* como uma obra-prima do pensamento, mas, sobretudo, como *um marco da literatura em chinês*, o que suscita um paradoxo: uma tradução literal do texto principal do *Zhuangzi carece do mesmo valor literário na língua de chegada*. Por conseguinte, se desejarmos empreender uma "*tradução literária*" de um texto clássico chinês em prosa, não podemos agir como se estivéssemos traduzindo um texto de Petrônio, Montaigne ou Joseph Conrad, apenas com atenção para o que já está disponível aos nossos olhos e mentes na língua de partida. A razão para tanto, obviamente, é a de que suas obras compartilham as mesmas concepções que as de nossa tradição literária, seguindo os mesmos padrões.

Tendo em mente esse problema, ao traduzir *Zhuangzi*, propus-me a seguinte diretriz:

(1) *É indispensável buscarmos o valor literário da obra, tanto no texto, como fora dele* na literatura de origem... (2) ... *para que possamos reproduzi-lo segundo as características fundamentais do que vale como literatura* na língua de chegada.

Isso pede mais alguns esclarecimentos, o que faremos a seguir, segundo três pontos fundamentais: "valor literário", "elementos literários" e "estilo autoral".

Texto de partida: o que é *literário* em *O imortal do Sul da China?*

Em primeiro lugar, uma boa tradução de um texto clássico chinês tem que também *estar atenta a como os comentários podem agregar* "valor literário" *ao texto principal*. Por um lado, é indispensável sabermos que as obras de literatura clássica chinesa são compostas de "*texto + comentários*" – textos que não têm comentário precisam de um para serem inteligíveis. Por outro lado, temos que saber *de que maneira* essa é uma atitude culturalmente distinta da nossa. A literatura em língua portuguesa é parte da tradição literária ocidental, pelo que, desde a Antiguidade Clássica, estamos habituados a ver obras literárias de um ângulo *autoral*, mais especificamente como obras *de autores individuais*. Contudo, no contexto da Antiguidade, a visão ocidental era minoritária, já que, por exemplo, tanto nos ecúmenos da Índia antiga (Bharat), como no da China antiga, embora as obras levassem o nome de um patriarca, pertenciam, em última análise, às escolas e linhas de transmissão, *na condição de obras coletivas*. Portanto, muitos detalhes essenciais a uma boa obra literária estavam dispersos nos comentários – merecendo serem considerados quando da tradução do texto principal.

Em segundo lugar, na China antiga, havia expectativas diferentes para as qualidades de um texto literário, as quais remetem a um conjunto de "elementos literários". Se para nós o principal num texto ficcional é a caracterização de personagens e situações, a qualidade da narração e da descrição, o mesmo não se aplicava aos leitores da Antiguidade chinesa, que estavam mais interessados em "grandes conclusões ditas com palavras poucas", a busca de pérolas e diamantes na elocução oracular de sábios. Logo, Zhuangzi estava a escrever sob essas exigências, esforçando-se para criar *bons mots* memoráveis. Entretanto, se Confúcio e o próprio Laozi conseguem encontrar um nicho em nossa tradição de provérbios, apotegmas e poemas herméticos, o mesmo não se aplica a Zhuangzi, que, claramente, está a escrever sob outro gênero – o que se exprime em chinês como "寓言" não é equivalente ao que chamamos de "fábula", nem "清談" corresponde às exigências do que definimos como "diálogo". Ao definirmos um gênero da literatura ocidental para acolher *Zhuangzi* em português, devemos estar prontos para realizar *cum grano salis* as necessárias adaptações para que continue a ser uma obra de valor literário.

Em terceiro e último lugar, não podemos permitir que nossa bagagem em termos de literatura em língua portuguesa interfira na apreciação da obra na língua de partida. Precisamos reconhecer, no plano da filologia e da tradição literária, *o que distingue o autor que estamos a traduzir dos outros para o seu público original*. Isso tanto envolve características amplas da personalidade do autor, sua "constelação" de representações culturais, como seu manejo da arte de composição: em resumo, devemos ser capazes de intuir como os leitores originais da obra admiravam o *estilo do autor* que estamos a traduzir. É verdade que o conceito de "boa literatura" varia muito de época para época, de lugar para lugar. Porém, se deixarmos o pesadelo do pós-modernismo de lado, será possível chegar a um consenso, por mais qualificado que seja, de que "*Literatura é estilo*". Nas mais diferentes tradições, sempre está presente a necessidade de impor forma à matéria-prima da arte, que a torna passível de apreciação estética enquanto tal, seja nos estilistas dos Salmos (cf. textos de Robert Alter), no Pseudo-Longino (do Περὶ Ὕψους), em Quintiliano, em Bharata (do tratado sobre Artes Performáticas, Nāṭya Śāstra), em Liu Xie (autor do fundamental tratado *Empenhando o coração na literatura*, 文心雕龍), em Zeami (o teatrólogo autor do *Transmissão da flor das formas de performance Nō*, 風姿花伝) etc.

Texto de chegada: o que é *literário* numa tradução de *O imortal do Sul da China?*

Proponho um método de "*tradução literária*", com o objetivo de destacar a "literariedade" do texto original de *O imortal do Sul da China*. Por "*tradução literária*", entendo algo substancialmente diferente da velha dualidade "literalismo" x "paráfrase". O primeiro conceito argumenta que devemos seguir as estruturas sintáticas/semânticas/estilísticas utilizadas pelo autor tal qual no original, enquanto o segundo conceito entende que as três balizas devem ser as praticadas na língua a ser traduzida. Embora seja uma decisão importante, a de qual conceito adotamos, os dois não são métodos de tradução em sentido estrito, mas apenas orientações para como se verte o texto. Uma prova disso é a de que, nas seções de um mesmo texto, podemos utilizar a ambos os conceitos (de forma pura ou combinada). Ao contrário, a "*tradução literária*" é um autêntico método, cujo objetivo é o de *reproduzir o valor literário* da obra original num novo idioma. Para a "*tradução literária*", a questão fundamental é: "*qual a significância literária deste texto para o público original? Como reproduzi-lo adequadamente na cultura-alvo?*".

Pedindo vênia para não ir muito além no que se refere às implicações teóricas desse problema, restrinjo-me à maneira de como tratei dessa questão no caso particular da tradução de *O imortal do Sul da China* do chinês arcaico para a língua portuguesa moderna, explorando os mesmos três pontos fundamentais ("valor literário", "elementos literários" e "estilo autoral") da seção anterior.

Em primeiro lugar, parte do valor do texto original do *Zhuangzi* está disperso nos comentários. Isso funciona não apenas no plano intelectual (da filosofia de vida, das concepções religiosas etc.), mas também *no domínio estético-literário*. Um exemplo concreto: enquanto as narrativas do texto original se cingem a reproduzir o diálogo ("A disse H... e disse I... e disse J...; B disse X... e disse Y... e disse Z..." – francamente, o texto original traz pouco mais do que isso), os comentários dão pistas sobre elementos fundamentais para a criação de literatura em língua portuguesa, por exemplo, elementos de tempo e espaço, o pano de fundo para as situações, a atitude mental e emocional das personagens etc. *Devemos reconhecer que isso é parte integrante e inseparável da experiência estético-literária do texto original,* seja pelo leitor chinês antigo, o que não causa surpresa, e mesmo moderno, uma vez que as paráfrases/adaptações/*retellings* para o mandarim tenham que agregar esses elementos. Por conseguinte, enquanto seria mais natural que esses elementos viessem listados em notas de rodapé numa tradução literal, numa "*tradução literária*" esses elementos vêm harmonizados ao texto principal "sem emendas".

Em segundo lugar, se compararmos os elementos essenciais de um texto literário na língua portuguesa moderna e no chinês antigo, perceberemos que há *zonas de intersecção e de disjunção*. Isto é, há elementos vistos como essenciais em português e em chinês, da mesma forma que há elementos exclusivos a cada um desses idiomas. Como o meu objetivo é o de realizar uma "*tradução literária*" para o português moderno, além da zona de intersecção, também agreguei os elementos essenciais de um texto literário em língua portuguesa, *mesmo quando esses elementos não estavam presentes no texto chinês.* Especialmente no caso das breves narrativas, ao manter tudo o que está presente no original, desenvolvi alguns pontos irrelevantes para o original chinês, tal como a aparência das pessoas, aspectos descritivos do ambiente, elementos da trama não plenamente desenvolvidos etc. Assim, respondi às expectativas do leitor em português, sem violar a integridade intelectual (e mesmo narrativa) do texto original.

Por fim, algo menos controverso, *desenvolvi* estilisticamente o texto, para que corresponda aos ditames do "bom estilo" literário em português. Com isso, não quero dizer que *O imortal do Sul da China* seja uma obra de "mau estilo"; apenas argumento que não é possível reproduzir em português aqueles pontos que fazem que essa obra tenha um "bom estilo" na língua antiga chinesa. Por um lado, a escrita de *Zhuangzi* refere-se a outros tipos de escrita, cujo contraste lhe dá uma personalidade. Por outro, a língua chinesa antiga possui aspectos sintáticos, semânticos, fonéticos irreproduzíveis em português moderno. Com a finalidade de solucionar esses problemas, assumo ser possível encontrar um tipo de estilo que *represente*, em nosso idioma, pelo menos a dicção, a verve, o *éthos* de *Zhuangzi*. Já no que se refere a qual estilo seja o mais adequado, penso ser o do "classicismo". Naturalmente, não podemos deixar de admitir que esse já não seja o estilo mais em voga em nossos dias, no qual a literatura se tornou apenas mais uma indústria cultural, atribuindo um menor apreço aos aspectos formais da linguagem (estilo), do que a elementos tais como o desenvolvimento da trama, entre outros, mais relevantes para a comercialização do conteúdo. Com base nas características do "classicismo", assim, procedemos a uma leve reelaboração do texto original, fazendo que seja mediado pelos cânones da retórica/poética antigos, nomeadamente aqueles desenvolvidos na língua latina. Nesse sentido, escolhi como modelo as *Metamorfoses* de Apuleio, por sua linguagem leve, humorosa e oral, *fingidamente alheia aos cânones*. Ao mesmo tempo, enquanto protorromance, as *Metamorfoses* conseguem dar um bom tratamento a questões de trama, sem, contudo, chegar ao nível de sofisticação narrativa atual. Isso é importante, para que saibamos que *Zhuangzi* é uma obra da Antiguidade, *pertencendo a uma etapa literária diversa da atual*.

Infelizmente, só os estimados leitores (colegas) bilíngues poderão julgar os sucessos e percalços de minha tentativa. Faço-o, todavia, animado pela esperança (certeza?) de que os leitores monolíngues do texto português *sairão mais satisfeitos* do que se adotasse um outro curso...

Sobre os títulos dos capítulos e das seções, bem como os comentários que elaborei para cada texto, penso que não há nada de muito controverso a exigir uma reflexão mais detida. Os comentários continuam a ser indispensáveis para destacar a rica tradição intelectual do daoismo, os debates contemporâneos com outras escolas, especialmente o confucionismo e os ensinamentos centrais do autor. Permiti-me abordar, indiretamente, minha própria experiência existencial e espiritual do *Zhuangzi*, *cuidadosamente referindo-a ao texto e à tradição*. Esforcei-me para unir as duas metades, "filosófica" e "mística", do texto, para mostrar que *são inseparáveis e interdependentes*. Espero ter mostrado que Zhuang Zhou teria sido uma pessoa muito instigante em nosso próprio tempo, com capacidade de reflexão independente e de profundos *insights* sobre a existência humana.

Giorgio Sinedino
Macau, 22 de novembro de 2021

Texto original do Posfácio

后记：
《南华真经》的“译后感”：
试论“文学翻译”之方法问题

在我翻译《南华真经·内篇》（即《庄子·内篇》）的过程中，我意识到了，曾经翻译《论语》和《道德经》时严格遵守的逐字翻译方法有较大的缺陷，不适用《庄子》的翻译工作。在中国古代，《论语》和《道德经》是读者一般通篇熟背的经典，而且引用时经常是出口成章的，一字不落的。那么，我按照“一个汉字一个葡语词”的原则翻译《论语》和《道德经》最能够为葡语读者提供原汁原味的阅读体验。不过，根据这一种翻译理念，译文不能补救原文难以理解的部分。在阐释方面，我为《论语》撰写了一个深入浅出的、言简意赅的文字；对于《道德经》，除了原文以外，我也以逐字翻译的方法另翻译了一部古代的注释，并附上了自己整理、撰写的一套系统资料，希望葡语读者能够因此直接体验中国古人读书方式的原貌。与《论语》、《道德经》的译文相比，我有意让这本葡译《庄子》提供一种不同的阅读体验。也正因此，需要处理的翻译问题比较特殊，要求采用不同的翻译方法。

此次，我不但有意把《南华真经》视为一个先秦思想史的杰作，更想突出它作为中国古典文学里程碑之一的地位，从这个角度对它进行翻译。如果照旧使用逐字翻译，我们就会遇到这样的一场蹊跷事：《庄子》的译文必然会缺少与原文相符的文学价值。那么，若我们下决心，一定要进行

《庄子》的"文学翻译"，就不可如翻译（罗马公元一世纪作家）佩特罗尼乌斯、或（法国十六世纪作家）蒙田、或（二十世纪英国作家）康拉德那样，按字面进行翻译。原因当然在于，他们作品背后的文学观念本身就符合我们葡语文学自己的规律。

考虑到这个情况，为了翻译《庄子》，我这次采用了如下的原则：

（甲）在原文的文学传统里，探索相关作品的文学价值；这不仅包括在文本里发掘它的价值，也要求我们对原文以外的文学传统进行探索。

（乙）这个探索最终的目的为按照目的语"高等文学"的基本特征去再现原文的文学价值。

由于上述原则恐怕表达得不完全明白，接下来我们根据"文学价值"、"文学因素"，"作者风格"等三个重点简单地阐发其内涵：

一、《南华真经》原文的"文学性"何在？

首先，一篇中国古籍的优良翻译作品不能忽视相关的注解，尤其是不能忽视注解如何为古籍主文增添"文学价值"。一方面，我们必须承认，中国古典文学作品由原文和注解等解释性内容组成。即使不存在古代注解，也需要专门为相关的作品编纂注解等解释性资料。另一方面，从跨文化的高度，我们葡语译者也不能不思考，我们对读书的态度与中国古人对读书的态度有什么样的分别这个关键问题。这是为什么呢？因为葡萄牙语文学是西方文学传统的组成部分。从古典时代以来，我们已经习惯把文学作品当作"一个作家"的作品。在古代文明中，我们这个西式观点属于少数的观点。例如，古代印度也好，古代中国也好，尽管他们的文学作品往往作为某一位哲人（祖师）的原创而流传下来，但是实际上这些作品归根结底是他们学派、门人的"集体作品"。故此，为了能够充分体验到有关文学作品的过人之处，我们必须留意那些分散于注解部分的关键文学因素，在翻译主文之际，务必参考它们并纳入译文。

次之，中国古人对于什么是一个优良的文学作品持与我们不同的期待——我们可以说，这些期待围绕一套"文学因素"。对我们葡语读者来讲，文学作品最核心的因素是人物和场景的构思、对情节的陈述等方面。不过，在先秦文学里，读者则是对"微言大义"这个"文学因素"最感兴趣，十分珍惜相关的弦外之音。这是庄周写作所回应的期待，也是他创作千古不朽的"玄言"的背景。不过，庄子的作品与孔子、老子的作品有一个很大的不同。在葡语文学里，《论语》和《道德经》比较容易找到自己的位置，可以立即作为“格言选集”、“（晦涩的）诗集”等体裁而被接受。《庄子》则不然，因为他采用的体裁比较特殊 ——“寓言”并不是西方文学传统所有的“菲宝”（fábula）；“清谈”并不是西方文学传统所有的“待雅罗固”（diálogo）。当我们给《庄子》贴标签，为它划定一个体裁时，我们必须十分小心，对这个体裁的定义进行适度的调整，旨在确保《庄子》能够完整地维持它的文学价值。

最后，我们应该能够把原文融入到它的文化环境中，从这个视角欣赏它，而不可允许自己原有的葡语文学背景影响到这个欣赏的过程。在原文的语文学和文学传承的层面上，我们也应该能够发现，读者如何将原文作者区别于其它作家大众，当中包括读者如何评价作者的性格、“表征”（观念）、写作方式等。一言蔽之，我们应该体会到，原文的读者本来怎么欣赏“作者风格”。我们无法否定，根据时代的不同、根据地区的不同，什么是“优良文学”的定义随之而变。尽管后现代主义给任何既定的知识提出了棘手的挑战，从而成为我们这些追求真相者的噩梦，但是我们仍然可以把所有怀疑论搁置在一边并促成一个微弱的共识，同意“文学便是风格”这个命题。在不同的文艺传统中，人人总是要以某一套形式改造艺术的“原材料”，最终塑造一个可以作为艺术创作而被欣赏的作品。无论是在《赞美诗》背后的希伯来诗学家里（见罗伯特·艾特的研究）、在朗吉努斯的《论崇高》里、在昆体良的《雄辩家的培训》里、在婆罗多的《戏剧论》里、在刘勰的《文心雕龙》里、还是在世阿弥的《风姿花传》里等，“风格”普遍都是艺术创作的最核心。

二、《南华真经》译文的“文学性”何在？

为了能够通过译文凸显《南华真经》原文的“文学性”，我认为应该采用“文学翻译”的方法。这个“文学翻译”的方法与翻译学倡导的“直译”和“意译”等两个翻译笔法有性质上的不同。“直译”主张译文应该沿袭作者撰写原文时使用的句型、语义、风格等三种根本结构；“意译”主张译文应该按照目的语的规律调整原文的句型、语义、风格等三种根本结构。译者在采用“直译”和“意译”两个笔法之间抉择，毕竟是翻译工作一个重要的环节。不过，二者不是狭义的翻译方法，而是译文的导向。同一篇文章的不同句子可以分别使用（或甚至结合使用）“直译”和“意译”。反之，“文学翻译”是一个狭义的方法，目标是再现原文的文学价值。为此，“文学翻译”的根本问题为：“对于原文读者来说，这篇文章的文学价值是什么？我们怎么能在目的语里适当地再现这些价值？”

在这篇《后记》里，我们暂时不继续探讨上述问题的理论意涵。接下来，我将陈述我是怎么用“文学翻译”的方法来进行《南华真经》文言原文对现代葡语的具体翻译工作。我们会按照上一节的文学价值、文学因素、作者风格等三个重点进一步进行讨论：

首先，应该在注解里继续发掘《庄子》原文的“文学价值”。这不但是针对人生哲学、宗教观念等思想上的价值，也是针对其美学、文学等价值。举一个具体的例子，《庄子》故事往往以对话的形式呈现，而且原文仅有“张三曰... 曰... 又曰；李四曰... 曰... 又曰...”的简朴陈述结构，确实没有更多。那么，我们应该在注解里找出关于这个对话背景的线索，而这些背景（包括时间、地点，故事的缘由，人物的情绪和心态等）恰恰是葡语文学要求的基本因素。我们必须承认，为了我们能够对原文进行美学、文学的体验，注解补充的这些因素是不可缺少的，使其成为与原文不可分割的组成部分。对于中国古代读者和现代读者而言，这个体验无异，既然现代的《庄子》白话、童书、再叙等同样必须将原文缺少的这些因素结合到最后的阅读实践当中。因此，虽然可能有人觉得在葡语译文的脚注里记述这些内容更为忠实于原文，但作为“文学翻译”，我们决定将上述内容无间地结合到译文中。

次之，如果我们将葡语文学作品的核心因素和文言作品的核心因素相比，我们会发现二者有一些共同的“文学因素”，也有各自独有的“文学因素”。既然我的目标是进行《庄子》从文言到现代葡语的“文学翻译”工作，那么，除了葡语、文言共同的“文学因素”以外，我还需要结合葡语文学作品单独要求的“文学因素”，即使文言缺少这些因素亦然。尤其是在《庄子》小故事的情况，除了翻译原文的全部内容以外，我还补充并发挥了一些原文忽视的因素，如人物的外表和姿态、场景的描述、情结未完全发展的环节等。这样，我不但能够保存原文思想内容（和文字叙述本身）的完整性，还可以回应葡语读者的期待。

最后，我要探讨“文学翻译”的一个不那么引起争议的地方：我从葡语文学写作风格的角度展开了原文，旨在让译文符合葡语推崇的“良好写作风格”的标准。我当然无意质疑《南华真经》原文的写作质量，只是强调文言“写作风格”不同方面的长处无法用葡语再现。一方面，在文言文学中，庄周的写作有与众不同的地方，而《庄子》与其它文言作品的反差更加衬托《庄子》的个性。另一方面，文言（古代汉语）具备葡语无法模仿的句型、语音、比喻等写作风格的特点。因此，为了取长补短，我们可以从西方文学传统里选定一个能够“代表”《南华真经》辞藻、气魄和精神的写作风格。至于什么样的“写作风格”合适，我们认为可以采用“古典主义”的写作特色。当然，我们不能否定“古典主义”现在不流行了，因为如今的文学已成为“另一种文化产业”，不那么重视作品的形式特征（风格），而更重视作品的故事性等“可营销”的因素。按照“古典主义”的写作特色，这个译本对《庄子》原文略微进行调整，让它符合古代修辞、诗学等标准和规律，尤其是拉丁文文学体现的标准和规律。作为具体的“样板”，我取法于（罗马二世纪作家）阿普列尤斯《金驴记》的写作格。阿普列尤斯的用词轻巧滑稽，往往有口语化的倾向，不墨守成规。同时，作为原始的小说，《金驴记》诚然对情结只有过关的处理，达不到近现代小说叙述的水平。这个不足之处也相当重要，因为葡语读者必须能够感觉到，《庄子》是一部古代的作品，属于与近现代文学作品不同的阶段。

遗憾的是，只有双语（同事）读者能够评价我这次尝试进行“文学翻译”的得失。无论如何，我之所以放下顾虑，敢于前进，是因为我希望（甚至私底下觉得肯定），比起读《庄子》的一般翻译，单语的葡语读者将会更加喜欢这部“文学翻译”。

关于我为每一章、每一节选定的标题以及我执笔而写的每篇阐释，我觉得没有特别引起争议的问题，不需要进行详细的解释。我一如往昔的确信，阐释部分不可缺少，这样才能突出《南华真经》道家、道教丰富的思想传统，包括与儒家等其它学派的辩论，还有庄子本人的教义等。我还将自己私人的经历和“修行实践”用于阐释，作为讨论原文和古代注解的参考内容。我力图把庄子的“哲学”和“宗教”内容结合起来，给读者解释二者是相辅相成的，各占庄周思想一半的内容。我希望葡语读者在读完这本书以后能够意识到，若庄周生活在我们的时代，他仍然是一个可以鼓舞人心，具备自由思考能力，而且能够就人生问题给我们提供非常深刻启发的人。

沈友友

辛丑年 孟冬 十月 十八 于澳门

Nota bibliográfica

O texto-base para a tradução foi o do primeiro volume de Guo Qingfan, edição preferida nos cursos avançados sobre Zhuangzi na República Popular da China, que traz os comentários canônicos de Guo Xiang e Cheng Xuanying, mais uma seleção de glosas antigas compiladas pelo erudito Lu Deming, da dinastia Tang, sem esquecer de preciosas explicações "transmitidas pelo clã Guo":

郭慶藩 撰《莊子集釋》上冊。北京：中華書局，2004年1月第二版

Também é digno de menção o primeiro volume do trabalho de cotejo e pontuação dos diversos manuscritos e edições do *Anotações e glosas à escritura autêntica de O imortal do Sul da China*, feita por Cao Chuji e Huang Lanfa:

（戰國宋）莊周 撰、（西晉）郭象 注、（唐）成玄英 疏、曹礎基、黃蘭發 點校《南華真經註疏》上冊。北京：中華書局，1998年7月第一版

No que se refere a comentários adicionais, consultei o primeiro volume da coletânea de Chu Boxiu, monge da dinastia Song, que também inclui explicações de Lü Huiqing, Lin Yidu, Chen Xiangdao, entre vários outros. Naturalmente, são comentários voltados para o lado místico-religioso de *Zhuangzi*:

（宋）褚伯秀 撰、張京華 點校《南華真經義海纂微》上冊。上海：華東師範大學出版社，2014年8月第一版

Li as interessantes explicações de Lu Xixing, patriarca da Seita do Leste, uma das chamadas Cinco Seitas de Alquimia Interior da dinastia Ming:

(明) 陸西星 撰、蔣門馬 點校《南華真經副墨》。北京：中華書局，2010年3月第一版

Como não poderia deixar de ser, também me referi aos comentários do erudito Wang Xianqian, da dinastia Qing, informados pela tradição filológico-crítica Kaozheng:

(清) 王先謙、劉武 撰《莊子集解》、《內篇補正》。北京：中華書局，1987年10月第一版

Inevitavelmente, como parte das leituras compulsórias sobre Zhuangzi, tive que estudar o primeiro volume do texto, análise e tradução do *Zhuangzi* para o chinês moderno de Chen Guying:

陳鼓應 注譯《莊子今注今譯》第一冊。北京：中華書局，1983年4月第一版

Mais útil foi a edição anotada e traduzida para o japonês de Kanaya Osamu, cujo primeiro volume estudei quando de minha passagem por Kyoto, no saudoso e fatídico ano de 2013:

金谷治 訳注「荘子 内篇」東京 第一冊 岩波文庫 一九七一年刊

Uma tradução que considero de muito interesse, como tudo o mais que fez, é a de Richard Wilhelm – apesar de qualquer reserva que se lhe possa opor. Ele pertenceu à última geração de sinólogos teutônicos do século XIX, que, com inigualável formação filológica clássica, tanto receberam sólido treinamento acadêmico no que se refere à tradição chinesa, como puderam fruir de uma profunda experiência cultural na China pré-globalização e pré-Area Studies:

Wilhelm, Richard. *Das wahre Buch vom südlichen Blütenland*. Colônia: Anaconda, 2011.

Uma outra tradução clássica, ainda prestigiosa, é a de Angus Graham. Com uma proposta diferente deste livro, Graham parte dos "Capítulos esotéricos" (o que chamo de "Textos do Mestre") para tentar sistematizar os textos de Zhuangzi em dois níveis. Primeiro, tenta asseverar o critério editorial póstumo a Zhuang Zhou e, segundo, envida seus melhores esforços para organizar o pensamento de *Zhuangzi* segundo os ditames da disciplina acadêmica da filosofia (evidentemente inclinado à tradição analítica):

Graham, Angus. *Chuang Tzu*: The Inner Chapters. Indianápolis: Hackett, 2001 (reimpressão do texto original de 1981).

Infelizmente não disponível em outro idioma mais conhecido, um texto introdutório que continua à venda após sessenta anos, voltado para o leitor geral e que melhor define o ambiente histórico de Zhuang Zhou, referindo--o à sua personalidade, é o do sinólogo japonês Fukunaga Mitsuji:

福永光司「莊子 古代中国の実存主義者」東京 中公新書 一九六四年刊

Por último, o grande livrinho de Thomas Merton, meu primeiro encontro com Zhuangzi, que recomendo vivamente, acima de qualquer obra sinológica. Em minha (já longínqua) infância, tive acesso a uma tradução publicada pela Editora Vozes. De qualquer maneira, ainda é possível encontrá-lo na seguinte edição recente:

Merton, Thomas. *The Way of Chuang Tzu*. Nova York: New Directions, 2010.

Sobre o tradutor

Fluente em doze idiomas, inclusive mandarim, cantonês e japonês, Giorgio Sinedino vive na China desde 2005. Com doutorado em Religião pela China Renmin University e mestrado em Filosofia pela Peking University, estudou budismo no Templo da Fonte do Dharma e daoismo no Templo da Nuvem Branca, tendo também aprendido sobre diversas tradições chinesas com um número de mestres sem filiação institucional. Publica frequentemente sobre pensamento e literatura da China, além de manter um *podcast* sobre autores e obras clássicos na Rádio China Internacional. Pela Editora Unesp, publicou *Os Analectos* (2012) e *Dao De Jing* (2016), além deste *O imortal do Sul da China* (2022). Atualmente exerce funções no Governo de Macau (Região Administrativa Especial da China) e ensina tradução e literatura na Universidade Politécnica de Macau.

SOBRE O LIVRO

Formato: 16 x 23 cm
Mancha: 27,8 x 48 paicas
Tipologia: Venetian 301 12,5/16
Papel: Off-white 80 g/m² (miolo)
Cartão Supremo 250 g/m² (capa)
1ª edição Editora Unesp: 2022

EQUIPE DE REALIZAÇÃO

Edição de texto
Tulio Kawata (Copidesque)
Marcelo Porto (Revisão)

Capa
Vicente Pimenta

Editoração eletrônica
Eduardo Seiji Seki

Assistência editorial
Alberto Bononi
Gabriel Joppert

Coleção Clássicos

A arte de roubar: Explicada em benefício dos que não são ladrões
D. Dimas Camándula

A construção do mundo histórico nas ciências humanas
Wilhelm Dilthey

A escola da infância
Jan Amos Comenius

A evolução criadora
Henri Bergson

A fábula das abelhas: ou vícios privados, benefícios públicos
Bernard Mandeville

Cartas de Claudio Monteverdi: (1601-1643)
Claudio Monteverdi

Cartas escritas da montanha
Jean-Jacques Rousseau

Categorias
Aristóteles

Ciência e fé – 2ª edição: Cartas de Galileu sobre o acordo do sistema copernicano com a Bíblia
Galileu Galilei

Cinco memórias sobre a instrução pública
Condorcet

Começo conjectural da história humana
Immanuel Kant

Contra os astrólogos
Sexto Empírico

Contra os gramáticos
Sexto Empírico

Contra os retóricos
Sexto Empírico

Conversações com Goethe nos últimos anos de sua vida: 1823-1832
Johann Peter Eckermann

Da Alemanha
Madame de Staël

Da Interpretação
Aristóteles

Da palavra: Livro I – Suma da tradição
Bhartrhari

Dao De Jing: Escritura do Caminho e Escritura da Virtude com os comentários do Senhor às Margens do Rio
Laozi

De minha vida: Poesia e verdade
Johann Wolfgang von Goethe

Diálogo ciceroniano
Erasmo de Roterdã

Discurso do método & Ensaios
René Descartes

Draft A do Ensaio sobre o entendimento humano
John Locke

Enciclopédia, ou Dicionário razoado das ciências, das artes e dos ofícios – Vol. 1: Discurso preliminar e outros textos
Denis Diderot, Jean le Rond d'Alembert

Enciclopédia, ou Dicionário razoado das ciências, das artes e dos ofícios – Vol. 2: O sistema dos conhecimentos
Denis Diderot, Jean le Rond d'Alembert

Enciclopédia, ou Dicionário razoado das ciências, das artes e dos ofícios – Vol. 3: Ciências da natureza
Denis Diderot, Jean le Rond d'Alembert

Enciclopédia, ou Dicionário razoado das ciências, das artes e dos ofícios – Vol. 4: Política
Denis Diderot, Jean le Rond d'Alembert

Enciclopédia, ou Dicionário razoado das ciências, das artes e dos ofícios – Vol. 5: Sociedade e artes
Denis Diderot, Jean le Rond d'Alembert

Enciclopédia, ou Dicionário razoado das ciências, das artes e dos ofícios – Vol. 6: Metafísica
Denis Diderot, Jean le Rond d'Alembert

Ensaio sobre a história da sociedade civil / Instituições de filosofia moral
Adam Ferguson

Ensaio sobre a origem dos conhecimentos humanos / Arte de escrever
Étienne Bonnot de Condillac

Ensaios sobre o ensino em geral e o de Matemática em particular
Sylvestre-François Lacroix

Escritos pré-críticos
Immanuel Kant

Exercícios (Askhmata)
Shaftesbury (Anthony Ashley Cooper)

Fisiocracia: Textos selecionados
François Quesnay, Victor Riqueti de Mirabeau, Nicolas Badeau, Pierre-Paul Le Mercier de la Rivière, Pierre Samuel Dupont de Nemours

Fragmentos sobre poesia e literatura (1797-1803) / Conversa sobre poesia
Friedrich Schlegel

Hinos homéricos: Tradução, notas e estudo
Wilson A. Ribeiro Jr. (Org.)

História da Inglaterra – 2ª edição: Da invasão de Júlio César à Revolução de 1688
David Hume

História natural
Buffon

História natural da religião
David Hume

Investigações sobre o entendimento humano e sobre os princípios da moral
David Hume

Lições de ética
Immanuel Kant

Lógica para principiantes – 2ª edição
Pedro Abelardo

Metafísica do belo
Arthur Schopenhauer

Monadologia e sociologia: E outros ensaios
Gabriel Tarde

O desespero humano: Doença até a morte
Søren Kierkegaard

O mundo como vontade e como representação – Tomo I - 2ª edição
Arthur Schopenhauer

O mundo como vontade e como representação – Tomo II
Arthur Schopenhauer

O progresso do conhecimento
Francis Bacon

O Sobrinho de Rameau
Denis Diderot

Obras filosóficas
George Berkeley

Os analectos
Confúcio

Os elementos
Euclides

Os judeus e a vida econômica
Werner Sombart

Poesia completa de Yu Xuanji
Yu Xuanji

Rubáiyát: Memória de Omar Khayyám
Omar Khayyám

Tratado da esfera – 2ª edição
Johannes de Sacrobosco

Tratado da natureza humana – 2ª edição: Uma tentativa de introduzir o método experimental de raciocínio nos assuntos morais
David Hume

Verbetes políticos da Enciclopédia
Denis Diderot, Jean le Rond d'Alembert

Rua Xavier Curado, 388 • Ipiranga - SP • 04210 100
Tel.: (11) 2063 7000 • Fax: (11) 2061 8709
rettec@rettec.com.br • www.rettec.com.br